21世纪高职高专规划教材·财务会计系列
省级精品课程教材

企业纳税实务

主　编　麻鹏波　沙利臣
副主编　丁雪慧　潘　诠

武汉理工大学出版社
·武汉·

内容提要

本书依据最新的增值税、消费税等法律法规和最新的企业所得税纳税申报表编写，贯彻了"教、学、做一体化"的高职教学理念，从创作思想、体例设计、结构和内容等方面体现了高职教育以能力为本位、以够用为度、以实用为目的的教材特色，结构清晰，思路独特，内容丰富，易学易懂，便于操作，实用性强。

本书共分八个项目，分别是企业纳税基本程序、增值税、消费税、营业税、城市维护建设税及教育费附加、企业所得税、其他税种和企业纳税实验。

本书可作为高职高专院校会计、财政、税务、审计等专业的教材，也是报考注册税务师或注册会计师人士的理想用书。

图书在版编目(CIP)数据

企业纳税实务/麻鹏波，沙利臣主编．—武汉：武汉理工大学出版社，2011.5(2017.2 重印)

(21 世纪高职高专规划教材·财务会计系列)

ISBN 978-7-5629-3294-9

Ⅰ.①企… Ⅱ.①麻… ②沙… Ⅲ.①企业管理：税收管理-中国 Ⅳ.①F812.423

中国版本图书馆 CIP 数据核字(2011)第 070944 号

企业纳税实务　　麻鹏波　沙利臣　主编

项目负责人：孙　丽(027-87395053)　　**责任编辑：**雷　蕾

责 任 校 对：楼燕芳　　**装帧设计：**吴　极

出版发行：武汉理工大学出版社　　**网　　址：**http://www.techbook.com.cn

地　　址：武汉市洪山区珞狮路 122 号　　**邮　　编：**430070

印　　刷：武汉兴和彩色印务有限公司　　**经　　销：**各地新华书店

开本：787×1092　1/16　　**印张：**22　　**插页：**1　　**字数：**549 千字

版次：2011 年 5 月第 1 版　　**印次：**2017 年 2 月第 2 次印刷

印数：3001—3500 册　　**定价：**34.00 元

凡使用本教材的教师，可通过 E-mail 索取教学参考资料。

E-mail：wutpcqx@163.com　　wutpcqx@tom.com

本社购书热线电话：027-87394412　87383695　87384729　87397097(传真)

凡购本书，如有缺页、倒页、脱页等印装质量问题，请向出版社发行部调换。

前　言

高等职业教育是我国高等教育的重要组成部分，其办学目标是为区域经济建设培养具有良好职业道德和职业生涯发展基础的高素质、高级技能型专门人才，因此要求其专业教育教学的全过程要尽可能与未来的专业岗位群零距离对接。为贯彻实施《国家中长期教育改革和发展规划纲要（2010—2020）》和《国家高等职业教育发展规划（2010—2015）》，遵循高职教学理论"必需、够用"的原则，突出实践能力培养和岗位技能实训，我们组织编写了本书。

在高职高专会计类专业基础课程中，"企业纳税实务"是一门时间性和实践性较强的课程。因此，本书一方面依据最新的税收法律、法规编写，摒弃了已过时的法律，采用了新的增值税、消费税法规和规章以及新的企业所得税纳税申报表，突出了时间性；另一方面力求探索教材新结构，在编写手法上采用了"任务驱动法"，注重实践能力的培养，增强教学过程的实践性、开放性和职业性，融"教、学、做"为一体，把教材、教法有机结合，具有较强的实践性。本书从创作思想、体例设计、结构和内容等方面都体现了高职教育以能力为本位、以够用为度、以实用为目的的特色，内容上理论与实践紧密结合，形式上图文并茂，既能增强学生的学习兴趣，又能培养学生的实践能力、创新能力。在本书的编写过程中，安排了大量的图表、案例及其分析，让学生边做边学，在做中学会相关税种应纳税额的计算及其纳税申报方法。

本书分为八个项目，项目一为纳税基本程序，包括税务登记、发票领购和纳税申报的程序，使读者熟悉各项涉税基本程序的操作过程，并为后续的学习奠定程序基础。项目二到项目七以企业常见税种为主线进行编排，每个项目包含若干任务，每项任务从企业税务会计人员的岗位技能和工作过程出发，按照任务情境、任务指导、任务处理安排教学内容，科学地介绍了企业所涉各项税种的基本概念、税款的计算、税务处理和纳税申报。项目八企业纳税实验以企业环境中的各项涉税凭证为载体，安排了大量的案例资料，图文并茂，使学生在实验中学习涉税会计岗位的基本技能。

本书的参编人员均为会计专业的双师型骨干教师，具有多年的专业教学经验和丰富的企业实践经历。具体编写分工如下：麻鹏波编写了项目一和项目三，沙利臣编写了项目二和项目六，麻鹏波和沙利臣共同编写了项目八，丁雪慧编写了项目四，潘诠编写了项目五，丁雪慧和潘诠共同编写了项目七。麻鹏波负责全书的整体结构设计，沙利臣最终修改定稿。

在编写过程中，我们参考和引用了许多专家、学者的著作、教材和资料，在此深表感谢！

由于编者理论知识和实践能力有限，书中难免存在疏漏和不妥之处，恳请有关专家和广大读者提出宝贵意见。

编　者

2011 年 2 月

目 录

项目一 企业纳税基本程序

知识目标

1. 掌握开业、变更、注销税务登记的办理。
2. 掌握发票领购业务。
3. 掌握纳税申报程序，包括自行申报、邮寄申报、数据电文申报。

能力目标

1. 能正确办理开业、变更、注销税务登记业务。
2. 会领购发票，能够正确开具发票。
3. 会按照规定程序办理数据电文申报申请。

任务一 税务登记

税务登记是税务机关对纳税人的生产、经营活动进行登记并据此对纳税人实施税务管理的一种法定制度。税务登记又称纳税登记，它是税务机关对纳税人实施税收管理的首要环节和基础工作，是征纳双方法律关系成立的依据和证明，也是纳税人必须依法履行的义务。

根据《中华人民共和国税收征收管理法》(以下简称《征管法》)和国家税务总局印发的《税务登记管理办法》，我国税务登记制度主要包括开业税务登记、变更税务登记和注销税务登记。纳税人必须按照税法规定的期限办理开业税务登记、变更税务登记或注销税务登记。

一 办理开业税务登记

任务情境

2009 年 1 月 2 日，山东宇鑫太阳能销售公司经滨州市工商局批准注册成立，在工商银行滨州分行开户，账号 200989800001(纳税账户)；在建设银行滨州分行开户，账号 10989800001；在中国银行滨州分行开户，账号 878000000001。该公司的经营业务为太阳能热水器的销售、安装和维修。公司的注册地址和经营地址为滨州市长江八路 508 号，营业执照号 3701112000294。公司注册资本 5 000 000 元，其中自然人王宝投资 2 000 000 元，占 40%；滨州宝泰集团公司投资 2 000 000 元，占 40%；自然人刘方投资 1 000 000 元，占 20%。低值易耗品摊销方法采用五五摊销法，固定资产折旧方式采用平均年限法。法人代表王宝，身份证号 372301196601010093。

任务角色：办税员张丽、董事长王宝、公章保管员李华、财务经理徐芳、税务局工作人员李廉。

公司安排财务部办税员张丽准备相关资料，填制“税务登记申请报告书”（表 1-1）和“税务登记表”（表 1-2）办理开业税务登记。

表 1-1 税务登记申请报告书

滨州市国家税务局：
我单位于________年______月______日起，（事由）____________________按照《中华人民共和国税收征收管理法》第________条规定，特申报办理__________税务登记。
申请人（签名） 年 月 日
说明：
1. 此书由纳税人、扣缴义务人申请税务登记时填写；
2. 此书适用于办理各种类型的税务登记，如变更或者注销税务登记、代扣（收）税务登记。

表 1-2 税务登记表

纳税人名称			纳税人识别号		
法定代表人（负责人）		身份证件名称		证件号码	
注册地址				邮政编码	
生产经营地址				邮政编码	
生产经营范围	主 营				
	兼 营				
所属主管单位					
发照工商机关	工商机关名称				
	营业执照名称		营业执照字号		
	发照日期	年 月 日	开业日期	年 月 日	
	有效期限	年 月 日至 年 月 日			
开户银行名称		银行账号		币 种	是否缴税账号
生产经营期限	年 月 日至 年 月 日			从业人数	
经营方式		登记注册类型		行 业	
财务负责人		办税人员		联系电话	
办税人员证件名称			办税人员证件号码		
隶属关系			注册资本（币种）		
投资方名称	投资金额	投资币种	与美元汇率比价	所占投资比例	分配比例
会计报表种类					
低值易耗品摊销方法					
折旧方式					
所属非独立核算的分支机构	纳税人识别号	纳税人名称	生产经营地址	负责人	

法定代表人（负责人）签章： 纳税人（签章）：

填表日期： 年 月 日

任务指导

(一)开业税务登记的对象

根据税法的相关规定,开业税务登记的纳税人分以下两类:

1.领取营业执照从事生产、经营的纳税人

(1)企业,即从事生产经营的单位或组织,包括国有、集体、私营企业,中外合资合作企业,外商独资企业,以及各种联营、联合、股份制企业等。

(2)企业在外地设立的分支机构和从事生产、经营的场所。

(3)个体工商户。

(4)从事生产、经营的事业单位。

2.其他纳税人

根据税法的相关规定,不从事生产、经营,但依照法律、法规的规定负有纳税义务的单位和个人,除临时取得应税收入或发生应税行为以及只缴纳个人所得税、车船税的外,都应按规定向税务机关办理税务登记。

(二)开业税务登记的时间和地点

1.从事生产、经营的纳税人,应当自领取营业执照之日起30日内,向生产、经营地或者纳税义务发生地的主管税务机关申报办理税务登记,如实填写税务登记表,并按照税务机关的要求提供有关证件、资料。

2.上述以外的其他纳税人,除国家机关和个人外,应当自纳税义务发生之日起30日内,持有关证件向所在地主管税务机关申报办理税务登记。

(三)开业税务登记的内容

开业税务登记的内容主要有:

1.单位名称、法定代表人或业主姓名及其居民身份证、护照或者其他证明身份的合法证件。

2.住所、经营地点。

3.登记注册类型及所属主管单位。

4.核算方式。

5.行业、经营范围、经营方式。

6.注册资金(资本)、投资总额、开户银行及账号。

7.经营期限、从业人数、营业执照号码。

8.财务负责人、办税人员。

9.其他有关事项。

企业在外地的分支机构或者从事生产、经营的场所,还应当登记总机构的名称、地址、法人代表、主要业务范围、财务负责人。

(四)开业税务登记的程序

1.税务登记的申请

办理税务登记是为了建立正常的征纳秩序,是纳税人履行纳税义务的第一步。为此,纳税人必须严格按照规定的期限,向当地主管税务机关及时申报办理税务登记手续,实事求是地填报登记项目,并如实回答税务机关提出的问题。纳税人所属的本县(市)以外的非独立经济核算的分支机构,除由总机构申报办理税务登记外,还应当自设立之日起30日内,向分支机构所在地税务机关申报办理注册税务登记。在申报办理税务登记时,纳税人应认真填写“税务登记表”。

2.纳税人办理税务登记时应提供的证件、资料

(1)营业执照或其他核准执业证件及工商登记表,或其他核准执业登记表复印件。

(2)有关机关、部门批准设立的文件。

(3)有关合同、章程、协议书。

(4)法定代表人和董事会成员名单。

(5)法定代表人(负责人)或业主居民身份证、护照或者其他证明身份的合法证件。

(6)组织机构统一代码证书。

(7)住所或经营场所证明。

(8)委托代理协议书复印件。

(9)享受税收优惠政策的企业,还应包括需要提供的相应证明、资料,税务机关需要的其他资料、证件。

企业在外地的分支机构或者从事生产、经营的场所,在办理税务登记时还应当提供由总机构所在地税务机关出具的在外地设立分支机构的证明。

3.税务登记表的种类、适用对象

(1)内资企业税务登记表。适用于核发税务登记证的国有企业、集体企业、股份合作企业、国有联营企业、集体联营企业、国有与集体联营企业、其他联营企业、国有独资公司、其他有限责任公司、股份有限公司、私营独资企业、私营合作企业、私营有限责任公司、私营股份有限公司、其他企业填用。

(2)分支机构税务登记表。主要适用于核发注册税务登记证的各种类型企业的非独立核算分支机构填用。

(3)个体经营税务登记表。主要适用于核发税务登记证的个体工商业户填用。

(4)其他单位税务登记表。主要适用于除工商行政管理机关外,其他部门批准登记核发税务登记证的纳税人。

(5)涉外企业税务登记表。主要适用于中外合资经营企业、中外合作经营企业和外国企业填用。

4.税务登记表的受理、审核

(1)受理。税务机关对申请办理税务登记的单位和个人所提供的“税务登记申请报告书”,及要求报送的各种附列资料、证件进行查验,手续完备、符合要求的,方可受理登记,并根据其经济类型发给相应的“税务登记表”。

(2)审核。税务登记审核工作既是税务机关税务登记工作的开始,也是税务登记管理工作的关键。为此,加强税务登记申请的审核就显得十分必要。通过税务登记申请的审核,可以了解应申报办理税务登记户数以及实际办理税务登记户数,进而掌握申报办理税务登记户的行业构成等税务管理信息。

税务机关对纳税人填报的“税务登记表”、提供的证件和资料,应当在收到之日起30日内审核完毕,符合规定的,予以登记;不符合规定的,不予登记,并应在30日内予以答复。

5.税务登记证的核发

根据《征管法》第十五条的规定:“税务机关应当自收到申报之日起30日内审核并发给税务登记证件。”因此,税务机关对纳税人填报的“税务登记表”及附送资料、证件审核无误的,应在30日内发给税务登记证件。具体规定如下:

(1)对从事生产、经营并经工商行政管理部门核发营业执照的纳税人,核发税务登记证及其副本。

(2)对未取得营业执照或工商登记核发临时营业执照从事生产经营的纳税人,暂核发税务登记证及其副本,并在正副本右上角加盖“临时”章。

(3)对纳税人非独立核算的分支机构及非从事生产经营的纳税人(除临时取得应税收入或发生应税行为以及只缴纳个人所得税、车船税的外),核发注册税务登记证及其副本。

(4)对外商投资企业、外国企业及外商投资企业分支机构,分别核发外商投资企业税务登记证及其副本、外国企业税务登记证及其副本、外商投资企业分支机构税务注册证及其副本。

对既没有税收纳税义务又不需领用收费(经营)票据的社会团体等,可以只登记不发证。

(五)税务登记流程

税务登记流程如图1-1所示。

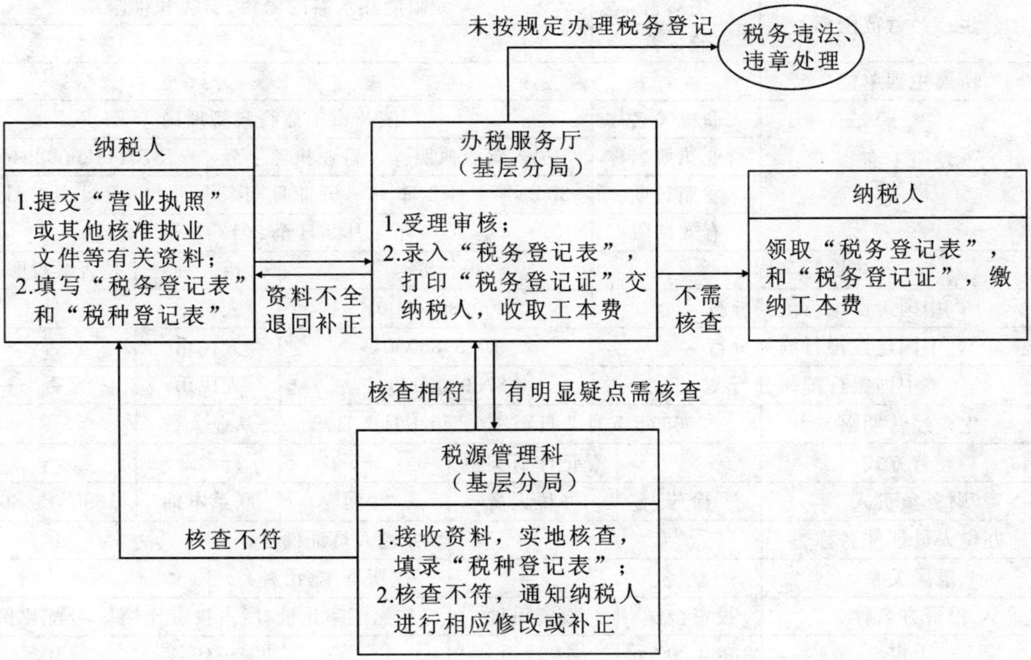

图1-1 税务登记流程图

任务处理

1. 办税员张丽填写“税务登记申请报告书”(表1-3)

表 1-3 税务登记申请报告书

滨州市国家税务局：

我单位于 2009 年 1 月 2 日起，(事由)经市工商局批准开业，销售太阳能热水器，按照《中华人民共和国税收征收管理法》第十五条规定，特申报办理开业税务登记。

申请人(签名)：张丽
2009 年 1 月 2 日

说明：
1. 此书由纳税人、扣缴义务人申请税务登记时填写；
2. 此书适用于办理各种类型的税务登记，如变更或者注销税务登记、代扣(收)税务登记。

2. 复印必需的资料

复印营业执照、公司章程、组织机构统一代码证书、法定代表人的身份证、注册地的房屋产权证(或者房产租赁合同)。

3. 填制“税务登记表”(表 1-4)

表 1-4 税务登记表

<table>
<tr><td>纳税人名称</td><td colspan="3">山东宇鑫太阳能销售公司</td><td>纳税人识别号</td><td colspan="3">370000000010001</td></tr>
<tr><td>法定代表人(负责人)</td><td>王宝</td><td>身份证件名称</td><td>居民身份证</td><td>证件号码</td><td colspan="3">372301196601010093</td></tr>
<tr><td>注册地址</td><td colspan="3">滨州市长江八路 508 号</td><td>邮政编码</td><td colspan="3">256600</td></tr>
<tr><td>生产经营地址</td><td colspan="3">滨州市长江八路 508 号</td><td>邮政编码</td><td colspan="3">256600</td></tr>
<tr><td rowspan="2">生产经营范围</td><td>主 营</td><td colspan="6">太阳能热水器的销售、安装和维修</td></tr>
<tr><td>兼 营</td><td colspan="6"></td></tr>
<tr><td>所属主管单位</td><td colspan="7"></td></tr>
<tr><td rowspan="4">发照工商机关</td><td>工商机关名称</td><td colspan="6">滨州市工商行政管理局</td></tr>
<tr><td>营业执照名称</td><td colspan="2">法人营业执照</td><td colspan="2">营业执照字号</td><td colspan="2">3701112000294</td></tr>
<tr><td>发照日期</td><td colspan="2">2009 年 1 月 2 日</td><td colspan="2">开业日期</td><td colspan="2">2009 年 1 月 2 日</td></tr>
<tr><td>有效期限</td><td colspan="6">2009 年 1 月 2 日至 2012 年 1 月 2 日</td></tr>
<tr><td colspan="2">开户银行名称</td><td colspan="3">银行账号</td><td colspan="2">币 种</td><td>是否缴税账号</td></tr>
<tr><td colspan="2">中国工商银行滨州分行</td><td colspan="3">200989800001</td><td colspan="2">人民币</td><td>是</td></tr>
<tr><td colspan="2">中国建设银行滨州分行</td><td colspan="3">10989800001</td><td colspan="2">人民币</td><td>否</td></tr>
<tr><td colspan="2">中国银行滨州分行</td><td colspan="3">878000000001</td><td colspan="2">人民币</td><td>否</td></tr>
<tr><td>生产经营期限</td><td colspan="4">2009 年 1 月 2 日至 2012 年 1 月 2 日</td><td colspan="2">从业人数</td><td>59</td></tr>
<tr><td>经营方式</td><td></td><td colspan="2">登记注册类型</td><td></td><td colspan="2">行 业</td><td></td></tr>
<tr><td>财务负责人</td><td>徐芳</td><td>办税人员</td><td colspan="2">张丽</td><td colspan="2">联系电话</td><td>13905438868</td></tr>
<tr><td>办税人员证件名称</td><td colspan="3"></td><td colspan="3">办税人员证件号码</td><td></td></tr>
<tr><td>隶属关系</td><td colspan="3"></td><td colspan="3">注册资本(币种)</td><td></td></tr>
<tr><td>投资方名称</td><td>投资金额</td><td>投资币种</td><td colspan="2">与美元汇率比价</td><td colspan="2">所占投资比例</td><td>分配比例</td></tr>
<tr><td>王宝</td><td>2 000 000 元</td><td>人民币</td><td colspan="2"></td><td colspan="2">40%</td><td>40%</td></tr>
<tr><td>滨州宝泰集团公司</td><td>2 000 000 元</td><td>人民币</td><td colspan="2"></td><td colspan="2">40%</td><td>40%</td></tr>
<tr><td>刘方</td><td>1 000 000 元</td><td>人民币</td><td colspan="2"></td><td colspan="2">20%</td><td>20%</td></tr>
<tr><td>会计报表种类</td><td colspan="7"></td></tr>
<tr><td>低值易耗品摊销方法</td><td colspan="7">五五摊销法</td></tr>
<tr><td>折旧方式</td><td colspan="7">平均年限法</td></tr>
<tr><td rowspan="2">所属非独立核算的分支机构</td><td colspan="2">纳税人识别号</td><td colspan="2">纳税人名称</td><td colspan="2">生产经营地址</td><td>负责人</td></tr>
<tr><td colspan="2"></td><td colspan="2"></td><td colspan="2"></td><td></td></tr>
</table>

法定代表人(负责人)签章： 纳税人(签章)：

填表日期：2009 年 1 月 6 日

4.携带资料去滨州市国家税务局办税大厅

整理好填写的“税务登记表”请法定代表人(董事长)签字,然后到公司办公室请公章保管员盖章,携带“税务登记申请报告书”、“税务登记表”、各种复印件及原件,去滨州市国家税务局办税大厅申请税务登记。

5.领取税务登记证

办税服务厅(基层分局)受理纳税人的税务登记申请,审查其提供的证件、资料是否齐全,填报表格是否正确。对资料不全的,退回补正;对资料齐全且符合规定的,在“税务登记表”中加盖主管税务机关章或税务登记专用章、经办人员签章等。

按照税务局的上述处理,张丽当场领取或者回公司等候通知领取税务局制发的“税务登记证”(正、副本)及“税务登记表”等有关资料,并缴纳税务局按规定收取的工本费。

二 办理变更税务登记

任务情境

2009 年 3 月 8 日,山东滨州宇鑫太阳能销售公司由于业务扩大,股东大会同意股东王宝增加注册资本 1 000 000 元。公司安排办税员张丽填制“税务登记申请报告书”(表 1-1)和“税务登记变更表”(表 1-5)办理变更税务登记。

主要任务角色:办税员张丽、董事长王宝、公章保管员李华、财务经理徐芳、税务局工作人员李正。

任务指导

变更税务登记是指纳税人办理税务登记后,需要对原登记内容进行更改,而向税务机关申报办理的税务登记。其适用范围主要有以下几种:①改变名称;②改变法人代表;③改变经济性质;④增设或撤销分支机构;⑤改变住所或经营地点(涉及主管税务机关变动的办理注销登记);⑥改变生产、经营范围或经营方式;⑦增减注册资本;⑧改变隶属关系;⑨改变生产经营期限;⑩改变开户银行和账号;⑪改变生产经营权属以及改变其他税务登记内容。

(一)变更税务登记管理

1.纳税人税务登记内容发生变化的,应当向原税务登记机关申报办理变更税务登记。

2.纳税人已在工商行政管理机关办理变更登记的,应当自工商行政管理机关变更登记之日起 30 日内,向原税务机关如实提供下列证件、资料,申报办理变更税务登记:

(1)工商登记变更表及工商营业执照;

(2)纳税人变更登记内容的有关证明文件;

(3)税务机关发放的原税务登记证件(税务登记证正、副本和税务登记表等);

(4)其他有关资料。

表 1-5 税务登记变更表

纳税人识别号：															

纳税人名称：

<table>
<tr><td colspan="4">变更登记事项</td></tr>
<tr><td>序号</td><td>变更项目</td><td>变更前内容</td><td>变更后内容</td></tr>
<tr><td></td><td></td><td></td><td></td></tr>
<tr><td></td><td></td><td></td><td></td></tr>
<tr><td></td><td></td><td></td><td></td></tr>
<tr><td></td><td></td><td></td><td></td></tr>
<tr><td></td><td></td><td></td><td></td></tr>
<tr><td colspan="4">送缴证件情况：</td></tr>
<tr><td colspan="4">纳税人(签章)

法定代表人(负责人)：　　　　办税人员：　　　　年　月　日</td></tr>
<tr><td colspan="4">主管税务机关审批意见

(公章)

负责人：　　　　经办人：　　　　年　月　日</td></tr>
</table>

注：涉及税务登记内容变化的，均应办理变更登记。本表为 A4 竖式。

3.纳税人按照规定不需要在工商行政管理机关办理变更登记，或者其变更登记的内容与工商登记内容无关的，应当自税务登记内容实际发生变化之日起 30 日内，或者自有关机关批准或者宣布变更之日起 30 日内，持下列证件到原税务登记机关申报办理变更税务登记：

(1)纳税人变更登记内容的有关证明文件；

(2)税务机关发放的原税务登记证件(税务登记证正、副本和税务登记表等)；

(3)其他有关资料。

税务机关应当自受理之日起 30 日之内，审核办理变更税务登记。纳税人税务登记表和税务登记证中的内容都发生变更的，税务机关按变更后的内容重新核发税务登记证件；纳税人税务登记表的内容发生变更而税务登记证中的内容未发生变更的，税务机关不再核发税务登记证件。

(二)变更税务登记操作要点

1. 填写“税务登记变更表”(表 1-5)提交税务机关审核

办税员领取“税务登记变更表”以后,应根据企业的实际情况,详细填写纳税人识别号、纳税人名称、填表日期、变更登记事项及其变更前后的内容,并办理签章手续。

2. 领取变更后的税务登记证及有关资料

办税员应及时到税务机关领取重新核发的税务登记证件及有关资料,送交企业存档。

(三)税务登记变更流程

税务登记变更流程如图 1-2 所示。

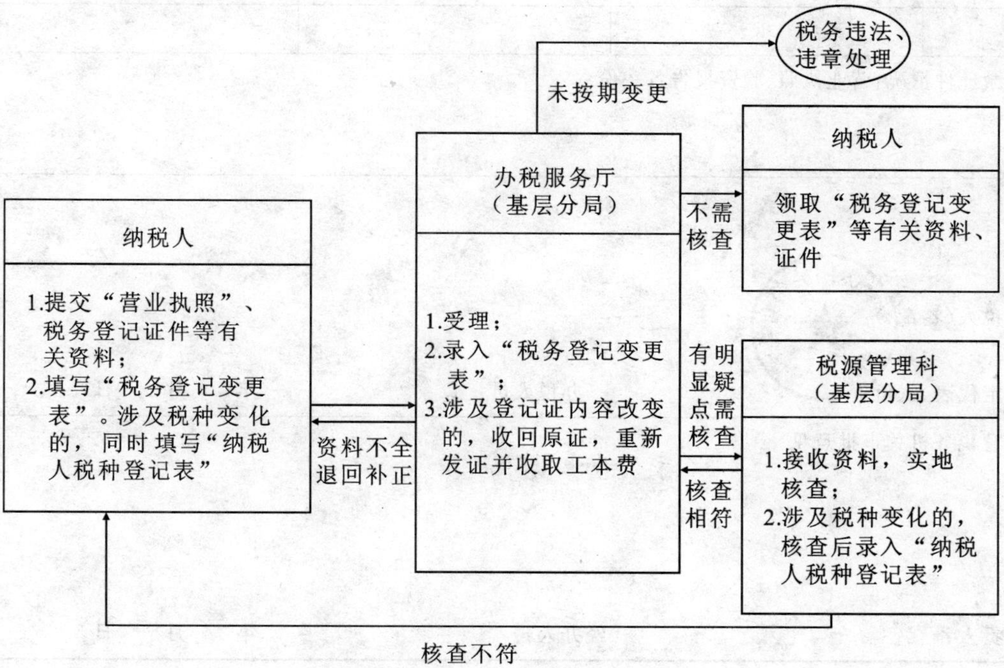

图 1-2　税务登记变更流程图

任务处理

1. 办税员张丽填写“税务登记申请报告书”(表 1-6)

表 1-6　税务登记申请报告书

滨州市国家税务局:

我单位于 2009 年 8 月 1 日起,(事由)增加注册资本 1 000 000 元,按照《中华人民共和国税收征收管理法》第十六条规定,特申报办理变更税务登记。

申请人(签名) 张丽

2009 年 8 月 1 日

说明:

1. 此书由纳税人、扣缴义务人申请税务登记时填写;
2. 此书适用于办理各种类型的税务登记,如变更或者注销税务登记、代扣(收)税务登记。

2. 填制“税务登记变更表”(表 1-7)

表 1-7 税务登记变更表

纳税人识别号：	3	7	0	0	0	0	0	0	0	0	1	0	0	0	1

纳税人名称：山东宇鑫太阳能销售公司

变更登记事项			
序号	变更项目	变更前内容	变更后内容
1	注册资本(元)	5 000 000.00	6 000 000.00
送缴证件情况：营业执照、验资报告各一份			
纳税人(签章) 法定代表人(负责人)： 办税人员： 年 月 日			
主管税务机关审批意见 (公章) 负责人： 经办人： 年 月 日			

注：涉及税务登记内容变化的，均应办理变更登记。本表为 A4 竖式。

3. 携带资料去滨州市国家税务局办税大厅

整理好填写的“税务登记变更表”，请法定代表人(董事长)签字，然后到公司办公室请公章保管员盖章，携带“税务登记申请报告书”、“税务登记变更表”、各种复印件及原件，去滨州市国家税务局办税大厅申请税务变更登记。

4. 资料处理

办税服务厅(基层分局)审核纳税人的相关资料，收回原税务登记证(正本、副本)，换发新的税务登记证；如果只是税务登记表变更而税务登记证内容未变，则不再换发新证。

按照税务局的上述处理，张丽报送“税务登记变更表”，无需更换税务登记证。

三 办理注销税务登记

任务情境

2009 年 9 月 1 日，山东宇鑫太阳能销售公司由于业务扩大，股东大会同意将其经营地点搬迁至济南市，需要注销山东宇鑫太阳能销售公司。公司安排办税员张丽填制报告书（表1-1）和审批表（表1-8），办理注销税务登记。

表 1-8　注销税务登记申请审批表

<table>
<tr><td>纳税人名称</td><td colspan="2"></td><td colspan="2">纳税人识别号</td><td></td></tr>
<tr><td>注销原因</td><td colspan="5"></td></tr>
<tr><td>附送资料</td><td colspan="3"></td><td colspan="2"></td></tr>
<tr><td colspan="6">纳税人：
经办人：　　法定代表人（负责人）：　　纳税人（签章）
年　月　日　　年　月　日　　年　月　日</td></tr>
<tr><td colspan="6">以下由税务机关填写</td></tr>
<tr><td>受理时间</td><td colspan="5">经办人：　　负责人：
年　月　日　　年　月　日</td></tr>
<tr><td>清缴税款、滞纳金、罚款情况</td><td colspan="5">经办人：　　负责人：
年　月　日　　年　月　日</td></tr>
<tr><td>缴销发票情况</td><td colspan="5">经办人：　　负责人：
年　月　日　　年　月　日</td></tr>
<tr><td>税务检查意见</td><td colspan="5">经办人：　　负责人：
年　月　日　　年　月　日</td></tr>
<tr><td rowspan="3">收缴税务证件情况</td><td>种类</td><td>税务登记证正本</td><td>税务登记证副本</td><td>临时税务登记证正本</td><td>临时税务登记证副本</td></tr>
<tr><td>收缴数量</td><td></td><td></td><td></td><td></td></tr>
<tr><td colspan="5">经办人：　　负责人：
年　月　日　　年　月　日</td></tr>
<tr><td>批准意见</td><td colspan="5">部门负责人：　　税务机关（签章）
年　月　日　　年　月　日</td></tr>
</table>

主要任务角色：办税员张丽、董事长王宝、公章保管员李华、财务经理徐芳、税务局工作人员李正。

任务指导

（一）注销税务登记管理规程

1. 纳税人发生解散、破产、撤销以及其他情形，依法终止纳税义务的，应当在向工商行政管理机关或者其他机关办理注销登记前，持有关证件和资料向原税务登记机关申报办理注销税务登记；按规定不需要在工商行政管理机关或者其他机关办理注销登记的，应当自有关机关批准或者宣告终止之日起15日内，持有关证件和资料向原税务机关申报办理注销税务登记。

2. 纳税人被工商行政管理机关吊销营业执照或者被其他机关予以撤销登记的，应当自营业执照被吊销或者被撤销登记之日起15日内，向原税务机关申报办理注销税务登记。

3. 纳税人因住所、经营地点变动，涉及改变税务登记机关的，应在向工商机关或其他机关申请办理注销登记前，或者住所、经营地点变动前，持有关资料向原税务登记机关申报办理注销税务登记。

4.境外企业在中国境内承包建筑、安装、装配、勘探工程和提供劳务的，应当在项目完工、离开中国境内前15日内，持有关证件和资料，向原税务登记机关申报办理注销税务登记。

5.纳税人办理注销税务登记前，应当向税务机关提交相关证明文件和资料，结清应纳税款、多退(免)税款、滞纳金和罚款，缴销发票、税务登记证件和其他税务证件，经税务机关核准后，办理注销税务登记手续。

(二)注销税务登记的程序、方法

1.纳税人办理注销税务登记时，应向原税务登记机关领取"注销税务登记申请审批表"，如实填写注销登记事项内容及原因。

2.提供有关证件、资料。纳税人如实填写"注销税务登记申请审批表"，连同下列资料、证件报税务机关：

(1)注销税务登记申请书。

(2)主管部门批文或董事会、职代会的决议及其他有关证明文件。

(3)营业执照被吊销的应提交工商机关发放的注销决定。

(4)主管税务机关原发放的税务登记证件(税务登记证正、副本及登记表等)。

(5)其他有关资料。

3."注销税务登记申请审批表"的内容。由纳税人填写的项目主要包括纳税人名称(含分支机构名称)、注销原因、批准机关名称、批准文号及日期。

由税务机关填写的项目主要包括纳税人实际经营期限、纳税人已享受税收优惠、发票缴销情况、税款清缴情况、税务登记证件收缴情况。

4.受理。税务机关受理纳税人填写完毕的表格，审阅其填报内容是否符合要求，所附资料是否齐全后，督促纳税人做好下列事宜：

纳税人持"注销税务登记申请审批表"、未经税务机关查验的发票和"发票领购簿"到发票管理部门申请办理发票缴销；发票管理部门按规定清理发票后，在"注销税务登记申请审批表"上签署发票缴销情况，同时将审批表返还纳税人。

纳税人向征收部门清缴税款；征收部门在纳税人缴纳税款后，在"注销税务登记申请审批表"上签署意见，同时将审批表返还纳税人。

5.核实。纳税人将由上述两个部门签署意见后的审批表交登记管理部门；登记管理部门审核确认后，制发"税务文书领取通知书"给纳税人，同时填制"税务文书传递单"，并附"注销税务登记申请审批表"送稽查部门。

若稽查部门确定需对申请注销的纳税人进行实地稽查，应在"税务文书传递单"上注明批复期限内稽查完毕，在"注销税务登记申请审批表"上签署税款清算情况，及时将"税务文书传递单"和"注销税务登记申请审批表"返还税务登记部门，登记部门在纳税人结清税款(包括滞纳金、罚款)后据以办理注销税务登记手续。

纳税人因生产、经营场所发生变化需改变主管税务登记机关的，在办理注销税务登记时，原税务登记机关在对其注销税务登记的同时，应向迁达地税务登记机关递交"纳税人迁移通知书"，并附"纳税人档案资料移交清单"，由迁达地税务登记机关重新办理税务登记。

(三)注销税务登记流程

注销税务登记流程如图 1-3 所示。

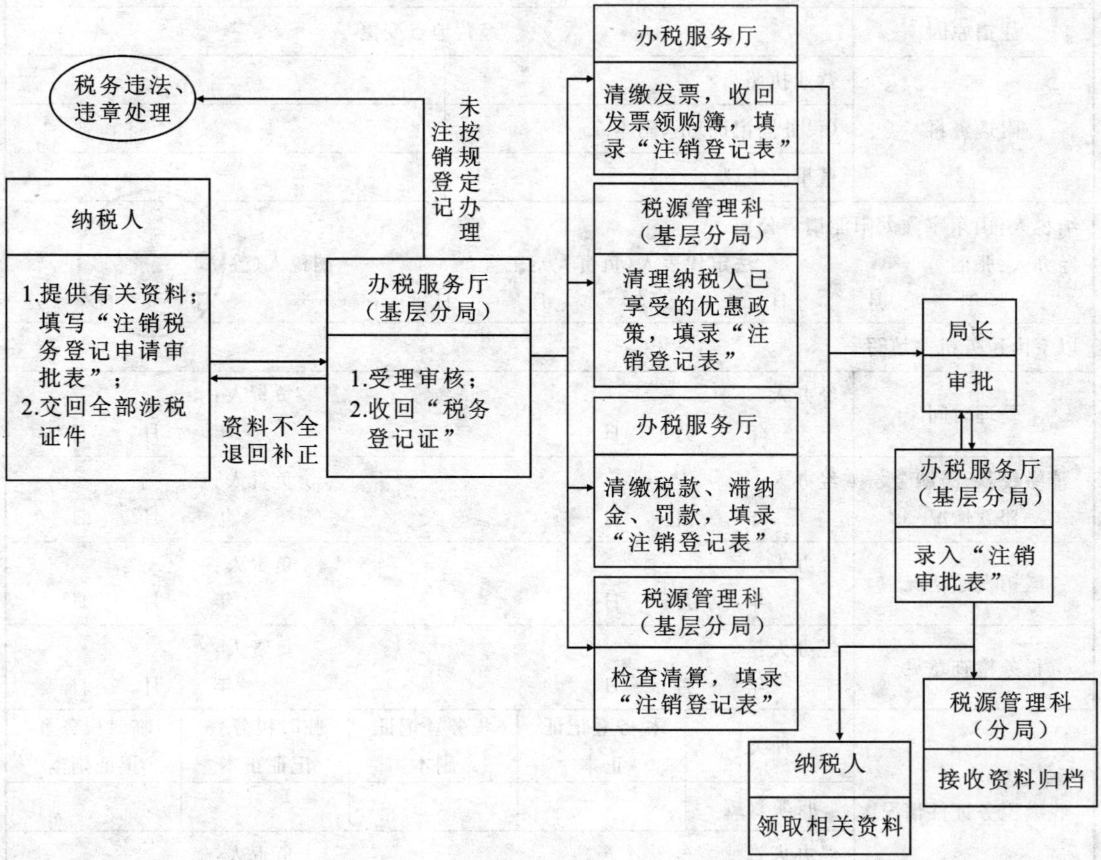

图 1-3　注销税务登记流程图

任务处理

1. 张丽首先填写注销税务登记的书面报告，提出申请(表 1-9)

表 1-9　税务登记申请报告书

滨州市国家税务局：

我单位于 2009 年 9 月 1 日起，(事由)搬迁，按照《中华人民共和国税收征收管理法》第十六条规定，特申报办理注销税务登记。

申请人(签名)　张丽

2009 年 9 月 1 日

说明：(略)

2. 填写“注销税务登记申请审批表”，持相关材料，到税务机关结清税款，办理注销税务登记(表 1-10)

表 1-10 注销税务登记申请审批表

纳税人名称	山东宇鑫太阳能销售公司	纳税人识别号	370000000010001	
注销原因	经营地点变更			
附送资料	营业执照			
	(税务登记证)正、副本			
	董事会决议			
纳税人:山东宇鑫太阳能销售公司 经办人:张丽 年 月 日	法定代表人(负责人):王宝 年 月 日		纳税人(签章) 年 月 日	
以下由税务机关填写				
受理时间	经办人: 年 月 日		负责人: 年 月 日	
清缴税款、滞纳金、罚款情况	经办人: 年 月 日		负责人: 年 月 日	
缴销发票情况	经办人: 年 月 日		负责人: 年 月 日	
税务检查意见	经办人: 年 月 日		负责人: 年 月 日	
收缴税务证件情况	种类	税务登记证正本	税务登记证副本	临时税务登记证正本	临时税务登记证副本
	收缴数量				
	经办人: 年 月 日		负责人: 年 月 日	
批准意见	部门负责人: 年 月 日		税务机关(签章) 年 月 日	

"注销税务登记通知书"和"纳税人迁移通知书"见表 1-11 及表 1-12。

表 1-11 注销税务登记通知书

滨州国税〔090888〕号 山东宇鑫太阳能销售公司: 你单位报送的"注销税务登记申请审批表"经核批,准予注销。可凭此通知到有关部门办理其他手续。 税务机关(公章) 2009 年 9 月 6 日

表 1-12　纳税人迁移通知书

滨州国税〔090888〕号 济南市国家税务局： 我局所辖　山东宇鑫太阳能销售公司(370000000010001)因地址变更为 济南市，迁往你局辖区，现该纳税人已于 2009 年 9 月 6 日终止在我局的纳税事项。 附：纳税人税收征管档案资料移交清单 税务机关(公章) 2009 年 9 月 6 日

任务二　发票领购

任务情境

2009 年 8 月 1 日，宇鑫太阳能销售公司由于业务需要，安排财务部办税员张丽领购发票。

主要任务角色：办税员张丽、财务经理徐芳、税务局工作人员李正。

“领购发票申请审批表”及“财务(发票)专用章印模留存表”见表 1-13、表 1-14。

表 1-13　领购发票申请审批表

<table>
<tr><td colspan="2">计算机代码</td><td colspan="3"></td><td colspan="3">行　业</td><td colspan="2"></td></tr>
<tr><td colspan="2">纳税人名称</td><td colspan="3"></td><td colspan="3">法定代表人</td><td colspan="2"></td></tr>
<tr><td colspan="2">联系电话</td><td colspan="3"></td><td colspan="3">发票管理人</td><td colspan="2"></td></tr>
<tr><td colspan="2">经营范围</td><td colspan="8"></td></tr>
<tr><td rowspan="4">纳税人申请</td><td colspan="4">发票名称</td><td colspan="2">单位</td><td colspan="3">计划月用量</td></tr>
<tr><td colspan="4"></td><td colspan="2"></td><td colspan="3"></td></tr>
<tr><td colspan="4"></td><td colspan="2"></td><td colspan="3"></td></tr>
<tr><td colspan="9">申请理由：
纳税人(公章)
年　月　日</td></tr>
<tr><td colspan="10">以下由税务机关填写</td></tr>
<tr><td colspan="2" rowspan="2">发票种类</td><td rowspan="2">发票代码</td><td colspan="2" rowspan="2">发票名称</td><td rowspan="2">单位</td><td colspan="2">限购数量(金额)</td><td colspan="2">购票</td></tr>
<tr><td>数量</td><td>金额</td><td colspan="2">方式</td></tr>
<tr><td colspan="2"></td><td></td><td colspan="2"></td><td></td><td></td><td></td><td colspan="2"></td></tr>
<tr><td colspan="10">是否须提供发票担保人或缴纳发票保证金：　□是　□否</td></tr>
<tr><td colspan="5">受理人：
年　月　日</td><td colspan="5">管理部门意见：
管理人员：(公章)
部门负责人：年　月　日</td></tr>
</table>

表 1-14 财务(发票)专用章印模留存表

计算机代码		纳税人名称	
财务专用章印模			
发票专用章印模			
经办人: 财务负责人:			纳税人(签章) 年 月 日

任务指导

发票是指一切单位和个人在购销商品、提供或者接受劳务服务以及从事其他经营活动时,所提供给对方的收付款的书面证明。它是财务收支的法定凭证,是会计核算的原始凭据,是税务检查的重要依据。

办税员首先要了解发票的种类与适用范围、税务机关有关发票管理权限的划分、发票领购的管理制度等各项规定,再根据纳税人适用的发票种类和领购发票的方式,办理发票领购事宜。

(一)发票的种类与使用范围

根据《发票管理办法》和国家税务总局的有关规定,发票的管理权限按流转税主体税种划分。增值税纳税人使用的发票由国家税务局管理,如增值税专用发票,工业、商业企业销货发票,加工修理发票等;营业税纳税人使用的发票由地方税务局管理,如服务业、建筑安装业、运输业、金融保险业等开具的结算营业收入的各种发票;有的发票对于增值税和营业税纳税人都适用,如临时经营发票用于临时经营单位销售货物,或提供营业税应税劳务时使用。因此,增值税企业发票领购到国税局办理,营业税企业发票领购到地税局办理。如果一个企业以增值税为主并兼有营业税的经营项目,就应该分别到国税和地税主管税务机关办理发票领购。

发票种类繁多,主要是按行业特点和纳税人的生产经营项目分类。每种发票都有特定的使用范围。

1. 增值税专用发票

增值税专用发票(以下简称专用发票)只限于增值税一般纳税人领购使用,增值税小规模纳税人和非增值税纳税人不得领购使用。从行业划分来讲,它是工业、商业企业用于结算销售货物和加工修理修配劳务使用的发票。

2. 普通发票

普通发票主要由营业税纳税人和增值税小规模纳税人使用。增值税一般纳税人在不能开具增值税专用发票的情况下也可使用普通发票,所不同的是具体种类要按适用范围选择。如普通发票中的商业批发零售发票、加工修理修配发票是由增值税纳税人使用的,而属于结算服务收入、运输收入等的普通发票主要由营业税纳税人使用。普通发票由行业发票和专用发票组成。前者适用于某个行业的经营业务,后者仅适用于某一经营项目,可以说是在行业发票划分的基础上再细分,其作用在于控制一些特定经营项目的税收征管和进行社会经济管理,如广告费用结算发票、出售地下水专用发票、商品房销售发票等。

3.专业发票

专业发票是指国有金融、保险企业的存贷、汇兑、转账、保险凭证,国有邮政、电信企业的邮票、邮单、话务、电报收据,国有铁路、民用航空企业和交通部门、国有公路、水上运输企业的客票、货票等。经国家税务总局或者省、市、自治区税务机关批准,专业发票可由政府主管部门自行管理,不套印税务机关的统一发票监制章,也可根据税收征管的需要纳入统一发票管理。

(二)发票领购管理

1.发票领购的适用范围

(1)依法办理税务登记的单位和个人,在领取"税务登记证"后可以申请领购发票,属于法定的发票领购对象;

(2)依法不需要办理税务登记的单位,发生临时经营业务需要使用发票的,可以凭单位介绍信和其他有效证件,到税务机关代开发票;

(3)临时到本省(自治区、直辖市)以外从事经营活动的单位和个人,凭所在地税务机关开具的"外出经营活动税收管理证明",在办理纳税担保的前提下,可向经营地税务机关申请领购经营地的发票。

2.发票领购手续

按照发票管理法规的规定:申请领购发票的单位和个人应当提出购票申请,同时提供经办人身份证明、税务登记证件及财务印章、发票专用章的印模等资料,经主管税务机关审核后发给"发票领购簿"。领购发票的单位和个人凭"发票领购簿"核准的种类、数量,向主管税务机关领购发票。需要临时使用发票的单位和个人,可以直接向税务机关申请办理发票的开具。

(三)领购发票操作要点

1.自制发票审批程序与操作要点

《发票管理办法实施细则》规定:凡有固定生产经营场所、财务核算和发票管理制度健全、发票使用量较大的单位,可以申请印制印有本单位名称的发票即自制发票。如果统一发票式样不能满足业务需要,也可以自行设计本单位的发票式样,报经县(市)以上税务机关批准到指定的印刷厂印制。自制发票仅限于普通发票。

2.统印发票领购操作要点

统印发票的领购方式及要点如下:

(1)批量供应。税务机关根据用票单位业务量对发票需求量的大小,确定一定时期内的合理领购数量,用量大的可以按月提供,用量不太大的可以按季领购,防止其积存较多发票而引起管理上的问题。这种方式主要适用于财务制度较健全、有一定经营规模的纳税人。

(2)交旧购新。用票单位交回旧的(即已填用过的)发票存根联,经主管税务机关审核后留存，才允许购领新发票。主管税务机关对旧发票存根联进行审核，主要看其存根联是否按顺序号完整保存，作废发票是否全份缴销，填开的内容是否真实、完整、规范等。

（3）验旧购新。这种方式与交旧购新基本相同，主要的区别是税务机关审验旧发票存根以后，由用票单位自己保管。

（四）发票领购的流程

发票领购流程如图 1-4 所示。

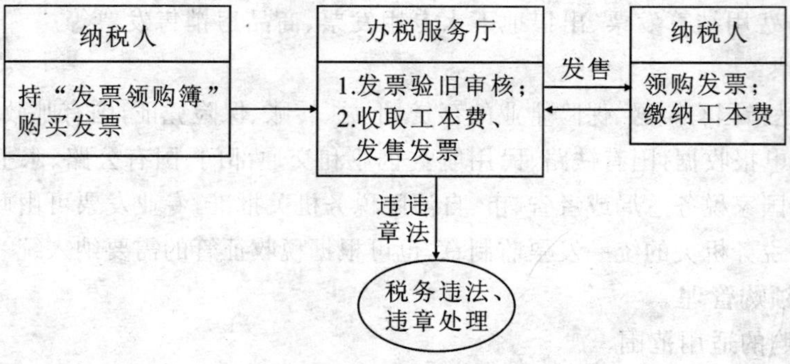

图 1-4 发票领购流程图

任务处理

1. 填写“领购发票申请审批表”(表 1-15)。

表 1-15 领购发票申请审批表

<table>
<tr><td colspan="2">计算机代码</td><td colspan="2">27654003</td><td colspan="2">行　业</td><td colspan="2">商业</td></tr>
<tr><td colspan="2">纳税人名称</td><td colspan="2">山东宇鑫太阳能销售公司</td><td colspan="2">法定代表人</td><td colspan="2">王宝</td></tr>
<tr><td colspan="2">联系电话</td><td colspan="2">16888980008</td><td colspan="2">发票管理人</td><td colspan="2">张丽</td></tr>
<tr><td colspan="2">经营范围</td><td colspan="6">太阳能热水器的销售、安装和维修</td></tr>
<tr><td rowspan="5">纳税人申请</td><td colspan="3">发票名称</td><td>单位</td><td colspan="3">计划月用量</td></tr>
<tr><td colspan="3">货物销售发票</td><td>本</td><td colspan="3">2</td></tr>
<tr><td colspan="3"></td><td></td><td colspan="3"></td></tr>
<tr><td colspan="3"></td><td></td><td colspan="3"></td></tr>
<tr><td colspan="7">申请理由：
因销售，提供修理、安装劳务需开发票，特此申请。
纳税人(公章)
2009 年 8 月 1 日</td></tr>
<tr><td colspan="8">以下由税务机关填写</td></tr>
<tr><td rowspan="2">发票种类</td><td rowspan="2">发票代码</td><td colspan="2" rowspan="2">发票名称</td><td rowspan="2">单位</td><td colspan="2">限购数量(金额)</td><td rowspan="2">购票方式</td></tr>
<tr><td>数量</td><td>金额</td></tr>
<tr><td></td><td></td><td colspan="2"></td><td></td><td></td><td></td><td></td></tr>
<tr><td colspan="8">是否须提供发票担保人或缴纳发票保证金：□是　□否</td></tr>
<tr><td colspan="4">受理人：
年　月　日</td><td colspan="4">管理部门意见：
管理人员：（公章）
部门负责人：年　月　日</td></tr>
</table>

2. 经财务经理批准，在“财务（发票）专用章印模留存表”上盖章留印模（表1-16）。

表1-16 财务(发票)专用章印模留存表

计算机代码	27654003	纳税人名称	山东宇鑫太阳能销售公司
财务专用章印模			

发票专用章印模			

经办人： 财务负责人：			纳税人（签章） 2009年8月1日

3. 携带“领购发票申请审批表”、“财务（发票）专用章印模留存表”、办税员张丽的身份证、税务登记证去税务局服务大厅。

4. 领取并填制“发票领购簿”，在税务局服务大厅发售发票窗口付款领购发票。

“发票领购记录”见表1-17，填制好的“发票领购簿”见表1-18。

表1-17 发票领购记录

年		发票代码	发票名称	单位	数量	字轨	起讫号码	售票人	购票人
月	日								

发票缴销、挂失记录

年		发票代码	发票名称	缴销	挂失	单位	数 量	字轨	起讫号码	经办人
月	日									

发票违章记录

表1-18 发票领购簿

<table>
<tr><td colspan="16">

发票领购簿

国家税务总局监制

使用说明：

1.本“领购簿”为纳税人向税务机关办理领购发票手续的凭证。

2.核准使用发票情况、发票领购、缴销、挂失等记录均由税务机关填写。

3.纳税人发生变更税务登记机关、变更领购发票种类及注销税务登记的，应到税务机关办理发票领购簿的换发、注销手续。

4.纳税人发生停业、复业时，应到税务机关办理发票领购簿的封存、启用手续。

5.发票领购簿要妥善保管，不得转借、涂改。如有丢失，立即报告税务机关，申请挂失后补发。

6.纳税人领购的发票，只准在税务机关核准的范围内使用，不得跨地区或跨行业使用、不得转借、不得虚开发票；未经税务机关批准，不准拆本使用发票。

7.纳税人发生发票丢失、被盗的，应于丢失、被盗当日书面报告税务机关。

</td></tr>
<tr><td>纳税人识别号：</td><td>3</td><td>7</td><td>0</td><td>0</td><td>0</td><td>0</td><td>0</td><td>0</td><td>0</td><td>0</td><td>1</td><td>0</td><td>0</td><td>0</td><td>1</td></tr>
<tr><td colspan="16">

发票领购簿号码：200910001

纳税人名称：山东宇鑫太阳能销售公司　　　纳税人(签章)

法定代表人(负责人)：王宝

发票管理人：张丽

税务机关(签章)

年　月　日

</td></tr>
</table>

<table>
<tr><td rowspan="8">核准使用发票情况</td><td rowspan="3">发票种类</td><td rowspan="3">发票代码</td><td rowspan="3">发票名称</td><td rowspan="3">单位</td><td colspan="2">限购数量</td><td rowspan="3">备注</td></tr>
<tr><td colspan="2">每次限购 / 每月限购</td></tr>
<tr><td>数量</td><td>票面金额</td></tr>
<tr><td>工业</td><td>4201</td><td>普通发票</td><td>本</td><td>2/2</td><td></td><td></td></tr>
<tr><td></td><td></td><td></td><td></td><td></td><td></td><td></td></tr>
<tr><td></td><td></td><td></td><td></td><td></td><td></td><td></td></tr>
<tr><td></td><td></td><td></td><td></td><td></td><td></td><td></td></tr>
<tr><td></td><td></td><td></td><td></td><td></td><td></td><td></td></tr>
<tr><td></td><td colspan="3">购票方式：□ 批量供应　□ 验旧购新
□ 交旧购新　□ 其他</td><td colspan="4">须提供发票担保的，是否已经提供担保人或缴纳保证金：□是　□否</td></tr>
</table>

5.发票领购后，办税员应将其与“发票领购簿”记载的种类、数量、字轨号码进行核对，确认无误后将发票交财务经理，由其分配给使用人员；将购买发票凭证交记账人员办理账簿登记。

任务三　纳税申报程序

纳税申报是指纳税人按照税法规定定期就计算缴纳税款的有关事项向税务机关提出的书面报告，是税收征收管理的一项重要制度。

经税务机关批准，纳税人、扣缴义务人可以直接到税务机关办理纳税申报或者报送代扣代缴、代收代缴税款报告表，也可以按照规定采取邮寄、数据电文方式办理上述申报。

(一)自行申报

纳税人、扣缴义务人按照规定的期限自行到主管税务机关办理纳税申报手续。

(二)邮寄申报

经税务机关批准，纳税人、扣缴义务人可以采取邮寄申报方式，将纳税申报表及有关的纳税资料通过邮局送主管税务机关。

(三)数据电文申报

数据电文方式，是指税务机关确定的电子语音、电子数据交换和网络传输等电子方式。纳税人采取电子方式办理纳税申报的，应当按照税务机关规定的期限和要求保存有关资料，并定期书面报送主管税务机关。

目前，纳税人最主要的纳税申报方式是自行申报方式和数据电文申报方式。

一 自行申报

任务情境

2009 年 3 月 8 日，山东宇鑫太阳能销售公司安排办税员张丽负责 2009 年 2 月的纳税申报及税款缴纳工作。

任务指导

(一)纳税申报的资料

纳税人必须依照法律、行政法规规定的申报期限、申报内容，或者税务机关依照法律、行政法规的规定确定的申报期限、申报内容如实办理纳税申报，报送“纳税申报表”、“财务会计报表”以及税务机关根据实际需要要求纳税人报送的其他纳税资料。具体包括：

(1)“财务会计报表”及其他说明材料；

(2)与纳税有关的合同、协议书及凭证；

(3)税控装置的电子报税资料；

(4)外出经营活动税收管理证明和异地完税凭证；

(5)境内或者境外公证机构出具的有关证明文件；

(6)税务机关规定应当报送的其他有关证件、资料。

(二)纳税申报的内容

纳税申报主要申报的税种有：流转税类，包括增值税、消费税、营业税；所得税类，包括企业所得税和个人所得税；其他税类，包括土地增值税、印花税、房产税、城填土地使用税、资源税等。其中使用比较广泛的是增值税、所得税。

(三)纳税申报办理流程

1. 申请

纳税人在法定例征期内持“纳税申报表”及规定报送的各种附报资料、异地完税凭证，以及税务机关要求报送的其他有关资料，到税务机关办税服务厅进行纳税申报。

代扣代缴义务人发生代扣代缴义务，应按照法定的期限，报送"代扣代缴义务人情况表"、"××税代扣、代缴税款报告表"、"代征代扣结报单"等申报资料，到税务机关办税服务厅进行纳税申报。

储蓄存款利息所得税扣缴义务人，应按照法定的期限，报送"储蓄存款利息所得扣缴个人所得税报告表"、"代征代扣税款结报单"等申报资料，到税务机关办税服务厅进行纳税申报。

2. 受理审核

税务机关受理、审核纳税人的申报资料是否齐全，填制是否符合规范，不符合要求的当场退回纳税人。纳税人、扣缴义务人超过规定的申报期限进行申报纳税的，进行违法违章处理。

审核完毕后办理纳税申报手续，在申报表上加盖税务机关征税专用章，填写接收人和接收日期，并退还给纳税人一份申报表，另外对于增值税一般纳税人还需进行发票和申报表稽核。

当月纳税人有应纳税款的，应在开户银行存足税款，通过税银库联网系统进行税款征收处理，并向银行索取完税凭证；缴纳现金的，向申报征收岗索取完税凭证。

(四)自行纳税申报业务流程

自行纳税申报业务流程如图 1-5 所示。

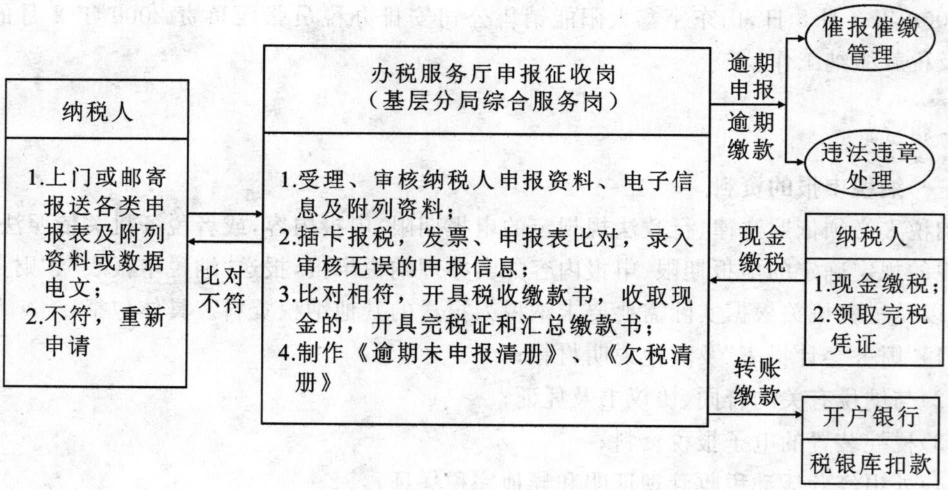

图 1-5 自行纳税申报业务流程图

任务处理

1. 张丽首先应根据纳税申报的税种，填写"纳税申报表"、"财务报表"；

2. 张丽携带"纳税申报表"、"财务报表"、税控 IC 卡、主管税务机关要求报送的其他资料去税务局办税大厅；

3. 税务机关审查无误，开具税收缴款书；

4. 张丽去银行转账或缴款纳税，开户银行在"中华人民共和国税收通用缴款书"上加盖"转讫"或"现金收讫"章。

二　数据电文申报

任务情境

2009年4月6日，为提高效率，减少办税员的工作量，山东宇鑫太阳能销售公司决定采用网上申报的方式，安排办税员张丽负责办理2009年3月的网上纳税申报及税款缴纳工作。

任务指导

(一)任务程序

1.办理审批手续

根据《征管法》的相关规定，纳税人变更申报方式需经税务机关批准。因此，使用数据电文网上申报纳税服务系统的纳税人需向主管税务机关申请领取"数据电文申报纳税方式申请审批表"(表1-19)一式两份后填写完成并提交主管税务机关(分局)办理审批手续。

表1-19　数据电文申报纳税方式申请审批表

纳税人(扣缴义务人、缴费人)微机代码：

纳税人(扣缴义务人、缴费人)名称：

<table>
<tr><td>注册类型</td><td colspan="2"></td><td>税务登记证号码</td><td></td></tr>
<tr><td>行业</td><td colspan="2"></td><td>联系电话</td><td></td></tr>
<tr><td>纳税专户名称</td><td colspan="2"></td><td>纳税专户账号</td><td></td></tr>
<tr><td>生产经营地址</td><td colspan="4"></td></tr>
<tr><td rowspan="2">申请纳税申报方式</td><td colspan="2" rowspan="2"></td><td>计算机配置</td><td></td></tr>
<tr><td>网络连接方式</td><td></td></tr>
<tr><td colspan="5">申请内容：
本单位或个人自愿申请采取　　　　　　申报纳税方式，能够严格按照税务机关的规定办理申报纳税，并承诺：1.在规定的纳税申报期限申报纳税；2.在规定的期限前在纳税专户上存入不少于当期应纳税款的款项；3.委托税务机关指定的联网银行按当期纳税申报信息从纳税专户中扣划税款。
(纳税人签章)
法定代表人(负责人)：　　　　　　经办人：　　　　年　　月　　日</td></tr>
<tr><td>主管税务机关部门审核意见</td><td>经办人：
部门负责人：
(部门签章)：
年　　月　　日</td><td>主管税务机关审批意见</td><td colspan="2">根据《中华人民共和国税收征收管理法实施细则》第三十一条的规定，批准您从　　年　　月　　日起可以实行　　　　申报纳税方式。请您在规定的纳税申报期内，利用计算机上因特网登录地方税务局网上申报纳税系统(网址：　　　　　　)，将当期纳税申报数据和财务会计报表数据以数据电文的形式，传递到税务机关，完成申报纳税。
负责人：
(主管税务机关签章)
年　　月　　日</td></tr>
</table>

2.在联网银行开设账户

网上申报纳税服务系统必须与纳税人的开户银行进行联网，才可以完成纳税人申报税款的扣划过程。

3.与税务机关、开户银行签订三方扣缴税款的协议

为保证纳税人申报的税款可以顺利地扣划至国库，纳税人需要与税务机关、开户银行签订“委托缴税（费、基金）协议书”，使其开户银行有权利从纳税人账户上扣划税款。

签订三方协议的流程为：

(1)纳税人从主管税务机关领取“委托缴税（费、基金）协议书”一式三份，由纳税人、税务部门分别填写相关内容并加盖公章。

(2)纳税人持“委托缴税（费、基金）协议书”到其开户银行，由开户银行填写相关内容并加盖公章。

(3)开户银行将“委托缴税（费、基金）协议书”相关内容录入银行系统等待税务部门发起验证，并直接留下1份“委托缴税（费、基金）协议书”。

(4)纳税人自己留存1份“委托缴税（费、基金）协议书”，另1份交给主管税务机关，由主管税务机关当场发起三方协议验证。

4.向CA（证书授权）中心申请数字证书

为保证纳税人的资金安全，大部分税务机关的网上申报纳税服务系统要求纳税人向CA认证中心申请数字认证证书。

CA认证管理器和证书是在网络上标识用户真实身份及数据安全传输的数字印章或证书。应用CA认证的目的是通过数字签名与加密，确保报税信息在网上传输的安全性，正确验证申报者的身份，保证申报数据不被泄露、篡改，保证纳税人的资金安全。

税务局的网上申报系统通常由省级税务机关的数字认证中心负责CA认证工作。CA认证为第三方认证体系，通常需要支付一定的费用，具体的费用数额国家没有统一规定。

5.网上申报的税票使用规定

(1)电子缴税付款凭证。纳税人网上缴纳税款成功后，自次日起可到其开户银行领取“电子缴税付款凭证”。该凭证为一式二联，第一联作纳税人开户银行的记账凭证，第二联交纳税人作付款凭证，纳税人以此作为缴纳税（费）款的会计核算凭证，登记账簿。“电子缴税付款凭证”必须加盖银行“收讫”章方为有效。

(2)开具完税凭证。纳税人取得“电子缴税付款凭证”后，税务机关原则上不再开具正式完税凭证。如纳税人确实需要开具完税凭证用于异地抵扣税款、出境或办理出口退税等事项，可持“电子缴税付款凭证”到主管税务机关办税窗口申请填开正式完税凭证，同时在“电子缴税付款凭证”上加盖“已开完税凭证”的戳记。

(二)业务流程

网上纳税申报业务流程如图1-6所示。

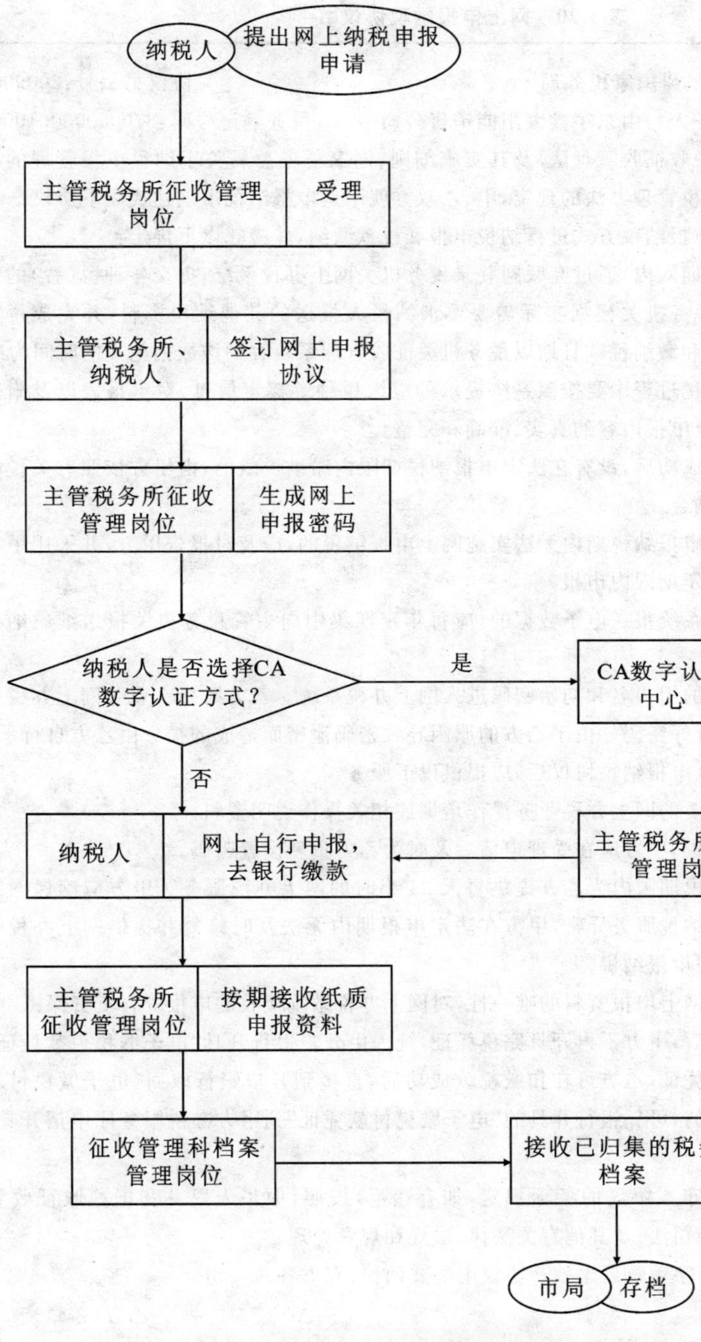

图 1-6　网上纳税申报业务流程图

任务处理

1. 张丽代表公司与滨州市国家税务局签署网上申报纳税协议书(表 1-20)

表 1-20 网上申报纳税协议书

甲方(主管税务机关):滨州国家税务局　　协议书编号:2009001

乙方(纳税人或扣缴义务人):山东宇鑫太阳能销售公司　　税务登记号码:370000000010001

根据《中华人民共和国税收征收管理法》及其实施细则、国家税务总局关于纳税申报管理的有关规定以及税务局网上申报纳税管理办法的规定,甲、乙双方就网上申报纳税事项达成以下协议:

一、乙方自愿采用网上申报纳税方式进行纳税申报和税款缴纳,并遵守以下规定:

(一)在法定的申报纳税期限内,通过互联网登录税务机关网上办税系统,提交各种税(费)的纳税申报表、财务会计报表以及税务机关根据实际需要要求纳税人报送的其他纳税资料,并完成税款缴纳。乙方办理纳税申报日期和缴纳税款日期以税务机关征收管理系统收到该数据电文的时间为准。

(二)乙方在网上申报纳税过程中要按照系统提示的应缴税种等核定信息,对申报表以及附表的数据进行认真核对,确保网上申报内容的真实、准确和完整。

(三)乙方网上纳税申报成功后,没有在法定申报纳税期限内缴纳税款的,由甲方依照有关税收法律、法规的有关规定加收滞纳金。

(四)因特殊原因在法定申报纳税期内无法实施网上申报纳税的,应及时报告甲方,并采用甲方指定的其他纳税申报方式在指定期限内申报。

(五)乙方通过网上办税系统报送电子数据的,应每年定期集中向主管税务机关报送纸质纳税申报表和年度财务会计报表。

(六)乙方根据甲方发放的用户名和初始密码进入网上办税系统。乙方第一次登录网上办税系统应及时修改密码,并妥善保管好密码。由于乙方的原因导致密码泄密而造成的损失由乙方自行承担。

二、甲方与乙方达成网上申报纳税协议后,应提供以下服务:

(一)甲方向乙方提供必要的网上办税业务操作培训或相关操作说明资料。

(二)若乙方发生密码遗失,甲方应在受理申请后及时为乙方重新设置密码。

(三)甲方在法定申报纳税期限内为乙方提供每天 24 小时的网上办税服务。甲方应确保网络系统的安全和稳定。网上申报纳税服务异常,甲方在法定申报期内无法及时修复并提供网上办税服务的,应及时通知乙方直接上门申报纳税。

(四)甲方保证接收乙方网上申报资料的唯一性,对网上办税系统接收的申报资料负责保密。

(五)乙方网上申报纳税后,甲方不再开具完税凭证,统一由开户银行开具"电子缴税付款凭证"作为乙方缴纳税款的会计核算凭证,乙方可在扣缴税款成功后,直接到开户银行取回《电子缴税付款凭证》;乙方需要开具完税凭证的,可凭银行开具的"电子缴税付款凭证"到甲方办税服务厅申请开具"税收电子转账专用完税证"。

三、甲、乙双方应共同遵守本协议的各项规定,如有违反,按照《中华人民共和国税收征收管理法》、《中华人民共和国行政处罚法》及其他有关法律、法规和规章处理。

四、本协议书甲乙双方签字盖章后生效。协议书一式两份,双方各执一份。

甲方(盖章)　　乙方(盖章)

委托代理人:　　委托代理人:

年　月　日　　2009 年 4 月 6 日

2. 签署委托缴税协议(表 1-21)

表 1-21　委托缴税(费、基金)协议书

甲方:(主管税务机关)

乙方:(纳税人)山东宇鑫太阳能销售公司

丙方:(商业银行)

为简化办税程序,为纳税人提供优质、高效的服务,现就乙方(纳税人)采用"网上申报纳税系统"和"税务、国库、银行联网系统"申报缴纳各项地方税、费(以下统称税款)方式,甲、乙、丙三方达成如下协议:

一、乙方依照税法按规定应缴纳的各项税款,委托甲方通过"网上申报纳税系统"和"税务、国库、银行联网系统"在其指定的缴税账户内进行扣缴。

二、乙方应在丙方的营业网点开设或者指定一个账户为缴税账户(该账户须经丙方在本协议书上确认),并有责任保证该账户的真实性、准确性和有效性。

三、缴税账户一经确认,原则上不得随意变更。如因故需变更,乙方应在申报缴纳税款前报甲方审批,并重新签订"委托缴税(费、基金)协议书",注销原缴税账户,启用新的缴税账户;乙方因故取消通过"网上申报纳税系统"和"税务、国库、银行联网系统"申报纳税的,也应报经甲方审批后,解除本协议。

四、乙方保证在办理每一需扣款的涉税事项时,缴税账户有足够的存款余额,并能够正常结算,以保证让甲方扣缴乙方应缴的税款。如因账户存款余额不足以划缴税款,造成申报纳税失败,乙方承担相应的责任。

五、税款扣缴成功后,乙方从次日起可以随时到开户的丙方营业网点索取加盖丙方收讫印章的"电子缴税付款凭证",以此作为缴纳税款的会计核算凭证。乙方需要甲方开具完税凭证的,可凭"电子缴税付款凭证"到甲方办理完税凭证的开具。

六、甲方应严格按照乙方网上申报数据或核定税款向丙方发出划缴税款指令,如果丙方因甲方的错误指令而误划乙方账户存款,责任由甲方承担。

七、丙方保证只有在收到甲方的指令后,才能对乙方指定的账户进行划缴。如果丙方在没有收到甲方的指令而对乙方缴税账户或其他非指定账户进行了划缴税款或丙方收到指令但不按甲方的发送数额进行了扣款的,责任由丙方承担。

八、甲、乙、丙三方应当全面、实际履行本协议,不履行或者不完全履行本协议的,按照《中华人民共和国税收征收管理法》和《中华人民共和国合同法》及其他有关法律、行政法规承担违约责任。

九、甲、乙、丙三方发生争议的,应当协商或协调解决。协商或协调解决不成的,可以向人民法院起诉。

十、本协议自甲、乙、丙三方签字盖章之日起生效。协议各方如无异议,本协议将长期有效。

十一、协议书一式三份,甲、乙、丙三方各一份,均具有同等法律效力。

协议三方明细信息表

税务部门填写	纳税人微机编码(三方协议号)	
	纳税人名称	
	税务征收机关名称	
	税务征收机关代码	
	税务部门联系人及电话	
开户银行填写	纳税人账户名称	
	纳税人付款账号	
	开户银行名称	
	开户行行号	
	清算行行号	
	银行联系人及电话	

甲方(公章):	乙方(公章):	丙方(公章):
法定代表人:	法定代表人:	法定代表人:
委托代理人:	委托代理人:	委托代理人:
日期:　　年　　月　　日	日期:　　年　　月　　日	日期:　　年　　月　　日

3.填写“数据电文申报纳税方式申请审批表”(表1-22)

表1-22 数据电文申报纳税方式申请审批表

纳税人(扣缴义务人、缴费人)微机代码:37000001

纳税人(扣缴义务人、缴费人)名称:山东宇鑫太阳能销售公司

<table>
<tr><td>注册类型</td><td>有限公司</td><td>税务登记证号码</td><td>370000000010001</td></tr>
<tr><td>行业</td><td>商业</td><td>联系电话</td><td>0543—88987288</td></tr>
<tr><td>纳税专户名称</td><td>中国工商银行滨州市分行</td><td>纳税专户账号</td><td>200989800001</td></tr>
<tr><td>生产经营地址</td><td colspan="3">滨州市长江八路508号</td></tr>
<tr><td rowspan="2">申请纳税申报方式</td><td rowspan="2">网上申报</td><td>计算机配置</td><td></td></tr>
<tr><td>网络连接方式</td><td></td></tr>
<tr><td colspan="4">申请内容:
本单位或个人自愿申请采取　　　　申报纳税方式,能够严格按照税务机关的规定办理申报纳税,并承诺:1.在规定的纳税申报期限申报纳税;2.在规定的期限前在纳税专户上存入不少于当期应纳税款的款项;3.委托税务机关指定的联网银行按当期纳税申报信息从纳税专户中扣划税款。
(纳税人签章)
法定代表人(负责人):　　　　经办人:　　　　年　月　日</td></tr>
<tr><td>主管税务机关部门审核意见</td><td>经办人:
部门负责人:
(部门签章):
年　月　日</td><td>主管税务机关审批意见</td><td>根据《中华人民共和国税收征收管理法实施细则》第三十一条的规定,批准您从　　年　　月　　日起可以实行　　　申报纳税方式。请您在规定的纳税申报期内,利用计算机上因特网登录地方税务局网上申报纳税系统(网址:　　　　　),将当期纳税申报数据和财务会计报表数据以数据电文的形式,传递到税务机关,完成申报纳税。
负责人:
(主管税务机关签章)
年　月　日</td></tr>
</table>

4.系统登录,办理网上申报

(1)通过国家税务总局网站 www. Chinatax. Gov. cn 可以登录全国各地国家税务局网站和地方税务局网站,如图1-7所示。

(2)单击所在地的税务机关,进入所属的税务机关。然后单击“网上申报”或者“网上版税”登录。

通常登录名为纳税人识别号,初始密码由税务局创建并通知纳税人。山东省国税局的登录界面如图1-8所示。

输入本企业的纳税人识别号和正确的用户口令,凡已办理网上办税平台使用许可的用户均得到一组16位的注册码,注册码的启用更能保护用户信息的安全。

凡有注册码的用户,第一次登录时需点击

按钮进行输入,否则会出现图1-9所示的提示。

图 1-7 登录网站

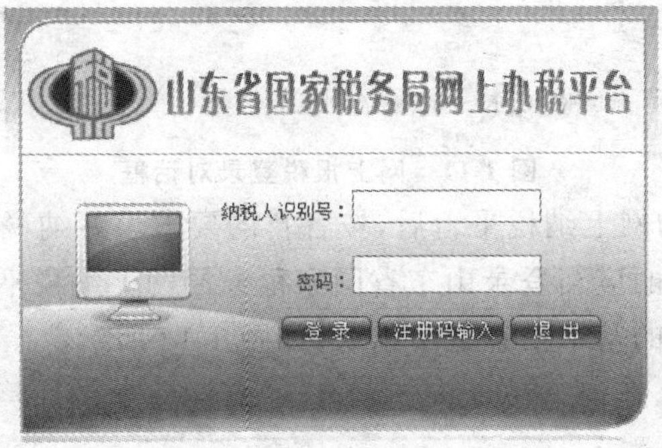

图 1-8 山东省国家税务局网上办税平台

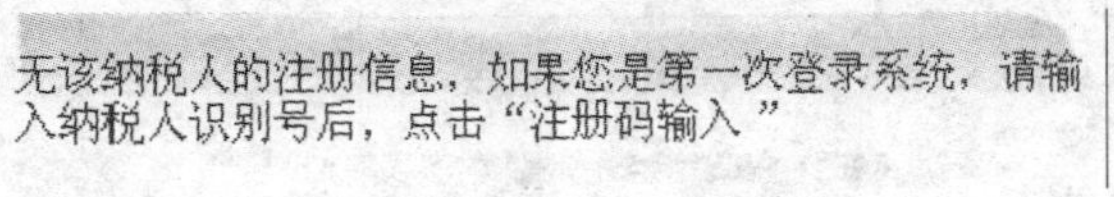

图 1-9 注册码输入提示对话框

注册码输入对话框如图 1-10 所示。

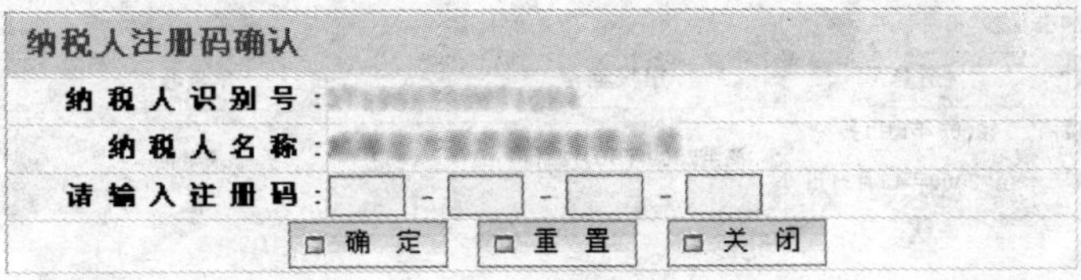

图 1-10 注册码输入对话框

完成注册码输入后，单击 确 定 按钮，之后输入本系统初始密码，完成登录。返回登录界面，输入纳税人识别号、密码登录本系统。

也有的税务机关，如安徽地方税务局，登录时在“微机编码”栏填写本企业的微机编码、“密码”框内填写正确的密码、“CA 密码” 框内填写 CA 中心提供的密码，单击“ 登录 ”

按钮登录系统(图 1-11)。其网上报税密码为纳税人申请网上申报纳税系统时,地税局打印的密码单和纳税人第一次登录时要求修改的密码;“CA 密码”所对应的密码为发放数字证书时的密码。纳税人使用过程中须注意保管好所有密码。

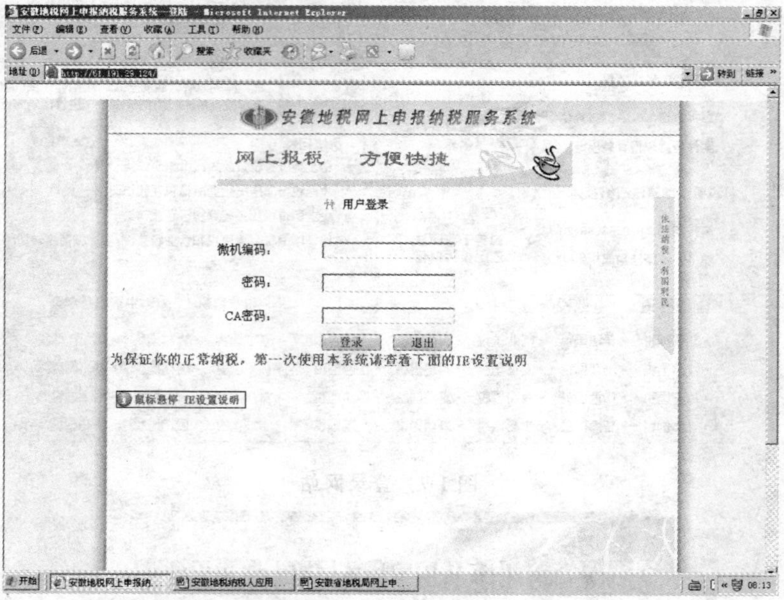

图 1-11　网上报税登录对话框

(3)登录各税务局的网上纳税平台后,按各自的要求填写纳税申报表,办理纳税申报。

根据本任务情境,张丽应当登录山东省国家税务局网上纳税平台,办理初始化信息。登录系统以后,系统将企业的基本信息显示出来,如图 1-12 所示。

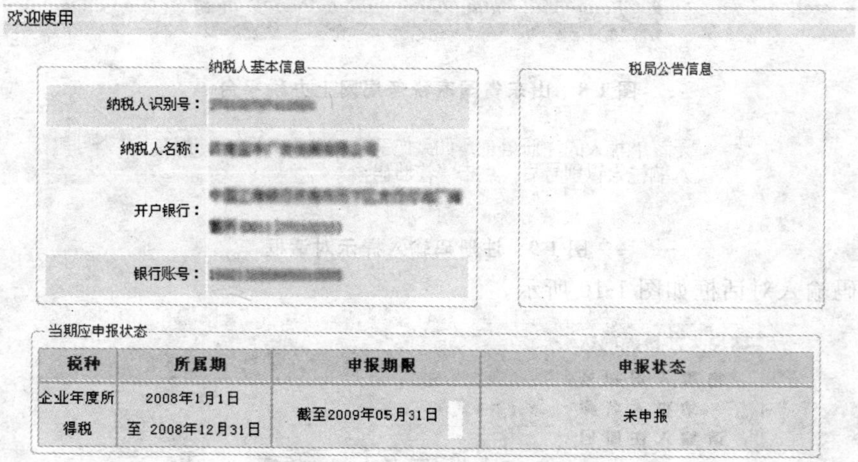

图 1-12　网上报税企业基本信息对话框

张丽先确认纳税人基本信息,并在功能操作区查看显示的报表类型是否与企业实际情况相符,若发现有不符之处,可上报所属税务机关,到税务局大厅做更改。税务局大厅修改后,企业不需做任何改动,再次登录后即为更新后的信息。

▶▶▶项目小结

本项目主要介绍了以下内容：

1. 开业、变更、注销税务登记的办理。

2. 发票领购与开具业务。

3. 纳税申报程序，包括自行申报、邮寄申报、数据电文申报。

▶▶▶关键概念

1. 税务登记(tax registration)：是指税务机关根据税法规定，对纳税人的生产经营活动进行登记管理的一项基本制度。它的意义在于：有利于税务机关了解纳税人的基本情况，掌握税源，加强征收与管理，防止漏管漏征，建立税务机关与纳税人之间正常的工作联系，强化税收政策和法规的宣传，增强纳税意识等。

2. 发票(invoice)：是指一切单位和个人在购销商品、提供或者接受劳务服务以及从事其他经营活动时，所提供给对方的收付款的书面证明。它是财务收支的法定凭证，是会计核算的原始凭据，是税务检查的重要依据。

3. 纳税申报(the tax return)：是指纳税人、扣缴义务人按照法律、行政法规的规定，在申报期限内就纳税事项向税务机关书面申报的一种法定手续。

▶▶▶课堂讨论

1. 办税员变更税务登记，需要向税务机关提供哪些证件、资料？

2. 统印发票的领购方式有哪些？

3. 纳税申报需要提交哪些资料？

▶▶▶复习思考题

一、单选题

1. 纳税人被工商行政管理机关吊销营业执照的，应当自营业执照被吊销之日起（　　）内，向原税务登记机关申请办理注销税务登记。

A. 7 日　　B. 10 日　　C. 15 日　　D. 30 日

2. 从事生产、经营的纳税人应当自领取营业执照或者发生纳税义务之日起（　　）内设置账簿。

A. 7 日　　B. 10 日　　C. 15 日　　D. 30 日

3. 扣缴义务人应当自税收法律、行政法规规定的扣缴义务发生之日起（　　）内，按照所代扣、代收的税种，分别设置代扣代缴、代收代缴税款账簿。

A. 7 日　　B. 10 日　　C. 15 日　　D. 30 日

4.《征管法》及其实施细则规定，从事生产经营的纳税人应当自领取（　　）之日起 15 日内，将其财务、会计制度或者财务、会计处理办法报送税务机关备案。

A. 税务登记证件　　B. 发票领购簿　　C. 营业执照　　D. 财务专用章

5. 实行定期定额缴纳税款的纳税人在法律、行政法规规定的期限内或税务机关依据法规的规定确定的期限内缴纳税款的，税务机关可以视同申报，这种方式称为（　　）。

A. 直接申报　　B. 间接申报　　C. 简易申报　　D. 简并征期

6. 纳税延期申报核准机关为（　　）。

A. 县级以上税务机关　　B. 省级以上税务机关

C. 市级以上税务机关　　D. 国家税务机关

7. 下列各项中，按照《征管法》及《税务登记管理办法》的规定，不承担税务登记义务的是（　　）。

A. 依法负有代扣代缴税款义务的单位

B. 临时从事生产经营活动的个体工商户

C. 企业在本地设立的非独立核算的分支机构

D. 不从事生产、经营，但依法负有纳税义务的单位

8. 以下关于开具专用发票后发生销货退回、销售折让以及开票有误等情况需要开具红字专用发票相关的处理正确的是（　　）。

A. 因专用发票抵扣联、发票联均无法认证的，销售方须在专用发票认证期限内向主管税务机关填报开具红字发票申请单

B. 购买方所购货物不属于增值税扣税项目范围，取得的专用发票未经认证的，由购买方填报申请单，购买方不作进项税额转出处理

C. 因开票有误购买方拒收专用发票的，销售方须在专用发票认证期限内向主管税务机关填报申请单

D. 因开票有误等原因尚未将专用发票交付购买方的，销售方须在开具有误专用发票的次月内向主管税务机关填报申请单

9. 当主管税务机关确认购货方在真实交易中取得的供货方虚开的增值税专用发票属于善意取得时，符合规定的处理方法是（　　）。

A. 对购货方不以偷税论处，并依法准予抵扣进项税款

B. 对购货方不以偷税论处，但应按有关规定不予抵扣进项税款

C. 购货方不能够重新从销售方取得合法、有效专用发票的，以偷税论处

D. 购货方能够重新从销售方取得合法、有效专用发票的，以偷税论处

10. 境外企业在中国境内承包建筑、安装、装配、勘探工程和提供劳务的，应当在项目完工、离开中国境内前（　　）内，持有关证件和资料，向原税务登记机关申报办理注销税务登记。

A. 7 日　　B. 10 日　　C. 15 日　　D. 30 日

二、多选题

1. 下列各项中，不适用《征管法》的有（　　）。

A. 契税　　B. 关税　　C. 车辆购置税　　D. 教育费附加

2. 根据《征管法》和《税务登记管理办法》的有关规定，下列各项中应当进行税务登记的有（　　）。

A. 从事生产经营的事业单位

B. 企业在境内其他城市设立的分支机构

C. 不从事生产经营只缴纳车船税的社会团体

D. 有来源于中国境内所得但未在中国境内设立机构、场所的非居民企业

3. 下列各项中，属于法定税务登记事项的有（　　）。

A. 开业税务登记　B. 注销税务登记　C. 停业税务登记　D. 临时经营税务登记

4. 下列属于纳税申报方式的是（　　）。

A. 直接申报　B. 邮寄申报　C. 数据电文申报　D. 延期申报

5. 税务机关应当为纳税人、扣缴义务人的情况保密，是指对（　　）情况保密。

A. 商业秘密　B. 个人隐私　C. 税收违法行为　D. 税收违法事实

项目二 增 值 税

知识目标

1. 掌握增值税纳税义务人的类别，增值税的征税范围、税率，增值税应纳税额的计算。
2. 掌握增值税一般纳税人与小规模纳税人的区别，一般纳税人的认定。
3. 掌握增值税的纳税申报。

能力目标

1. 能正确确定增值税的计税依据、税率，会计算增值税的应纳税额。
2. 能正确区分一般纳税人及其小规模纳税人，能到税务局办理一般纳税人的认定。
3. 能够正确填制增值税的纳税申报表。

任务一 认识增值税

一 认识增值税的征税范围

任务情境

2009 年 1 月 1 日，山东滨州凯特有限责任公司取得山东省滨州市工商局颁发的法人营业执照，当月发生如下业务：

(1)1 月 5 日，建造三层木器加工厂房。

(2)1 月 8 日，受滨州南洋家具公司委托，代为加工 20 张写字台。

(3)1 月 10 日，进口一台车床。

(4)1 月 15 日，出租 3 辆货车。

(5)1 月 25 日，销售给滨州市家具商城 20 套沙发。

任务要求：请确认上述 5 项业务中应当缴纳增值税的业务有哪些？

任务指导

增值税是以单位和个人生产经营过程中取得的增值额为课税对象征收的一种税。

(一)增值税的纳税人

增值税的纳税人包括单位和个人两种。根据《增值税暂行条例》的规定，凡在中华人民共和国境内销售货物或者提供加工、修理修配劳务，以及进口货物的单位和个人，为增值税的纳税义务人。

(1)单位:指一切从事销售或进口货物、提供应税劳务的单位包括企业单位(国有企业、集体企业、私有企业、股份制企业、外商投资企业和外国企业、其他企业)和行政单位、事业单位、军事单位、社会团体及其他单位。

(2)个人:凡从事销售或进口货物、提供应税劳务的个人均属于增值税纳税义务人,包括个体经营者和其他个人。

知识窗

我国的增值税是消费型增值税,允许将当期购入的固定资产价款一次全部扣除。之所以称为消费型增值税,是因为其法定增值额相当于纳税人当期的全部销售额扣除外购的全部生产资料价款后的余额。从整个国民经济来看,这一课税基数仅限于消费资料价值的部分,故称为消费型增值税。此种类型的增值税在购进固定资产的当期因扣除额大大增加,会减少财政收入。但这种方法可以规范凭发票扣税。因为凭固定资产的外购发票可以一次将其已纳税款全部扣除,既便于操作,也便于管理。

(二)增值税的征税范围

增值税征税范围包括以下三种业务:

1.销售货物

"货物"是指除土地、房屋和其他建筑物等一切不动产之外的有形动产,包括电力、热力和气体在内。销售货物是指有偿转让货物的所有权。"有偿"不仅仅指从购买方取得货币,还包括取得货物或其他经济利益。

2.提供加工和修理修配劳务

"加工"是指接收来料承做货物,加工后的货物所有权仍属于委托者的业务,即通常所说的委托加工业务。"委托加工业务"是指由委托方提供原料及主要材料,受托方按照委托方的要求制造货物并收取加工费的业务。"修理修配"是指受托对损伤和丧失功能的货物进行修复,使其恢复原状和功能的业务。这里的"提供加工和修理修配劳务"都是指有偿提供加工和修理修配劳务。单位或个体经营者聘用的员工为本单位或雇主提供加工、修理修配劳务则不包括在内。

3.进口货物

进口货物指申报进入我国海关境内的货物。确定一项货物是否属于进口货物,必须看其是否办理了报关进口手续。通常,境外产品要输入境内,必须向我国海关申报进口,并办理有关报关手续。只要是报关进口的应税货物,均属于增值税征税范围,应在进口环节缴纳增值税(享受免税政策的货物除外)。

任务处理

山东滨州凯特有限责任公司2009年1月应纳增值税的业务有:

1.在我国境内销售家具,应当缴纳增值税。

2.按照客户的要求,接收客户提供的木料,加工成家具,属于提供加工劳务,应当缴纳增值税。

3. 从国外购买加工家具所需要的设备，属于进口货物，应当缴纳增值税。

山东滨州凯特有限责任公司 2009 年 1 月应当缴纳增值税的业务范围包括业务（2）、（3）、（5）。

二　办理一般纳税人认定

任务情境

山东滨州凯特有限责任公司发生业务，客户要求开具增值税专用发票，公司经咨询主管税务机关得知只有增值税一般纳税人才能领购和开具增值税专用发票给客户。公司董事会于 2009 年 2 月 6 日决定由财务部负责办理增值税一般纳税人认定。

财务部安排办税员李永填写认定表（表 2-1）和认定书（表 2-2），办理一般纳税人认定。

任务角色：办税员李永、财务部经理赵海、税务局工作人员张青。

表 2-1　增值税一般纳税人申请认定表

<table>
<tr><td colspan="3">申请单位（公章）</td><td colspan="5"></td></tr>
<tr><td>注册地址</td><td colspan="4"></td><td>邮政编号</td><td colspan="2"></td></tr>
<tr><td>经营地址</td><td colspan="4"></td><td>邮政编号</td><td colspan="2"></td></tr>
<tr><td>经济性质</td><td colspan="2"></td><td>职工人数</td><td></td><td>注册资金</td><td colspan="2"></td></tr>
<tr><td colspan="3">法人代表姓名</td><td colspan="2"></td><td>电话</td><td colspan="2"></td></tr>
<tr><td colspan="3">承包（租）人姓名</td><td colspan="2"></td><td>电话</td><td colspan="2"></td></tr>
<tr><td colspan="3">财务主管姓名</td><td colspan="2"></td><td>电话</td><td colspan="2"></td></tr>
<tr><td colspan="3" rowspan="2">开户银行</td><td colspan="3" rowspan="2"></td><td>结算账号</td><td></td></tr>
<tr><td>基本账号</td><td></td></tr>
<tr><td rowspan="7">年
月
至
年
月</td><td colspan="2" rowspan="7">经营情况（万元）</td><td colspan="3">项　目</td><td colspan="2">上年实际数或本年预计数</td></tr>
<tr><td colspan="3">应税销售额合计</td><td colspan="2"></td></tr>
<tr><td colspan="3">（1）生产货物销售额</td><td colspan="2"></td></tr>
<tr><td colspan="3">（2）加工、修理修配销售额</td><td colspan="2"></td></tr>
<tr><td colspan="3">（3）批发零售销售额</td><td colspan="2"></td></tr>
<tr><td colspan="3">固定资产原值</td><td colspan="2"></td></tr>
<tr><td colspan="3">固定资产净值</td><td colspan="2"></td></tr>
<tr><td colspan="3">设置账户名称</td><td colspan="5"></td></tr>
<tr><td colspan="3">领取执照时间</td><td colspan="5">年　月　日</td></tr>
<tr><td colspan="3">领取税务登记时间</td><td colspan="5">年　月　日</td></tr>
</table>

表 2-2 增值税一般纳税人申请认定书

税务局：

申请单位：(公章)

年 月 日

任务指导

(一)增值税纳税人划分

缴纳增值税的无论是单位还是个人均可划分为两类：一般纳税人和小规模纳税人(表2-3)。从事货物生产(制造业、工业企业)或者提供应税劳务(加工、修理修配劳务)的纳税人，以及以上述业务为主的纳税人，年应征增值税销售额(以下简称应税销售额)在500 000元以下(含本数，下同)的为小规模纳税人；从事货物批发或零售的纳税人，年应税销售额在800 000元以下的为小规模纳税人。

表 2-3 增值税纳税人分类表

纳税人类型	行业或者单位性质标准		销售额标准
一般纳税人	企业单位或者个体工商户	以货物生产为主的企业(工业企业)	年应税销售额50万元以上
		以加工、修理修配业务为主的企业	
		以货物批发、零售业务为主的企业	年应税销售额80万元以上
小规模纳税人	不经常发生增值税业务的企业		通常为小规模纳税人标准
	非企业单位	行政单位	
		事业单位	
		其他单位	
	其他个人	除个体户外的其他个人	

温馨提示：

以从事货物生产或者提供应税劳务为主，是指纳税人的年货物生产或者提供应税劳务的销售额占年应税销售额的比重在50%以上。

年应税销售额超过小规模纳税人标准的其他个人(不包括个体工商户)按小规模纳税人标准纳税；非企业性单位、不经常发生应税行为的企业可以选择按小规模纳税人标准纳税。

一般纳税人是指年应征增值税销售额超过上述标准的企业。具体包括：从事货物生产或提供应税劳务的纳税人，以及以从事货物生产或提供应税劳务为主，并兼营货物批发或零售的纳税人，年应税销售额在500 000元以上的企业；从事货物批发或零售的纳税人，年应税销售额在800 000元以上的企业。

(二)一般纳税人与小规模纳税人的区别

增值税一般纳税人可以从税务机关领购增值税专用发票,而小规模纳税人则不允许从税务机关领购发票;一般纳税人可以使用领购的增值税发票,根据发生的业务,按照要求开具发票给客户,而小规模纳税人不仅不能取得增值税专用发票,而且也不能开具增值税专用发票给客户;尽管无论小规模纳税人还是一般纳税人都可以取得其他单位开具的增值税专用发票,但是只有一般纳税人可以将其作为增值税进项税的扣税凭证,而小规模纳税人取得其他单位开具的增值税专用发票,则不具有该种作用。

增值税纳税人的具体区别见表 2-4。

表 2-4 增值税纳税人的区别

类型 项目	一般纳税人	小规模纳税人
发票领购	可以从税务局领购空白增值税专用发票	不允许从税务局领购空白增值税专用发票
发票开具	可以开具增值税专用发票	不允许开具增值税专用发票
发票取得	可以取得增值税专用发票	可以取得增值税专用发票
税额计算	应纳税额=销项税-进项税	无进项税

(三)增值税一般纳税人认定

增值税纳税人必须向税务机关申请办理一般纳税人认定手续,以取得法定资格。凡增值税一般纳税人(以下简称一般纳税人),均应向其企业所在地主管税务机关申请办理一般纳税人认定手续。

一般纳税人总分支机构不在同一县(市)的,应分别向其机构所在地主管税务机关申请办理一般纳税人认定手续。

主管税务机关在初步审核企业的申请报告和有关资料后,发给"增值税一般纳税人申请认定表"。企业填报"增值税一般纳税人申请认定表"一式两份,审批后,一份交基层征收机关,一份退企业留存。"增值税一般纳税人申请认定表"表样,由国家税务总局统一制定。

一般纳税人认定的审批权限在县级以上税务机关。对于企业填报的"增值税一般纳税人申请认定表",负责审批的税务机关应在收到之日起 30 日内审核完毕。符合一般纳税人条件的,在其税务登记证副本首页上方加盖"增值税一般纳税人"确认专章,作为领购增值税专用发票的证件。

"增值税一般纳税人"确认专章印色统一为红色,印模由国家税务总局制定。经税务机关审核认定的一般纳税人,可按《增值税暂行条例》第四条的规定计算应纳税额,并使用增值税专用发票。

对符合一般纳税人条件但不申请办理一般纳税人认定手续的纳税人,应按销售额依照增值税税率计算应纳税额,不得抵扣进项税额,也不得使用增值税专用发票。纳税人一经认定为正式一般纳税人,不得再转为小规模纳税人;一般纳税人转为小规模纳税人的问题继续按《加强新办商贸企业增值税征收管理》的有关规定执行。

任务处理

1. 任务分析

办理一般纳税人认定,必须解决三个问题:

问题 1:向哪一个税务机关申请增值税一般纳税人认定?

办理增值税一般纳税人认定的企业应当向自己的主管税务机关申请。

温馨提示:

对于企业而言,它的主管税务机关就是企业办理税务登记的机关。

问题 2:办理一般纳税人认定需要提交哪些资料?

办理增值税一般纳税人认定应提供如下资料:①申请报告;②营业执照;③有关合同、章程、协议书;④银行账号证明;⑤税务机关要求提供的其他有关证件、资料。

问题 3:办理一般纳税人认定的程序是怎样的?

办理一般纳税人认定的程序如图 2-1 所示。

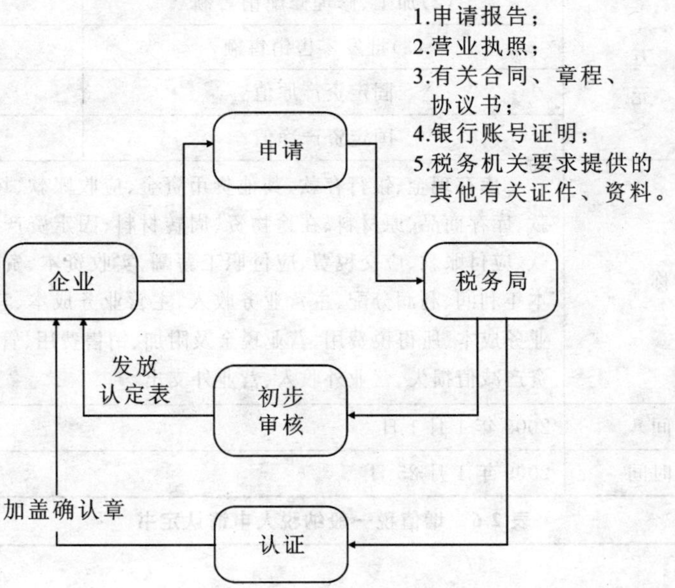

图 2-1 一般纳税人认定的程序

2. 任务处理

办税员李永填写“增值税一般纳税人申请认定表”(表 2-5)、“增值税一般纳税人申请认定书”(表 2-6)、“企业法定代表人或企业负责人及财务会计负责人基本情况表”(表 2-7)申请一般纳税人资格。

表 2-5　增值税一般纳税人申请认定表

<table>
<tr><td colspan="2">申请单位(公章)</td><td colspan="5">山东滨州凯特有限责任公司</td></tr>
<tr><td>注册地址</td><td colspan="3">滨州市滨城区长江 2 路长江大厦 1 号楼</td><td>邮政编号</td><td colspan="2">256600</td></tr>
<tr><td>经营地址</td><td colspan="3">滨州市滨城区长江 2 路长江大厦 1 号楼</td><td>邮政编号</td><td colspan="2">256600</td></tr>
<tr><td>经济性质</td><td></td><td>职工人数</td><td>56</td><td>注册资金</td><td colspan="2">1 000 000 元</td></tr>
<tr><td colspan="2">法人代表姓名</td><td colspan="2">王海疆</td><td>电话</td><td colspan="2">0543－98762388</td></tr>
<tr><td colspan="2">承包(租)人姓名</td><td colspan="2"></td><td>电话</td><td colspan="2"></td></tr>
<tr><td colspan="2">财务主管姓名</td><td colspan="2">赵海</td><td>电话</td><td colspan="2">0543－76258989</td></tr>
<tr><td colspan="2" rowspan="2">开户银行</td><td colspan="3" rowspan="2">中国工商银行</td><td>结算账号</td><td>9800002768</td></tr>
<tr><td>基本账号</td><td>9800002768</td></tr>
<tr><td rowspan="7">年
月
至
年
月</td><td rowspan="7">经营情况(万元)</td><td colspan="3">项　目</td><td colspan="2">上年实际数或本年预计数</td></tr>
<tr><td colspan="3">应税销售额合计</td><td colspan="2">5 000 000 元</td></tr>
<tr><td colspan="3">(1)生产货物销售额</td><td colspan="2">3 000 000 元</td></tr>
<tr><td colspan="3">(2)加工、修理修配销售额</td><td colspan="2">2 000 000 元</td></tr>
<tr><td colspan="3">(3)批发零售销售额</td><td colspan="2"></td></tr>
<tr><td colspan="3">固定资产原值</td><td colspan="2">1 200 000 元</td></tr>
<tr><td colspan="3">固定资产净值</td><td colspan="2">1 150 000 元</td></tr>
<tr><td colspan="2">设置账户名称</td><td colspan="5">库存现金、银行存款、其他货币资金、应收账款、坏账准备、其他应收款、库存商品、原材料、在途物资、周转材料、固定资产、累计折旧、短期借款、应付账款、应交税费、应付职工薪酬、实收资本、资本公积、盈余公积、本年利润、利润分配、主营业务收入、主营业务成本、其他业务收入、其他业务成本、所得税费用、营业税金及附加、销售费用、管理费用、财务费用、资产减值损失、营业外收入、营业外支出</td></tr>
<tr><td colspan="2">领取执照时间</td><td colspan="5">2009 年 1 月 1 日</td></tr>
<tr><td colspan="2">领取税务登记时间</td><td colspan="5">2009 年 1 月 25 日</td></tr>
</table>

表 2-6　增值税一般纳税人申请认定书

滨州市国家税务局：

我单位于 2009 年 01 月 01 日在滨州市工商管理局办理了营业执照，并于 2009 年 01 月 10 日在该局办理了税务登记证，纳税人识别号为 110100000000053，注册及营业地址在滨州市滨城区长江 2 路长江大厦 1 号楼，主要生产、销售家具等。经营方式主要以批发为主。

我单位具备会计人员以上职称的专职财务人员 6 名，能够按照财务制度以及税收政策的有关规定设置有关账簿、科目并及时准确核算财务成果；能够准确核算销项税额、进项税额和应纳税额；能够按税务机关要求进行纳税申报，并准确报送有关资料。

我单位拥有固定的经营场所，经营方式主要以批发为主，购货方均需要开具增值税专用发票，我单位预计年销售额将达到 500 万元，故特申请增值税一般纳税人认定。

我单位承诺在期内最低达到应税销售额为 50 万元，如达不到要求自愿取消资格。

申请单位：(公章)

2009 年 1 月 26 日

表 2-7　企业法定代表人或企业负责人及财务会计负责人基本情况

企业法定代表人或企业负责人及财务会计负责人身份证影印件粘贴处(略)
声明:此增值税一般纳税人认定申请书是根据《增值税一般纳税人认定管理办法》的有关规定填报的,我确信它是真实的、可靠的、完整的。 法定代表人或企业负责人签字:王海疆 2009 年 1 月 26 日

三　认识增值税税率

任务情境

2009 年 3 月,山东滨州凯特有限责任公司拓展业务,其主营业务除生产、销售家具外,增加了农膜的生产与销售,并购买了生产农膜的生产线。公司安排办税员李永去滨州市国税局了解本公司所有产品和劳务的税率情况。

本公司主要产品和业务如下:

(1)销售木器家具。

(2)代为加工木器家具。

(3)修理民用及办公家具。

(4)销售农膜。

(5)代为加工农膜。

(6)销售加工木器剩余的木材碎料。

任务指导

我国增值税设置了一档基本税率和一档低税率,此外还有对出口货物实施的零税率。

(一)基本税率

纳税人销售或者进口货物,除列举的外,税率均为 17%;提供加工、修理修配劳务的,税率也为 17%。这一税率就是通常所说的基本税率。

(二)低税率

纳税人销售或者进口下列货物的,税率为 13%,即通常所说的低税率。

(1)粮食、食用植物油。

(2)自来水、暖气、冷气、热水、煤气、石油液化气、天然气、沼气、居民用煤炭制品。

(3)图书、报纸、杂志。

(4)饲料、化肥、农药、农机、农膜。

(5)国务院规定的其他货物。

(6)农产品:是指种植业、养殖业、林业、牧业、水产业生产的各种植物、动物的初级产品。

(7)音像制品:是指正式出版的录有内容的录音带、录像带、唱片、激光唱盘和激光视盘。

(8)电子出版物:是指以数字代码方式,使用计算机应用程序,将图文声像等内容信息编辑加工后存储在具有确定的物理形态的磁、光、电等介质上,通过内嵌在计算机、手机、电子阅读设备、电子显示设备、数字音/视频播放设备、电子游戏机、导航仪以及其他具有类似功能的设备上读取使用,具有交互功能,用以表达思想、普及知识和积累文化的大众传播媒体。载体形态和格式主要包括只读光盘(CD只读光盘CD－ROM、交互式光盘CD－I、照片光盘Photo－CD、高密度只读光盘DVD－ROM、蓝光只读光盘HD－DVD ROM和BD ROM)、一次写入式光盘(一次写入CD光盘CD－R、一次写入高密度光盘DVD－R、一次写入蓝光光盘HD－DVD－R和BD－R)、可擦写光盘(可擦写CD光盘CD－RW、可擦写高密度光盘DVD－RW、可擦写蓝光光盘HD－DVD－RW和BD－RW、磁光盘MD)、软磁盘(FD)、硬磁盘(HD)、集成电路卡(CF卡、MD卡、SM卡、MMC卡、RS－MMC卡、MS卡、SD卡、XD卡、T－F1ash卡、记忆棒)和各种存储芯片。

(9)二甲醚:是指化学分子式为CH_3OCH_3,常温常压下为具有轻微醚香味,易燃、无毒、无腐蚀性的气体。

(三)零税率

纳税人出口货物,税率为零。但是国务院另有规定的除外。

另外,小规模纳税人的税率(征收率)为3%。

增值税税率具体见表2-8。

表2-8 增值税税率表

类型	商品或劳务	税率或征收率
一般纳税人	销售基本商品或修理修配及加工劳务	17%
	销售低税率商品	13%
小规模纳税人		3%

任务处理

办税员李永咨询主管税务机关滨州市国家税务局,整理的本公司主要业务增值税税率表如表2-9所示。

表2-9 凯特公司主要业务税率表

序号	主要业务	适用税率
1	销售木器家具	17%
2	代为加工木器家具	17%
3	修理民用及办公家具	17%
4	销售农膜	13%
5	代为加工农膜	17%
6	销售加工木器剩余的木材碎料	17%

任务二 增值税的基本计算

一 一般纳税人增值税的基本计算

任务情境

滨州中海石化股份公司2009年2月发生的增值税相关业务如下：

(1)2月5日，销售C型化工产品300吨，每吨不含税金额2 000元，支付运费5 000元。

(2)2月8日，销售D型化工产品5吨，开具普通发票，销售额117 000元。

(3)2月10日，采购A原料10吨，每吨不含税金额20 000元，取得增值税专用发票，支付运费3 000元。

(4)2月15日，从山东中海石化股份公司购买X设备2台，每台50 000元，支付运费2 000元。

要求：计算中海石化股份公司2月应纳增值税(上述取得的凭证合法并认证相符)。

任务指导

增值税一般纳税人的应纳税额等于当期销项税额减当期进项税额。增值税一般纳税人当期应纳税额的多少取决于当期销项税额和当期进项税额这两个因素。在分别确定了销项税额和进项税额的情况下，就不难计算出应纳税额。应纳税额的计算公式为：

应纳税额＝当期销项税额－当期进项税额

(一)销项税额

销项税额是增值税条例中的一个概念，它是由购买方支付的税额；对于属于一般纳税人的销售方来讲，在没有抵扣其进项税额前，销售方收取的销项税额还不是其应纳增值税税额。销项税额的计算取决于销售额和适用税率两个因素。适用税率在前面已有介绍，此处主要分析销售额。需要强调的是，增值税是价外税，“销售额”必须是不包括收取的销项税额的销售额。为了避免出现歧义，通常称为不含销项税的销售额(简称不含税销售额)，而总金额通常称为含销项税的销售额(简称含税销售额)。其计算公式如下：

销项税额＝销售额×税率

温馨提示：

普通发票金额通常只有一个，是含税销售额。

上述任务情境中，业务(1)中海石化股份公司开具的增值税专用发票(图2-2)中的税额102 000元即不含销项税的销售额。

山东省增值税专用发票

记账联

No. 0000000000061001

校验码:2860000000000002476　　　　开票日期:2009 年 2 月 5 日

购货单位	名　　称:山东潍化化学公司 纳税人识别号:110101280636967 地 址 、电 话:0311—88823956 开户行及账号:工商银行支行 2032809202183				密码区	>56+/9−62750831/049<1　加密版本:01 98872352+00>×4248/+8<　2100061620 372027+43×3/>732<7−02　01887040 4−5/89−3/58×+1−21>79−			第三联:记账联　销货方作记账凭证
货物或应税劳务名称	规格型号	单位	数量	单价(元)	金额(元)	税率	税额(元)		
C型化工产品 合计		吨	300	2 000	600 000	17%	102 000		
价税合计(大写)	柒拾万零贰仟元整					(小写)702000			
销货单位	名称:滨州中海石化股份公司 纳税人识别号:372301000999987 地址、电话:0543—9988999 开户行及账号:工行 A 区分行 126688000109				备注				

收款人:王五　　　复核:钱二　　　开票人:孙三　　　销货单位:(章)

图 2-2　增值税专用发票

纳税人销售货物或者提供应税劳务,按照销售额和规定的税率计算并向购买方收取的增值税额,为销项税额。图 2-2 中单位销售货物的金额 600 000 元即为该公司该笔业务的销售额;销售额乘以税率就是销项税额。

上述任务情境中,业务(2)中海石化股份公司 2 月 8 日销售 D 型化工产品 5 吨,开具普通发票(图 2-3),销售额 117 000 元是含税金额,该笔业务的销项税额为:

$$117\ 000/(1+17\%)\times17\%=100\ 000\times17\%=17\ 000(元)$$

山东省销售商品普通发票

发　票　联　　　　发票代码 113000000091

客户名称: 滨州安泰化工公司　　　2009 年 2 月 8 日　　　发票号码 01956490

鲁国税票证服务中心印2008年10月20万本

货物名称	规格	单位	数量	单价	金额								
					十	万	千	百	十	元	角	分	二 发票联
D型化工产品		吨	5	23 400	1	1	7	0	0	0	0	0	
金额合计 (大写) 壹 拾 壹 万 柒 仟 零 佰 零 拾 零 元 零 角 零 分				¥: 117,000									

开票单位(章)　　　　　　　　开票人:王五

图 2-3　普通发票

(二)进项税额

纳税人购进货物或者接受应税劳务,所支付或者负担的增值税为进项税额。进项税额与销项税额是相互对应的两个概念,在购销业务中,对于销货方而言,在收回货款的同时,收回销项税额;对于购货方而言,在支付货款的同时,支付进项税额。

进项税额的大小影响纳税人实际缴纳的增值税。需要注意的是，并不是购进货物或者接受应税劳务所支付或者负担的增值税都可以在销项税额中抵扣，税法对哪些进项税额可以抵扣、哪些进项税额不能抵扣作了严格的规定。

按照税法规定，企业的进项税必须与合法有效认证相符的特定凭证认证相抵扣。企业合法的可以作为进项税抵扣的有以下 4 项：

1. 从销售方取得的增值税专用发票上注明的增值税额

增值税专用发票由基本联次或者基本联次附加其他联次构成。基本联次为三联：发票联、抵扣联和记账联。

(1)专用发票领购使用范围。一般纳税人可以凭发票领购簿、IC 卡和经办人身份证明领购专用发票。小规模纳税人不得领购增值税专用发票。

(2)专用发票的开具范围。商业企业一般纳税人零售的烟、酒、食品、服装、鞋帽(不包括劳保专用部分)、化妆品等消费品不得开具专用发票。增值税小规模纳税人(以下简称小规模纳税人)需要开具专用发票的，可向主管税务机关申请代开。

(3)增值税专用发票的认证。所谓增值税专用发票的认证，就是指接受货物或劳务方将取得的增值税专用发票送到当地税务机关去审核，确认有效性的过程。其过程是：

取得增值税专用发票的一方持发票抵扣联到主管税务机关，在税务机关的扫描仪上扫描，计算机读取票面上的密文，与票面上的七项数据(发票代码、发票号、开票日期、购方纳税人识别号、销方纳税人识别号、金额、税额)进行比对，比对一致后，将数据传入国家税务总局的增值税发票比对系统数据库。数据将在那里保存 90 天，等待销售方抄报税的数据资料并与之进行比对。比对一致则通过；不一致或没有相对应的发票数据可比对，则自动将该信息转到未通过的数据库中。税务稽查就会根据转来的认证发票上的信息找到开出和取得发票的双方，查实原因并做出相应的处罚。

认证过的专用发票，是增值税抵扣的依据。没有认证或者认证未通过的不得抵扣增值税。

温馨提示：

进项税额越大，应当缴纳的税越少。

2. 从海关取得的完税凭证上注明的增值税额

其样式见表 2-10。

表 2-10 海关进口增值税专用缴款书

收入系统： 填发日期： 年 月 日 号码 No.

<table>
<tr><td rowspan="3">收款单位</td><td>收入机关</td><td colspan="3"></td><td rowspan="3">缴款单位(人)</td><td>名称</td><td colspan="3"></td></tr>
<tr><td>科目</td><td></td><td>预算级次</td><td></td><td>账号</td><td colspan="3"></td></tr>
<tr><td>收款国库</td><td colspan="3"></td><td>开户银行</td><td colspan="3"></td></tr>
<tr><td>税号</td><td colspan="3">货物名称</td><td>数量</td><td>单位</td><td>完税价格(￥)</td><td>税率(%)</td><td>税款金额(￥)</td></tr>
<tr><td></td><td colspan="3"></td><td></td><td></td><td></td><td></td><td></td></tr>
<tr><td colspan="6">金额人民币(大写)</td><td colspan="3">合计(￥)</td></tr>
<tr><td>申请单位编号</td><td></td><td>报关单编号</td><td></td><td colspan="3" rowspan="3">填制单位：
制单人：
复核人：</td><td colspan="2" rowspan="3">收款国库(银行)</td></tr>
<tr><td>合同(批文)号</td><td></td><td>运输工具(号)</td><td></td></tr>
<tr><td>缴款期限</td><td></td><td>提/装货单号</td><td></td></tr>
<tr><td colspan="9">备注：</td></tr>
</table>

增值税一般纳税人在购进或进口货物及劳务时取得对方的增值税专用发票或海关完税凭证上已注明规定税率或征收率计算的增值税税额，不需要纳税人计算，但要注意其增值税专用发票及海关完税凭证的合法性，对不符合规定的扣税凭证一律不准抵扣。

增值税一般纳税人取得所有需抵扣增值税进项税额的海关完税凭证，应根据相关海关完税凭证逐票填写“海关完税凭证抵扣清单”，在进行增值税纳税申报时随同“纳税申报表”一并报送。如果纳税人未按照规定要求填写“海关完税凭证抵扣清单”或者填写内容不全，该张凭证不得抵扣进项税额。

增值税一般纳税人当期未取得海关完税凭证，可不向主管税务机关报送“海关完税凭证抵扣清单”。

3.购进免税农产品进项税额的确定与抵扣

自 2002 年 1 月 1 日起，增值税一般纳税人购进农业生产者销售的免税农产品，或者从小规模纳税人处购进的农产品，按买价和 13%的扣除率计算抵扣进项税额。农产品收购发票样式如表 2-11 所示。在掌握该项政策时，应注意以下几个问题：

(1)免税“农产品”是指直接从事植物的种植、收割和动物的饲养、捕捞的单位和个人销售的享受免税的自产农产品；农产品所包括的具体品目按《农产品征税范围注释》来确定。

(2)“买价”是指经主管税务机关批准使用的收购凭证上注明的价款；对烟叶税纳税人，按规定缴纳的烟叶税准予并入烟叶产品的买价计算增值税的进项税额，并在计算缴纳增值税时予以抵扣。

(3)“扣除率”为 13%。

(4)根据税法相关规定，收购烟叶准予抵扣的进项税额为：

$$准予抵扣的进项税额=(收购金额+烟叶税) \times 13\%$$

其中，收购金额=收购价款×(1+10%)。

表 2-11　浙江省农业产品收购专用发票

年　　月　　日　　　　　　　　　　　　　　　　　　　　　　　　No.

<table>
<tr><td>投售人姓名</td><td colspan="3"></td><td colspan="2">身份证号码</td><td colspan="2"></td></tr>
<tr><td>地　　址</td><td colspan="3"></td><td colspan="2">电　　话</td><td colspan="2"></td></tr>
<tr><td>品　　名</td><td>等级</td><td>单位</td><td>数量</td><td>单位</td><td>收购金额</td><td colspan="2">计算进项抵扣税额</td></tr>
<tr><td></td><td></td><td></td><td></td><td></td><td></td><td>计算金额</td><td></td></tr>
<tr><td></td><td></td><td></td><td></td><td></td><td></td><td>扣除率</td><td></td></tr>
<tr><td></td><td></td><td></td><td></td><td></td><td></td><td>税　额</td><td></td></tr>
<tr><td>收购金额合计（大写）</td><td colspan="7">¥________</td></tr>
<tr><td>收购单位名称</td><td colspan="3"></td><td colspan="2">税务登记证号</td><td colspan="2"></td></tr>
<tr><td>地址、电话</td><td colspan="3"></td><td colspan="2">开户行及账号</td><td colspan="2"></td></tr>
</table>

开票人：　　　　付款人：　　　　　　　收款人：　　　　收购单位（未盖章无效）：

4.运输费用进项税额的确定与抵扣

增值税一般纳税人外购或销售货物所支付的运输费用（代垫运费除外），根据运费结算单据（普通发票）所列的运费金额，依7%的扣除率计算进项税额准予扣除。

增值税一般纳税人外购货物和销售应税货物所取得的由自开票纳税人或代开票单位为代开票纳税人开具的货物运输业发票（表2-12）准予抵扣进项税额。增值税一般纳税人取得税务机关认定为自开票纳税人的联运单位和物流单位开具的货物运输业发票准予计算抵扣进项税额。准予抵扣的货物运费金额是指自开票纳税人和代开票单位为代开票纳税人开具的货运发票上注明的运费、建设基金和现行规定允许抵扣的其他货物运费。装卸费、保险费和其他杂费不予抵扣。货运发票应分别注明运费和杂费，对未分别注明而合并注明为运杂费的不予抵扣。

一般纳税人取得的国际货物运输代理业发票和国际货物运输发票，不得计算抵扣进项税额。国际货物运输代理业务是国际货运代理企业作为委托方和承运单位的中介人，受托办理国际货物运输和相关事宜并收取中介报酬的业务。因此，增值税一般纳税人支付的国际货物运输代理费用，不得作为运输费用抵扣进项税额。

一般纳税人取得的汇总开具的运输发票，凡附有运输企业开具并加盖财务专用章或发票专用章的运输清单，允许计算抵扣进项税额。

此外，企业购置增值税防伪税控系统专用设备和通用设备，可凭购货所取得的专用发票所注明的税额从增值税销项税额中抵扣。其中，专用设备包括税控金税卡、税控IC卡和读卡器；通用设备包括用于防伪税控系统开具专用发票的计算机和打印机。增值税一般纳税人用于采集增值税专用发票抵扣联信息的扫描器具和计算机，属于防伪税控通用设备。对纳税人购置上述设备取得的增值税专用发票所注明的增值税税额，计入当期增值税进项税额（国税函[2006]1248号）。

表 2-12 公路、内河货物运输业统一发票(代开)

存 根 联

发票代码 000000000000
发票号码 00000000

开票日期：

机打代码 机打号码 机器编号		税控码			
收货人及 纳税人识别号		承运人及 纳税人识别号			
发货人及 纳税人识别号		主管税务机关 及代码			
运输项目及金额		其他项目及金额		备注	
运费小计		其他费用小计			
合计（大写）		（小写）			
代开单位 及代码		扣缴税额、税率 完税凭证号码			

××印刷厂×年×月印

第四联 存根联 代开单位留存备查 （手写无效）

代开单位盖章　　　　开票人：

(三)不得抵扣增值税进项税额的计算划分

纳税人兼营免税项目或非应税项目(不包括固定资产在建工程)无法准确划分不得抵扣的进项税额部分，按下列公式计算不得抵扣的进项税额：

不得抵扣的进项税额＝(当月全部进项税额－当月可准确划分用于应税项目、免税项目及非应税项目的进项税额)×(当月免税项目销售额、非应税项目营业额合计÷当月全部销售额、营业额合计)＋当月可准确划分用于免税项目和非应税项目的进项税额

任务处理

滨州中海石化股份公司 2009 年 2 月的增值税相关业务应进行如下处理：

1. 销项税额

对于销售业务而言，无论是开具增值税专用发票还是普通发票，甚至不开发票，都应当按照增值税暂行条例和实施细则的要求，计算销项税。因此，业务(1)、(2)都要进行销项税额的计算。

业务(1)是开具增值税专用发票的业务，其销项税额应当以增值税专用发票上的不含税销售额为计税依据。销项税＝2 000×300×17％＝102 000(元)。

业务(2)是开具普通发票的销售业务，其销项税额应当以普通发票上的含税销售额除以(1＋所销售物品的适用税率)为计税依据。销项税＝117 000/(1＋17％)×17％＝17 000(元)。

2. 进项税额

涉及进项税额的项目有：业务(1)中所支付的销售运费取得的公路、内河货物运输业统

一发票；业务(3)采购取得增值税专用发票，业务(3)所支付的采购运费取得的公路、内河货物运输业统一发票；业务(4)购买 X 设备 2 台取得的增值税专用发票，业务(4)支付的采购运费形成进项税。

运费按照公路、内河货物运输业统一发票上的金额的 7%计算进项税：(5 000＋3 000＋2 000)×7%＝700(元)。

增值税专用发票按照发票上的税额相加计算进项税：200 000×17%＋50 000×2×17%＝34 000＋17 000＝51 000(元)。

滨州中海石化股份公司 2 月应纳增值税：102 000＋17 000－(700＋51 000)＝67 300(元)。

二 小规模纳税人增值税的计算

任务情境

滨州市华滨汽车修理有限公司是增值税小规模纳税人，主要从事汽车修理和装潢业务，2009 年 3 月发生如下业务：

(1)提供汽车修理业务取得收入 206 000 元，开具普通发票；

(2)销售汽车装饰用品取得收入 154 500 元，开具普通发票；

(3)从滨州活塞股份公司购进汽车修理用配件 40 箱，每箱 4 000 元，取得增值税专用发票；

(4)购买税控收款机 1 台，6 800 元，取得增值税专用发票(经主管税务机关审核批准抵免当期应纳增值税)。

要求：计算华滨汽车修理有限公司 2009 年 3 月的增值税。

任务指导

(一)小规模纳税人的增值税税额的计算

根据《增值税暂行条例》的规定，小规模纳税人销售货物或提供应税劳务，按简易方法计算应纳税额，即按销售额和规定征收率计算应纳税额，不得抵扣进项税额，同时，销售货物也不得自行开具增值税专用发票。其应纳税额的计算公式为：

应纳税额＝销售额×征收率

公式中的销售额与增值税一般纳税人计算应纳增值税的销售额规定内容一致，是销售货物或提供应税劳务向购买方收取的全部价款和价外费用，但不包括按 3%的征收率收取的增值税税额。

(二)含税销售额的换算

由于小规模纳税人销售货物自行开具的发票是普通发票，发票上列示的是含税销售额，因此，在计税时需要将其换算为不含税销售额。换算公式为：

不含税销售额＝含税销售额÷(1＋征收率)

(三)小规模纳税人购进税控收款机的进项税额抵扣

自 2004 年 12 月 1 日起，增值税小规模纳税人购置税控收款机，经主管税务机关审核批准后,可凭购进税控收款机取得的增值税专用发票,按照发票上注明的增值税额,抵免当期应纳增值税。或者按照购进税控收款机取得的普通发票上注明的价款,依下列公式计算可抵免的税额:

$$可抵免的税额=价款÷(1+17\%)\times 17\%$$

当期应纳税额不足抵免的,未抵免的部分可在下期继续抵免。

任务处理

滨州市华滨汽车修理有限公司是增值税小规模纳税人,2009 年 3 月增值税计算如下:

(1)206 000÷(1+3%)×3%=6 000(元);

(2)154 500÷(1+3%)×3%=4 500(元);

(3)不需计算;

(4)6 800× 17%=1 156(元)。

应纳增值税=6 000+4 500-1 156=9 344(元)。

三　固定资产增值税的计算

任务情境

滨州大洋粮油制造公司 2009 年 5 月发生如下涉及固定资产的增值税业务:

(1)5 月 6 日,从山东五环油脂设备制造公司购买 Y 型榨油机 5 台,每台 100 000 元,取得增值税专用发票。

(2)5 月 10 日,销售本年 1 月 8 日购买的 X 型榨油机 1 台,开具增值税专用发票,售价 55 000元;已知该设备原入账价值 62 000 元,其中增值税专用发票上注明设备不含税金额 60 000 元,其他费用 2 000 元。

(3)5 月 15 日,购买办公用小轿车一辆,取得的增值税专用发票上注明不含税金额 120 000元。

要求:计算与固定资产相关的增值税。

任务指导

(一)固定资产增值税的处理

自 2009 年 1 月 1 日起,纳税人销售自己使用过的固定资产(以下简称已使用过的固定资产,是指纳税人根据财务会计制度已经计提折旧的固定资产),应区分不同情形征收增值税:

(1)销售自己使用过的 2009 年 1 月 1 日以后购进或者自制的固定资产,按照适用税率征收增值税;

(2)2008 年 12 月 31 日以前未纳入扩大增值税抵扣范围试点的纳税人,销售自己使用过的 2008 年 12 月 31 日以前购进或者自制的固定资产,按照 4%的征收率减半征收增值税;

(3)2008年12月31日以前已纳入扩大增值税抵扣范围试点的纳税人，销售自己使用过的在本地区扩大增值税抵扣范围试点以前购进或者自制的固定资产，按照4%的征收率减半征收增值税；销售自己使用过的在本地区扩大增值税抵扣范围试点以后购进或者自制的固定资产，按照适用税率征收增值税。

(4)一般纳税人销售自己使用过的固定资产，凡根据《财政部国家税务总局关于全国实施增值税转型改革若干问题的通知》(财税[2008]170号)和财税[2009]9号文件等规定，适用按简易办法依4%的征收率减半征收增值税政策的，应开具普通发票，不得开具增值税专用发票。

(5)小规模纳税人销售自己使用过的固定资产，应开具普通发票，不得由税务机关代开增值税专用发票。

《中华人民共和国增值税暂行条例实施细则》(以下简称《细则》)第二十五条规定：纳税人自用的应征消费税的摩托车、汽车、游艇，其进项税额不得从销项税额中抵扣。结合2008年11月5日国务院第34次常务会议修订通过的《中华人民共和国消费税暂行条例》(以下简称《条例》)及其实施细则中列举的两类应征消费税的汽车(乘用车和中轻型商用客车)的规定，企业购置不属于应征消费税范围的汽车而取得的增值税扣税凭证是可以抵扣的。

(二)固定资产的视同销售纳税

(1)纳税人已抵扣进项税额的固定资产符合《条例》第十条(一)至(三)项所列情形的，应在当月按下列公式计算不得抵扣的进项税额：

不得抵扣的进项税额＝固定资产净值×适用税率

(2)固定资产净值，是指纳税人按照财务会计制度计提折旧后计算的固定资产净值。

(3)纳税人发生《细则》第四条规定的固定资产视同销售行为，对已使用过的固定资产无法确定销售额的情况，以固定资产净值为销售额。

(三)销售自己使用过的物品和旧货

1.纳税人销售自己使用过的物品，按下列政策执行：

(1)一般纳税人销售自己使用过的属于《条例》第十条规定不得抵扣且未抵扣进项税额的固定资产，按简易办法依4%的征收率减半征收增值税。

(2)一般纳税人销售自己使用过的其他固定资产，按照《财政部国家税务总局关于全国实施增值税转型改革若干问题的通知》(财税[2008]170号)第四条的规定执行。

(3)一般纳税人销售自己使用过的除固定资产以外的物品，应当按照适用税率征收增值税。

2.小规模纳税人(除其他个人外，下同)销售自己使用过的固定资产，减按2%的征收率征收增值税。

小规模纳税人销售自己使用过的除固定资产以外的物品，应按3%的征收率征收增值税。

3.纳税人销售旧货，按照简易办法依照4%的征收率减半征收增值税。

旧货，是指进入二次流通的具有部分使用价值的货物(含旧汽车、旧摩托车和旧游艇)，但不包括自己使用过的物品。

(1)一般纳税人销售自己使用过的物品和旧货,适用按简易办法依4%的征收率减半征收增值税政策的,按下列公式确定销售额和应纳税额:

销售额=含税销售额/(1+4%)

应纳税额=销售额×2%

(2)小规模纳税人销售自己使用过的固定资产和旧货,按下列公式确定销售额和应纳税额:

销售额=含税销售额/(1+3%)

应纳税额=销售额×2%

(3)小规模纳税人销售自己使用过的固定资产和旧货,其不含税销售额填写在"增值税纳税申报表(适用于小规模纳税人)"第4栏,其利用税控器具开具的普通发票不含税销售额填写在第5栏。

任务处理

滨州大洋粮油制造公司2009年5月涉及固定资产的增值税计算如下:

(1)进项税额:100 000×5×17%=85 000(元);

(2)销项税额:55 000×17%=9 350(元);

(3)根据增值税条例及实施细则,购买的小轿车不得抵扣,故该业务无进项税额。

任务三　增值税的扩展计算

一　代垫运费的增值税计算

任务情境

滨州北海公司2009年2月发生如下特殊增值税事项:

(1)2月6日,向滨州第一电子公司销售学习机200台,每台1 000元,委托滨州交运物流公司运输,支付运费1 200元,发票转交滨州第一电子公司,共收取235 000元;

(2)2月10日,向滨州安康销售公司销售学习机100台,每台1 000元,由本公司司机戴明运送,收取运费1 000元。

要求:计算该公司上述业务的增值税应纳数额。

任务指导

在增值税税率确定的情况下,计算销项税额的关键是销售额。《增值税暂行条例》规定:销售额为纳税人销售货物或提供应税劳务向购买方收取的全部价款和价外费用,但不包括以下四项费用:

(1)受托加工应征消费税的消费品所代收代缴的消费税。

(2)同时符合以下两项条件的代垫运输费用：

①承运部门的运输费用发票开具给购买方的；

②纳税人将该项发票转交给购买方的。

(3)同时符合以下三项条件代为收取的政府性基金或者行政事业性收费：

①由国务院或者财政部批准设立的政府性基金，由国务院或者省级人民政府及其财政、价格主管部门批准设立的行政事业性收费；

②收取时开具省级以上财政部门印制的财政票据；

③所收款项全额上缴财政。

(4)销售货物的同时因代办保险等而向购买方收取的保险费，以及向购买方收取的代购买方缴纳的车辆购置税、车辆牌照费。

另外，向购买方收取的销项税额，因为增值税属于价外税，其税款自然不应包含在销售货物的价款之中。

上述四项业务中的费用，第 3 项属于行政事业性收费，一般企业不发生，第 1 项和第 4 项在项目四中详细学习。

除上述四项之外向客户(购买方)收取的所有款项都是销售额，应乘以税率来计算销项税。

对于代垫运费而言，承运部门的运费发票开具给购货方，并且由纳税人将该项发票转交给购货方的，纳税人仅仅是为购货人代办运输业务，而未从中收取额外费用。除代垫运费以外的纳税人销售货物和提供应税劳务时向购买方收取的各种价外费用均要并入计税销售额计算征税，目的是为了防止纳税人以各种名目的收费减少计税销售额逃避纳税。同时应注意，根据国家税务总局的规定，纳税人向购买方收取的价外费用和包装物押金应视为含增值税收入，在并入销售额征税时应将其换算为不含增值税收入征税。

任务处理

滨州北海公司 2009 年 2 月发生的特殊增值税事项的计算如下：

业务(1)中销售学习机 2 000 台，每台 1 000 元，委托滨州交运物流公司运输，支付运费 1 200 元，发票(表 2-13)转交滨州第一电子公司，共收取 235 000 元；

根据税法规定，本业务属发票转交，属于代垫运费，其金额不征增值税。

销项税额：(235 000－1 200)×17%＝39 746(元)

业务(2)中的运费不满足代垫运费的两个条件，故该运费应当征收增值税。

销项税额：1 000×100×17%＋1 000×17%＝17 000＋170＝17 170(元)

表 2-13　公路、内河货物运输业统一发票

发　票　联

发票代码 50121

发票号码 231466607

开票日期：2009年2月6日

机打代码 机打号码 机器编号	12345 12345678 32689	税控码	4565872322123232323 23
收货人及 纳税人识别号	滨州第一电子公司 23235588878833	承运人及 纳税人识别号	滨州交运物流公司 37231000000258
发货人及 纳税人识别号	滨州北海公司 372100000000125	主管税务机关 及代码	滨州市地方税务局 3701001
运输项目及金额	货物名称：学习机 数量（重量）：200台 金额：1000元	其他项目及金额	装卸费（搬运费）200元	备注
运费小计	1000元	其他费用小计	200元
合计（大写）	壹仟贰佰元整		（小写）¥1200元
代开单位 及代码		如缴税额、税率 完税凭证号码	

代开单位盖章　　　　开票人：李三

二　视同销售的增值税计算

任务情境

滨州威通医药公司 2009 年 2 月发生如下涉及增值税的业务：

(1)2 月 5 日，将外购的 20 箱 A 型抗生素运往滨州第一医药连锁公司，委托其代销。

(2)2 月 10 日，将自产的 A 型干扰素和委托加工的 D 型干扰素作为股利分配给投资者。A 型干扰素售价总计 50 000 元，委托加工的 D 型干扰素没有同类产品售价，委托加工成本 30 000 元。

(3)2 月 12 日，将购入的一批 103# 原材料对外投资，其购进成本1 000 000元。

(4)2 月 12 日，将自产的 B 产品无偿赠送给他人，生产成本 9 000 元，售价 12 500 元，将购进的 400 千克 101# 材料无偿赠送给他人，该材料实际成本 29.4 元/千克。

(5)2 月 15 日，为本厂的招待所特制一批 B 产品，B 产品的生产成本为 10 000 元，无同类产品的对外售价。

(6)2 月 16 日，将自产的 100 个 C 型磁疗仪用于职工福利分发给职工，其成本 400 元/个，对外不含税售价 500 元/个。

要求：计算滨州威通医药公司的视同销售增值税。

任务指导

视同销售行为是增值税税法规定的特殊的货物销售行为，应当缴纳增值税。增值税条

例和实施细则规定了以下8种视同销售行为。

(一)视同销售行为的范围

单位或者个体工商户的下列行为,视同销售货物:

(1)将货物交付其他单位或者个人代销;

(2)销售代销货物;

(3)设有两个以上机构并实行统一核算的纳税人,将货物从一个机构移送至其他机构用于销售,但相关机构设在同一县(市)的除外;

(4)将自产或者委托加工的货物用于非增值税应税项目;

(5)将自产、委托加工的货物用于集体福利或者个人消费;

(6)将自产、委托加工或者购进的货物作为投资,提供给其他单位或者个体工商户;

(7)将自产、委托加工或者购进的货物分配给股东或者投资者;

(8)将自产、委托加工或者购进的货物无偿赠送给其他单位或者个人。

(二)视同销售行为销售额的确定

由于视同销售行为一般不以资金形式反映出来,因而会出现视同销售而无销售额的情况。另外,有时纳税人销售货物或提供应税劳务的价格明显偏低而且无正当理由。在上述情况下,纳税人有《条例》第七条所称价格明显偏低并无正当理由或者有《细则》第四条所列视同销售货物行为而无销售额者,主管税务机关有权按照下列顺序核定其计税销售额:

(1)按纳税人最近时期同类货物的平均销售价格确定;

(2)按其他纳税人最近时期同类货物的平均销售价格确定;

(3)按组成计税价格确定:

$$组成计税价格=成本\times(1+成本利润率)$$

属于应征消费税的货物,其组成计税价格中应加计消费税额。

公式中的成本是指:①销售自产货物的为实际生产成本;②销售外购货物的为实际采购成本。公式中的成本利润率由国家税务总局确定。目前,我国大部分货物的成本利润率定为10%。

任务处理

滨州威通医药公司的视同销售增值税处理如下:

业务(1):尽管委托代销属于视同销售,但委托代销收到代销清单时才视同销售货物征增值税,本业务尚未收到代销清单,故增值税为0。

业务(2):A型干扰素应计销项税额:50 000×17%=8 500(元)

D型干扰素组成计税价格:30 000×(1+10%)=33 000(元)

D型干扰素应计销项税额:33 000×17%=5 610(元)

业务(3):滨州威通医药公司2月12日将购入的一批103#原材料对外投资,其购进成本1 000 000元应当视同销售。在计算销项税额时,应按其组成计税价格进行计算。

组成计税价格=1 000 000×(1+10%)=1 100 000(元)

销项税额=1 100 000×17%=187 000(元)

业务(4):B产品应计销项税额:12 500×17%=2 125(元)

101#材料应计销项税额:400×29.4×17%=1 999.2(元)

业务(5):该业务属于视同销售行为,无同类产品的对外售价的,按组成计税价格计算其销项税额。

组成计税价格=10 000×(1+10%)=11 000(元)

销项税额=11 000×17%=1 870(元)

业务(6):此业务应当视同销售货物征增值税。

销项税额=500×100×17%=8 500(元)

三 特殊销售的增值税计算

任务情境

滨州威通生物制药股份公司2009年5月发生的增值税特殊销售业务如下:

(1)5月5日,收到滨州市第五人民医院退回的4月销售的C型抗生素5箱,并收回开具的增值税专用发票(4月销售C型抗生素5箱,开具专用发票,销售额100 000元);

(2)5月10日,4月销售的部分医用酒精,因纯度不够,客户要求减少原价款的25%(原售价为50 000元),经研究同意客户的要求;

(3)5月12日,山东省第十五人民医院一次性订购E型抗生素50箱,因数量大,故每箱给予5%的折扣(每箱正常售价1 000元);

(4)5月15日,销售给滨州第三医药公司C型抗生素10箱,每箱20 000元,为及时回收货款,给予"2/10,1/30,*n*/60"的优惠;

(5)5月20日,销售给滨州第三医药公司甲酚皂溶液20桶,每桶2 000元,每桶装100升。每个桶押金100元,押金担保期6个月。滨州第三医药公司如期退还药桶。

要求:计算滨州威通生物制药股份公司5月应纳增值税。

任务指导

在市场竞争过程中,纳税人会采取某些特殊、灵活的销售方式销售货物,以求扩大销售、占领市场。这些特殊销售方式及销售额的确定方法是:

(一)以折扣方式销售货物

折扣销售是指销售方在销售货物或提供应税劳务时,因购买方需求量大等原因而给予的价格方面的优惠。按照现行税法的规定,纳税人采取折扣方式销售货物,可以按折扣后的销售额征收增值税。在这里应该注意以下几点:一是税法中所指的折扣销售有别于销售折扣,销售折扣通常是指为了鼓励购货方及时偿还货款而给予的折扣优待,销售折扣发生在销货之后,而折扣销售则是与实现销售同时发生的,销售折扣不得从销售额中减除。二是销售折扣与销售折让是不同的,销售折让通常是指由于货物的品种或质量等原因引起销售额的减少,即销货方给予购货方未予退货状况下的价格折让。销售折让可以从销售额中减除。三是折扣销售仅限于货物价格的折扣,如果销货方将自产、委托加工和购买的货物用于实物折扣,则该实物款额不得从货物销售额中减除,应按"视同销售货物"计征增值税。

(二)以旧换新方式销售货物

以旧换新销售,是纳税人在销售过程中,折价收回同类旧货物,并以折价款部分冲减货物价款的一种销售方式。税法规定:纳税人采取以旧换新方式销售货物的(金银首饰除外),应按新货物的同期销售价格确定销售额。例如,某商场(小规模纳税人)2009 年 2 月采取"以旧换新"方式销售无氟电冰箱,开出普通发票 25 张,收到货款 50 000 元,并注明已扣除旧货折价 20 000 元,则本月计税销售额为:(50 000+20 000)÷(1+4%)=67 307.7(元)。

(三)还本销售方式销售货物

所谓还本销售,指销货方将货物出售之后,按约定的时间,一次或分次将购货款部分或全部退还给购货方,退还的货款即为还本支出。纳税人采取还本销售货物方式的,不得从销售额中减除还本支出。

(四)采取以物易物方式销售

以物易物是一种较为特殊的购销活动,是指购销双方不是以货币结算,而是以同等价款的货物相互结算,实现货物购销的一种方式。在实际工作中,有的纳税人认为以物易物不是购销行为,销货方收到购货方抵顶货物的货物,认为自己不是购物,购货方发出抵顶货款的货物,认为自己不是销货。这两种认识都是错误的。正确的方法应当是:以物易物双方都应作购销处理,以各自发出的货物核算销售额并计算销项税额,以各自收到的货物核算购货额及进项税额。需要强调的是,在以物易物活动中,双方应各自开具合法的票据,必须计算销项税额,但如果收到货物不能取得相应的增值税专用发票或者其他合法票据,不得抵扣进项税额。

(五)包装物押金的增值税计算

包装物是指纳税人包装本单位货物的各种物品。为了促使购货方尽早退回包装物以便周转使用,一般情况下,销货方向购货方收取包装物押金,购货方在规定的期间内返回包装物,销货方再将收取的包装物押金返还。根据税法规定,纳税人为销售货物而出租、出借包装物收取的押金,单独记账的,时间在 1 年内,又未过期的,不并入销售额征税;但对逾期未收回不再退还的包装物押金,应按所包装货物的适用税率计算纳税。这里需要注意两个问题:一是"逾期"的界定,"逾期"是以 1 年(12 个月)为期限的。二是押金属于含税收入,应先将其换算为不含税销售额再并入销售额征税。另外,包装物押金与包装物租金不能混淆,包装物租金属于价外费用,在收取时便并入销售额征税。

任务处理

滨州威通生物制药股份公司 2009 年 5 月发生的增值税特殊销售业务的增值税计算如下:

业务(1):收到滨州市第五人民医院退回的 4 月销售的 C 型抗生素,并收回开具的增值税专用发票,属于销售退回,应当冲减 5 月的销项税。

销项税额:$-100\ 000\times17\%=-17\ 000$(元)

业务(2):销售的部分医用酒精,因纯度不够,客户要求减少原价款的 25%,属于销售折让,允许扣除。

销项税额:$-50\ 000\times17\%=-8\ 500$(元)

业务(3):山东省第十五人民医院因订购药品数量大而给予 5%的折扣,属于折扣销售(数量折扣),允许按照扣除折扣的售价计算销项税。

销项税额:$1\ 000\times50\times(1-5\%)\times17\%=8\ 075$(元)

业务(4):5 月 15 日给予滨州第三医药公司“2/10,1/30,n/60”的优惠,属于销售折扣(现金折扣),计算销项税时不允许扣除。

销项税额:20 000×10×17%=34 000(元)

业务(5):桶的押金担保期为 6 个月,截至 2009 年 11 月 20 日前退还即可,未逾期的押金不征销项税。

销项税额:2 000×20×17%=6 800(元)

四 混合销售和兼营业务的增值税计算

任务情境

滨州大兴商场从山东青岛平板电视有限公司批发了 42 寸 100 台平板电视机。为了保证及时供货,双方议定由山东青岛平板电视有限公司用自己的卡车向商场运送。青岛平板电视有限公司除收取不含税货款 500 000 元外,还收取运输费 3 510 元。

要求:如果你是该平板电视有限公司的办税员,请计算该业务的增值税。

任务指导

(一)兼营不同税率的货物或应税劳务

所谓兼营不同税率的货物或应税劳务,是指纳税人生产或销售不同税率的货物,或者既销售货物又提供应税劳务。比如,某农村供销社既销售税率为 17%的家用电器,又销售税率为 13%的化肥、农药等;某农业机械公司既生产、销售税率为 13%的农机,又利用本公司设备从事税率为 17%的加工、修理修配业务。

对这种兼营行为,税法规定的税务处理方法是:纳税人兼营不同税率的货物或者应税劳务,应当分别核算不同税率货物或者应税劳务的销售额。未分别核算销售额的,从高适用税率。

所谓分别核算,主要是指对兼营的不同税率货物或应税劳务在取得收入后,应分别如实记账,分别核算销售额,并按照不同的税率各自计算应纳税额,以避免适用税率混乱,出现少缴或多缴税款的现象。所谓对未分别核算销售额的从高适用税率是指,兼营不同税率货物或应税劳务而取得的混合在一起的销售额,本应按 17%或 13%高低不同税率分别计税,但由于未分别核算,因此,只能以不减少上缴国家的税收为前提,对混在一起的销售额一律按 17%的高税率计税。这样规定有利于促进纳税人健全账簿,正确核算应纳税额。

(二)混合销售行为

一项销售行为如果既涉及增值税应税货物又涉及非应税劳务,则为混合销售行为。所谓非应税劳务是指属于应缴营业税的交通运输业、建筑业、金融保险业、邮电通信业、文化体育业、娱乐业、服务业税目征收范围的劳务。需要解释的是,出现混合销售行为,涉及的货物和非应税劳务只是针对一项销售行为而言的,也就是说,非应税劳务是为了直接销售一批货物而提供的,二者之间是紧密相连的从属关系,它与一般既从事这个税的应税项目又从事另一个税的应税项目、二者之间没有直接从属关系的兼营行为是完全不同的。对实际经济活动中发生的混合销售行为与兼营行为,由于涉及不同的税务处理,因此要严格区分,不能混淆。

对混合销售行为的税务处理方法是：从事货物的生产、批发或零售的企业、企业性单位及个体经营者以及以从事货物的生产、批发或零售为主，并兼营非应税劳务的企业、企业性单位及个体经营者的混合销售行为，视为销售货物，应当征收增值税；其他单位和个人的混合销售行为，视为销售非应税劳务，不征收增值税。上述所称"以从事货物的生产、批发或零售为主，并兼营非应税劳务"，是指纳税人年货物销售额与非应税劳务营业额的合计数中，年货物销售额超过50%，非应税劳务营业额不到50%。

纳税人的销售行为是否属于混合销售行为，由国家税务总局所属征收机关确定。

根据《细则》的规定，混合销售行为如依照上述税务处理，属于应当征收增值税的，其销售额应是货物与非应税劳务的销售额的合计，该非应税劳务的销售额应视同含税销售额处理；且该混合销售行为涉及的非应税劳务所用购进货物的进项税额，凡符合《细则》规定的，在计算该混合销售行为的增值税时，准予从销项税额中抵扣。上述"凡符合《细则》规定的"，是指该混合销售行为涉及的非应税劳务所用购进货物有增值税扣税凭证上注明的增值税额。

(三)兼营非应税劳务

与混合销售行为相区别，兼营非应税劳务是指增值税纳税人在从事应税货物销售或提供应税劳务的同时，还从事非应税劳务(即营业税规定的各项劳务)，且从事的非应税劳务与某一项销售货物或提供应税劳务并无直接的联系和从属关系。在社会经济活动中，随着经济的放开搞活，企业为充分调动本单位的人力、物力，从事跨行业多种经营，兼营非应税劳务的情况已比较多。比如，某建筑装饰材料商店，一方面批发、零售货物，另一方面又对外承揽属于应纳营业税的安装、装饰业务。根据《细则》的规定，纳税人兼营非应税劳务的，应分别核算货物或应税劳务和非应税劳务的销售额，对货物和应税劳务的销售额按各自适用的税率征收增值税，对非应税劳务的销售额(即营业额)按适用的税率征收营业税。如果不分别核算或者不能准确核算货物或应税劳务和非应税劳务销售额的，其非应税劳务应与货物或应税劳务一并征收增值税。

纳税人兼营的非应税劳务是否应当一并征收增值税，由国家税务总局所属征收机关确定。对兼营非应税劳务不分别核算或者不能准确核算的，之所以规定要一并征收增值税，是为了避免将货物或应税劳务的销售额与非应税劳务的营业额混在一起，都按营业税的低税率计税而少缴税款的现象，促使纳税人注重分别核算和准确核算。

根据《细则》的规定，纳税人兼营非应税劳务不分别核算或者不能准确核算，应当一并征收增值税的，其销售额为货物或者应税劳务与非应税劳务的销售额的合计，该非应税劳务的销售额应视同含税销售额处理；其兼营的非应税劳务所用购进货物的进项税额，凡符合《细则》规定的(即从销售方取得的增值税专用发票上注明的税额，从海关取得的完税凭证上注明的增值税额，购进免税农产品准予抵扣的进项税额)，准予从销项税额中抵扣。

任务处理

山东青岛平板电视有限公司在这笔销售活动中，发生了销售货物和不属于增值税规定的劳务的混合销售行为。因为山东青岛平板电视有限公司属于货物生产企业，其做出的混合销售行为都视为销售货物，取得的货款和运输费一并作为货物销售额，按平板电视适用的

17%税率征收增值税，对取得的运输收入不再单独征收营业税。则增值税为：500 000×17%+3 510/(1+17%)×17%=85 000+510=85 510(元)。

五　不得抵扣的进项税额

任务情境

2009 年 6 月，滨州威通生物制药公司将外购原准备对外销售的血压仪，发给了 100 名优秀员工作为奖励，每人 1 台，外购价格每台 360 元，取得增值税专用发票，且已认证抵扣。

要求：计算该业务中应当转出的进项税额。

任务指导

(一)不得抵扣的进项税额

《条例》规定，下列项目的进项税额不得从销项税额中抵扣：

(1)用于非增值税应税项目、免征增值税项目、集体福利或者个人消费的购进货物或者应税劳务；

(2)非正常损失的购进货物及相关的应税劳务；

(3)非正常损失的在产品、产成品所耗用的购进货物或者应税劳务；

(4)国务院财政、税务主管部门规定的纳税人自用消费品；

(5)上述四项规定的货物的运输费用和销售免税货物的运输费用；

(6)自 2009 年 1 月 1 日起，纳税人购进货物或者应税劳务，取得的增值税扣税凭证不符合法律、行政法规或者国务院税务主管部门有关规定的。

(二)税务处理

(1)购入货物时即能认定其进项税额不能抵扣的，不得从当期销项税中扣减。

(2)购入货物时不能直接认定其进项税额能否抵扣的，可以认证抵扣。但如果这部分购入货物以后用于按规定不得抵扣进项税额项目的，应将原已计入进项税额的部分转出。

任务处理

滨州威通生物制药公司发给 100 名优秀员工作为奖励的外购血压仪，属于“用于非增值税应税项目、免征增值税项目、集体福利或者个人消费的购进货物或者应税劳务”，应在 2009 年 6 月作为进项税额转出，冲减 6 月进项税。

进项税为：-360×100×17%=-6 120(元)。

六　进口增值税的计算

任务情境

2009 年 6 月，滨州市中海日化公司(增值税一般纳税人)进口了一批高档法国香水，买价 850 000 元，境外运费及保险费共计 50 000 元。海关于 8 月 15 日开具了完税凭证。日化公司缴纳进口关税450 000元。

要求:计算该批高档法国香水进口环节应纳增值税(消费税税率为30%)。

任务指导

根据《条例》的规定,一切进口货物的单位和个人均应按规定缴纳增值税。

(一)进口货物的纳税人

根据《条例》的规定,进口货物增值税的纳税义务人为进口货物的收货人或办理报关手续的单位和个人,包括国内一切从事进口业务的企事业单位、机关团体和个人。对于企业、单位和个人委托代理进口应征增值税的货物,鉴于代理进口货物的海关完税凭证有的开具给委托方、有的开具给受托方的特殊性,对代理进口货物以海关开具的完税凭证上的纳税人为增值税纳税人。

进口货物征税范围:根据《条例》的规定,申报进入中华人民共和国海关境内的货物,均应缴纳增值税。

确定一项货物是否属于进口货物,要看其是否有报关手续。只要是报关进境的应税货物,不论其用途如何,不论是购进还是国外捐赠,均应按照规定缴纳进口环节的增值税(免税进口的货物除外)。

国家在规定对进口货物征税的同时,对某些进口货物制定了减免税的特殊规定。如属于"来料加工、进料加工"贸易方式进口国外的原材料、零部件等在国内加工后复出口的,对进口的料、件按规定给予免税或减税;但这些进口免、减税的料、件若不能加工复出口,而是销往国内的,就要予以补税。

(二)进口货物的适用税率

进口货物的增值税税率与增值税一般纳税人在国内销售同类货物的税率相同。

(三)进口货物应纳税额的计算

1.组成计税价格的确定

进口货物增值税的组成计税价格中包括已纳关税税额,如果进口货物属于消费税应税消费品,其组成计税价格中还要包括进口环节已纳消费税税额。按照《海关法》和《进出口关税条例》的规定,一般贸易项下进口货物的关税完税价格以海关审定的成交价格为基础的到岸价格作为完税价格。所谓成交价格是指一般贸易项下进口货物的买方为购买该项货物向卖方实际支付或应当支付的价格;到岸价格是包括由货价、货物运抵我国关境内输入地点起卸前的包装费、运费、保险费和其他劳务费等费用构成的一种价格。

特殊贸易项下进口的货物,由于进口时没有"成交价格"可作依据,为此,《进出口关税条例》对这些进口货物制定了确定其完税价格的具体办法。

组成计税价格=(关税完税价格+关税)÷(1-消费税税率)

或　　组成计税价格=关税完税价格+关税+消费税

2.进口货物应纳税额的计算

纳税人进口货物,按照组成计税价格和适用的税率计算应纳税额,不得抵扣任何税额,即在计算进口环节的应纳增值税税额时,不得抵扣发生在我国境外的各种税金。

应纳税额=组成计税价格×税率

进口货物在海关缴纳的增值税,符合抵扣范围的,凭借海关完税凭证可以从当期销项税额中抵扣。

任务处理

2009 年 6 月，滨州市中海日化公司（增值税一般纳税人），进口一批高档法国香水应当征收的增值税如下：

关税完税价格：850 000＋ 50 000＝ 900 000（元）。

组成计税价格：（900 000＋450 000）/（1－30％ ）≈1 928 571（元）。

进口环节缴纳增值税额：1 928 571×17％ ＝327 857.07（元）。

七 出口退税

任务情境

2009 年自营出口的山东大海化学工业公司（增值税一般纳税人）经营货物出口业务，征税税率为 17％，退税税率为 13％。

1.该公司 4 月的有关经营业务如下：

（1）购进原材料一批，取得的增值税专用发票上注明的价款为 2 000 000 元，外购货物准予抵扣的进项税额 340 000 元通过认证。

（2）上月末留抵税款 30 000 元。

（3）本月内销货物不含税销售额 1 000 000 元，收款 1 170 000 元存入银行。

（4）本月出口货物的销售额折合人民币 2 000 000 元。

2.该公司 5 月的有关经营业务如下：

（1）购进原材料一批，取得的增值税专用发票上注明的价款为 4 000 000 元，外购货物准予抵扣的进项税额 680 000 元通过认证。

（2）本月内销货物不含税销售额 1 000 000 元，收款 1 170 000 元存入银行。

（3）本月出口货物的销售额折合人民币 2 000 000 元。

要求：分别计算该企业 4 月和 5 月的出口退税业务的增值税额。

任务指导

（一）出口货物退（免）税的基本概念

出口货物退（免）税是指在国际贸易业务中，对报关出口的货物退还在国内各生产环节和流转环节按税法规定已缴纳的增值税和消费税，或免征应缴纳的增值税和消费税。它是国际贸易中通常采用并为世界各国普遍接受的、目的在于鼓励各国出口货物公平竞争的一种税收措施。

（二）出口退（免）税的基本政策

1.出口免税并退税

免税并退税的出口货物一般应具备以下四个条件：

（1）必须是属于增值税、消费税征税范围的货物。

（2）必须是报关离境的货物。

(3)必须是在财务上作销售处理的货物。

(4)必须是出口收汇并已核销的货物。

对出口的凡属于已征或应征增值税、消费税的货物,除国家明确规定不予退(免)税的货物和出口企业从小规模纳税人购进并持普通发票的部分货物外,都是出口货物退(免)税的货物范围,均应予以退还已征增值税和消费税或免征应征的增值税和消费税。

下列企业出口在满足上述四个条件的货物,除另有规定外,给予免税并退税:

(1)生产企业自营出口或委托外贸企业代理出口的自产货物。

(2)有出口经营权的外贸企业收购后直接出口或委托其他外贸企业代理出口的货物。

(3)特定出口的货物:主要是指对外承包工程公司运出境外用于对外承包项目的货物;对外承接修理修配业务的企业用于对外修理修配的货物;外轮供应公司、远洋运输供应公司销售给外轮、远洋国轮而收取外汇的货物;企业在国内采购并运往境外作为在国外投资的货物。

2.出口免税但不退税

(1)属于生产企业的小规模纳税人自营出口或委托外贸企业代理出口的自产货物。

(2)外贸企业从小规模纳税人购进并持普通发票的出口货物,免税但不予退税。

(3)外贸企业直接购进国家规定的免税货物出口的,免税但不予退税。

3.出口不免税也不退税

除经批准属于进料加工复出口贸易以外,下列出口货物不免税也不退税:

(1)出口的原油。

(2)援外出口货物。

(3)国家禁止出口的货物。

对没有进出口经营权的商贸企业,从事出口贸易不免税也不退税。

(三)出口退税的计算

1.生产企业出口货物免、抵、退税的计算

生产企业出口货物免、抵、退税应根据出口货物离岸价格、出口货物适用退税率计算。出口货物离岸价格(FOB)以出口发票上的离岸价格为准(委托代理出口的,出口发票可以是委托方开具的或受托方开具的),以其他价格条件成交的,应扣除按会计制度规定允许冲减出口销售收入的运费、保险费、佣金等。申报数与实际支付数有差额的,在下次申报退税时调整。若出口发票不能如实反映离岸价格,企业应按实际离岸价格申报免、抵、退税,税务机关有权按照《税收征管法》、《增值税暂行条例》等有关规定予以核定。免、抵、退税计算公式如下:

(1)当期应纳税额的计算

当期应纳税额=当期内销货物销项税额-(当期进项税额-当期免、抵、退税不得免征和抵扣税额)-上期留抵税额

(2)免、抵、退税额的计算

免、抵、退税额=出口货物离岸价格×外汇人民币牌价×出口货物退税率-免、抵、退税额抵减额

免、抵、退税额抵减额=免税购进原材料价格×出口货物退税率

式中,出口货物离岸价格以出口发票计算的离岸价格为准,免税购进原材料价格包括从

国内购进免税原材料和进料加工免税进口料件；进料加工免税进口料件的价格为组成计税价格：组成计税价格＝货物到岸价格＋海关实征关税和消费税。

当期免税进口原材料的组成计税价格有两种确定方式：一种是按购进法处理；另一种是按实耗法处理，即先按计划分配率来计算，待“进料加工登记手册”核销后，再用实际分配率来调整。其具体计算公式如下：

当期免税进口原材料的组成计税价格＝当期出口货物的离岸价格×计划分配率

计划分配率＝（计划进口总值÷计划出口总值）×100％

(3)当期应退税额和当期免、抵税额的计算

当期期末留抵税额小于或等于当期免、抵、退税额时：

当期应退税额＝当期期末留抵税额

当期免、抵税额＝当期免、抵、退税额－当期应退税额

当期期末留抵税额大于当期免、抵、退税额时：

当期应退税额＝当期免、抵、退税额

当期免、抵税额为零。

式中，期末留抵税额为当期“增值税纳税申报表”的期末留抵税额，它是计算确定当期应退税额，当期免、抵税额的重要依据。

(4)免、抵、退税不得免征和抵扣税额的计算

免、抵、退税不得免征和抵扣税额＝当期出口货物的离岸价格×外汇人民币牌价×（出口货物征税率－出口货物退税率）－免、抵、退税不得免征和抵扣税额抵减额

免、抵、退税不得免征和抵扣税额抵减额＝免税购进原材料价格×（出口货物征税率－出口货物退税率）

2.外贸企业出口货物退税的计算

(1)外贸企业“先征后退”的计算办法

应退税额＝外贸收购不含增值税购进金额×退税率

(2)外贸企业收购小规模纳税人出口货物增值税的退税规定

凡从小规模纳税人购进并持普通发票特准退税的抽纱、工艺品等12类出口货物，同样实行销售出口货物的收入免税，并退还出口货物进项税额的办法。由于小规模纳税人使用的是普通发票，其销售额和应纳税额没有单独计价，但小规模纳税人应纳的增值税也是价外计征的，这样，必须将合并定价的销售额先换算成不含税价格，然后据以计算出口货物退税。其计算公式为：应退税额＝[普通发票所列（含增值税）销售金额/(1＋征收率)]×退税率。

(3)外贸企业委托生产企业加工出口货物的退税规定

外贸企业委托生产企业加工收回后报关出口的货物，按购进国内原辅材料的增值税专用发票上注明的进项金额，依原辅材料的退税税率计算原辅材料的退税额。支付的加工费，凭受托方开具货物的退税税率，计算加工费的应退税额。

(四)旧设备的出口退(免)税处理

旧设备出口退税的处理见表2-14。

表 2-14　旧设备出口退税汇总表

出口情况	税务处理
1.一般纳税人和非增值税纳税人出口自用旧设备	应退税额＝增值税专用发票所列明的金额(不含税额)×设备折余价值÷设备原值×适用退税率;设备折余价值＝设备原值－已提折旧
2.一般纳税人和非增值税纳税人出口外购旧设备	实行免税不退税的办法
3.小规模纳税人出口自用旧设备和外购旧设备	实行免税不退税的办法
4.出口企业(属于扩大增值税抵扣范围的企业)出口自用旧设备	(1)主管税务机关应核实该设备所含增值税进项税额未计算抵扣后方可办理退税; (2)经主管税务机关核实,该设备所含增值税进项税额已计算抵扣,则不得办理退税

(五)出口卷烟免税的税收管理办法

(1)卷烟出口企业购进卷烟出口的,卷烟生产企业将卷烟销售给出口企业时,免征增值税、消费税,出口卷烟的增值税进项税额不得抵扣。

(2)有出口经营权的卷烟生产企业按出口计划直接出口自产卷烟,免征增值税、消费税,出口卷烟的增值税进项税额不得抵扣。

(3)卷烟生产企业委托卷烟出口企业按出口计划出口自产卷烟,在委托出口环节免征增值税、消费税,出口卷烟的增值税进项税额不得抵扣。

(六)出口退税率

出口货物的退税率,是出口货物的实际退税额与退税计税依据的比例。现行出口货物的增值税退税率有17%、15%、14%、13%、11%、9%、8%、6%、5%等。

任务处理

1.4月份业务的相关计算

(1)当期免抵退税不得免征和抵扣税额:2 000 000×(17%－13%)＝80 000(元)。

(2)当期应纳税额:1 000 000×17%－(340 000－80 000)－30 000＝－120 000(元)。

(3)出口货物“免、抵、退”税额:2 000 000×13%＝260 000(元)。

(4)按规定,如当期期末留抵税额小于等于当期免抵退税额,当期应退税额等于当期期末留抵税额,即该企业当期应退税额为120 000元。

(5)当期免抵税额＝当期免抵退税额－当期应退税额＝260 000－120 000＝140 000(元)。

2.5月份业务的相关计算

(1)当期免抵退税不得免征和抵扣税额:2 000 000×(17%－13%)＝80 000(元)。

(2)当期应纳税额:1 000 000×17%－(680 000－80 000)＝－430 000(元)。

(3)出口货物“免、抵、退”税额:2 000 000×13%＝260 000(元)。

(4)按规定,如当期期末留抵税额大于当期免抵退税额,当期应退税额等于当期免抵退税额,即该企业当期应退税额为 260 000 元。

(5)当期免抵税额=当期免抵退税额-当期应退税额=260 000-260 000=0。

(6)6 月期末留抵结转下期继续抵扣税额为 170 000(430 000-260 000)元。

八 减 免 税

任务情境

2009 年 4 月 20 日,滨州双环制药公司销售计生药品 4 箱,每箱 2 500 元,开具普通发票。

要求:计算需要缴纳的增值税。

任务指导

(一)免征增值税项目

根据《条例》的规定,下列项目免征增值税:

(1)农业生产者销售的自产农产品;

(2)避孕药品和用具;

(3)古旧图书;

(4)直接用于科学研究、科学试验和教学的进口仪器、设备;

(5)外国政府、国际组织无偿援助的进口物资和设备;

(6)由残疾人的组织直接进口供残疾人专用的物品;

(7)销售的自己使用过的物品。

农业,是指种植业、养殖业、林业、牧业、水产业。

农业生产者,包括从事农业生产的单位和个人。

农产品,是指初级农产品,具体范围由财政部、国家税务总局确定。

古旧图书,是指向社会收购的古书和旧书。

自己使用过的物品,是指其他个人自己使用过的物品。

(二)减免税权限

增值税的免税、减税项目由国务院规定。任何地区、部门均不得规定免税、减税项目。

任务处理

根据《条例》的规定,避孕药品和用具属于免税项目,其应纳增值税为 0,且销售不能开具增值税专用发票。

任务四 增值税纳税申报

任务情境

2009 年 7 月,上海多智电子有限公司(一般纳税人)办税员张伟根据 6 月份发生的增值税业务，填制增值税纳税申报表，办理2009年6月增值税纳税申报。

业务如下：

1. 本月通过防伪税控设备开具120份增值税专用发票销售MP4，金额3 000 000元，税额510 000元。

2. 本月通过防伪税控设备开具80份增值税专用发票销售多智电脑学习机，金额2 000 000元，税额340 000元。

3. 销售自用固定资产（机器设备），销售额为520 000元，税率17%，原值为500 000元，已提折旧20 000元（已于2009年1月抵扣进项税），开具增值税专用发票8份。

4. 提供加工劳务收入1 000 000元，开具防伪税控增值税专用发票18份。

5. 销售音像制品1 000 000元，开具防伪税控增值税专用发票22份，销售额为800 000元；开具普通发票50份，销售额为226 000元。

6. 按简易办法4%征收的小汽车2辆，销售额为260 000元，开具防伪税控增值税专用发票2份。

7. 本月进口电子元器件一批，取得海关进口增值税专用缴款书1份，代征增值税额17 000元。

8. 由于保管不善，造成成本为100 000元的原材料（税率17%）被盗。

9. 上期留抵税额为200 000元。

10. 本期国内购进货物情况：

(1)购进适用17%税率的货物5 000 000元，本期认证相符且本期申报抵扣的防伪税控增值税专用发票80份，金额为3 823 529.44元，进项税额650 000元，其他的尚未认证；

(2)适用13%税率，本期认证相符且本期申报抵扣的防伪税控增值税专用发票40份，金额为1 538 461.54元，进项税额200 000元；

(3)外购原材料和销售本企业产品的过程中，接受运输发票8份（全部符合抵扣条件），运输费金额为2 857 142.86元；

(4)接受税务机关为小规模纳税人代开的征收率为3%的增值税专用发票12份，金额为1 000 000元，税额为30 000元。

11. 前期认证相符且本期申报抵扣发票2份，金额为58 823.53元，进项税额10 000元。

12. 截至2009年5月31日欠税300 000元，本期清欠税300 000元。

13. 购进外销货物取得增值税防伪税控发票，期初已认证相符但未申报抵扣63份，金额250 000元，税额42 500元。

任务指导

增值税纳税申报分为“一般纳税人”和“小规模纳税人”两种，其中包括出口货物退免税的申报。其计税原始资料的稽核与办税程序均有不同的要求。

(一)增值税一般纳税人

1. 增值税一般纳税人申报的特点是报表体系严密，计税资料齐全。

2. 增值税一般纳税人纳税申报电子信息采集系统的增值税一般纳税人，应提供下述报表与资料：

(1)必报资料

①"增值税纳税申报表(适用于增值税一般纳税人)"及其"增值税纳税申报表附列资料(表一)、(表二)";

②使用防伪税控系统的纳税人,必须报送记录当期纳税信息的IC卡(明细数据备份在软盘上的纳税人,还须报送备份数据软盘)、"增值税专用发票存根联明细表"及"增值税专用发票抵扣联明细表";

③"资产负债表"和"利润表";

④"成品油购销存情况明细表"(发生成品油零售业务的纳税人填报);

⑤主管税务机关规定的其他必报资料。

纳税申报实行电子信息采集的纳税人,除向主管税务机关报送上述必报资料的电子数据外,还需报送纸质的"增值税纳税申报表(适用于一般纳税人)"(主表及附表)。

(2)备查资料

①已开具的增值税专用发票和普通发票存根联;

②符合抵扣条件并且在本期申报抵扣的增值税专用发票抵扣联;

③海关进口货物完税凭证、运输发票、购进农产品普通发票的复印件;

④收购凭证的存根联或报查联;

⑤代扣代缴税款凭证存根联;

⑥主管税务机关规定的其他备查资料。

备查资料是否需要在当期报送,由各省级国家税务局确定。

(二)"增值税纳税申报表(一般纳税人)"(表2-15)的填表方法

1.表头项目的填写

(1)"税款所属时间"是指纳税人申报的增值税应纳税额的所属时间。

(2)"填表日期"指纳税人填写本表的具体日期。

(3)"纳税人识别号"栏,填写税务机关为纳税人确定的识别号,即税务登记证号码。

(4)"企业登记注册类型"栏,按税务登记证填写。

(5)"一般货物及劳务"是指享受即征即退的货物及劳务以外的其他货物及劳务。

2.表体基本项目的填写

(1)"按适用税率征税货物及劳务销售额",填写纳税人本期按适用税率缴纳增值税的应税货物和应税劳务的销售额(销货退回的销售额用负数表示),包括在财务上不作销售但按税法规定应缴纳增值税的视同销售货物和价外费用销售额,外贸企业作价销售进料加工复出口的货物,税务、财政、审计部门检查按适用税率计算调整的销售额。"一般货物及劳务"的"本月数"栏数据与"即征即退货物及劳务"的"本月数"栏数据之和,应等于表2-16第7栏的"小计"中的"销售额"数。"本年累计"栏数据,应为年度内各月数之和。

(2)"应税货物销售额"栏数据,填写纳税人本期按适用税率缴纳增值税的应税货物的销售额(销货退回的销售额用负数表示),包括在财务上不作销售但按税法规定应缴纳增值税的视同销售货物和价外费用销售额,以及外贸企业作价销售进料加工复出口的货物。"一般货物及劳务"的"本月数"栏数据与"即征即退货物及劳务"的"本月数"栏数据之和,应等于表2-16第5栏的"应税货物"中17%税率"销售额"与13%税率"销售额"的合计数。"本年累计”栏数据，应为年度内各月数之和。

(3)“应税劳务销售额”栏数据，填写纳税人本期按适用税率缴纳增值税的应税劳务的销售额。“一般货物及劳务”的“本月数”栏数据与“即征即退货物及劳务”的“本月数”栏数据之和，应等于表2-16第5栏的“应税劳务”中的“销售额”数。“本年累计”栏数据，应为年度内各月数之和。

(4)“按简易征收办法征税货物销售额”栏数据，填写纳税人本期按简易征收办法征收增值税货物的销售额(销货退回的销售额用负数表示)，包括税务、财政、审计部门检查，并按简易征收办法计算调整的销售额。“一般货物及劳务”的“本月数”栏数据与“即征即退货物及劳务”的“本月数”栏数据之和，应等于表2-16第14栏的“小计”中的“销售额”数。“本年累计”栏数据，应为年度内各月数之和。

(5)“销项税额”栏数据，填写纳税人本期按适用税率计征的销项税额。该数据应与“应交税费——应交增值税”明细科目贷方“销项税额”专栏本期发生数一致。“一般货物及劳务”的“本月数”栏数据与“即征即退货物及劳务”的“本月数”栏数据之和，应等于表2-16第7栏的“小计”中的“销项税额”数。“本年累计”栏数据，应为年度内各月数之和。

(6)“进项税额”栏数据，填写纳税人本期申报抵扣的进项税额。该数据应与“应交税费——应交增值税”明细科目借方“进项税额”专栏本期发生数一致。“一般货物及劳务”的“本月数”栏数据与“即征即退货物及劳务”的“本月数”栏数据之和，应等于表2-17第12栏中的“税额”数。“本年累计”栏数据，应为年度内各月数之和。

本表第13项“上期留抵税额”栏数据，为纳税人前一申报期的“期末留抵税额”数。该数据应与“应交税费——应交增值税”明细科目借方月初余额一致。

(7)“进项税额转出”栏数据，填写纳税人已经抵扣但按税法规定应作进项税转出的进项税额总数，但不包括销售折扣、折让，销货退回等应负数冲减当期进项税额的数额。该数据应与“应交税费——应交增值税”明细科目贷方“进项税额转出”专栏本期发生数一致。“一般货物及劳务”的“本月数”栏数据与“即征即退货物及劳务”的“本月数”栏数据之和，应等于表2-17第13栏中的“税额”数。“本年累计”栏数据，应为年度内各月数之和。

(8)“应抵扣税额合计”栏数据，填写纳税人本期应抵扣进项税额的合计数。

(9)“实际抵扣税额”栏数据，填写纳税人本期实际抵扣的进项税额。“本年累计”栏数据，应为年度内各月数之和。

(10)“按适用税率计算的应纳税额”栏数据，填写纳税人本期按适用税率计算并应缴纳的增值税额。“本年累计”栏数据，应为年度内各月数之和。

(11)“期末留抵税额”栏数据，为纳税人在本期销项税额中尚未抵扣完，留待下期继续抵扣的进项税额。该数据应与“应交税费——应交增值税”明细科目借方月末余额一致。

(12)“按简易征收办法计算的应纳税额”栏数据，填写纳税人本期按简易征收办法计算并应缴纳的增值税额，但不包括按简易征收办法计算的纳税检查应补缴税额。“一般货物及劳务”的“本月数”栏数据与“即征即退货物及劳务”的“本月数”栏数据之和，应等于表2-16第12栏的“小计”中的“应纳税额”数。“本年累计”栏数据，应为年度内各月数之和。

(13)“应纳税额合计”栏数据，填写纳税人本期应缴增值税的合计数。“本年累计”栏数据，应为年度内各月数之和。

(14)“期初未缴税额(多缴为负数)”栏数据，为纳税人前一申报期的“期末未缴税额(多缴为负数)”。

(15)“本期已缴税额”栏数据，是指纳税人本期实际缴纳的增值税额，但不包括本期入库的查补税款。“本年累计”栏数据，为年度内各月数之和。

(16)“分次预缴税额”栏数据，填写纳税人本期分次预缴的增值税额。

(17)“出口开具专用缴款书预缴税额”栏数据，填写纳税人本期销售出口货物而开具专用缴款书向主管税务机关预缴的增值税额。

(18)“本期缴纳上期应纳税额”栏数据，填写纳税人本期上缴上期应缴未缴的增值税款，包括缴纳上期按简易征收办法计提的应缴未缴的增值税额。“本年累计”栏数据，为年度内各月数之和。

(19)“本期缴纳欠缴税额”栏数据，填写纳税人本期实际缴纳的增值税欠税额，但不包括缴纳入库的查补增值税额。“本年累计”栏数据，为年度内各月数之和。

(20)“期末未交税额(多缴为负数)”栏数据，为纳税人本期期末应缴未缴的增值税额，但不包括纳税检查应缴未缴的税额。“本年累计”栏与“本月数”栏数据相同。

(21)“其中：欠缴税额(≥0)”栏数据，为纳税人按照税法规定已形成欠税的数额。

(22)“本期应补(退)税额”栏数据，为纳税人本期应纳税额中应补缴或应退回的数额。

表 2-15 增值税纳税申报表

(适用于一般纳税人)

金额单位：元(列至角分)

税款所属时间：自 年 月 日至 年 月 日 填表日期： 年 月 日

<table>
<tr><td colspan="2">纳税人识别号</td><td colspan="2"></td><td colspan="4">增值税纳税类型： 所属行业： 电脑编码：</td></tr>
<tr><td colspan="2">纳税人名称</td><td></td><td>法定代表人姓名</td><td></td><td>注册地址</td><td></td><td>营业地址</td></tr>
<tr><td colspan="2">开户银行及账号</td><td></td><td>企业登记注册类型</td><td colspan="2"></td><td>电话号码</td><td></td></tr>
<tr><td colspan="2" rowspan="2">项 目</td><td rowspan="2">行 次</td><td colspan="2">一般货物及劳务</td><td colspan="2">即征即退货物及劳务</td></tr>
<tr><td>本月数</td><td>本年累计</td><td>本月数</td><td>本年累计</td></tr>
<tr><td rowspan="10">销售额</td><td>(一)按适用税率征税货物及劳务销售额</td><td>1</td><td></td><td></td><td></td><td></td></tr>
<tr><td>其中：应税货物销售额</td><td>2</td><td></td><td></td><td></td><td></td></tr>
<tr><td>应税劳务销售额</td><td>3</td><td></td><td></td><td></td><td></td></tr>
<tr><td>纳税检查调整的销售额</td><td>4</td><td></td><td></td><td></td><td></td></tr>
<tr><td>(二)按简易征收办法征税货物销售额</td><td>5</td><td></td><td></td><td></td><td></td></tr>
<tr><td>其中：纳税检查调整的销售额</td><td>6</td><td></td><td></td><td></td><td></td></tr>
<tr><td>(三)免、抵、退办法出口货物销售额</td><td>7</td><td></td><td></td><td></td><td>—</td></tr>
<tr><td>(四)免税货物及劳务销售额</td><td>8</td><td></td><td></td><td></td><td>—</td></tr>
<tr><td>其中：免税货物销售额</td><td>9</td><td></td><td></td><td></td><td>—</td></tr>
<tr><td>免税劳务销售额</td><td>10</td><td></td><td></td><td></td><td>—</td></tr>
</table>

续表 2-15

税款计算	销项税额	11				
	进项税额	12				
	上期留抵税额	13				—
	进项税额转出	14				
	免抵退货物应退税额	15				—
	按适用税率计算的纳税检查应补缴税额	16				—
	应抵扣税额合计	17＝12＋13－14－15＋16				—
	实际抵扣税额	18(若 17＜11 则为 17，否则为 11)				
	按适用税率计算的应纳税额	19＝11－18				
	期末留抵税额	20＝17－18				
	按简易征收办法计算的应纳税额	21				
	按简易征收办法计算的纳税检查应补缴税额	22				—
	应纳税额减征额	23				
	应纳税额合计	24＝19＋21－23				
税款缴纳	期初未缴税额(多缴为负数)	25				
	实收出口开具专用缴款书退税额	26			—	—
	本期已缴税额	27＝28＋29＋30＋31				
	其中:(1)分次预缴税额	28		—		—
	(2)出口开具专用缴款书预缴税额	29		—	—	—
	(3)本期缴纳上期应纳税额	30				
	(4)本期缴纳欠缴税额	31				
	期末未缴税额(多缴为负数)	32＝24＋25＋26－27				
	其中:欠缴税额(≥0)	33		—		—
	本期应补(退)税额	34＝24－28－29		—		—
	即征即退实际退税额	35	—	—		
	期初未缴查补税额	36			—	—
	本期入库查补税额	37				
	期末未缴查补税额	38＝16＋22＋36－37			—	—

续表 2-15

授权声明	如果你已委托代理人申报，请填写下列资料：为代理一切税务事宜，现授权　　（地址）　　为本纳税人的代理申报人，任何与本申报表有关的往来文件，都可寄予此人。 授权人签字：	申报人声明	此纳税申报表是根据《中华人民共和国增值税暂行条例》的规定填报的，我相信它是真实的、可靠的、完整的。 声明人签字：
以下由税务机关填写： 收到日期：　　接收人：　　主管税务机关盖章：			

（三）"增值税纳税申报表附列资料（表一）"（表 2-16）的填表方法

"按适用税率征收增值税货物及劳务的销售额和销项税额明细"和"简易征收办法征收增值税货物的销售额和应纳税额明细"部分中"防伪税控系统开具的增值税专用发票"、"非防伪税控系统开具的增值税专用发票"、"开具普通发票"、"未开具发票"各栏数据均应包括销货退回或折让、视同销售货物、价外费用的销售额和销项税额，但不包括免税货物及劳务的销售额，适用零税率货物及劳务的销售额和出口执行免、抵、退办法的销售额以及税务、财政、审计部门检查并调整的销售额、销项税额或应纳税额。

"按适用税率征收增值税货物及劳务的销售额和销项税额明细"和"简易征收办法征收增值税货物的销售额和应纳税额明细"部分中"纳税检查调整"栏数据应填写纳税人本期因税务、财政、审计部门检查计算调整的应税货物、应税劳务的销售额、销项税额或应纳税额。

"免征增值税货物及劳务销售额明细"部分中"防伪税控系统开具的增值税专用发票"栏数据，填写本期因销售免税货物而使用防伪税控系统开具的增值税专用发票的份数、销售额和税额，包括国有粮食收储企业销售的免税粮食、政府储备食用植物油等。

（四）"增值税纳税申报表附列资料（表二）"（表 2-17）的填表方法

"申报抵扣的进项税额"部分各栏数据，分别填写纳税人按税法规定符合抵扣条件、在本期申报抵扣的进项税额情况。

1."（一）认证相符的防伪税控增值税专用发票"，填写本期申报抵扣的认证相符的防伪税控增值税专用发票情况，包括认证相符的红字防伪税控增值税专用发票，应等于第 2 栏"本期认证相符且本期申报抵扣"与第 3 栏"前期认证相符且本期申报抵扣"数据之和。

2."本期认证相符且本期申报抵扣"，填写本期认证相符且本期申报抵扣的防伪税控增值税专用发票情况，应与第 35 栏"本期认证相符的全部防伪税控增值税专用发票"减第 24 栏"本期已认证相符且本期未申报抵扣"后的数据相等。

3."前期认证相符且本期申报抵扣"，填写前期认证相符且本期申报抵扣的防伪税控增值税专用发票情况，应与第 23 栏"期初已认证相符但未申报抵扣"加第 24 栏"本期已认证相符且本期未申报抵扣"减第 25 栏"期末已认证相符但未申报抵扣"后的数据相等。

4."非防伪税控增值税专用发票及其他扣税凭证"，填写本期申报抵扣的非防伪税控增值税专用发票及其他扣税凭证情况，应等于第 5 栏至第 10 栏之和。

表 2-16 增值税纳税申报表附列资料(表一)

（本期销售情况明细）

税款所属时间：　　年　　月

纳税人名称:(公章)　　　　填表日期：　　年　　月　　日　　　　金额单位:元(列至角分)

一、按适用税率征收增值税货物及劳务的销售额和销项税额明细

项目	栏次	应税货物						应税劳务			小计		
		17%税率			13%税率								
		份数	销售额	销项税额	份数	销售额	销项税额	份数	销售额	销项税额	份数	销售额	销项税额
防伪税控开具的专用发票	1												
非防伪税控开具的专用发票	2	—	—	—	—	—	—	—	—	—	—	—	—
开具普通发票	3												
未开具发票	4	—			—			—			—		
小计	5=1+2+3+4	—			—			—			—		
纳税检查调整	6	—			—			—			—		
合计	7=5+6	—			—			—			—		

二、简易征收办法征收增值税货物的销售额和应纳税额明细

项目	栏次	6%征收率			4%征收率			小计		
		份数	销售额	应纳税额	份数	销售额	应纳税额	份数	销售额	应纳税额
防伪税控系统开具的增值税专用发票	8									
非防伪税控系统开具的增值税专用发票	9	—	—	—	—	—	—	—	—	—
开具普通发票	10									

续表 2-16

未开具发票	11	—			—			—		
小计	12=8+9+10+11	—			—			—		
纳税检查调整	13	—			—			—		
合计	14=12+13	—			—			—		
三、免征增值税货物及劳务销售额明细										
项　目	栏　次	免税货物			免税劳务			小计		
		份数	销售额	税额	份数	销售额	税额	份数	销售额	税额
防伪税控系统开具的增值税专用发票	15				—	—	—			
开具普通发票	16			—			—			—
未开具发票	17	—		—	—		—	—		—
合计	18=15+16+17	—			—		—	—		

表 2-17 增值税纳税申报表附列资料(表二)

(本期进项税额明细)

税款所属时间： 年 月

纳税人名称：(公章) 填表日期： 年 月 日 金额单位：元(列至角分)

一、申报抵扣的进项税额				
项 目	栏次	份数	金额	税额
(一)认证相符的防伪税控增值税专用发票	1			
其中：本期认证相符且本期申报抵扣	2			
前期认证相符且本期申报抵扣	3			
(二)非防伪税控增值税专用发票及其他扣税凭证	4			
其中：海关进口增值税专用缴款书	5			
农产品收购发票或者销售发票	6			
废旧物资发票	7	—	—	—
运输费用结算单据	8			
6%征收率	9	—	—	—
4%征收率	10	—	—	—
(三)外贸企业进项税额抵扣证明	11	—	—	
当期申报抵扣进项税额合计	12			
二、进项税额转出额				
项 目	栏次	税额		
本期进项税转出额	13			
其中：免税货物用	14			
非应税项目用、集体福利、个人消费	15			
非正常损失	16			
按简易征收办法征税货物用	17			
免抵退税办法出口货物不得抵扣进项税额	18			
纳税检查调减进项税额	19			
未经认证已抵扣的进项税额	20			
红字专用发票通知单注明的进项税额	21			
三、待抵扣进项税额				
项 目	栏次	份数	金额	税额
(一)认证相符的防伪税控增值税专用发票	22			
期初已认证相符但未申报抵扣	23			

续表 2-17

本期已认证相符且本期未申报抵扣	24			
期末已认证相符但未申报抵扣	25			
其中:按照税法规定不允许抵扣	26			
(二)非防伪税控增值税专用发票及其他扣税凭证	27			
其中:海关进口增值税专用缴款书	28			
农产品收购发票或者销售发票	29			
废旧物资发票	30	—	—	—
运输费用结算单据	31			
6%征收率	32	—	—	—
4%征收率	33	—	—	—
	34			
四、其他				
项　　目	栏次	份数	金额	税额
本期认证相符的全部防伪税控增值税专用发票	35			
期初已征税款挂账额	36	—	—	
期初已征税款余额	37	—	—	
代扣代缴税额	38	—	—	

5.“当期申报抵扣进项税额合计”应等于第1栏、第4栏、第11栏之和。

6.“进项税额转出额”部分填写纳税人已经抵扣但按税法规定应作进项税额转出的明细情况,但不包括销售折扣、折让,销货退回应负数冲减当期进项税额的情况。

7.“本期进项税转出额”应等于第14栏至第21栏之和。

本表“三、待抵扣进项税额”部分各栏数据,分别填写纳税人已经取得,但按税法规定不符合抵扣条件,暂不予在本期申报抵扣的进项税额情况及按照税法规定不允许抵扣的进项税额情况。

8.“期初已认证相符但未申报抵扣”,填写前期认证相符,但按照税法规定,暂不予抵扣,结存至本期的防伪税控增值税专用发票,应与上期“期末已认证相符但未申报抵扣”栏数据相等。

9.“本期已认证相符且本期未申报抵扣”,填写本期认证相符,但因按照税法规定暂不予抵扣及按照税法规定不允许抵扣而未申报抵扣的防伪税控增值税专用发票,包括商业企业购进货物未付款;工业企业购进货物未入库;购进固定资产;外贸企业购进供出口的货物;因退货将抵扣联退还销货方等。

10.“期末已认证相符但未申报抵扣”,填写截至本期期末,按照税法规定仍暂不予抵扣及按照税法规定不允许抵扣且已认证相符的防伪税控增值税专用发票情况。

11.“其中:按照税法规定不允许抵扣”,填写期末已认证相符但未申报抵扣的防伪税控增值税专用发票中，按照税法规定不允许抵扣，而只能作为出口退税凭证或应列入成本、资产等项目的防伪税控增值税专用发票，包括外贸出口企业用于出口而采购货物的防伪税控增值税专用发票；纳税人购买固定资产的防伪税控增值税专用发票；因退货将抵扣联退还销货方的防伪税控增值税专用发票等。

12.“其他”栏中“本期认证相符的全部防伪税控增值税专用发票”项指标，应与防伪税控认证子系统中的本期全部认证相符的防伪税控增值税专用发票数据相同。

13.“期初已征税款挂账额”，填写按照规定比例在本期申报抵扣的初期存货挂账税额。

14.“代扣代缴税额”项指标，填写纳税人根据《细则》第三十四条的规定扣缴的增值税额。

(五)小规模纳税人增值税纳税申报表(表 2-18)的填表方法

1.“纳税人名称”栏，填写纳税人单位名称全称，不得填写简称。

2.本表“税款所属期”是指纳税人申报的增值税应纳税额的所属时间，应填写具体的起止年、月、日。

3.“纳税人识别号”栏，填写税务机关为纳税人确定的识别号，即税务登记证号码。

4.本表第 1 项“应征增值税货物及劳务不含税销售额”栏数据，填写应征增值税货物及劳务的不含税销售额。

5.本表第 2 项“税务机关代开的增值税专用发票不含税销售额”栏数据，填写税务机关代开的增值税专用发票的销售额合计。

6.本表第 3 项“税控器具开具的普通发票不含税销售额”栏数据，填写税控器具开具的应征增值税货物及劳务的普通发票金额换算的不含税销售额。

7.本表第 4 项和第 5 项不再填写。

8.本表第 6 项“免税货物及劳务销售额”栏数据，填写销售免征增值税货物及劳务的销售额，包括销售使用过的、固定资产目录中所列的、售价未超过原值的固定资产的销售额。

9.本表第 7 项“税控器具开具的普通发票销售额”栏数据，填写税控器具开具的销售免征增值税货物及劳务的普通发票金额。

10.本表第 8 项“出口免税货物销售额”栏数据，填写出口免税货物的销售额。

11.本表第 9 项“税控器具开具的普通发票销售额”栏数据，填写税控器具开具的出口免税货物的普通发票金额。

12.本表第 10 项“本期应纳税额”栏数据，填写本期按征收率计算缴纳的应纳税额。

13.本表第 11 项“本期应纳税额减征额”栏数据，填写数据是根据相关的增值税优惠政策计算的应纳税额减征额。

14.本表第 13 项“本期预缴税额”栏数据，填写纳税人本期预缴的增值税额，但不包括稽查补缴的应纳增值税额。

任务处理

上海多智电子有限公司(一般纳税人)办税员张伟根据 6 月份发生的增值税业务，填制了表 2-19、2-20、2-21，办理了增值税纳税申报。

表 2-18 增值税纳税申报表

（适用于小规模纳税人）

纳税人名称（公章）： 填表日期： 年 月 日

税款所属期： 年 月 日至 年 月 日 金额单位：元（列至角分）

纳税人识别号		电脑编码			
	项 目	税目、征收率	栏次	本期数	本年累计
一、计税依据	（一）应征增值税货物及劳务不含税销售额		1		
	其中：税务机关代开的增值税专用发票不含税销售额		2		
	税控器具开具的普通发票不含税销售额		3		
	（二）销售使用应税固定资产不含税销售额		4		
	其中：税控器具开具的普通发票不含税销售额		5		
	（三）免税货物及劳务销售额		6		
	其中：税控器具开具的普通发票销售额		7		
	（四）出口免税货物销售额		8		
	其中：税控器具开具的普通发票销售额		9		
二、税款计算	本期应纳税额		10		
	本期应纳税额减征额		11		
	应纳税额合计		12＝10－11		
	本期预缴税额		13		
	本期应补（退）税额		14＝12－13		

纳税人或代理人声明： 此纳税申报表是根据国家税收法律的规定填报的，我确定它是真实的、可靠的、完整的。	如纳税人填报，由纳税人填写以下各栏：
	办税人员（签章）： 财务负责人（签章）：
	法定代表人（签章）： 联系电话：
	如委托代理人填报，由代理人填写以下各栏：
	代理人名称： 经办人（签章）： 联系电话：
	代理人（公章）：

受理人： 受理日期： 年 月 日 受理税务机关（签章）：

表 2-19 增值税纳税申报表

（适用于一般纳税人） 金额单位：元（列至角分）

税款所属时间：自 2009 年 6 月 1 日至 2009 年 6 月 30 日 填表日期：2009 年 7 月 6 日

纳税人识别号	100020000090009	增值税纳税类型：	所属行业：	电脑编码：			
纳税人名称	上海多智电子有限公司（公章）	法定代表人姓名	吴月	注册地址	上海南京路 68 号	营业地址	上海南京路 68 号
开户银行及账号	中国银行上海分行	企业登记注册类型				电话号码	021-87882765

	项　　目	行　　次	一般货物及劳务		即征即退货物及劳务	
			本月数	本年累计	本月数	本年累计
销售额	（一）按适用税率征税货物及劳务销售额	1	6 104 000.00			
	其中：应税货物销售额	2	6 000 000.00			
	应税劳务销售额	3	1 000 000.00			
	纳税检查调整的销售额	4				
	（二）按简易征收办法征税货物销售额	5	260 000.00			
	（略）	…				
税款计算	销项税额	11	1 150 000.00			
	进项税额	12	997 000.00			
	上期留抵税额	13	100 000.00	—		—
	进项税额转出	14	17 000.00			
	免抵退货物应退税额	15			—	—
	按适用税率计算的纳税检查应补缴税额	16			—	—
	应抵扣税额合计	17＝12＋13－14－15＋16	1 080 000.00	—		—
	实际抵扣税额	18（若 17＜11 则为 17，否则为 11）	1 080 000.00			
	按适用税率计算的应纳税额	19＝11－18	70 000.00			
	期末留抵税额	20＝17－18	0	—		—
	按简易征收办法计算的应纳税额	21	5 200.00			
	按简易征收办法计算的纳税检查应补缴税额	22			—	—
	应纳税额减征额	23				
	应纳税额合计	24＝19＋21－23	75 200.00			

续表 2-19

税款缴纳	期初未缴税额(多缴为负数)	25	300 000.00			
	实收出口开具专用缴款书退税额	26			—	—
	本期已缴税额	27=28+29+30+31	375 200.00			
	其中:(1)分次预缴税额	28		—		—
	(2)出口开具专用缴款书预缴税额	29		—	—	—
	(3)本期缴纳上期应纳税额	30	300 000.00			
	(4)本期缴纳欠缴税额	31	75 200.00			
	期末未缴税额(多缴为负数)	32=24+25+26-27	0			
	其中:欠缴税额(≥0)	33	0	—		—
	本期应补(退)税额	34=24-28-29	75 200.00	—		—
	即征即退实际退税额	35	—	—		
	期初未缴查补税额	36			—	—
	本期入库查补税额	37			—	—
	期末未缴查补税额	38=16+22+36-37			—	—

授权声明	如果你已委托代理人申报,请填写下列资料:为代理一切税务事宜,现授权 (地址) 为本纳税人的代理申报人,任何与本申报表有关的往来文件,都可寄予此人。 授权人签字:	申报人声明	此纳税申报表是根据《中华人民共和国增值税暂行条例》的规定填报的,我相信它是真实的、可靠的、完整的。 声明人签字:张伟

以下由税务机关填写:

收到日期: 接收人: 主管税务机关盖章:

表 2-20 增值税纳税申报表附列资料(表一)

(本期销售情况明细)

税款所属时间:2009 年 6 月

填表日期:2009 年 7 月 6 日

纳税人名称:(公章)　　　　金额单位:元(列至角分)

一、按适用税率征收增值税货物及劳务的销售额和销项税额明细

项目	栏次	应税货物						应税劳务			小计		
		17%税率			13%税率								
		份数	销售额	销项税额	份数	销售额	销项税额	份数	销售额	销项税额	份数	销售额	销项税额
防伪税控开具的专用发票	1	200	5 000 000.00	850 000.00	22	800 000.00	104 000.00	18	1 000 000.00	170 000.00	240	6 800 000.00	1 124 000.00
非防伪税控开具的专用发票	2	—	—	—	—	—	—	—	—	—	—	—	—
开具普通发票	3				50	200 000.00	26 000.00				50	200 000.00	26 000.00
未开具发票	4	—			—			—			—		
小计	5=1+2+3+4	—	5 000 000.00	850 000.00	—	1 000 000.00	130 000.00	—	1 000 000.00	170 000.00	—	7 000 000.00	1 150 000.00
纳税检查调整	6	—			—			—			—		
合计	7=5+6	—	5 000 000.00	850 000.00	—	1 000 000.00	130 000.00	—	1 000 000.00	170 000.00	—	7 000 000.00	1 150 000.00

二、简易征收办法征收增值税货物的销售额和应纳税额明细

项目	栏次	6%征收率			4%征收率			小计		
		份数	销售额	应纳税额	份数	销售额	应纳税额	份数	销售额	应纳税额
防伪税控系统开具的增值税专用发票	8				2	260 000.00	10 400.00	2	260 000.00	10 400.00
非防伪税控系统开具的增值税专用发票	9	—	—	—	—	—	—	—	—	—
开具普通发票	10									

续表 2-20

未开具发票	11	—			—			—		
小计	12=8+9+10+11	—			—	260 000.00	10 400.00	—	260 000.00	10 400.00
纳税检查调整	13	—			—			—		
合计	14=12+13	—			—	260 000.00	10 400.00	—	260 000.00	10 400.00
三、免征增值税货物及劳务销售额明细										
项　目	栏　次	免税货物			免税劳务			小计		
		份数	销售额	税额	份数	销售额	税额	份数	销售额	税额
防伪税控系统开具的增值税专用发票	15				—	—	—			
开具普通发票	16			—			—			—
未开具发票	17	—		—	—		—	—		—
合计	18=15+16+17	—			—		—	—		

表 2-21 增值税纳税申报表附列资料(表二)

(本期进项税额明细)

税款所属时间:2009 年 6 月

纳税人名称:(公章) 填表日期:2009 年 7 月 6 日 金额单位:元(列至角分)

一、申报抵扣的进项税额				
项 目	栏 次	份 数	金 额	税额
(一)认证相符的防伪税控增值税专用发票	1			
其中:本期认证相符且本期申报抵扣	2	132	6 361 990.98	880 000.00
前期认证相符且本期申报抵扣	3	2	58 823.53	100 000.00
(二)非防伪税控增值税专用发票及其他扣税凭证	4			
其中:海关进口增值税专用缴款书	5	1	100 000.00	17 000.00
农产品收购发票或者销售发票	6			
废旧物资发票	7	—	—	—
运输费用结算单据	8			
6%征收率	9	—	—	—
4%征收率	10	—	—	—
(三)外贸企业进项税额抵扣证明	11	—	—	
当期申报抵扣进项税额合计	12			
二、进项税额转出额				
项 目	栏 次	税 额		
本期进项税转出额	13	17 000.00		
其中:免税货物用	14			
非应税项目用、集体福利、个人消费	15			
非正常损失	16	17 000.00		
按简易征收办法征税货物用	17			
免抵退税办法出口货物不得抵扣进项税额	18			
纳税检查调减进项税额	19			
未经认证已抵扣的进项税额	20			
红字专用发票通知单注明的进项税额	21			
三、待抵扣进项税额				
项 目	栏次	份数	金额	税额
(一)认证相符的防伪税控增值税专用发票	22	—	—	—
期初已认证相符但未申报抵扣	23	63	250 000.00	42 500.00

续表 2-21

本期已认证相符且本期未申报抵扣	24			
期末已认证相符但未申报抵扣	25			
其中：按照税法规定不允许抵扣	26			
(二)非防伪税控增值税专用发票及其他扣税凭证	27			
其中：海关进口增值税专用缴款书	28			
农产品收购发票或者销售发票	29			
废旧物资发票	30	—	—	—
运输费用结算单据	31			
6%征收率	32	—	—	—
4%征收率	33	—	—	—
	34			

四、其他

项　　目	栏次	份数	金额	税额
本期认证相符的全部防伪税控增值税专用发票	35			
期初已征税款挂账额	36	—	—	
期初已征税款余额	37	—	—	
代扣代缴税额	38	—	—	

▶▶▶项目小结

本项目主要介绍了以下内容：

1. 增值税的征税范围，增值税一般纳税人的认定、税率，小规模纳税人的征收率；

2. 一般纳税人、小规模纳税人增值税应纳税额的计算，固定资产、运输费的增值税计算，特殊销售方式下增值税应纳税额的计算；

3. 增值税纳税申报。

▶▶▶关键概念

1. 增值税(value-added tax)：是对销售货物或者提供加工、修理修配劳务以及进口货物的单位和个人就其实现的增值额征收的一种税。

2. 进项税(input tax)：购进货物时所发生的税金，可以抵扣销项税。如进项税多可作为留抵税，用于以后月份抵扣，若销项税多则应向税务部门缴纳税款。

3. 销项税(output tax)：销售货物或有应税项的税金时应交的税金。

课堂讨论

1.购买办公用设备的进项票可以抵扣吗？购买经营用的小轿车的进项票可以抵扣吗？

2.纳入抵扣范围的固定资产具体指什么？房屋建筑物等不动产能否允许纳入抵扣范围？

复习思考题

一、单选题

1.我国现行的增值税属于(　　)。

A.消费型增值税　B. 收入型增值税　C.生产型增值税　D.积累型增值税

2.《条例》规定："在中华人民共和国境内销售货物或者提供加工、修理修配劳务以及进口货物的单位和个人，为增值税的纳税人。"其中所称的货物，是指(　　)。

A.有形动产　B.有形资产　C.不动产　D.无形资产

3.《条例》规定，小规模纳税人的增值税征收率为(　　)。

A.17%　B. 4%　C. 6%　D. 5%　E.3%

4. 下列经营行为属于视同销售货物的行为是(　　)。

A.销售代销货物

B.某电视机厂除收取彩电货款外还收取运输费

C.销售古旧图书

D.某化工厂销售产品，购方尚未支付货款

5. 滨州兴荣商店(小规模纳税人)2002 年 2 月采取"以旧换新"方式销售彩电，开出普通发票 38 张，收到货款 80 000 元，并注明已扣除旧货折价 30 000 元，则该商店当月应纳的增值税为(　　)。

A.4 230.77 元　B.6 226.42 元　C. 3 076.92 元　D.4 528.30 元

6. 下列项目中，应征收增值税的是(　　)。

A.滨州饭店开办的啤酒屋销售生产的啤酒

B.邮政部门的报刊发行费

C.招待所预定火车票的手续费

D.典当业销售死当物品

7. 山东沾化黄酒厂销售黄酒的不含税销售额为 100 万元，发出货物包装物押金为 5.85 万元，定期 60 天收回，则该黄酒厂当期增值税销项税额是(　　)。

A.17 万元　B.17.85 万元　C.117.99 万元　D.18 万元

8.滨职食品厂为生产企业，且是增值税一般纳税人，2009 年 9 月发生下列业务：从国营农场购进免税农产品，收购凭证上注明支付货款 30 万元，支付运费 7 万元，取得运费发票。将收购农产品的 10%作为职工福利消费，其余作为生产材料用于加工食品，所加工的食品在企业非独立门市部销售，并取得含税销售收入 35.75 万元。另外，本月取得的相关发票均在本月认证并抵扣。则该食品厂的增值税额为(　　)万元。

A.1.89　B.0.16　C.1.24　D.2.03

9. 视同销售行为一般不以资金形式反映出来，而出现视同销售而无销售额的情况。另外，有时纳税人销售货物或应税劳务的价格明显偏低而且无正当理由。下面关于其计税依据不正确的是(　　)。

A. 按纳税人当月同类货物的平均销售价格确定

B. 按纳税人最近时期销售同类货物的平均销售价格确定

C. 组成计税价格＝成本×(1＋成本利润率)/(1－消费税税率)

D. 组成计税价格＝成本×(1＋成本利润率)/(1＋消费税税率)

10. 下列货物的销售，适用17% 税率的是(　　)。

A. 滨州自来水公司生产自来水销售

B. 滨城区蛋禽厂加工松花蛋销售

C. 滨州农机厂生产农机零部件销售

D. 滨州煤气公司生产煤气销售

二、多选题

1. 根据我国现行增值税相关法律的规定，纳税人提供下列劳务应当缴纳增值税的有(　　)。

A. 汽车的租赁　　B. 汽车的修理　　C. 房屋的修理　　D. 受托加工白酒

2. 单位或个体经营者的下列业务，应视同销售征收增值税的有(　　)。

A. 商场将购买的商品发给职工

B. 饭店将购进啤酒用于餐饮业务

C. 个体商店代销鲜奶

D. 食品厂将购买的食品原料赠送给他人

3. 根据修订后的《细则》的规定，下列属于增值税扣税凭证的是(　　)。

A. 农产品收购发票　　B. 销售发票

C. 运输费用结算单据　　D. 废旧物资销售发票

4. 运输费用结算单据上的下列项目，允许计算抵扣增值税税额的是(　　)。

A. 运输费用　　B. 建设基金　　C. 装卸费　　D. 保险费

5. 纳税人发生的下列运输费用，虽取得运输费用结算单据，但不允许抵扣进项税额的是(　　)。

A. 购进用于生产应税货物的货物所发生的

B. 购进用于生产免税货物的货物所发生的

C. 销售免税货物所发生的

D. 生产经营过程中所发生的

三、计算分析题

1. 滨州农兴机械厂属增值税小规模纳税人。2009 年 1 月销售货物开具普通发票的金额为 2 060 元，受托加工货物一批，委托方提供的材料金额为 3 000 元，机械厂收取加工费，委托税务所代开增值税专用发票，发票上注明的销售额为 1 000 元。计算该机械厂当月应纳的增值税。

2.山东省惠民县某增值税一般纳税人 2009 年 1 月发生如下业务：

(1)将外购已抵扣进项税额的一批货物用于不动产在建工程。成本 10 000 元。

(2)将外购已抵扣进项税额的一批货物用于对外捐赠。成本 5 000 元。

(3)当月外购货物取得增值税专用发票并得到认证。注明增值税 2 000 元。

(4)当月销售货物取得含税收入 58 500 元。

计算该纳税人本期应纳增值税(购进和销售的货物的税率均为 17%)。

项目三 消 费 税

知识目标

1. 掌握消费税纳税人的类别。
2. 掌握消费税的征税范围、税率。
3. 掌握消费税应纳税额的计算。

能力目标

1. 能正确确定消费税计税依据。
2. 会消费税应纳税额的计算。
3. 会填制消费税纳税申报表。

任务一 认识消费税

一 认识消费税的征税范围

任务情境

2009 年 1 月，新成立的滨州康乐运动器材制造公司，发生如下业务：

(1)1 月 5 日销售自己制造的高尔夫球具 100 副；

(2)1 月 8 日销售羽毛球具 200 副；

(3)1 月 12 日从韩国进口高尔夫球具 50 副；

(4)1 月 15 日负责安装滨州新城瑜伽馆 350 平方米运动场地，收取安装费；

(5)1 月 20 日，运送瑜伽设备到滨州新城瑜伽馆，收取运费；

(6)1 月 25 日，委托滨州南洋木器公司加工高尔夫球 1 000 个。

要求：找出需要缴纳消费税的业务。

任务指导

(一)消费税的征税范围

根据 2009 年 1 月 1 日起施行的《消费税暂行条例》(以下简称《条例》)的规定，消费税的征税范围为：在中华人民共和国境内生产、委托加工和进口《条例》规定的消费品。

《条例》确定的消费品大体上可归为五类：

(1)一些过度消费会对人身健康、社会秩序、生态环境等方面造成危害的特殊消费品,如烟、酒、鞭炮、焰火等。

(2)非生活必需品,如化妆品、贵重首饰、珠宝玉石等。

(3)高能耗及高档消费品,如摩托车、小汽车等。

(4)不可再生和替代的稀缺消费品,如汽油、柴油等油品。

(5)税基宽广、消费普遍、征税后不影响居民基本生活并具有一定财政意义的消费品,如汽车轮胎。

消费税的征税范围不是一成不变的,随着我国经济的发展,可以根据国家的政策和经济情况及消费结构的变化适当调整。

(二)消费税税目

目前,按照《条例》的规定,列入征收消费税征税范围的税目共有14个,具体如下:

1.烟

即以烟叶为原料加工生产的特殊消费品,包括卷烟、雪茄烟和烟丝。

2.酒及酒精

(1)粮食白酒。是指以高粱、玉米、大米、糯米、大麦、小麦、青稞等各种粮食为原料,经过糖化、发酵后,采用蒸馏方法酿制的白酒。

(2)薯类白酒。是指以白薯(红薯、地瓜)、木薯、马铃薯、芋头、山药等各种干鲜薯类为原料,经过糖化、发酵后,采用蒸馏方法酿制的白酒。用甜菜酿制的白酒,比照薯类白酒征税。

(3)黄酒。是指以糯米、粳米、籼米、大米、黄米、玉米、小麦、薯类等为原料,经加温、糖化、发酵、压榨酿制的酒。由于工艺、配料和含糖量的不同,黄酒分为干黄酒、半干黄酒、半甜黄酒、甜黄酒4类。黄酒的征税范围包括各种原料酿制的黄酒和酒度超过12度(含12度)的土甜酒。

(4)啤酒。是指以大麦或其他粮食为原料,加入啤酒花,经糖化、发酵、过滤酿制的含有二氧化碳的酒。对饮食业、商业、娱乐业举办的啤酒屋(啤酒坊)利用啤酒生产设备生产的啤酒,应当征收消费税。

(5)其他酒。是指除粮食白酒、薯类白酒、黄酒、啤酒以外,酒度在1度以上的各种酒,包括其他原料白酒、酒度低于12度的土甜酒、复制酒、果木酒、汽酒、药酒等。

(6)酒精。酒精的征税范围包括用蒸馏法和合成方法生产的各种工业酒精、食用酒精。对于以外购酒精为原料、经蒸馏脱水处理后生产的无水乙醇,属于本税目征税范围。

调味料酒不征收消费税。

3.化妆品

本税目征收范围包括各类美容、修饰类化妆品,高档护肤类化妆品和成套化妆品。美容、修饰类化妆品是指香水、香水精、香粉、口红、指甲油、眉笔、唇笔等。

舞台、戏剧、影视演员化妆用的上妆油、卸装油、油彩,不属于本税目的征收范围。高档护肤类化妆品征收范围另行制定。

4.贵重首饰及珠宝玉石

本税目的征收范围包括各种金银珠宝首饰和经采掘、打磨、加工的各种珠宝玉石。

(1)金银珠宝首饰包括:以金、银、白金、宝石、珍珠、钻石、翡翠、珊瑚、玛瑙等高贵稀有物质以及其他金属、人造宝石等制作的各种纯金银首饰及镶嵌首饰(含人造金银、合成金银首饰等)。

(2)珠宝玉石的种类包括:钻石、珍珠、松石、青金石、欧泊石、橄榄石、长石、玉、石英、玉髓、石榴石、尖晶石、黄玉、金绿玉、绿柱石、刚玉、珊瑚、煤玉、龟甲、合成刚玉、合成宝石、双合石、玻璃仿制品。

宝石坯是经采掘、打磨、初级加工的珠宝玉石半成品,因此,对宝石坯应按规定征收消费税。

5. 鞭炮、焰火

鞭炮、焰火的征税范围包括各种鞭炮、焰火。体育上用的发令纸、鞭炮引线,不按本税目征收。

6. 成品油

本税目包括汽油、柴油、石脑油、溶剂油、航空煤油、润滑油、燃料油7个子目。

(1)汽油是轻质石油产品的一大类,是以原油或其他原料加工生产的辛烷值不小于66的可用作汽油发动机燃料的各种轻质油。

甲醇汽油、乙醇汽油属于消费税征税范围。

(2)柴油是轻质石油产品的一大类,是由天然或人造原油加工生产的可用作柴油发动机燃料的各种轻质油。

以柴油组分为主、经调和精制可以用作柴油发动机的非标油品,也属于柴油的征收范围。以动植物油为原料,经提纯、精炼、合成等工艺生产的生物柴油,不属于消费税征收范围。

(3)石脑油又叫化工轻油,是以石油或其他原料加工生产的用于化工原料的轻质油。

石脑油的征税范围包括除汽油、柴油、煤油、溶剂油以外的各种轻质油。重整生成油、拔头油、戊烷原料油、轻裂解料(减压柴油 VGO 和常压柴油 AGO)、重裂解料、加氢裂化尾油均属轻质油,属于石脑油征收范围。

(4)溶剂油是以石油加工生产的用于涂料和油漆生产、食用油加工、印刷油墨、皮革、农药、化妆品生产的轻质油。溶剂油的征收范围包括各种溶剂油。橡胶填充油、溶剂油原料,属于溶剂油征收范围。

(5)航空煤油也叫喷气燃料,是以石油加工生产的用于喷气发动机和喷气推进系统中作为能源的石油燃料。

航空煤油的征收范围包括各种航空煤油。

(6)润滑油是用于内燃机、机械加工过程的润滑产品。润滑油分为矿物性润滑油、植物性润滑油、动物性润滑油和化工原料合成润滑油。

润滑油的征税范围包括以石油为原料加工的矿物性润滑油、矿物性润滑油基础油。以植物性、动物性和矿物性基础油(或矿物性润滑油)混合掺配而成的"混合性润滑油",不论矿物性基础油(或矿物性润滑油)所占比例高低,均属润滑油的征税范围。

(7)燃料油也称重油、渣油。燃料油征收范围包括用于电厂发电、船舶锅炉燃料、加热炉燃料、冶金和其他工业炉燃料的各类燃料油。

7. 汽车轮胎

汽车轮胎的征税范围包括:轻型乘用汽车轮胎,载重及公共汽车、无轨电车轮胎,矿山、建筑等车辆用轮胎,特种车辆用轮胎(指行驶于无路面或雪地、沙漠等高越野轮胎),摩托车轮胎，各种挂车用轮胎，工程车轮胎，其他机动车轮胎，汽车与农用拖拉机、收割机、手扶拖拉机通用轮胎。

8. 摩托车

摩托车的征税范围包括：

(1)轻便摩托车。最大设计车速不超过 50 千米/时、发动机汽缸总工作容积不超过 50 毫升的两轮机动车。

(2)摩托车。最大设计车速超过 50 千米/时、发动机汽缸总工作容积超过 50 毫升、空车重量不超过 400 千克(带驾驶室的正三轮车及特种车的空车重量不受此限)的两轮和三轮机动车。

9. 小汽车

汽车是指由动力驱动，具有 4 个或 4 个以上车轮的非轨道承载的车辆。本税目的征收范围包括含驾驶员座位在内最多不超过 9 个座位(含)的，在设计和技术特性上用于载运乘客和货物的各类乘用车以及含驾驶员座位在内的座位数在 10～23 座(含)的在设计和技术特性上用于载运乘客和货物的各类中轻型商用客车。

对于购进乘用车或中轻型商用客车整车改装生产的汽车，应按规定征收消费税。含驾驶员人数(额定载客)为区间值的(如 8～10 人、17～26 人)小汽车，按其区间值下限人数确定征税范围。

车身长度大于 7 米(含)，并且座位在 10～23 座(含)以下的商用客车，不属于中轻型商用客车征税范围，不征收消费税。

电动汽车不属于本税目征收范围；货车或厢式货车改装生产的商务车、卫星通讯车等专用汽车不征消费税；沙滩车、雪地车、卡丁车、高尔夫车不属于消费税征收范围，不征收消费税。

10. 高尔夫球及球具

高尔夫球及球具是指从事高尔夫球运动所需的各种专用装备，包括高尔夫球、高尔夫球杆及高尔夫球包(袋)等。

本税目征收范围包括高尔夫球、高尔夫球杆、高尔夫球包(袋)。高尔夫球杆的杆头、杆身和握把属于本税目的征税范围。

11. 高档手表

高档手表是指销售价格(不含增值税)每只在 10 000 元(含)以上的各类手表。本税目征税范围包括符合以上标准的各类手表。

12. 游艇

游艇是指长度大于 8 米、小于 90 米，船体由玻璃钢、钢、铝合金、塑料等多种材料制作，可以在水上移动的水上浮载体。

13. 木制一次性筷子

木制一次性筷子，又称卫生筷子，是指以木材为原料，经过锯段、浸泡、旋切、刨切、烘干、筛选、打磨、包装等环节加工而成的各类一次性使用的筷子。本税目征收范围包括各种规格的木制一次性筷子。未经打磨的木制一次性筷子属于本税目征税范围。

14. 实木地板

实木地板是指以木材为原料，经锯割、干燥、刨光、截断、涂漆等工序加工而成的块状或条状的地面装饰材料。未经涂饰的素板属于本税目征税范围。

任务处理

任务情境中，业务(1)涉及的商品属于消费税14项税目的第10项高尔夫球具，并且属于在我国境内生产，符合"在中华人民共和国境内生产14种消费品中第10项高尔夫球及球具的行为"，应当缴纳消费税。

业务(2)涉及的羽毛球不属于14种消费税应税商品，不需要缴纳消费税。

业务(3)涉及的高尔夫球具是14种消费税应税商品之一，并且进口属于税法规定的应纳消费税的行为，应当缴纳消费税。

业务(4)涉及的是安装劳务，与14种消费税应税商品无关，不缴纳消费税。

业务(5)涉及的是运输劳务，与14种消费税应税商品无关，不缴纳消费税。

业务(6)涉及的是委托加工14种应纳消费税的商品的行为，应当缴纳消费税。

业务(1)、业务(3)和业务(6)涉及消费税14项税目的第10项高尔夫球具，并且在我国境内销售、委托加工或者进口，应当缴纳消费税。

二　认识消费税的征税环节和纳税义务发生时间

任务情境

2009年1月，山东东岳烟草制造公司发生如下经济业务：

(1)1月5日，加工完成东岳牌卷烟1 000箱，已验收入库；

(2)1月10日，销售东岳牌卷烟500箱给全资控股子公司东岳烟草批发公司；

(3)1月15日，从英国进口雪茄烟300箱；

(4)1月18日，运送2吨烟丝到山东鲁烟集团公司委托其加工卷烟；

(5)1月25日，从山东鲁烟集团公司收回委托加工的卷烟400箱；

(6)1月26日，全资控股子公司东岳烟草批发公司批发卷烟500箱。

要求：确认上述业务的消费税纳税环节或者纳税义务发生时间。

任务指导

(一)消费税的基本纳税环节

纳税人生产的应税消费品，于纳税人销售时纳税。

委托加工的应税消费品，除受托方为个人外，由受托方在向委托方交货时代收代缴税款。

进口的应税消费品，于报关进口时纳税。

消费税通常在生产销售环节征收，征税环节具有单一性。具体而言，消费税是在生产(进口)、流通或消费的某一环节一次征收，而不是在消费品生产、流通或消费的每个环节多次征收，即通常所说的一次课征制。

(二)金银首饰的纳税环节

在中华人民共和国境内从事金银首饰零售业务的单位和个人，为金银首饰消费税的纳税义务人。委托加工(除另有规定外)、委托代销金银首饰的,受托方也是纳税人。金银首饰的零售业务是指:将金银首饰销售给中国人民银行批准的金银首饰生产、加工、批发、零售单位(以下简称经营单位)以外的单位和个人的业务。下列行为视同零售业务:

(1)为经营单位以外的单位和个人加工金银首饰。加工包括带料加工、翻新改制、以旧换新等业务,不包括修理、清洗业务。

(2)经营单位将金银首饰用于馈赠、赞助、集资、广告样品、职工福利、奖励等方面。

(3)未经中国人民银行总行批准,经营金银首饰批发业务的单位将金银首饰销售给经营单位。

(三)卷烟的纳税环节

根据 2009 年 5 月 26 日《财政部、国家税务总局关于调整烟产品消费税政策的通知》,在卷烟批发环节加征一道从价税。

(1)纳税人:在中华人民共和国境内从事卷烟批发业务的单位和个人。

(2)征收范围:纳税人批发销售的所有牌号规格的卷烟。

(3)计税依据:纳税人批发卷烟的销售额(不含增值税)。

(4)纳税人应将卷烟销售额与其他商品销售额分开核算;未分开核算的,一并征收消费税。消费税于纳税人收讫销售款或者取得索取销售款凭据的当天征收。

(四)纳税义务的发生时间

消费税纳税义务发生的时间,以货款结算方式或行为发生时间分别确定。

1. 纳税人销售的应税消费品,其纳税义务的发生时间为:

(1)纳税人采取赊销和分期收款结算方式的,其纳税义务的发生时间为销售合同规定的收款日期的当天。

(2)纳税人采取预收货款结算方式的,其纳税义务的发生时间为发出应税消费品的当天。

(3)纳税人采取托收承付和委托银行收款方式销售应税消费品的,其纳税义务的发生时间为发出应税消费品并办妥托收手续的当天。

(4)纳税人采取其他结算方式的,其纳税义务的发生时间为收讫销售款或者取得索取销售款凭据的当天。

2. 纳税人自产自用的应税消费品,其纳税义务的发生时间为移送使用的当天。

3. 纳税人委托加工的应税消费品,其纳税义务的发生时间为纳税人提货的当天。

4. 纳税人进口的应税消费品,其纳税义务的发生时间为报关进口的当天。

任务处理

业务(1):税法规定纳税人生产的应税消费品,于纳税人销售时纳税。东岳牌卷烟1 000箱验收入库尚未销售,未产生消费税纳税义务。

业务(2):销售东岳牌卷烟 500 箱给全资控股子公司东岳烟草批发公司属于销售环节,产生消费税纳税义务。

业务(3):从英国进口雪茄烟 300 箱属于进口环节,产生消费税纳税义务。

业务(4):运送 2 吨烟丝到山东鲁烟集团公司委托其加工卷烟未收回,不产生消费税纳税义务。

业务(5):从山东鲁烟集团公司收回委托加工的卷烟 400 箱,在受托方向委托方交货时产生消费税纳税义务。

业务(6):全资控股子公司东岳烟草批发公司批发卷烟 500 箱属于批发环节,根据 2009 年 5 月 26 日《财政部、国家税务总局关于调整烟产品消费税政策的通知》,产生消费税纳税义务。

三 认识消费税税率

任务情境

2009 年 5 月,山东东岳烟草集团公司了解到我国财政部和国家税务总局调整了与烟草等相关的消费税税率,安排集团公司财务部办税员王海去主管国税局了解公司所有产品的税率情况。

本公司主要产品和业务如下:

(1)调拨价 80 元/条的泰岳牌香烟;

(2)调拨价 70 元/条的东云牌香烟;

(3)调拨价 44 元/条的鲁烟;

(4)其 100%控股子公司东岳销售公司批发销售泰岳、东岳牌香烟和鲁烟。

要求:确认上述业务的消费税税率。

任务指导

消费税起初共设计了 14 档税率(税额)。比例税率为 10 档,最低为 3%,最高为 45%;定额税率为 4 档,最低为每征税单位 0.1 元,最高为每征税单位 240 元。后来经过不断调整,到 2009 年年底,比例税率为 12 档,最高税率为 56%,最低税率为 1%;定额税率为 8 档。为贯彻中央提出的节能减排、保护大气环境精神,财税[2008] 105 号文件规定,自 2008 年 9 月 1 日起对乘用车进行消费税调整,对排气量在 1.0 升(含)以下的乘用车,消费税率由 3%调为 1%;排气量在 3.0~4.0 升间的乘用车,消费税率由 15%调为 25%;排气量在 4.0 升以上的乘用车,消费税率由 20%调为 40%。2009 年 5 月 1 日起,甲类卷烟,即每标准条(200 支,下同)调拨价格在 70 元(不含增值税)以上(含 70 元)的卷烟,税率调整为 56%;乙类卷烟,即每标准条调拨价格在 70 元(不含增值税)以下的卷烟,税率调整为 36%;卷烟的从量定额税率不变,即 0.003 元/支。调整雪茄烟生产环节(含进口)消费税的从价税税率,将雪茄烟生产环节的税率调整为 36%。

消费税税目税率(税额)具体见表 3-1。

表 3-1 消费税税目税率(税额)表

项 目	计税单位	税率(税额)
一、烟		
1.卷烟		
(1)每标准条(200 支)对外调拨价在 70 元以上(含 70 元)的	标准箱(5 万支)	56%+150 元/箱
(2)每标准条(200 支)对外调拨价在 70 元以下的	标准箱(5 万支)	36%+150 元/箱
(3)商业批发		5%
2.雪茄烟		36%
3.烟丝		30%
二、酒及酒精		
1.粮食白酒	斤或者 500 毫升	20%+0.50 元/斤
2.薯类白酒	斤或者 500 毫升	20%+0.50 元/斤
3.黄酒	吨	240 元
4.啤酒		
(1)每吨出厂价格(含包装物及包装物押金)在 3 000 元(含 3 000 元,不含增值税)以上的	吨	250 元
(2)每吨出厂价格在 3 000 元以下的	吨	220 元
(3)娱乐业和饮食业自制的	吨	250 元
5.其他酒		10%
6.酒精		5%
三、化妆品		30%
四、贵重首饰和珠宝玉石		
1.金、银、铂金首饰和钻石、钻石饰品		5%
2.其他贵重首饰和珠宝玉石		10%
五、鞭炮、焰火		15%
六、成品油		
1.汽油		
(1)无铅汽油	升	1.00 元
(2)含铅汽油	升	1.40 元
2.柴油	升	0.80 元
3.石脑油	升	1.00 元
4.溶剂油	升	1.00 元
5.润滑油	升	1.00 元

续表 3-1

项　　目	计税单位	税率(税额)
6.燃料油	升	0.80 元
7.航空煤油	升	0.80 元
七、汽车轮胎		3%
八、摩托车		
1.汽缸容量(排气量,下同)在 250 毫升(含)以下的		3%
2.汽缸容量在 250 毫升以上的		10%
九、小汽车		
1.乘用车		
(1)汽缸容量(排气量,下同)在 1.0 升(含)以下的		1%
(2)汽缸容量在 1.0～1.5 升(含)的		3%
(3)汽缸容量在 1.5～2.0 升(含)的		5%
(4)汽缸容量在 2.0～2.5 升(含)的		9%
(5)汽缸容量在 2.5～3.0 升(含)的		12%
(6)汽缸容量在 3.0～4.0 升(含)的		25%
(7)汽缸容量在 4.0 升以上的		40%
2.中轻型商用客车		5%
十、高尔夫球及球具		10%
十一、高档手表		20%
十二、游艇		10%
十三、木制一次性筷子		5%
十四、实木地板		5%

任务处理

根据《财政部、国家税务总局关于调整烟产品消费税政策的通知》,山东东岳烟草集团公司各类产品应适用的税率如表 3-2 所示。

表 3-2　东岳烟草集团公司各类产品税率表

序号	项　　目	税　　率
1	调拨价 80 元/条的泰岳牌香烟	56%+150 元/箱
2	调拨价 70 元/条的东云牌香烟	56%+150 元/箱
3	调拨价 44 元/条的鲁烟	36%+150 元/箱
4	东岳销售公司批发香烟	5%

任务二 消费税的计算

按照现行消费税法的基本规定，消费税应纳税额的计算分为从价计征、从量计征和从价从量复合计征三类。

一 从价税计算

任务情境

山东省滨州飞鹿汽车股份公司为增值税一般纳税人，2008 年 11 月发生以下业务：

(1)本月销售给山东青岛汽车销售总公司自己生产的金鹿牌 1.6 升汽车 100 辆，每辆不含税单价 60 000 元，开具增值税专用发票；

(2)本月销售给滨州斯达汽车修理公司(小规模纳税人)自制汽车轮胎，开具的普通发票上注明的价款为 234 000 元；

(3)以成本价转给统一核算门市部汽车轮胎 300 000 元，门市部当月收得含税收入 397 800元；

(4)企业将自产的 40 个汽车轮胎用于本企业车队汽车更新轮胎，该型轮胎每个市价 500 元。

要求：计算该纳税人当月应纳消费税。

任务指导

在从价定率计算方法下，应纳消费税额等于销售额乘以适用税率。基本计算公式为：

应纳税额＝应税消费品的销售额×适用税率

【做中学 3-1】 山东丽美化妆品公司为增值税一般纳税人，7 月 15 日向滨州全座商场销售化妆品一批，开具增值税专用发票，取得不含增值税销售额 300 000 元，增值税额 51 000元；7 月 20 日向某单位销售化妆品一批，开具普通发票，取得含增值税销售额 46 800 元。计算该化妆品生产企业上述业务应缴纳的消费税额。

【解析】

(1)化妆品适用的消费税税率为 30%；

(2)化妆品的应税销售额＝300 000＋46 800÷(1＋17%)＝340 000(元)；

(3)应缴纳的消费税额＝340 000×30%＝102 000(元)。

在从价定率计算方法下，应纳税额的多少取决于应税消费品的销售额和适用税率两个因素。

(一)销售额的确定

销售额为纳税人销售应税消费品向购买方收取的全部价款和价外费用。“价外费用”，是指价外收取的基金、集资费、返还利润、补贴、违约金(延期付款利息)和手续费、包装费、储备费、优质费、运输装卸费、代收款项、代垫款项以及其他各种性质的价外收费。但下列款项不包括在内：

(1)承运部门将运费发票开具给购货方的。

(2)纳税人将该项发票转交给购货方的。

其他价外费用,无论是否属于纳税人的收入,均应并入销售额计算征税。

实行从价定率办法计算应纳税额的应税消费品连同包装销售的,无论包装是否单独计价,也不论在会计上如何核算,均应并入应税消费品的销售额中征收消费税。如果包装物不作价随同产品销售,而是收取押金(收取酒类产品的包装物押金除外),且单独核算,又未过期的,此项押金则不应并入应税消费品的销售额中征税。但对因逾期未收回的包装物不再退还的和已收取1年以上的押金,应并入应税消费品的销售额,按照对应应税消费品的适用税率征收消费税。

对既作价随同应税消费品销售,又另外收取的包装物押金,凡纳税人在规定的期限内不予退还的,均应并入应税消费品的销售额,按照应税消费品的适用税率征收消费税。

对酒类产品生产企业销售酒类产品(黄酒、啤酒除外)而收取的包装物押金,无论押金是否返还及会计上如何核算,均需并入酒类产品销售额中,依酒类产品的适用税率征收消费税。

纳税人销售的应税消费品,以外汇结算销售额的,其销售额的人民币折合率可以选择结算的当天或者当月1日的国家外汇牌价(原则上为中间价)。纳税人应事先确定采取何种折合率,确定后1年内不得变更。

(二)含增值税销售额的换算

应税消费品在缴纳消费税的同时,与一般货物一样,还应缴纳增值税。按照《消费税暂行条例实施细则》的规定,应税消费品的销售额,不包括应向购货方收取的增值税税款。如果纳税人应税消费品的销售额中未扣除增值税税款或者因不得开具增值税专用发票而发生价款和增值税税款合并收取的,在计算消费税时,应将含增值税的销售额换算为不含增值税税款的销售额。其换算公式为:

应税消费品的销售额＝含增值税的销售额÷(1＋增值税税率或征收率)

在使用换算公式时,应根据纳税人的具体情况分别使用增值税税率或征收率。如果消费税的纳税人同时又是增值税一般纳税人,应适用17%的增值税税率;如果消费税的纳税人是增值税小规模纳税人,应适用3%的征收率。

任务处理

业务(1):应纳消费税＝60 000×100×5%＝300 000(元);

业务(2):应纳消费税＝234 000/(1＋17%)×3%＝6 000(元);

业务(3):应纳消费税＝ 397 800/(1＋17%)×3%＝10 200(元);

业务(4):应纳消费税＝500×40×3%＝600(元)。

二 从量税计算

任务情境

山东琴岛啤酒公司2009年8月份销售啤酒4 000吨,每吨出厂价格2 800元。

要求:计算8月该啤酒公司应纳消费税税额。

任务指导

在从量定额计算方法下,应纳税额等于应税消费品的销售数量与单位税额的乘积。基本计算公式为:

应纳税额=应税消费品的销售数量×单位税额

在从量定额计算方法下,应纳税额的多少取决于应税消费品的销售数量和单位税额两个因素。

(一)销售数量的确定

销售数量是指纳税人生产、加工和进口应税消费品的数量。具体规定为:

(1)销售应税消费品的,为应税消费品的销售数量。

(2)自产自用应税消费品的,为应税消费品的移送使用数量。

(3)委托加工应税消费品的,为纳税人收回的应税消费品数量。

(4)进口应税消费品的,为海关核定的应税消费品进口征税数量。

(二)计量单位的换算标准

《消费税暂行条例》规定,黄酒、啤酒是以吨为税额单位;汽油、柴油是以升为税额单位。但是,考虑到在实际销售过程中,一些纳税人会把吨或升这两个计量单位混用,为了规范不同产品的计量单位,以准确计算应纳税额,吨与升两个计量单位的换算标准见表3-3。

表3-3 吨、升换算表

应税消费品	单位换算关系	应税消费品	单位换算关系
啤酒	1吨=988升	汽油	1吨=1 388升
黄酒	1吨=962升	柴油	1吨=1 176升
石脑油	1吨=1 385升	溶剂油	1吨=1 282升
润滑油	1吨=1 126升	燃料油	1吨=1 015升
航空煤油	1吨=1 246升		

任务处理

山东琴岛啤酒公司2009年8月份销售啤酒应纳消费税的计算如下:

(1)每吨出厂价格在3 000元以下的,适用单位税额220元;

(2)应纳税额=销售数量×单位税额=4 000×220=880 000(元)。

三 复合税计算

任务情境

山东省孙武白酒公司为增值税一般纳税人，2009 年 8 月份销售粮食白酒 50 吨，取得不含增值税的销售额 1 500 000 元。

要求：计算该白酒公司 8 月应缴纳的消费税税额。

任务指导

现行消费税的征税范围中，只有卷烟、粮食白酒、薯类白酒采用复合计征方法。应纳税额等于应税销售数量乘以定额税率再加上应税销售额乘以比例税率。基本计算公式为：

应纳税额＝应税销售数量×定额税率＋应税销售额×比例税率

生产销售卷烟、粮食白酒、薯类白酒从量定额的计税依据为实际销售数量。进口、委托加工、自产自用卷烟、粮食白酒、薯类白酒从量定额的计税依据分别为海关核定的进口征税数量、委托方收回数量、移送使用数量。

任务处理

山东省孙武白酒公司消费税的计算如下：

(1)白酒适用的比例税率为 20%，定额税率为每 500 克 0.5 元；

(2)应纳税额＝50×2 000×0.5＋1 500 000×20%＝350 000(元)。

任务三 消费税的扩展计算

一 自产自用应税消费品的计算

任务情境

山东滨州天丽化妆品公司将一批自产的化妆品用作职工福利，化妆品的成本为 8 000 元，该化妆品无同类产品市场销售价格，但已知其成本利润率为 5%，消费税税率为 30%。

要求：计算该批化妆品应缴纳的消费税税额。

任务指导

自产自用，就是纳税人生产应税消费品后，不是用于直接对外销售，而是用于自己连续生产应税消费品或其他方面。这种自产自用应税消费品形式，在实际经济活动中是常见的，但也最容易在是否纳税或如何纳税上出现问题。例如，有的企业把自己生产的应税消费品以福利或奖励等形式发给本厂职工，以为不是对外销售，不必计算销售额，无须纳税。这样就出现了漏缴税款的现象。因此，很有必要认真理解税法对自产自用应税消费品的有关规定。

(一)用于连续生产应税消费品

纳税人自产自用的应税消费品,用于连续生产应税消费品的,不纳税。所谓"纳税人自产自用的应税消费品,用于连续生产应税消费品的",是指作为生产最终应税消费品的直接材料、并构成最终产品实体的应税消费品。例如,卷烟厂生产出烟丝,烟丝是应税消费品,卷烟厂再用生产出的烟丝连续生产卷烟,这样,用于连续生产卷烟的烟丝就不缴纳消费税。只对生产的卷烟征收消费税。当然,生产出的烟丝如果是直接销售,则烟丝还是要缴纳消费税的。税法规定对自产自用的应税消费品,用于连续生产应税消费品的不征税,体现了税不重征且计税简便的原则。

(二)用于其他方面的应税消费品

纳税人自产自用的应税消费品,除用于连续生产应税消费品外,凡用于其他方面的,于移送使用时纳税。用于其他方面的应税消费品是指纳税人用于生产非应税消费品和在建工程的消费品,管理部门、非生产机构提供的劳务,以及用于馈赠、赞助、集资、广告、样品、职工福利、奖励等方面的应税消费品。所谓"用于生产非应税消费品",是指把自产的应税消费品用于生产消费税条例税目税率表所列 14 类产品以外的产品。例如,原油加工厂用生产出的应税消费品汽油调和制成溶剂汽油,该溶剂汽油就属于非应税消费品。所谓"用于在建工程",是指把自产的应税消费品用于本单位的各项建设工程。例如,石化工厂把自己生产的柴油用于本厂基建工程的车辆、设备使用。所谓"用于管理部门、非生产机构",是指把自己生产的应税消费品用于与本单位有隶属关系的管理部门或非生产机构。例如,汽车制造厂把生产出的小汽车提供给上级主管部门使用。所谓"用于馈赠、赞助、集资、广告、样品、职工福利、奖励",是指把自己生产的应税消费品无偿赠送给他人或以资金的形式投资于外单位某些事业或作为商品广告、经销样品或以福利、奖励的形式发给职工。例如,摩托车厂把自己生产的摩托车赠送或赞助给摩托车拉力赛赛手使用,兼作商品广告;酒厂把生产的滋补药酒以福利的形式发给职工等。总之,企业自产的应税消费品虽然没有用于销售或连续生产应税消费品,但只要是用于税法所规定的范围的都要视同销售,依法缴纳消费税。

(三)组成计税价格及税额的计算

纳税人自产自用的应税消费品,凡用于其他方面,应当纳税的,按照纳税人生产的同类消费品的销售价格计算纳税。同类消费品的销售价格是指纳税人当月销售的同类消费品的销售价格。如果当月同类消费品各期销售价格高低不同,应按销售数量加权平均计算。但销售的应税消费品有下列情况之一的,不得列入加权平均计算:销售价格明显偏低又无正当理由的;无销售价格的。如果当月无销售或者当月未完结,应按照同类消费品上月或最近月份的销售价格计算纳税。没有同类消费品销售价格的,按照组成计税价格计算纳税。

1. 对从价定率征收消费税的应税消费品

组成计税价格=(成本+利润)÷(1-消费税税率)

应纳税额=组成计税价格×适用税率

上述公式中所说的"成本",是指应税消费品的产品生产成本。

上述公式中所说的"利润",是指根据应税消费品的全国平均成本利润率计算的利润。应税消费品全国平均成本利润率由国家税务总局确定。

2. 对从量定额征收消费税的应税消费品

消费税从量征收与售价或组价无关;增值税需计算组成计税价格时,组价公式中的成本利润率按增值税法中规定的10%确定,组价中应含消费税税金。

【做中学3-2】 琴岛啤酒有限公司自产啤酒20吨,无偿提供给滨州市第六届啤酒节,该啤酒每吨成本1 000元,无同类产品售价(税务机关核定的消费税单位税额为220元/吨)。试计算应纳的消费税与增值税。

【解析】

(1)应纳消费税=20×220=4 400(元);

(2)应纳增值税=[20×1 000×(1+10%)+4 400]×17%=4 488(元)。

3.对复合计税办法征收消费税的应税消费品

组成计税价格计算公式是:

组成计税价格=(成本+利润+自产自用数量×定额税率)÷(1-比例税率)

【做中学3-3】 滨州剑湖酒业有限公司以自产特制粮食白酒1 000斤用于公司成立十周年庆祝活动,每斤白酒成本12元,无同类产品售价。计算应纳消费税和增值税(成本利润率为10%,假设没有进项税)。

【解析】

(1)应纳消费税:

从量征收的消费税=1 000×0.5=500(元);

从价征收的消费税=[12×1 000×(1+10%)+500]÷(1-20%)×20%=3 425(元);

(注:根据2009年《消费税暂行条例及细则》,组价中应当包含从量征收的消费税)。

应纳消费税=500+3 425=3 925(元)。

(2)应纳增值税=[12×1 000×(1+10%)+500]÷(1-20%)×17%=2 911.25(元)。

4.应税消费品全国平均成本利润率

1993年12月28日与2006年3月,国家税务总局颁发了《消费税若干具体问题的规定》,确定了应税消费品全国平均成本利润率(见表3-4)。

表3-4 平均成本利润率表

货物名称	利润率(%)	货物名称	利润率(%)
1.甲类卷烟	10	11.贵重首饰及珠宝玉石	6
2.乙类卷烟	5	12.汽车轮胎	5
3.雪茄烟	5	13.摩托车	6
4.烟丝	5	14.高尔夫球及球具	10
5.粮食白酒	10	15.高档手表	20
6.薯类白酒	5	16.游艇	10
7.其他酒	5	17.木制一次性筷子	5
8.酒精	5	18.实木地板	5
9.化妆品	5	19.乘用车	8
10.鞭炮、焰火	5	20.中轻型商用客车	5

任务处理

山东滨州天丽化妆品公司将一批自产的化妆品用作职工福利的消费税计算如下：

(1)组成计税价格＝成本×(1＋成本利润率)÷(1－消费税税率)＝8 000×(1＋5%)÷(1－30%)＝8 400÷0.7＝12 000(元)；

(2)应纳税额＝12 000×30%＝3 600(元)。

二 委托加工

任务情境

滨州五一商城为增值税一般纳税人，2009 年 5 月 8 日为个人定制加工金银首饰，商城提供原料含税金额 304 200 元，取得个人支付的含税加工费收入 46 800 元(商城无同类首饰价格，金银首饰零售环节消费税税率为 5%)。

要求：计算定制加工金银首饰应缴纳的消费税。

任务指导

企业、单位或个人由于设备、技术、人力等方面的局限，或其他方面的原因，常常要委托其他单位代为加工应税消费品，然后将加工好的应税消费品收回，或直接销售或自己使用。这是生产应税消费品的另一种形式，也需要纳入征收消费税的范围。例如，某企业将购来的小客车底盘和零部件提供给某汽车改装厂，加工组装成小客车供自己使用，则加工、组装成的小客车就需要缴纳消费税。按照规定，委托加工的应税消费品，由受托方在向委托方交货时代收代缴税款。

(一)委托加工应税消费品的确定

委托加工的应税消费品是指由委托方提供原料和主要材料，受托方只收取加工费和代垫部分辅助材料加工的应税消费品。对于由受托方提供原材料生产的应税消费品，或者受托方先将原材料卖给委托方，然后再接受加工的应税消费品，以及由受托方以委托方名义购进原材料生产的应税消费品，不论纳税人在财务上是否作销售处理，都不得作为委托加工应税消费品，而应当按照销售自制应税消费品缴纳消费税。

上述内容的重要性表现在：

第一，它明确区分了什么是委托加工应税消费品，什么不是委托加工应税消费品。确定了区分的条件：由委托方提供原料和主要材料，受托方只收取加工费和代垫部分辅助材料；无论是委托方还是受托方，凡不符合规定条件的，都不能按委托加工应税消费品进行税务处理。

第二，为什么要对委托加工应税消费品规定严格的限定条件呢？这是因为，委托加工应税消费品是由受托方代收代缴消费税的，且受托方只就其加工劳务缴纳增值税。如果委托方不能提供原料和主要材料，而是受托方以某种形式提供原料，那就不是委托加工，而是受托方在自制应税消费品了，在这种情况下，就会出现受托方确定计税价格偏低，代收代缴消费税虚假的现象，同时，受托方也只以加工劳务缴纳增值税，逃避了自制应税消费品要缴纳消费税的责任，这是税法所不允许的。因此，对委托加工应税消费品要规定严格的限定条件。

第三，对于不符合委托加工应税消费品限定条件的如何处理？税法规定了严格的处理方法，即：不论纳税人在财务上是否作销售处理，都不得作为委托加工应税消费品，而应当按照销售自制应税消费品缴纳消费税。也就是说，应确定由受托方按销售自制消费品缴纳消费税。这种处理办法体现了税收管理的源泉控制原则，避免了应缴税款的流失。

(二)代收代缴税款的规定

对于确实属于委托方提供原料和主要材料，受托方只收取加工费和代垫部分辅助材料加工的应税消费品，税法规定，由受托方在向委托方交货时代收代缴消费税。这样，受托方就是法定的代收代缴义务人。如果受托方对委托加工的应税消费品未代收代缴或少代收代缴消费税，就要按照税收征收管理法的规定，承担代收代缴的法律责任。因此，受托方必须严格履行代收代缴义务，正确计算和按时代缴税款。为了加强对受托方代收代缴税款的管理，国家税务总局在颁发的《关于消费税若干征税问题的通知》中，对委托个体经营者加工应税消费品纳税问题做了调整，由原定一律由受托方代收代缴税款，改为纳税人委托个体经营者加工应税消费品，一律于委托方收回后在委托方所在地缴纳消费税。

对于受托方没有按规定代收代缴税款的，并不能因此免除委托方补缴税款的责任。在对委托方进行的税务检查中，如果发现其委托加工的应税消费品受托方没有代收代缴税款，委托方要补缴税款（对受托方不再重复补税了，但要按《征管法》的规定，处以应代收代缴税款50％以上、3倍以下的罚款）。对委托方补征税款的计税依据是：

如果在检查时，收回的应税消费品已经直接销售的，按销售额计税；收回的应税消费品尚未销售或不能直接销售的（如收回后用于连续生产等），按组成计税价格计税。

委托加工的应税消费品，受托方在交货时已代收代缴消费税，委托方收回后直接出售的，不再征收消费税。

(三)组成计税价格及应纳税额的计算

委托加工的应税消费品，按照受托方的同类消费品的销售价格计算纳税。同类消费品的销售价格是指受托方（即代收代缴义务人）当月销售的同类消费品的销售价格。如果当月同类消费品各期销售价格高低不同，应按销售数量加权平均计算。但销售的应税消费品有下列情况之一的，不得列入加权平均计算：(1)销售价格明显偏低又无正当理由的；(2)无销售价格的。如果当月无销售或者当月未完结，应按照同类消费品上月或最近月份的销售价格计算纳税。没有同类消费品销售价格的按照组成计税价格计算纳税。

1.从价征收

从价征收组成计税价格的计算公式为：

$$组成计税价格=(材料成本+加工费)\div(1-消费税税率)$$

$$应纳税额=组成计税价格\times适用税率$$

上述组成计税价格公式中有两个重要的专用名词需要解释。

(1)材料成本。按照《消费税暂行条例实施细则》的解释，“材料成本”是指委托方所提供加工材料的实际成本。

委托加工应税消费品的纳税人，必须在委托加工合同上如实注明（或以其他方式提供）材料成本。凡未提供材料成本的，受托方所在地主管税务机关有权核定其材料成本。从这一条规定可以看出，税法对委托方提供原料和主要材料，并要以明确的方式如实提供材料成本，要求是很严格的，其目的就是为了防止出现假冒委托加工应税消费品或少报材料成本，逃避纳税的现象。

(2)加工费。《消费税暂行条例实施细则》规定，"加工费"是指受托方加工应税消费品向委托方所收取的全部费用(包括代垫辅助材料的实际成本，不包括增值税税金)，这是税法对受托方的要求。受托方必须如实提供向委托方收取的全部费用，这样才能既保证组成计税价格及代收代缴消费税准确地计算出来，也能使受托方按加工费正确计算其应纳的增值税。

2.复合征收

复合征收组成计税价格的公式为：

组成计税价格＝(材料成本＋加工费＋委托加工数量×定额税率)÷(1－比例税率)

【做中学 3-4】 滨州琴湖酒业有限公司从农民手中收购粮食，共计支付收购价款100 000元。滨州琴湖酒业有限公司将收购的粮食从收购地直接运往青岛的琴岛酒业有限公司生产加工白酒。白酒加工完毕，滨州琴湖酒业有限公司收回白酒10吨，取得琴岛酒业有限公司开具防伪税控的增值税专用发票，注明加工费50 000元，代垫辅料价值20 000元，加工的白酒当地无同类产品市场价格。

【解析】

(1)从量税＝10×2 000×0.5＝10 000(元)；

(2)琴岛酒业有限公司应代收代缴的消费税＝10×2 000×0.5＋[100 000×(1－13%)＋(50 000＋20 000)＋10 000]÷(1－20%)×20%＝10 000＋41 750＝51 750(元)；

(2)琴岛酒业有限公司增值税的销项税＝(50 000＋20 000)×17%＝11 900(元)。

滨州琴湖酒业有限公司可以抵扣的增值税为11 900元。

任务处理

滨州五一商城定制加工金银首饰应缴纳的消费税＝(304 200＋46 800)÷(1＋17%)÷(1－5%)×5%＝315 789.47×5%＝15 789.47(元)。

三 进口消费税的计算

任务情境

有进出口经营权的山东第三外贸公司，2009年7月从国外进口卷烟320箱(每箱250条，每条200支)，支付买价2 000 000元，支付到达我国海关前的运输费用120 000元、保险费用80 000元。已知进口卷烟的关税税率为20%。

要求：计算卷烟在进口环节应缴纳的消费税。

任务指导

进口的应税消费品，于报关进口时缴纳消费税；进口的应税消费品的消费税由海关代征；进口的应税消费品，由进口人或者其代理人向报关地海关申报纳税；纳税人进口应税消费品，按照关税征收管理的相关规定，应当自海关填发税款缴款书之日起15日内缴纳消费税税款。

国家税务总局、海关总署联合颁发的《关于对进口货物征收增值税、消费税有关问题的通知》规定，进口应税消费品的收货人或办理报关手续的单位和个人，为进口应税消费品消费税的纳税义务人。进口应税消费品消费税的税目、税率(税额)，依照《消费税暂行条例》所附的消费税税目税率(税额)表执行。

纳税人进口应税消费品，按照组成计税价格和规定的税率计算应纳税额。计算方法如下：

(一)进口一般货物应纳消费税的计算

1.从价定率计征应纳税额的计算

组成计税价格＝(关税完税价格＋关税)÷(1－消费税税率)

应纳税额＝组成计税价格×消费税税率

2.实行从量定额计征应纳税额的计算

应纳税额＝应税消费品数量×消费税单位税额

3.实行从价定率和从量定额计征应纳税额的计算

应纳税额＝组成计税价格×消费税税率＋应税消费品数量×消费税单位税额

进口环节消费税除国务院另有规定者外，一律不得给予减税、免税。

(二)进口卷烟应纳消费税的计算

1.根据原《财政部、国家税务总局关于调整进口卷烟消费税税率的通知(财税[2004]22号)》的规定，自2004年3月1日起，进口卷烟消费税适用比例税率按以下办法确定：

(1)每标准条进口卷烟(200支)确定消费税适用比例税率的价格＝(关税完税价格＋关税＋消费税定额税)÷(1－消费税税率)。其中，关税完税价格和关税为每标准条的关税完税价格及关税税额；消费税定额税率为每标准条(200支)0.6元(依据现行消费税定额税率折算而成)；消费税税率固定为30％。

(2)每标准条进口卷烟(200支)确定消费税适用比例税率的价格大于等于50元人民币的，适用比例税率为45％；每标准条进口卷烟(200支)确定消费税适用比例税率的价格小于50元人民币的，适用比例税率为30％。

但是，按《财政部、国家税务总局关于调整烟产品消费税政策的通知(财税[2009]84号)》的规定，自2009年5月1日起，每标准条进口卷烟(200支)确定消费税适用比例税率的价格大于等于70元人民币的，适用比例税率为56％；每标准条进口卷烟(200支)确定消费税适用比例税率的价格小于70元人民币的，适用比例税率为36％。

尽管财政部和国家税务总局没有明文规定废止[2004]22号文件，但是按财税[2009]84号"此前有关文件规定与本通知相抵触的，以本通知为准"的规定和法规的统一，上述公式中的30％应修正为36％，50元应修正为70元，45％应修正为56％。

2.依据上述确定的消费税适用比例税率，计算进口卷烟消费税组成计税价格和应纳消费税税额：

(1)进口卷烟消费税组成计税价格＝(关税完税价格＋关税＋消费税定额税)÷(1－进口卷烟消费税适用比例税率)。

(2)应纳税额的计算与上述一般公式相同：应纳消费税税额＝进口卷烟消费税组成计税价格×进口卷烟消费税适用比例税率＋消费税定额税。其中，消费税定额税＝海关核定的进口卷烟数量×消费税定额税率。消费税定额税率与国内相同，每标准箱为(50 000 支)150 元。

任务处理

(1)每条进口卷烟消费税适用比例税率的价格＝[(2 000 000＋120 000＋80 000)÷(320×250)×(1＋20%)＋0.6]÷(1－36%)＝52.5(元)。

单条卷烟价格小于 70 元，适用消费税税率为 36%。

(2)进口卷烟应缴纳的消费税＝80 000×52.5×36%＋80 000×0.6＝1 560 000(元)。

四　已纳消费税的扣除

任务情境

山东东岳烟草集团公司，2009 年 8 月初库存外购应税烟丝金额 200 000 元，当月又外购应税烟丝金额 500 000 元(不含增值税)，月末库存烟丝金额 100 000 元，其余企业当月生产卷烟领用。

要求：计算山东东岳烟草集团公司 2009 年 8 月准许扣除的外购烟丝已缴纳的消费税税额。

任务指导

为了避免重复征税，现行消费税规定，将外购应税消费品和委托加工收回的应税消费品继续生产应税消费品销售的，可以将外购应税消费品和委托加工收回应税消费品已缴纳的消费税给予扣除。

(一)外购应税消费品已纳税款的扣除

由于某些应税消费品是用外购已缴纳消费税的应税消费品连续生产出来的，在对这些连续生产出来的应税消费品计算征税时，税法规定应按当期生产领用数量计算准予扣除外购的应税消费品已纳的消费税税款。扣除范围包括：

(1)外购已税烟丝生产的卷烟；

(2)外购已税化妆品生产的化妆品；

(3)外购已税珠宝玉石生产的贵重首饰及珠宝玉石；

(4)外购已税鞭炮、焰火生产的鞭炮、焰火；

(5)外购已税汽车轮胎(内胎和外胎)生产的汽车轮胎；

(6)外购已税摩托车生产的摩托车(如用外购两轮摩托车改装三轮摩托车)；

(7)外购已税杆头、杆身和握把为原料生产的高尔夫球杆；

(8)外购已税木制一次性筷子为原料生产的木制一次性筷子；

(9)外购已税实木地板为原料生产的实木地板；

(10)外购已税石脑油为原料生产的应税消费品；

(11)外购已税润滑油为原料生产的润滑油。

上述当期准予扣除外购应税消费品已纳消费税税款的计算公式为：

当期准予扣除的外购应税消费品已纳税款＝当期准予扣除的外购应税消费品买价×外购应税消费品适用税率

当期准予扣除的外购应税消费品买价＝期初库存的外购应税消费品的买价＋当期购进的应税消费品的买价－期末库存的外购应税消费品的买价

外购已税消费品的买价是指购货发票上注明的销售额(不包括增值税税款)。

此外,纳税人用外购的已税珠宝玉石生产的改在零售环节征收消费税的金银首饰(镶嵌首饰),在计税时一律不得扣除外购珠宝玉石的已纳税款。

对自己不生产应税消费品,而只是购进后再销售应税消费品的工业企业,其销售的化妆品、鞭炮焰火和珠宝玉石,凡不能构成最终消费品直接进入消费品市场,而需进一步生产加工的,应当征收消费税,同时允许扣除上述外购应税消费品的已纳税款。

允许扣除已纳税款的应税消费品只限于从工业企业购进的应税消费品和进口环节已缴纳消费税的应税消费品,对从境内商业企业购进应税消费品的已纳税款一律不得扣除。

(二)委托加工收回的应税消费品已纳税款的扣除

委托加工的应税消费品因为已由受托方代收代缴消费税,因此,委托方收回货物后用于连续生产应税消费品的,其已纳税款准予按照规定从连续生产的应税消费品应纳消费税税额中抵扣。按照国家税务总局的规定,从 1995 年 6 月 1 日起,下列连续生产的应税消费品准予从应纳消费税税额中按当期生产领用数量计算扣除委托加工收回的应税消费品已纳消费税税款:

(1)以委托加工收回的已税烟丝为原料生产的卷烟;

(2)以委托加工收回的已税化妆品为原料生产的化妆品;

(3)以委托加工收回的已税珠宝玉石为原料生产的贵重首饰及珠宝玉石;

(4)以委托加工收回的已税鞭炮、焰火为原料生产的鞭炮、焰火;

(5)以委托加工收回的已税汽车轮胎生产的汽车轮胎;

(6)以委托加工收回的已税摩托车生产的摩托车;

(7)以委托加工收回的已税杆头、杆身和握把为原料生产的高尔夫球杆;

(8)以委托加工收回的已税木制一次性筷子为原料生产的木制一次性筷子;

(9)以委托加工收回的已税实木地板为原料生产的实木地板;

(10)以委托加工收回的已税石脑油为原料生产的应税消费品;

(11)以委托加工收回的已税润滑油为原料生产的润滑油。

上述当期准予扣除委托加工收回的应税消费品已纳消费税税款的计算公式是:

当期准予扣除的委托加工应税消费品已纳税款＝期初库存的委托加工应税消费品已纳税款＋当期收回的委托加工应税消费品已纳税款－期末库存的委托加工应税消费品已纳税款

需要说明的是,纳税人用委托加工收回的已税珠宝玉石生产的改在零售环节征收消费税的金银首饰,在计税时一律不得扣除委托加工收回的珠宝玉石的已纳消费税税款。

以外购或委托加工收回石脑油为原料生产乙烯或其他化工产品,在同一生产过程中既可以生产出乙烯或其他化工产品等非应税消费品,同时又可以生产出裂解汽油等应税消费品的,外购或委托加工收回石脑油允许抵扣的已纳税款计算公式如下:

(1)外购石脑油

当期准予扣除外购石脑油已纳税款＝当期准予扣除外购石脑油数量×收率×单位税额×30％

收率＝当期应税消费品产出量÷生产当期应税消费品所有原料投入数量×100％

(2)委托加工收回的石脑油

当期准予扣除的委托加工石脑油已纳税款＝当期准予扣除的委托加工石脑油已纳税款×收率

以外购或委托加工收回石脑油为原料生产乙烯或其他化工产品的生产企业，应按照上述计算公式分别计算2003年、2004年、2005年年平均收率，将计算出的年平均收率报主管税务机关备案。

任务处理

2009年8月，山东东岳烟草集团公司允许扣除烟丝的消费税如下：

(1)烟丝适用的消费税税率为30％；

(2)当期准许扣除的外购烟丝买价＝200 000＋500 000－100 000＝600 000(元)；

(3)当月准许扣除的外购烟丝已缴纳的消费税税额＝600 000×30％＝180 000(元)。

五 出口应税消费品退(免)税

任务情境

山东第三外贸公司2009年5月从生产企业购入化妆品一批，取得的增值税专用发票上注明的价款为250 000元、增值税为42 500元，支付购买化妆品的运输费用30 000元，当月将该批化妆品全部出口取得销售收入350 000元。

要求：计算该外贸公司出口化妆品应退的消费税。

任务指导

纳税人出口应税消费品与已纳增值税出口货物一样，国家都是给予退(免)税优惠的。出口应税消费品同时涉及退(免)增值税和消费税，其退(免)消费税与出口货物退(免)增值税在退(免)税范围的限定、退(免)税办理程序、退(免)税审核及管理上都有许多一致的地方。1995年7月1日以后报关离境的应税消费品的退(免)消费税与其退(免)增值税一样都统一执行财政部、国家税务总局颁发的《出口货物退(免)税若干问题规定》以及国家税务总局1994年颁发的《出口货物退(免)税管理办法》中仍有效的部分。因此，这里仅就出口应税消费品退(免)消费税某些不同于出口货物退(免)增值税的特殊规定作介绍。

(一)出口退税率的规定

计算出口应税消费品应退消费税的税率或单位税额，依据《消费税暂行条例》所附"消费税税目税率(税额)表"执行。退(免)消费税与退(免)增值税的一个重要区别是：当出口的货物是应税消费品时，其退还增值税要按规定的退税率计算；其退还消费税则按该应税消费品所适用的消费税税率计算。企业应将不同消费税税率的出口应税消费品分开核算和申报。

凡划分不清适用税率的，一律从低适用税率计算应退消费税税额。

(二)出口应税消费品退(免)税政策

出口应税消费品退(免)消费税在政策上分为以下三种情况：

1.出口免税并退税

适用这个政策的是：有出口经营权的外贸企业购进应税消费品直接出口，以及外贸企业受其他外贸企业委托代理出口应税消费品。这里需要重申的是，外贸企业只有受其他外贸企业委托，代理出口应税消费品才可办理退税；外贸企业受其他企业(主要是非生产性的商贸企业)委托，代理出口应税消费品是不予退(免)税的。这个政策限定与前述出口货物退(免)增值税的政策规定是一致的。

2.出口免税但不退税

适用这个政策的是：有出口经营权的生产性企业自营出口或生产企业委托外贸企业代理出口自产的应税消费品，依据其实际出口数量免征消费税，不予办理退还消费税。这里，免征消费税是指对生产性企业按其实际出口数量免征生产环节的消费税。不予办理退还消费税，是指因已免征生产环节的消费税，该应税消费品出口时，已不含有消费税，所以也无须再办理退还消费税了。这项政策规定与前述生产性企业自营出口或委托代理出口自产货物退(免)增值税的规定是不一样的。其政策区别的原因是，消费税仅在生产企业的生产环节征收，生产环节免税了，出口的应税消费品就不含有消费税了；而增值税却在货物销售的各个环节征收，生产企业出口货物时，已纳的增值税就需退还。

3.出口不免税也不退税

适用这个政策的是：除生产企业、外贸企业外的其他企业，具体是指一般商贸企业，这类企业委托外贸企业代理出口应税消费品一律不予退(免)税。

(三)出口应税消费品退税额的计算

外贸企业从生产企业购进货物直接出口或受其他外贸企业委托代理出口应税消费品的应退消费税税款，分两种情况处理：

(1)属于从价定率计征消费税的应税消费品，应依照外贸企业从工厂购进货物时征收消费税的价格计算应退消费税税款。其公式为：

应退消费税税款＝出口货物的工厂销售额×税率

上述公式中“出口货物的工厂销售额”不包含增值税。对含增值税的价格应换算为不含增值税的销售额。

(2)属于从量定额计征消费税的应税消费品，应以货物购进和报关出口的数量计算应退消费税税款。其公式为：

应退消费税税款＝出口数量×单位税额

(四)出口应税消费品办理退(免)税后的管理

出口的应税消费品办理退税后发生退关或国外退货，进口时予以免税的，报关出口者必须及时向其所在地主管税务机关申报补缴已退的消费税税款。

纳税人直接出口的应税消费品办理免税后发生退关或国外退货，进口时已予以免税的，经所在地主管税务机关批准，可暂不办理补税，待其转为国内销售时，再向其主管税务机关申报补缴消费税。

任务处理

山东第三外贸公司出口化妆品应退的消费税：

从生产企业购进从价定率计征消费税的消费品直接出口，应该依照外贸企业从工厂购进货物时不含增值税的价格计算应退的消费税税款。

应退消费税＝250 000×30％＝75 000(元)。

任务四 消费税纳税申报

一 从价计征消费税的纳税申报

任务情境

2009 年 6 月，北京东跃汽车股份公司的小汽车和中轻型商务用车销售情况如下：

(1)销售汽缸容量 1.0 升的小汽车 50 辆，每辆不含增值税金额为 60 000 元；

(2)销售汽缸容量 1.3 升的小汽车 40 辆，每辆不含增值税金额为 80 000 元；

(3)销售汽缸容量 1.8 升的小汽车 20 辆，每辆不含增值税金额为 10 000 元；

(4)销售中轻型商用客车 10 辆，每辆不含增值税金额为 10 000 元。

北京东跃汽车股份公司是一般纳税人，纳税人识别号为 102000000000909；

法人代表：李东；财务部经理：刘惠；办税员：张阳；联系电话：87654310。

要求：填表 3-5 办理纳税申报。

任务指导

(一)纳税期限

消费税的纳税期限分别为 1 日、3 日、5 日、10 日、15 日或者 1 个月。纳税人的具体纳税期限，由主管税务机关根据纳税人应纳税额的大小分别核定；不能按照固定期限纳税的，可以按次纳税。

纳税人以 1 个月为一期纳税的，自期满之日起 15 日内申报纳税；以 1 日、3 日、5 日、10 日或者 15 日为一期纳税的，自期满之日起 5 日内预缴税款，于次月 1 日起至 15 日内申报纳税并结清上月应纳税款。

纳税人进口应税消费品，应当自海关填发税款缴纳证的次日起 15 日内缴纳税款。

表 3-5　小汽车消费税纳税申报表

税款所属期：　　年　　月　　日至　　年　　月　　日

纳税人名称(公章)：　　　　　　　　　　纳税人识别号：

填表日期：　年　　月　　日　　　　　　单位：辆、元(列至角分)

<table>
<tr><td colspan="2">项目
应税消费品名称</td><td>适用税率</td><td>销售数量</td><td>销售额</td><td>应纳税额</td></tr>
<tr><td rowspan="7">乘用车</td><td>气缸容量≤1.0升</td><td>1%</td><td></td><td></td><td></td></tr>
<tr><td>1.0升＜汽缸容量≤1.5升</td><td>3%</td><td></td><td></td><td></td></tr>
<tr><td>1.5升＜汽缸容量≤2.0升</td><td>5%</td><td></td><td></td><td></td></tr>
<tr><td>2.0升＜汽缸容量≤2.5升</td><td>9%</td><td></td><td></td><td></td></tr>
<tr><td>2.5升＜汽缸容量≤3.0升</td><td>12%</td><td></td><td></td><td></td></tr>
<tr><td>3.0升＜汽缸容量≤4.0升</td><td>25%</td><td></td><td></td><td></td></tr>
<tr><td>汽缸容量＞4.0升</td><td>40%</td><td></td><td></td><td></td></tr>
<tr><td colspan="2">中轻型商用客车</td><td>5%</td><td></td><td></td><td></td></tr>
<tr><td colspan="2">合计</td><td>—</td><td>—</td><td>—</td><td>—</td></tr>
</table>

<table>
<tr><td>本期准予扣除税额：</td><td rowspan="4">声明
此纳税申报表是根据国家税收法律的规定填报的，我确定它是真实的、可靠的、完整的。
经办人(签章)：　财务负责人(签章)：
联系电话：</td></tr>
<tr><td>本期减(免)税额：</td></tr>
<tr><td>期初未缴税额：</td></tr>
<tr><td>本期缴纳前期应纳税额：</td></tr>
<tr><td>本期预缴税额：</td><td rowspan="4">(如果你已委托代理人申报，请填写)
授权声明
为代理一切税务事宜，现授权(地址)　　　为本纳税人的代理申报人，任何与本申报表有关的往来文件，都可寄予此人。
授权人签章：</td></tr>
<tr><td>本期应补(退)税额：</td></tr>
<tr><td>期末未缴税额：</td></tr>
</table>

以下由税务机关填写

受理人(签章)：　　　　受理日期：　　年　　月　　日　　　　受理税务机关(章)：

(二)纳税地点

消费税具体纳税地点有：

(1)纳税人销售的应税消费品，以及自产自用的应税消费品，除国家另有规定的外，应当向纳税人核算地主管税务机关申报纳税。

(2)委托加工的应税消费品，除受托方为个体经营者外，由受托方向所在地主管税务机关代收代缴消费税税款。

(3)进口的应税消费品，由进口人或者其代理人向报关地海关申报纳税。

(4)纳税人到外县(市)销售或委托外县(市)代销自产应税消费品的，于应税消费品销售后，回纳税人核算地或所在地缴纳消费税。

(5)纳税人的总机构与分支机构不在同一县(市)的，应在生产应税消费品的分支机构所在地缴纳消费税。但经国家税务总局及所属省国家税务局批准，纳税人分支机构也可由总机构汇总向总机构所在地主管税务机关缴纳。对纳税人的总机构与分支机构不在同一省、自治区、直辖市的，如需改由总机构汇总在总机构所在地纳税的，须经国家税务总局批准；对纳税人的总机构与分支机构在同一省(自治区、直辖市)内，而不在同一县(市)的，如需改由总机构汇总在总机构所在地纳税的，须经省级国家税务局批准。

(6)纳税人销售的应税消费品，如因质量等原因由购买者退回时，经所在地主管税务机关审核批准后，可退还已征收的消费税税款。但不能自行直接抵减应纳税款。

(三)从价征收消费税纳税申报表的填写

从价征收消费税纳税申报表包括仅限小汽车消费税纳税人使用的小汽车消费税纳税申报表和化妆品、贵重首饰及珠宝玉石、鞭炮焰火、汽车轮胎、摩托车、高尔夫球及球具、高档手表、游艇、木制一次性筷子、实木地板等消费税纳税人使用的其他纳税申报表。

1.小汽车消费税纳税申报表(表 3-5)的填写

(1)"销售数量"为税收法规、规章规定的当期应申报缴纳消费税的小汽车类应税消费品销售(不含出口免税)数量。

(2)"销售额"为税收法规、规章规定的当期应申报缴纳消费税的小汽车类应税消费品销售(不含出口免税)收入。

(3)应纳税额＝销售额×比例税率。

(4)"本期减(免)税额"不含出口退(免)税额。

(5)"期初未缴税额"填写本期期初累计应缴未缴的消费税额，多缴为负数。其数值等于上期"期末未缴税额"。

(6)"本期缴纳前期应纳税额"填写本期实际缴纳入库的前期消费税额。

(7)"本期预缴税额"填写纳税申报前已预先缴纳入库的本期消费税额。

(8)"本期应补(退)税额"计算公式如下，多缴为负数：

本期应补(退)税额＝应纳税额(合计栏金额)－本期减(免)税额－本期预缴税额

(9)"期末未缴税额" 计算公式如下，多缴为负数：

期末未缴税额＝期初未缴税额＋本期应补(退)税额－本期缴纳前期应纳税额

2.其他应税消费品消费税纳税申报表(表 3-6)的填写

(1)"应税消费品名称"和"适用税率"按照以下内容填写：

化妆品：30％；贵重首饰及珠宝玉石：10％；金银首饰(铂金首饰、钻石及钻石饰品)：5％；鞭炮焰火：15％；汽车轮胎(除子午线轮胎外)：3％；汽车轮胎(限子午线轮胎)：3％(免税)；摩托车(排量＞250 毫升)：10％；摩托车(排量≤250 毫升)：3％；高尔夫球及球具：10％；高档手表：20％；游艇：10％；木制一次性筷子：5％；实木地板：5％。

(2)"销售数量"为税收法规、规章规定的当期应申报缴纳消费税的应税消费品销售(不含出口免税)数量。计量单位是：汽车轮胎为套；摩托车为辆；高档手表为只；游艇为艘；实木地板为平方米；木制一次性筷子为万双；化妆品、贵重首饰及珠宝玉石(含金银首饰、铂金首饰、钻石及钻石饰品)、鞭炮焰火、高尔夫球及球具按照纳税人实际使用的计量单位填写并在本栏中注明。

表 3-6　其他应税消费品消费税纳税申报表

税款所属期：　　年　　月　　日至　　年　　月　　日

纳税人名称(公章)：　　　　　　　　　　纳税人识别号：

填表日期：　　年　　月　　日　　　　　金额单位:元(列至角分)

项目 应税消费品名称	适用税率	销售数量	销售额	应纳税额
合计	—	—	—	—

本期准予扣除税额：	声明 此纳税申报表是根据国家税收法律的规定填报的,我确定它是真实的、可靠的、完整的。
本期减(免)税额：	
期初未缴税额：	经办人(签章)：　财务负责人(签章)： 联系电话：
本期缴纳前期应纳税额：	(如果你已委托代理人申报,请填写) 授权声明
本期预缴税额：	为代理一切税务事宜,现授权(地址)　　　　为本纳税人的
本期应补(退)税额：	代理申报人,任何与本申报表有关的往来文件,都可寄予此人。
期末未缴税额：	授权人签章：

以下由税务机关填写

受理人(签章)：　　　　　受理日期：　　年　　月　　日　　　　受理税务机关(章)：

(3)"销售额"为税收法规、规章规定的当期应申报缴纳消费税的应税消费品销售(不含出口免税)收入。

(4)应纳税额＝销售额×适用税率。

(5)"本期准予扣除税额"按本期准予扣除税款合计金额填写。

(6)"本期减(免)税额"不含出口退(免)税额。

(7)"期初未缴税额"填写本期期初累计应缴未缴的消费税额,多缴为负数。其数值等于上期"期末未缴税额"。

(8)"本期缴纳前期应纳税额"填写本期实际缴纳入库的前期消费税额。

(9)"本期预缴税额"填写纳税申报前已预先缴纳入库的本期消费税额。

(10)"本期应补(退)税额" 计算公式如下,多缴为负数:

本期应补(退)税额＝应纳税额(合计栏金额)－本期准予扣除税额－本期减(免)税额－本期预缴税额

(11)"期末未缴税额"计算公式如下,多缴为负数:

期末未缴税额＝期初未缴税额＋本期应补(退)税额－本期缴纳前期应纳税额

任务处理

办税员张阳按照纳税申报表的填写要求,填制北京东跃汽车股份公司小汽车消费税纳税申报表如下（表 3-7）。

表 3-7　小汽车消费税纳税申报表

税款所属期：2009 年 6 月 1 日 至 2009 年 6 月 30 日

纳税人名称（公章）：北京东跃汽车股份公司　　　　纳税人识别号：102000000000909

填表日期：2009 年 7 月 11 日　　　　单位：辆、元（列至角分）

项目 应税消费品名称		适用税率	销售数量	销售额	应纳税额
乘用车	汽缸容量≤1.0 升	1%	50	3 000 000.00	30 000.00
	1.0 升＜汽缸容量≤1.5 升	3%	40	3 200 000.00	96 000.00
	1.5 升＜汽缸容量≤2.0 升	5%	20	200 000.00	10 000.00
	2.0 升＜汽缸容量≤2.5 升	9%			
	2.5 升＜汽缸容量≤3.0 升	12%			
	3.0 升＜汽缸容量≤4.0 升	25%			
	汽缸容量＞4.0 升	40%			
中轻型商用客车		5%	10	100 000.00	5 000.00
合计		—	—	—	141 000.00

本期准予扣除税额：	声明 此纳税申报表是根据国家税收法律的规定填报的，我确定它是真实的、可靠的、完整的。 经办人（签章）：张阳 财务负责人（签章）：刘惠 联系电话：87654310
本期减（免）税额：	
期初未缴税额：	
本期缴纳前期应纳税额：	（如果你已委托代理人申报，请填写） 授权声明 为代理一切税务事宜，现授权（地址）　　为本纳税人的代理申报人，任何与本申报表有关的往来文件，都可寄予此人。 授权人签章：
本期预缴税额：	
本期应补（退）税额：141 000.00	
期末未缴税额：0	

以下由税务机关填写：（略）

二　从量计征消费税的纳税申报

任务情境

北京石化股份公司2009年6月成品油业务如下：

(1)销售无铅汽油850 000升；

(2)销售含铅汽油500 000升；

(3)销售柴油550 000升；

(4)销售润滑油10 000升；

(5)期初库存委托加工含铅汽油已纳税款50 000元，本期收回委托加工含铅汽油已纳税款12 000元，期末剩余委托加工含铅汽油已纳税款20 000元；

(6)期初库存外购无铅汽油60 000升，本期购进无铅汽油30 000升，期末剩余购进无铅汽油20 000升。

北京石化股份公司是一般纳税人，纳税人识别号102000000000008；

法人代表：李泰；财务部经理：刘方；办税员：张东；联系电话：82347654。

要求：根据上述资料，填制申报表(表3-8)办理纳税申报。

任务指导

从量计征消费税涉及的税目主要有成品油和啤酒、黄酒。啤酒和黄酒及酒精消费税纳税申报表的填写方法在后面“三　复合计征消费税的纳税申报”中介绍，这里仅介绍成品油的纳税申报。

(一)成品油消费税纳税申报表(表3-8)的填写

(1)“销售数量”为当期应当申报缴纳消费税的成品油应税消费品的销售数量。生产企业用自产汽油生产的乙醇汽油，销售数量为当期销售的乙醇汽油所耗用的汽油数量。

(2)应纳税额＝销售数量×适用税率。

(3)“本期减(免)税额”按本期减(免)税额合计金额填写，不含暂缓征收的项目。

(4)“期初留抵税额”数值等于上期“期末留抵税额”。

(5)“本期准予扣除税额”按本期准予扣除税款合计金额填写。

(6)本期应抵扣税额＝期初留抵税额＋本期准予扣除税额。

(7)“期初未缴税额”填写本期期初应缴未缴的消费税额，多缴为负数。其数值等于上期“期末未缴税额”。

(8)“期末留抵税额”计算公式如下，其值大于零时按实际数值填写，小于等于零时填写零：

期末留抵税额＝本期应抵扣税额－应纳税额(合计栏金额)＋本期减(免)税额

(9)“本期实际抵扣税额”计算公式为：

本期实际抵扣税额＝本期应抵扣税额－期末留抵税额

(10)“本期缴纳前期应纳税额”填写本期实际入库的前期消费税税额。

(11)“本期预缴税额”填写纳税申报前已预先缴纳入库的本期消费税额。

(12)“本期应补(退)税额”计算公式如下，多缴为负数：

表 3-8 成品油消费税纳税申报表

税款所属期：　　年　　月　　日至　　　年　　月　　日

纳税人名称(公章)：　　　　　　　　　　　　　　　　纳税人识别号：

填表日期：　　年　　月　　日　　　　　　　　　　计量单位：升；金额单位：元(列至角分)

<table>
<tr><th>项目
应税消费品名称</th><th>适用税率(元/升)</th><th>销售数量</th><th>应纳税额</th></tr>
<tr><td>含铅汽油</td><td>1.4</td><td></td><td></td></tr>
<tr><td>无铅汽油</td><td>1</td><td></td><td></td></tr>
<tr><td>柴油</td><td>0.8</td><td></td><td></td></tr>
<tr><td>石脑油</td><td>1</td><td></td><td></td></tr>
<tr><td>溶剂油</td><td>1</td><td></td><td></td></tr>
<tr><td>润滑油</td><td>1</td><td></td><td></td></tr>
<tr><td>燃料油</td><td>0.8</td><td></td><td></td></tr>
<tr><td>航空煤油</td><td>0.8</td><td></td><td>—</td></tr>
<tr><td>合计</td><td>—</td><td>—</td><td></td></tr>
<tr><td colspan="3">本期减(免)税额：</td><td rowspan="7">声明
此纳税申报表是根据国家税收法律的规定填报的，我确定它是真实的、可靠的、完整的。
声明人签字：</td></tr>
<tr><td colspan="3">期初留抵税额：</td></tr>
<tr><td colspan="3">本期准予扣除税额：</td></tr>
<tr><td colspan="3">本期应抵扣税额：</td></tr>
<tr><td colspan="3">期初未缴税额：</td></tr>
<tr><td colspan="3">期末留抵税额：</td></tr>
<tr><td colspan="3">本期实际抵扣税额：</td></tr>
<tr><td colspan="3">本期缴纳前期应纳税额：</td><td rowspan="4">(如果你已委托代理人申报，请填写)
授权声明
为代理一切税务事宜，现授权______(地址)__________为本纳税人的代理申报人，任何与本申报表有关的往来文件，都可寄予此人。
授权人签字：</td></tr>
<tr><td colspan="3">本期预缴税额：</td></tr>
<tr><td colspan="3">本期应补(退)税额：</td></tr>
<tr><td colspan="3">期末未缴税额：</td></tr>
</table>

以下由税务机关填写：(略)

本期应补(退)税额＝应纳税额(合计栏金额)－本期减(免)税额－本期实际抵扣税额－本期预缴税额

(13)“期末未缴税额”计算公式如下，多缴为负数：

期末未缴税额＝期初未缴税额＋本期应补(退)税额－本期缴纳前期应纳税额

(二)成品油附表本期准予扣除税额计算表(表 3-9)的填写

表 3-9 本期准予扣除税额计算表

税款所属期： 年 月 日至 年 月 日

纳税人名称(公章)： 纳税人识别号：

填表日期： 年 月 日 计量单位:升;金额单位:元(列至角分)

项目 应税消费品名称	含铅汽油	无铅汽油	柴油	其他
一、当期准予扣除的委托加工收回应税消费品已纳税款计算	—	—	—	—
1.期初库存委托加工应税消费品已纳税款				
2.当期收回委托加工应税消费品已纳税款				
3.期末库存委托加工应税消费品已纳税款				
4.当期准予扣除的委托加工应税消费品已纳税款				
二、当期准予扣除的外购应税消费品已纳税款计算	—	—	—	—
1.期初库存外购应税消费品数量				
2.当期购进应税消费品数量				
3.期末库存外购应税消费品数量				
4.当期准予扣除的外购应税消费品数量				
5.当期准予扣除的外购应税消费品税款				
三、当期准予扣除的进口应税消费品已纳税款计算(具体内容略)	—	—	—	—
四、本期准予扣除税款合计： 元				

本期准予扣除税额计算表是“成品油消费税纳税申报表”的附报资料，由外购、进口或委托加工收回含铅汽油、无铅汽油、柴油、石脑油、润滑油、燃料油后连续生产应税成品油的纳税人填写。

(1)“当期准予扣除的委托加工收回应税消费品已纳税款”计算公式如下：

当期准予扣除的委托加工含铅汽油、无铅汽油、柴油、石脑油、润滑油、燃料油已纳税款＝期初库存委托加工汽油、柴油、石脑油、润滑油、燃料油已纳税款＋当期委托加工收回汽油、柴油、石脑油、润滑油、燃料油已纳税款－期末库存委托加工汽油、柴油、石脑油、润滑油、燃料油已纳税款

(2)“当期准予扣除的外购应税消费品已纳税款”计算公式如下：

当期准予扣除的含铅汽油、无铅汽油、柴油、石脑油、润滑油、燃料油已纳税款＝当期准予扣除外购汽油、柴油、石脑油、润滑油、燃料油数量×外购汽油、柴油、石脑油、润滑油、燃料油适用税率

当期准予扣除外购含铅汽油、无铅汽油、柴油、石脑油、润滑油、燃料油数量＝期初库存外购汽油、柴油、石脑油、润滑油、燃料油数量＋当期购进汽油、柴油、石脑油、润滑油、燃料油数量－期末库存外购汽油、柴油、石脑油、润滑油、燃料油数量

(3)“当期准予扣除的进口应税消费品已纳税款”计算公式如下：

当期准予扣除的含铅汽油、无铅汽油、柴油、石脑油、润滑油、燃料油已纳税款＝期初库存进口汽油、柴油、石脑油、润滑油、燃料油已纳税款＋当期进口汽油、柴油、石脑油、润滑油、

燃料油已纳税款－期末库存进口汽油、柴油、石脑油、润滑油、燃料油已纳税款

(4)“本期准予扣除税款合计”为本期外购、进口或委托加工收回含铅汽油、无铅汽油、柴油、石脑油、润滑油、燃料油后连续生产应税消费品准予扣除含铅汽油、无铅汽油、柴油、石脑油、润滑油、燃料油已纳税款的合计数。

任务处理

办税员张东按照纳税申报表的填写要求，填制北京石化股份公司成品油相关消费税纳税申报表如下(表 3-10、表 3-11)。

表 3-10 成品油消费税纳税申报表

税款所属期：2009 年 6 月 1 日 至 2009 年 6 月 30 日

纳税人名称(公章)：北京石化股份公司　　纳税人识别号：102000000000008

填表日期：2009 年 7 月 8 日　　计量单位：升；金额单位：元(列至角分)

应税消费品名称 \ 项目	适用税率(元/升)	销售数量	应纳税额
含铅汽油	1.4	500 000	700 000.00
无铅汽油	1	850 000	850 000.00
柴油	0.8	550 000	440 000.00
石脑油	1		
溶剂油	1		
润滑油	1	10 000	10 000.00
燃料油	0.8		
航空煤油	0.8		—
合计	—	—	2 000 000.00

<table>
<tr><td>本期减(免)税额：0</td><td rowspan="7">声明
此纳税申报表是根据国家税收法律的规定填报的，我确定它是真实的、可靠的、完整的。
声明人签字：</td></tr>
<tr><td>期初留抵税额：0</td></tr>
<tr><td>本期准予扣除税额：112 000.00</td></tr>
<tr><td>本期应抵扣税额：112 000.00</td></tr>
<tr><td>期初未缴税额：0</td></tr>
<tr><td>期末留抵税额：0</td></tr>
<tr><td>本期实际抵扣税额：112 000.00</td></tr>
<tr><td>本期缴纳前期应纳税额：</td><td rowspan="4">(如果你已委托代理人申报，请填写)
授权声明
为代理一切税务事宜，现授权＿＿＿＿(地址)＿＿＿＿为本纳税人的代理申报人，任何与本申报表有关的往来文件，都可寄予此人。
授权人签字：</td></tr>
<tr><td>本期预缴税额：1 000 000.00</td></tr>
<tr><td>本期应补(退)税额：888 000.00</td></tr>
<tr><td>期末未缴税额：</td></tr>
</table>

以下由税务机关填写：(略)

表 3-11 本期准予扣除税额计算表

税款所属期:2009 年 6 月 1 日至 2009 年 6 月 30 日

纳税人名称(公章):北京石化股份公司　　纳税人识别号:102000000000008

填表日期:2009 年 7 月 8 日　　计量单位:升;金额单位:元(列至角分)

项目 / 应税消费品名称	含铅汽油	无铅汽油	柴油	其他
一、当期准予扣除的委托加工收回应税消费品已纳税款计算	—	—	—	—
1.期初库存委托加工应税消费品已纳税款	50 000.00			
2.当期收回委托加工应税消费品已纳税款	12 000.00			
3.期末库存委托加工应税消费品已纳税款	20 000.00			
4.当期准予扣除的委托加工应税消费品已纳税款	42 000.00			
二、当期准予扣除的外购应税消费品已纳税款计算	—	—	—	—
1.期初库存外购应税消费品数量		60 000		
2.当期购进应税消费品数量		30 000		
3.期末库存外购应税消费品数量		20 000		
4.当期准予扣除的外购应税消费品数量		70 000		
5.当期准予扣除的外购应税消费品税款		70 000.00		
三、当期准予扣除的进口应税消费品已纳税款计算(具体内容略)	—	—	—	—
四、本期准予扣除税款合计:112 000.00 元				

三　复合计征消费税的纳税申报

任务情境

北京凤凰酒业有限公司为增值税一般纳税人(纳税人识别号:101000000002108),主要以外购粮食为原材料生产两种白酒,2009 年 6 月发生如下经济业务:

(1)本月销售粮食白酒 2 000 斤,不含增值税销售额 200 000 元,开具防伪税控增值税专用发票;

(2)本月销售薯类白酒 3 000 斤,不含增值税销售额 150 000 元,开具防伪税控增值税专用发票;

(3)本月销售其他酒 1 000 斤,不含增值税销售额 50 000 元。

要求:填写纳税申报表(表 3-14),办理纳税申报。

任务指导

从价和从量复合征税的项目包括卷烟和白酒,以下是烟类应税消费品消费税纳税申报表和酒及酒精消费税纳税申报表的填写方法。

(一)烟类应税消费品消费税纳税申报表的填写

烟类应税消费品消费税纳税申报表仅供烟类消费税纳税人使用，具体格式见表3-12。

表3-12　烟类应税消费品消费税纳税申报表

税款所属期：　　年　　月　　日至　　年　　月　　日

纳税人名称(公章)：　　　　　　　　　　　　纳税人识别号：

填表日期：　　年　　月　　日　　　单位：卷烟万支、雪茄烟支、烟丝千克；金额单位：元(列至角分)

项目 应税消费品名称	适用税率		销售数量	销售额	应纳税额
	定额税率	比例税率			
卷烟	30元/万支	56%			
卷烟	30元/万支	36%			
雪茄烟	—	36%			
烟丝	—	30%			
合计	—	—	—	—	

本期准予扣除税额：	声明 此纳税申报表是根据国家税收法律的规定填报的，我确定它是真实的、可靠的、完整的。 经办人(签章)： 财务负责人(签章)： 联系电话：
本期减(免)税额：	
期初未缴税额：	
本期缴纳前期应纳税额：	(如果你已委托代理人申报，请填写) 授权声明 为代理一切税务事宜，现授权______(地址)______为本纳税人的代理申报人，任何与本申报表有关的往来文件，都可寄予此人。 授权人签章：
本期预缴税额：	
本期应补(退)税额：	
期末未缴税额：	

以下由税务机关填写：(略)

1."销售数量"为税收法规、规章规定的当期应申报缴纳消费税的烟类应税消费品销售(不含出口免税)数量。

2."销售额"为税收法规、规章规定的当期应申报缴纳消费税的烟类应税消费品销售(不含出口免税)收入。

3.根据规定，"应纳税额"的计算公式如下：

卷烟：应纳税额＝销售数量×定额税率＋销售额×比例税率；

雪茄烟、烟丝：应纳税额＝销售额×比例税率。

4."本期准予扣除税额"按本期准予扣除税款合计金额填写。

5."本期减(免)税额"不含出口退(免)税额。

6."期初未缴税额"填写本期期初累计应缴未缴的消费税额，多缴为负数。其数值等于上期“期末未缴税额”。

7.“本期缴纳前期应纳税额”填写本期实际缴纳入库的前期消费税额。

8.“本期预缴税额”填写纳税申报前已预先缴纳入库的本期消费税额。

9.“本期应补(退)税额”计算公式如下,多缴为负数:

本期应补(退)税额=应纳税额(合计栏金额)-本期准予扣除税额-本期减(免)税额-本期预缴税额

10.“期末未缴税额”计算公式如下,多缴为负数:

期末未缴税额=期初未缴税额+本期应补(退)税额-本期缴纳前期应纳税额

(二)烟类应税消费品消费税纳税申报表的附报资料的填写

1.本期准予扣除税额计算表(表3-13)是烟类应税消费品消费税纳税申报表的附报资料,由外购或委托加工收回烟丝后连续生产卷烟的纳税人填报。

2.“当期准予扣除的委托加工烟丝已纳税款”计算公式如下:

当期准予扣除的委托加工烟丝已纳税款=期初库存委托加工烟丝已纳税款+当期收回委托加工烟丝已纳税款-期末库存委托加工烟丝已纳税款

3.“当期准予扣除的外购烟丝已纳税款”计算公式如下:

当期准予扣除的外购烟丝已纳税款=(期初库存外购烟丝买价+当期购进烟丝买价-期末库存外购烟丝买价)×外购烟丝适用税率(30%)

4.“本期准予扣除税款合计”为本期外购及委托加工收回烟丝后连续生产卷烟准予扣除烟丝已纳税款的合计数,应与烟类应税消费品消费税纳税申报表中对应项目一致。

表3-13 本期准予扣除税额计算表

税款所属期: 年 月 日至 年 月 日

纳税人名称(公章): 纳税人识别号:

填表日期: 年 月 日 金额单位:元(列至角分)

一、当期准予扣除的委托加工烟丝已纳税款计算
1. 期初库存委托加工烟丝已纳税款:
2. 当期收回委托加工烟丝已纳税款:
3. 期末库存委托加工烟丝已纳税款:
4. 当期准予扣除的委托加工烟丝已纳税款:
二、当期准予扣除的外购烟丝已纳税款计算
1.期初库存外购烟丝买价:
2.当期购进烟丝买价:
3.期末库存外购烟丝买价:
4.当期准予扣除的外购烟丝已纳税款:
三、本期准予扣除税款合计:

(三)酒及酒精消费税纳税申报表的填写

酒及酒精消费税纳税申报表仅供酒及酒精消费税纳税人使用,具体格式见表3-14。

1.“销售数量”为税收法规、规章规定的当期应申报缴纳消费税的酒及酒精销售(不含出口免税)数量。

表 3-14 酒及酒精消费税纳税申报表

税款所属期： 年 月 日至 年 月 日

纳税人名称(公章)： 纳税人识别号：

填表日期： 年 月 日 金额单位:元(列至角分)

项目 应税消费品名称	适用税率		销售数量	销售额	应纳税额
	定额税率	比例税率			
粮食白酒	0.5 元/斤	20%			
薯类白酒	0.5 元/斤	20%			
啤酒	250 元/吨	—			
啤酒	220 元/吨	—			
黄酒	240 元/吨	—			
其他酒	—	10%			
酒精	—	5%			
合计	—	—	—	—	

本期准予扣除税额：	声明 此纳税申报表是根据国家税收法律的规定填报的,我确定它是真实的、可靠的、完整的。 经办人(签章)： 财务负责人(签章)： 联系电话：
本期减(免)税额：	
期初未缴税额：	
本期缴纳前期应纳税额：	(如果你已委托代理人申报,请填写) 授权声明 为代理一切税务事宜,现授权_______(地址)__________为本纳税人的代理申报人,任何与本申报表有关的往来文件,都可寄予此人。 授权人签章：
本期预缴税额：	
本期应补(退)税额：	
期末未缴税额：	

以下由税务机关填写

受理人(签章)： 受理日期： 年 月 日 受理税务机关(章)：

计量单位:粮食白酒和薯类白酒为斤(如果实际销售商品按照体积标注计量单位,应按500毫升为1斤换算),啤酒、黄酒、其他酒和酒精为吨。

2."销售额"为税收法规、规章规定的当期应申报缴纳消费税的酒及酒精销售(不含出口免税)收入。

3."应纳税额"计算公式如下：

(1)粮食白酒、薯类白酒

应纳税额=销售数量×定额税率+销售额×比例税率

(2)啤酒、黄酒

应纳税额=销售数量×定额税率

(3)其他酒、酒精

应纳税额=销售额×比例税率

4.“本期减(免)税额”不含出口退(免)税额。

5.“期初未缴税额”填写本期期初累计应缴未缴的消费税额,多缴为负数。其数值等于上期“期末未缴税额”。

6.“本期缴纳前期应纳税额”填写本期实际缴纳入库的前期消费税额。

7.“本期预缴税额”填写纳税申报前已预先缴纳入库的本期消费税额。

8.“本期应补(退)税额” 计算公式如下,多缴为负数:

本期应补(退)税额=应纳税额(合计栏金额)-本期准予抵减税额-本期减(免)税额-本期预缴税额

9.“期末未缴税额” 计算公式如下,多缴为负数:

期末未缴税额=期初未缴税额+本期应补(退)税额-本期缴纳前期应纳税额

任务处理

北京凤凰酒业有限公司填写的纳税申报表如下(表 3-15)。

表 3-15 酒及酒精消费税纳税申报表

税款所属期:2009 年 6 月 1 日 至 2009 年 6 月 30 日

纳税人名称(公章): 纳税人识别号:10100000002108

填表日期:2009 年 7 月 9 日 金额单位:元(列至角分)

<table>
<tr><td rowspan="2">项目
应税消费品名称</td><td colspan="2">适用税率</td><td rowspan="2">销售数量</td><td rowspan="2">销售额</td><td rowspan="2">应纳税额</td></tr>
<tr><td>定额税率</td><td>比例税率</td></tr>
<tr><td>粮食白酒</td><td>0.5 元/斤</td><td>20%</td><td>2 000</td><td>200 000.00</td><td>41 000.00</td></tr>
<tr><td>薯类白酒</td><td>0.5 元/斤</td><td>20%</td><td>3 000</td><td>150 000.00</td><td>31 500.00</td></tr>
<tr><td>啤酒</td><td>250 元/吨</td><td>—</td><td></td><td></td><td></td></tr>
<tr><td>啤酒</td><td>220 元/吨</td><td>—</td><td></td><td></td><td></td></tr>
<tr><td>黄酒</td><td>240 元/吨</td><td>—</td><td></td><td></td><td></td></tr>
<tr><td>其他酒</td><td>—</td><td>10%</td><td>1 000</td><td>50 000.00</td><td>5 000.00</td></tr>
<tr><td>酒精</td><td>—</td><td>5%</td><td></td><td></td><td></td></tr>
<tr><td>合计</td><td>—</td><td>—</td><td>—</td><td>—</td><td>77 500.00</td></tr>
<tr><td colspan="3">本期准予扣除税额:0</td><td colspan="3" rowspan="4">声明
此纳税申报表是根据国家税收法律的规定填报的,我确定它是真实的、可靠的、完整的。
经办人(签章):
财务负责人(签章):
联系电话:</td></tr>
<tr><td colspan="3">本期减(免)税额:0</td></tr>
<tr><td colspan="3">期初未缴税额:0</td></tr>
<tr><td colspan="3">本期缴纳前期应纳税额:0</td></tr>
<tr><td colspan="3">本期预缴税额:20 000.00</td><td colspan="3" rowspan="3">(如果你已委托代理人申报,请填写)
授权声明
为代理一切税务事宜,现授权______(地址)______为本纳税人的代理申报人,任何与本申报表有关的往来文件,都可寄予此人。
授权人签章:</td></tr>
<tr><td colspan="3">本期应补(退)税额:</td></tr>
<tr><td colspan="3">期末未缴税额:</td></tr>
</table>

以下由税务机关填写

受理人(签章): 受理日期: 年 月 日 受理税务机关(章):

▶▶▶项 目 小 结

本项目主要介绍了以下内容：

1. 消费税的征税范围、税率、纳税环节；

2. 消费税从价税、从量税、复合计税的计算及应用；

3. 自产自用、委托加工、进口应税消费品的纳税办法，已纳消费税的扣除，出口应税消费品退税；

4. 从价税、从量税、复合计税、自产自用、委托加工、进口应税消费品等纳税申报办法。

▶▶▶关 键 概 念

消费税(consumer tax)：是以消费品(消费行为)的流转额作为课税对象的各种税收的统称。消费税是在对货物普遍征收增值税的基础上，选择少数消费品再征收的一个税种，主要是为了调节产品结构，引导消费方向，保证国家财政收入。

▶▶▶课 堂 讨 论

1. 消费税的纳税环节如何确定？

2. 在从价定率计算方法下，应纳税额的计算中应税消费品的销售额如何确定？

▶▶▶复习思考题

一、单选题

1. 下列关于消费税计税销售额的说法中，正确的是(　　)。

A. 含消费税且含增值税的销售额

B. 含消费税而不含增值税的销售额

C. 不含消费税而含增值税的销售额

D. 不含消费税也不含增值税的销售额

2. 某酒厂 2 月销售粮食白酒 12 000 斤，售价为 5 元/斤，随同销售的包装物价格 6 200 元；销售礼品盒 6 000 套，售价为 300 元/套，每套包括粮食白酒 2 斤、单价 80 元，干红酒 2 斤、单价 70 元。该企业 2 月应纳消费税(　　)元(题中的价格均为不含税价格)。

A. 199 240　　B. 379 240　　C. 391 240　　D. 484 550

3. 据消费税的有关规定，下列消费品中，准予扣除已纳消费税的是(　　)。

A. 以委托加工的汽车轮胎为原料生产的乘用车

B. 以委托加工的化妆品为原料生产的护肤护发品

C. 以委托加工的已税石脑油为原料生产的应税消费品

D. 以委托加工的已税酒和酒精为原料生产的粮食白酒

4. 下列各项中，符合消费税纳税义务发生时间规定的是(　　)。

A. 进口的应税消费品，为取得进口货物的当天

B. 自产自用的应税消费品，为移送使用的当天

C. 委托加工的应税消费品，为支付加工费的当天

D. 采取预收货款结算方式的，为收到预收款的当天

5. 下列各项中，不符合应税消费品销售数量规定的是（　　）。

A. 生产销售应税消费品的，为应税消费品的销售数量

B. 自产自用应税消费品的，为应税消费品的生产数量

C. 委托加工应税消费品的，为纳税人收回的应税消费品数量

D. 进口应税消费品的，为海关核定的应税消费品进口征税数量

6. 下列有关消费税的表述中，正确的是（　　）。

A. 纳税人将生产的应税消费品偿还债务的，应当照章缴纳消费税

B. 随啤酒销售取得的包装物押金，无论是否返还，都应征收消费税

C. 纳税人进口的应税消费品，其纳税义务的发生时间为货物到岸的当天

D. 纳税人将自产的应税消费品用于连续生产应税消费品的，在使用时缴纳消费税

7. 下列行为中应征消费税的有（　　）。

A. 商店销售自制啤酒　　B. 商店销售外购啤酒

C. 商店销售化妆品　　D. 商店零售卷烟

8. 某汽车轮胎厂为增值税一般纳税人，下设一非独立核算的门市部，2000 年 8 月该厂将生产的一批汽车轮胎交门市部，计价 60 万元。门市部将其零售，取得含税销售额 77.22 万元。汽车轮胎的消费税税率为 10%，该项业务应缴纳的消费税额为（　　）。

A. 5.13 万元　　B. 6 万元　　C. 6.6 万元　　D. 7.72 万元

9. 某小轿车生产企业为增值税一般纳税人，2006 年 12 月生产并销售小轿车 300 辆，每辆含税销售价格 17.55 万元，适用消费税税率 9%，经审查该企业生产的小轿车已达到减征消费税的国家标准。该企业 12 月份应缴纳消费税（　　）。

A. 243 万元　　B. 283.5 万元　　C. 364.5 万元　　D. 405 万元

10. 根据消费税的有关规定，下列纳税人自产自用应税消费品不缴纳消费税的是（　　）。

A. 炼油厂用于职工福利的自产汽油

B. 汽车厂用于管理部门的自产汽车

C. 日化厂用于赠送客户样品的自产化妆品

D. 卷烟厂用于生产卷烟的自制烟丝

二、多选题

1. 下列各项中，应同时征收增值税和消费税的是（　　）。

A. 批发环节销售的卷烟

B. 零售环节销售的金及合金首饰

C. 生产环节销售的普通护肤护发品

D. 进口环节取得外国政府捐赠的小汽车

2. 以下符合关于卷烟消费税规定的是（　　）。

A. 卷烟批发环节的消费税率为 5%

B. 纳税人卷烟销售额与其他销售额未分别合算的，一并征收消费税

C. 从事卷烟批发业务的纳税人之间销售卷烟的业务不缴纳消费税

D. 批发卷烟的总机构与分支机构不在同一地区的，由总机构和分支机构各自分别纳税

3. 下列各项中，应当征收消费税的有(　　)。

A. 化妆品厂作为样品赠送给客户的香水

B. 用于产品质量检验耗费的高尔夫球杆

C. 白酒生产企业向百货公司销售的试制药酒

D. 轮胎厂移送非独立核算门市部待销售的汽车轮胎

4. 下列纳税主体不征收消费税的是(　　)。

A. 使用一次性木筷的餐饮行业

B. 受托加工应税消费品的单位和个人

C. 委托加工应税消费品的单位和个人

D. 将应税消费品用于捐助国家指定的慈善机构的生产企业

5. 以下关于白酒最低计税价格的规定正确的是(　　)。

A. 白酒生产企业销售给销售单位的白酒，生产企业消费税计税价格高于销售单位对外销售价格(不含增值税)70%以上的，税务机关应核定消费税最低计税价格

B. 白酒消费税最低计税价格由白酒生产企业自行申报，税务机关核定

C. 白酒生产企业申报的销售给销售单位的消费税计税价格低于销售单位对外销售价格 70%以下、年销售额 1 000 万元以上的各种白酒的最低计税价格均由国家税务总局负责核定

D. 已核定最低计税价格的白酒，销售单位对外销售价格持续上涨或下降时间达到 3 个月以上、累计上涨或下降幅度在 20%(含)以上的白酒，税务机关重新核定最低计税价格

三、计算分析题

某酒类生产企业(以下简称甲企业)为增值税一般纳税人，2010 年 5 月发生以下业务：

(1)向某烟酒专卖店销售粮食白酒 20 吨，开具普通发票，取得含税收入 200 万元，另收取品牌使用费 50 万元、包装物租金 20 万元。

(2)提供 10 万元的原材料委托乙企业加工散装药酒 1 000 公斤，收回时向乙企业支付不含增值税的加工费 1 万元，乙企业已代收代缴消费税。

(3)委托加工收回后将其中 900 公斤散装药酒继续加工成瓶装药酒 1 800 瓶，以每瓶不含税售价 100 元通过非独立核算门市部销售完毕；将剩余 100 公斤散装药酒作为福利分给职工，同类药酒的不含税销售价为每公斤 150 元。

(说明：药酒的消费税税率为 10%，白酒的消费税税率为 20%加 0.5 元/斤。)

要求：根据上述资料。

(1)计算本月甲企业应缴纳的消费税。

(2)计算乙企业代收代缴的与甲企业有关的消费税。

项目四 营业税

知识目标

1. 掌握营业税的纳税人及扣缴义务人的范围、营业税征税范围、税率、应纳税额的计算。
2. 掌握营业税的纳税申报和税款缴纳。

能力目标

1. 能根据业务资料计算应纳营业税额。
2. 能正确填写营业税纳税申报表。
3. 会根据业务资料填制营业税纳税申报表及税款缴纳书。

任务一 认识营业税

一 认识营业税纳税人

任务情境

2008 年 6 月，美国人 Mr. Shaw 花费 1 120 000 元从山东省滨州大地房地产开发公司购买了一处位于山东省滨州市的住宅；2008 年 7 月支付 200 000 元装修费，由滨州同欣装修公司装修；2008 年 8 月，将该房出租给来滨州工作的英国人 Mr. Smith，每月租金 4 000 元，Mr. Smith 每月通过中国银行滨州分行将租金兑换为美元汇给在美国的 Mr. Shaw；Mr. Smith 于 2009 年 1 月回国，不再租赁房产；2009 年 6 月，Mr. Shaw 将该房产出售给滨州市的张大洋夫妇，售价 1 560 000 元。

要求：假如你是税收管理员，请分析哪些是营业税的纳税人。

任务指导

营业税法是指国家制定的用以调整营业税征收与缴纳之间权利及义务关系的法律规范。营业税是对在我国境内提供应税劳务、转让无形资产或者销售不动产的行为征收的一种税。

(一)营业税纳税义务人的一般规定

在中华人民共和国境内提供应税劳务、转让无形资产或者销售不动产的单位和个人，为营业税的纳税人。

在中华人民共和国境内是指税收行政管辖权的区域。具体情况为：

(1)提供或者接受应税劳务的单位或者个人在境内。

(2)所转让的无形资产(不含土地使用权)的接受单位或者个人在境内。

(3)所转让或者出租土地使用权的土地在境内。

(4)所销售或者出租的不动产在境内。

上述应税劳务是指属于交通运输业、建筑业、金融保险业、邮电通信业、文化体育业、娱乐业、服务业征收范围的劳务。加工和修理修配劳务属于增值税的征税范围,不属于营业税的应税劳务。单位或个体经营者聘用的员工为本单位或雇主提供的劳务,也不属于营业税的应税劳务。

(二)纳税义务人的特殊规定

1.铁路运输的纳税人:(1)中央铁路运营业务的纳税人为铁道部。(2)合资铁路运营业务的纳税人为合资铁路公司。(3)地方铁路运营业务的纳税人为地方铁路管理机构。(4)铁路专用线运营业务的纳税人为企业或其指定的管理机构。(5)基建临管线铁路运营业务的纳税人为基建临管线管理机构。

2.从事水路运输、航空运输、管道运输或其他陆路运输业务并负有营业税纳税义务的单位,为从事运输业务并计算盈亏的单位。从事运输业务并计算盈亏的单位应具备以下条件:(1)利用运输工具,从事运输业务,取得运输收入;(2)在银行开设有结算账户;(3)在财务上计算营业收入、营业支出、经营利润。

3.企业租赁或承包给他人经营的,以承租人或承包人为纳税人。承租人或承包人是指有独立的经营权,在财务上独立核算,并定期向出租者或发包者上缴租金或承包费。

4.建筑安装业务实行分包或转包的,分包或转包者为纳税人。

5.金融保险业纳税人包括:(1)银行,包括人民银行、商业银行、政策性银行。(2)信用合作社。(3)证券公司。(4)金融租赁公司、证券基金管理公司、财务公司、信托投资公司、证券投资基金。(5)保险公司。(6)其他经中国人民银行、中国证监会、中国保监会批准成立且经营金融保险业务的机构等。

(三)扣缴义务人

有些具体情况难以确定营业税的纳税人,因此税法规定了扣缴义务人。营业税的扣缴义务人主要有以下几种:

1.委托金融机构发放贷款的,其应纳税款以受托发放贷款的金融机构为扣缴义务人;金融机构接受其他单位或个人的委托,为其办理委托贷款业务时,如果将委托方的资金转给经办机构,由经办机构将资金贷给使用单位或个人,由最终将贷款发放给使用单位或个人并取得贷款利息的经办机构代扣委托方应纳的营业税。

2.纳税人提供建筑业应税劳务时应按照下列规定确定营业税扣缴义务人:

(1)建筑安装工程实行总承包、分包方式的,其总承包人为扣缴义务人。

(2)纳税人提供建筑业应税劳务,符合以下情形之一的,无论工程是否实行分包,税务机关可以以建设单位和个人作为营业税的扣缴义务人:

①纳税人从事跨地区(包括省、市、县,下同)工程提供建筑业应税劳务的;

②纳税人在劳务发生地没有办理税务登记或临时税务登记的。

3.境外单位或者个人在境内发生应税行为而在境内未设有机构的,其应纳税款以代理人为扣缴义务人;没有代理人的,以受让者或者购买者为扣缴义务人。

4.单位或者个人进行演出,由他人售票的,其应纳税款以售票者为扣缴义务人;演出经纪人为个人的,其办理演出业务的应纳税款也以售票者为扣缴义务人。

5.分保险业务,其应纳税款以初保人为扣缴义务人。

6.个人转让专利权、非专利技术、商标权、著作权、商誉的,其应纳税款以受让者为扣缴义务人。

7.财政部规定的其他扣缴义务人。

任务处理

根据营业税条例及实施细则,尽管 Mr. Shaw 是外国人,但出租的房产位于我国,属于我国营业税纳税人。其收取的每月租金 4 000 元应当向我国缴纳营业税。

山东滨州同欣装修公司提供装修劳务,是我国营业税的纳税人。

中国银行滨州分行提供金融服务,是我国营业税的纳税人。

滨州市的张大洋夫妇购买了位于我国境内的房产,属于在境内发生应税行为的受让者或者购买者,是营业税的扣缴义务人。

二 认识营业税的征税范围

任务情境

山东滨州迅驰物流有限公司 2009 年 6 月发生如下业务:

(1)6 月 3 日,受客户滨州东城电子公司委托,运送一批视频学习机至南京,收取运费;

(2)6 月 6 日,出售旧货车 2 台,每台 55 000 元;

(3)本公司内部食堂招待职工花费 5 800 元,招待本公司外部人员收取 34 500 元;

(4)出售旧楼房一栋;

(5)提供汽车修理服务。

要求:假如你是滨州地方税务局负责征收该公司营业税的税收管理员,上述业务哪些属于征收营业税的范围?

任务指导

(一)税目

营业税的税目按照行业、类别的不同分别设置。现行营业税共设置了 9 个税目:

1.交通运输业

交通运输业包括陆路运输、水路运输、航空运输、管道运输和装卸搬运 5 大类。

(1)陆路运输是指通过陆路(地上或地下)运送货物或旅客的运输业务,包括铁路运输、公路运输、缆车运输、索道运输及其他陆路运输。

(2)水路运输是指通过江、河、湖、川等天然、人工水道或海洋航道运送货物或旅客的运输业务。尽管打捞不是运输业务,但与水路运输有着密切的关系,所以打捞也可以比照水路运输的办法征税。

(3)航空运输是指通过空中航线运送货物或旅客的运输业务。与航空直接有关的通用航空业务、航空地面服务业务也按照航空运输业务征税。

(4)管道运输是指通过管道设施输送气体、液体、固体物资的运输业务。

(5)装卸搬运是指使用装卸搬运工具或人力、畜力将货物在运输工具之间、装卸现场之间或运输工具与装卸现场之间进行装卸和搬运的业务。

(6)对远洋运输企业从事程租、期租业务和航空运输企业从事湿租业务取得的收入，按"交通运输业"税目征收营业税。

程租业务，是指远洋运输企业为租船人完成某一特定航次的运输任务并收取租赁费的业务。

期租业务是指远洋运输企业将配备有操作人员的船舶承租给他人使用一定期限，承租期内听候承租方调遣，不论是否经营，均按天向承租方收取租赁费，发生的固定费用(如人员工资、维修费用等)均由船东负担的业务。

湿租业务，是指航空运输企业将配备有机组人员的飞机承租给他人使用一定期限，承租期内听候承租方调遣，不论是否经营，均按一定标准向承租方收取租赁费，发生的固定费用(如人员工资、维修费用等)均由承租方负担的业务。

(7)公路经营企业收取的高速公路车辆通行费收入统一按3%的税率征收营业税。

2.建筑业

建筑业是指建筑安装工程作业等，包括建筑、安装、修缮、装饰和其他工程作业等项内容。

(1)建筑是指新建、改建、扩建各种建筑物、构筑物的工程作业，包括与建筑物相连的各种设备或支柱、操作平台的安装或装设的工程作业，以及各种窑炉和金属结构工程作业在内。但自建自用建筑物，其自建行为不是建筑业税目的征税范围。出租或投资入股的自建建筑物，也不是建筑业的征税范围。

(2)安装是指生产设备、动力设备、起重设备、运输设备、传动设备、医疗实验设备及其他各种设备的装配、安置工程作业，包括与设备相连的工作台、梯子、栏杆的装设工程作业和被安装设备的绝缘、防腐、保温、油漆等工程作业。

(3)修缮是指对建筑物、构筑物进行修补、加固、养护、改善，使之恢复原来的使用价值或延长其使用期限的工程作业。

(4)装饰是指对建筑物、构筑物进行修饰，使之美观或具有特定用途的工程作业。

(5)其他工程作业是指除建筑、安装、修缮、装饰工程作业以外的各种工程作业，如代办电信工程、水利工程、道路修建、钻井(打井)、拆除建筑物、平整土地、搭脚手架、爆破等工程作业。

(6)管道煤气集资费(初装费)业务。管道煤气集资费(初装费)，是用于管道煤气工程建设和技术改造，在报装环节一次性向用户收取的费用。

3.金融保险业

金融保险业是指经营金融、保险的业务。

(1)金融业务是指经营货币资金融通活动的业务，包括贷款、融资租赁、金融商品转让、金融经纪业和其他金融业务。

贷款是指将资金有偿贷与他人使用(包括以贴现、押汇方式)的业务。以货币资金投资但收取固定利润或保底利润的行为，也属于这里所称的贷款业务。按资金来源不同，贷款分为外汇转贷业务和一般贷款业务两种：

①外汇转贷业务，是指金融企业直接向境外借入外汇资金，然后再贷给国内企业或其他单位、个人。各银行总行向境外借入外汇资金后，通过下属分支机构贷给境内单位或个人使用的，也属于外汇转贷业务。

②一般贷款业务，指除外汇转贷以外的各种贷款。

融资租赁（也称金融租赁），是指经中国人民银行或对外贸易经济合作部（现商务部）批准可从事融资租赁业务的单位所从事的具有融资性质和所有权转移特点的设备租赁业务。

金融商品转让是指转让外汇、有价证券或非货物期货的所有权的行为，包括股票转让、债券转让、外汇转让、其他金融商品转让。

金融经纪业务和其他金融业务，指受托代他人经营金融活动的中间业务，如委托业务、代理业务、咨询业务等。

（2）保险是指将通过契约形式集中起来的资金，用以补偿被保险人经济利益的活动。

（3）对我国境内外资金融机构从事离岸银行业务，属于在我国境内提供应税劳务的，征收营业税。离岸银行业务是指银行吸收非居民的资金，服务于非居民的金融活动，包括外汇存款、外汇贷款、同业外汇拆借、国际结算、发行大额可转让存款、外汇担保、咨询、鉴证业务以及国家外汇管理局批准的其他业务。

4. 邮电通信业

邮电通信业是指专门办理信息传递的业务，包括邮政、电信。

（1）邮政是指传递实物信息的业务，包括传递函件或包件（含快递业务）、邮汇、报刊发行、邮务物品销售、邮政储蓄及其他邮政业务。

（2）电信是指用各种电传设备传输电信号而传递信息的业务，包括电报、电传、电话、电话机安装、电信物品销售及其他电信业务。

电信业务包括基础电信业务和增值电信业务。基础电信业务是指提供公共网络基础设施、公共数据传送和基本语音通信服务的业务，具体包括固定网国内长途及本地电话业务、移动通信业务、卫星通信业务、互联网及其他数据传送业务、网络元素出租出售业务、电信设备及电路的出租业务、网络接入及网络托管业务、国际通信基础设施国际电信业务、无线寻呼业务和转售的基础电信业务。增值电信业务是指利用公共网络基础设施提供的电信与信息服务的业务，具体包括固定电话网增值电信业务、移动电话网增值电信业务、卫星网增值电信业务、互联网增值电信业务、其他数据传送网络增值电信业务等服务。

5. 文化体育业

文化体育业是指经营文化、体育活动的业务，包括文化业和体育业。

（1）文化业是指经营文化活动的业务，包括表演、播映、经营游览场所和各种展览、培训活动，举办文学、艺术、科技讲座、讲演、报告会，图书馆的图书和资料的借阅业务等。

（2）体育业是指举办各种体育比赛和为体育比赛或体育活动提供场所的业务。

6. 娱乐业

娱乐业是指为娱乐活动提供场所和服务的业务，包括经营歌厅、舞厅、卡拉 OK 歌舞厅、音乐茶座、台球场、高尔夫球场、保龄球场、网吧、游艺场等娱乐场所，以及娱乐场所为顾客进行娱乐活动提供服务的业务。娱乐场所为顾客提供的饮食服务及其他各种服务也按照娱乐业征税。

7. 服务业

(1)服务业是指利用设备、工具、场所、信息或技能为社会提供服务的业务，包括代理业、旅店业、饮食业、旅游业、仓储业、租赁业、广告业和其他服务业。

(2)对远洋运输企业从事光租业务和航空运输企业从事干租业务取得的收入，按“服务业”税目中的“租赁业”项目征收营业税。

光租业务，是指远洋运输企业将船舶在约定的时间内出租给他人使用，不配备操作人员，不承担运输过程中发生的各种费用，只收取固定租赁费的业务。

干租业务，是指航空运输企业将飞机在约定的时间内出租给他人使用，不配备机组人员，不承担运输过程中发生的各种费用，只收取固定租赁费的业务。

(3)福利彩票机构发行销售福利彩票取得的收入不征收营业税。对福利彩票机构以外的代销单位销售福利彩票取得的手续费收入应按规定征收营业税。“福利彩票机构”包括福利彩票销售管理机构和与销售管理机构签有电脑福利彩票投注站代理销售协议书、并直接接受福利彩票销售管理机构的监督管理的电脑福利彩票投注站。

(4)对社保基金投资管理人、社保基金托管人从事社保基金管理活动取得的收入，依照税法的规定征收营业税。

(5)双方签订承包、租赁合同(协议)，将企业或企业部分资产出包、租赁，出包、出租者向承包、承租方收取的承包费、租赁费(承租费)按“服务业”税目征收营业税。出包方收取的承包费凡同时符合以下三个条件的，属于企业内部分配行为，不征收营业税：

①承包方以出包方名义对外经营，由出包方承担相关的法律责任；

②承包方的经营收支全部纳入出包方的财务会计核算；

③出包方与承包方的利益分配是以出包方的利润为基础的。

(6)单位和个人在旅游景点经营索道取得的收入按“服务业”税目“旅游业”项目征收营业税。

(7)交通部门有偿转让高速公路收费权行为，属于营业税征收范围，应按“服务业”税目中的“租赁”项目征收营业税。

(8)无船承运业务应按照“服务业——代理业”税目征收营业税。

无船承运业务是指无船承运业务经营者以承运人身份接受托运人的货载，签发自己的提单或其他运输单证，向托运人收取运费，通过国际船舶运输经营者完成国际海上货物运输，承担承运人责任的国际海上运输经营活动。

(9)酒店产权式经营业主在约定的时间内提供房产使用权与酒店进行合作经营，如房产产权并未归属新的经济实体，业主按照约定取得的固定收入和分红收入均应视为租金收入，根据有关税收法律法规的规定，应按照“服务业——租赁业”征收营业税。

(10)对港口设施经营人收取的港口设施保安费，应按照“服务业”税目全额征收营业税，同时并入其应纳税所得额中计征企业所得税；缴纳港口设施保安费的外贸进出口货物(含集装箱)的托运人(或其代理人)或收货人(或其代理人)等单位不得在其计算缴纳企业所得税时作税前扣除。

(11)单位和个人受托种植植物、饲养动物的行为，应按照营业税“服务业”税目征收营业税，不征收增值税。上述单位和个人受托种植植物、饲养动物的行为是指，委托方向受托方提供其拥有的植物或动物,受托方提供种植或饲养服务,最终将植物或动物归还给委托方的行为。

8.转让无形资产

转让无形资产是指转让无形资产的所有权或使用权的行为,包括转让土地使用权、转让商标权、转让专利权、转让非专利技术、出租电影拷贝、转让著作权和转让商誉。

以无形资产投资入股,参与接受投资方的利润分配、共同承担投资风险的行为,不征收营业税。在投资后转让其股权的也不征收营业税。

9.销售不动产

销售不动产是指有偿转让不动产所有权的行为,包括销售建筑物或构筑物和销售其他土地附着物。在销售不动产时连同不动产所占土地的使用权一并转让的行为,比照销售不动产征收营业税。

以不动产投资入股,参与接受投资方利润分配、共同承担投资风险的行为,不征营业税。在投资后转让其股权的也不征收营业税。

单位或者个人将不动产或者土地使用权无偿赠与其他单位或他人,视同发生应税行为按规定征收营业税;单位或者个人自建建筑物后销售,其所发生的自建行为,视同发生应税行为征收营业税。

任务处理

山东滨州迅驰物流有限公司2009年6月的业务中征收营业税的业务有业务(1)、业务(3)、业务(4)。

业务(1):收取运费应当征营业税;

业务(2):出售旧货车2台属于增值税的征收范围,不征营业税;

业务(3):招待本公司外部人员应当征营业税;

业务(4):出售旧楼房一栋应当征收营业税;

业务(5):提供汽车修理服务属于增值税的征收范围,不征营业税。

三 认识营业税的税率

任务情境

2009年2月8日,经事业单位改制成立的滨州龙腾文化娱乐集团公司,安排其财务主管李芳到滨州市地方税务局了解其主要经营业务的税率情况。其主要经营业务如下:

(1)其全资子公司滨州龙腾广播电视公司提供数字电视服务。

(2)开设网吧2家,提供上网服务。

(3)开设龙腾宾馆,提供住宿和餐饮服务。

(4)开设虎跃保龄球馆,提供保龄球健身服务。

(5)开设龙腾图书馆,提供图书资料借阅服务。

任务指导

(一)营业税的一般税率

营业税按照行业、类别的不同分别采用不同的比例税率,具体规定为:

(1)交通运输业、建筑业、邮电通信业、文化体育业,税率为3%。

(2)服务业、销售不动产、转让无形资产,税率为5%。

(3)金融保险业自1997年1月1日至2000年12月31日止,统一执行8%的税率。从2001年起,每年下调1个百分点,分3年将金融保险业的税率从8%降低到5%。即2001年1月1日至12月31日适用税率为7%;2002年1月1日至12月31日适用税率为6%;2003年1月1日起适用税率为5%。

自2001年10月1日起,对农村信用社按5%的税率计征营业税。

(4)娱乐业执行5%～20%的幅度税率,具体适用的税率由各省、自治区、直辖市人民政府根据当地的实际情况在税法规定的幅度内决定。

其中对夜总会、歌厅、舞厅、射击、狩猎、跑马、游戏、高尔夫球、网吧、游艺、电子游戏厅等娱乐行为一律按20%的税率征收营业税。

(二)营业税的特殊税率

(1)对个人按市场价格出租的居民住房,其应缴纳的营业税暂按3%的税率征收。

(2)对保龄球、台球按5%的税率征收营业税,税目仍属于“娱乐业”。

任务处理

滨州龙腾文化娱乐集团公司主要业务的税率见表4-1。

表4-1 滨州龙腾文化娱乐集团公司主要业务税率表

序号	应税劳务	税率
1	数字电视服务	5%
2	网吧	20%
3	住宿和餐饮服务	5%
4	保龄球健身服务	5%
5	图书资料借阅服务	3%

任务二 计算营业税

营业税应纳税额的计算公式为:应纳税额=营业额×税率。在税率确定的情况下,计算出营业额,就能正确计算营业税。营业税的计算主要介绍营业额的计算。

一　交通运输业营业税的计算

任务情境

山东迅驰物流运输公司 2009 年 6 月运营情况为，货运收入 3 000 000 元，客运收入 3 000 000 元，从中支付联运业务的金额为 1 000 000 元。

要求：如果你是山东迅驰物流运输公司的办税员，请计算公司应缴纳的营业税税额。

任务指导

交通运输业的营业额，是指从事交通运输的纳税人提供交通劳务所取得的全部运营收入，包括全部价款和价外费用。陆路、水路、航空、管道、装卸搬运等的计税依据都应当按此项原则确定计税依据。

（一）中央铁路运输收入范围

1. 旅客票价收入：包括车站发售的旅客票价收入，乘降所上车票价收入，旅客票价加价收入（季节性、优质优价）。

2. 行李运费收入：包括发送行李运费，变更到站行李运费，国际联运国内段运费。

3. 包裹运费收入：包括发送包裹运费，变更到站包裹运费，国际联运国内段运费。

4. 邮运运费收入：包括自备邮政车挂运费，租用邮政车和占用邮车容积使用费及邮政押运人员乘车费。

5. 货物运费收入：包括发送现付、到付、后付整车运费，发送零担货物运费，发送集装箱货物运费，快运费，冷藏车运费，短途附加费，国际联运国内段运费，自备车、货车和租用铁路机车挂运费，变更到站货物运费，回送费，集装箱使用费，拼箱费，电气化附加费，煤运特价收入等。

6. 其他收入，主要有：

（1）客运其他收入：到站和列车补收无票旅客票价收入，列车发售卧铺票价收入，补收旅客携带品超重及超限运费，行包查询费等。

（2）货运其他收入：过秤费，取送车费，货车使用费，货车延期使用费，货车篷布使用费，工程线货车使用费，集装箱延期使用费，自备（租用）货车停放费，制冷费，冷却费，押运人乘车费，货物变更手续费等。

7. 客货运服务收入：包括站台票费，送票费，行包保管费，接取送达费，携带品暂存费，补票手续费，国联集装箱服务费等。

8. 旅游车上浮票价收入。

9. 铁路运营临管线收入。

10. 保价收入：包括行包保价收入和货物保价收入。

11. 铁路建设基金收入。

12. 铁路关联收入：包括协议运输加价收入、自备车管理费等。

中央铁路运营业务的营业额为上述收入的全额。

(二)航空运输的营业额

航空运输的营业额,包括以下两项内容:

1. 航空运输企业开展客运、货运、通用航空等空中运输业务,而取得的客运收入、货运收入、邮运收入、专包机运输收入、通用航空收入,以及运输价款中包含的保险费和价外收取的各种名目的基金或费用。以收入全额为营业额,不得从中作出任何扣除。

2. 民航部门取得的地面服务收入,其营业额为收入全额。

(三)水路运输的营业额

水路运输的营业额,包括:

1. 水运部门从事的客运收入、货运收入、邮运收入及运输价款中包含的保险费和价外收取的各种基金或费用。

2. 水运部门取得的服务性收入,如打捞费、理货费、引航费、系解缆费、停泊费、移泊费、引水员交通费、过闸费、货物港务费等。

另外,经地方税务机关批准使用运输企业发票,按"交通运输业"税目征收营业税的单位将承担的运输业务分给其他运输企业并由其统一收取价款的,以其取得的全部收入减去支付给其他运输企业的运费后的余额为营业额。

代开发票纳税人从事联运业务的,其计征营业税的营业额为代开的货物运输业发票注明营业税应税收入,不得减除支付给其他联运合作方的各种费用。

(四)交通运输业营业额的特殊规定

1. 运输企业自中华人民共和国境内运输旅客或者货物出境,在境外改由其他运输企业承运旅客或者货物,以全程运费减去付给该承运企业的运费后的余额为营业额。

2. 运输企业从事联运业务,以实际取得的营业额为计税依据。联运业务是指两个以上运输企业完成旅客或货物从发送地点至到达地点所进行的运输业务。联运的特点是一次购买、一次收费、一票到底。

3. 中国国际航空股份有限公司(简称国航)与中国国际货运航空有限公司(简称货航)开展客运飞机腹舱联运业务时,国航以收到的腹舱收入为营业额;货航以其收到的货运收入扣除支付给国航的腹舱收入的余额为营业额,营业额扣除凭证为国航开具的"航空货运单"。

任务处理

山东迅驰物流运输公司 2009 年 6 月营业税的计算如下:

应纳税额=(货运、客运收入总额-联运业务支出)×适用税率=(6 000 000-1 000 000)×3%=150 000(元)

二 建筑业营业税的计算

任务情境

位于滨州市区的金利建筑工程公司具备建筑行政部门批准的建筑业施工资质,是增值税小规模纳税人。2009 年 9 月发生如下经营业务:

(1)承包一项建筑工程,工程价款 9 000 000 元,将其中的防水工程分包给滨州财达防水建筑公司，分包款 600 000 元，其中：滨州财达防水建筑公司在施工过程中使用本企业生产的防水材料价税合计 480 000 元，合同中单独注明的防水工程施工劳务价款 120 000 元，该工程当月已完工。

(2)公司自建 6 栋规格相同的商品房，其中向本单位职工销售 3 栋，取得销售收入共计 7 200 000 元，将 2 栋作为本单位的单身职工宿舍，将 1 栋捐赠给希望工程基金会。上述自建商品房的建造成本为 2 000 000 元/栋，成本利润率 10%。

(3)在本月的税务检查中，公司被查出 2008 年销售不需用的建筑材料收入 84 800 元未入账。

(4)公司非独立核算的运输队对外提供运输劳务取得运营收入 60 000 元，装卸费收入 4 000 元，发生营业费用 36 000 元。

(5)公司附设工厂生产 A、B 两种建筑材料，本月销售 A 种建筑材料取得销售收入 95 400 元(含增值税)，将生产的 B 种建筑材料移送本企业承包的建筑工程使用(当月未完工)，该批材料的生产成本 110 000 元。

要求：如果你是山东金利建筑工程公司的办税员，请计算公司应缴纳的建筑业的营业税和运输业的营业税。

任务指导

建筑业营业税的营业额为承包建筑、修缮、安装、装饰和其他工程作业取得的营业收入额，建筑安装企业向建设单位收取的工程价款(即工程造价)及工程价款之外收取的各种费用。纳税人从事建筑、修缮、装饰工程作业，无论与对方如何结算，其营业额应包括工程所用原材料及其他物资和动力的价款在内。

为了便于对工程价款组成内容的理解，首先要知道预算定额和建筑安装工作量的含义。

(一)预算定额和建筑安装工作量的概念

预算定额，是指各分项工程的每一计量单位所需人工、材料和施工机械台班数量及费用。它是根据建筑安装工程的技术特点，由国家和地方统一制定的，是确定每单位工程价款的依据。

建筑安装工作量，是以物理和自然的计量单位，按照定额规定的分项工程，表示具体建筑安装工程的结构、构件实物量。应以法定物体计量单位[如长度(米)、面积(平方米)、体积、重量]和自然计量单位(如个、台、套、组等)表示。它是确定工程价款的基本依据。

(二)工程价款的组成内容

工程价款由下列四项内容组成：①根据实际完成的工作量和预算单价计算的直接费；②根据直接费数额和管理费标准计算的间接费；③根据直接费、间接费和规定的标准计算的计划利润；④根据直接费、间接费、计划利润，按国家规定的税(费)标准计算的营业税。用公式表示为：

$$工程价款=直接费+间接费+计划利润+税金$$

1. 直接费。直接费是建筑安装工程预算造价中建筑安装工程费用的重要组成部分。它是直接耗用在建筑工程和设备安装工程上各种费用的总和，由人工费、材料费、施工机械使用费和其他直接费组成。

人工费，指列入概预算定额的直接从事建筑安装工程施工的生产工人的基本工资、工资性的津贴及属于生产工人开支范围的各项费用。

材料费，指列入概预算定额的材料、构配件、零件和产成品的用量以及周转材料的摊销按相应预算的费用。

施工机械使用费，指列入概预算定额的施工机械台班量按相应机械台班费定额计算的建筑安装工程施工机械使用费、施工机械安装费、拆迁及进出场费和定额所列的其他机械费。

2.间接费。间接费也是建筑安装工程价款的重要组成部分，是用在建筑工程和设备安装工程上 除直接费以外的费用总和，由施工管理费和其他间接费组成。

施工管理费，是管理人员工资及工资附加费、劳动保护费、教育经费、办公费、差旅费、固定资产和行政工具用具使用费、利息以及其他费用的总和。

其他间接费，包括临时设施费、劳动保护费和施工队伍迁移费。临时设施费，指施工企业为进行建筑安装工程施工所必须搭设的生活和生产用的临时性的建筑物、构筑物和其他临时设施费用；劳动保护费，指国有企业由福利基金支出以外的按劳保条例规定的退休职工、离退休干部的费用和6个月以上的病假工资以及按照上述职工工资提取的职工福利基金、丧葬费和直系亲属抚恤费。

3.计划利润。为适应招标竞价的需要，促进施工企业改善经营管理，从1988年1月1日起，施工企业实行计划利润。利润率暂按工程直接费与间接费之和的百分比（国有企业为7%，集体企业为2.5%）计算。企业因此而增加的收入，应用于发展生产、增添技术设备。实行计划利润后，不再计取技术装备费。

4.税金。按国家规定的税（费）标准计算。

以上是工程造价的具体内容。参照上述内容，根据预算定额，逐一计算、审核，就能确定出建筑业营业税的计税营业额。

（三）在确定建筑业计税依据时应注意的若干问题

1.建筑安装企业向建设单位收取的临时设施费、劳动保护费和施工机构迁移费，不得从营业额中扣除。

2.施工企业向建设单位收取的材料差价款、全优工程奖和提前竣工奖，应并入计税营业额中征收营业税。

3.自建行为由主管税务机关核定营业额。

自建行为是指纳税人自己建造房屋的行为。纳税人自建自用的房屋不纳税；如纳税人（不包括个人自建自用住房销售）将自建的房屋对外销售，其自建行为应按建筑业缴纳营业税，再按销售不动产征收营业税。

税务机关按下列顺序核定自建行为的营业额：

（1）按纳税人当月提供的同类应税劳务或者销售的同类不动产的平均价格核定。

（2）按纳税人最近时期提供的同类应税劳务或者销售的同类不动产的平均价格核定。

（3）按公式核定计税价格：

组成计税价格＝计税营业成本或工程成本×（1＋成本利润率）÷（1－营业税税率）

成本利润率由省、自治区、直辖市人民政府所属地方税务机关确定。

4.不论签订建设工程施工合同的总承包人员是销售自产货物、提供增值税应税劳务并提供建筑业劳务的单位和个人，还是仅销售自产货物、提供增值税应税劳务、不提供建筑业劳务的单位和个人,均应当扣缴分包人或转包人(以下简称分包人)的营业税。

纳税人采用清包工形式(指工程所需的主要原材料和设备由客户自行采购,纳税人只向客户收取人工费、管理费及辅助材料费等费用的装饰劳务)提供的装饰劳务,按照其向客户实际收取的人工费、管理费和辅助材料费等收入(不含客户自行采购的材料价款和设备价款)确认计税营业额。

自2009年1月1日起,纳税人按规定扣除有关项目,取得的凭证不符合有关规定的,该项目金额不得扣除。

任务处理

金利建筑工程公司2009年9月建筑业和运输业的营业税计算如下:

承包建筑工程营业税=(9 000 000−600 000)×3%=252 000(元)

商品房营业税=2 000 000×(1+10%)÷(1−3%)×4×3%=272 164.95(元)

建筑业营业税=272 164.95+252 000=524 164.95(元)

运输劳务营业税=(60 000+4 000)×3%=1 920(元)

三 金融保险业营业税的计算

任务情境

山东省滨州市城市商业银行2009年第二季度取得如下收入:

(1)为电信部门代收电话费取得手续费收入800 000元;

(2)销售各种凭证取得收入300 000元;

(3)向滨州金利建筑公司发放周转性贷款取得利息收入3 000 000元,逾期贷款罚息收入20 000元;

(4)4月1日向滨州财达防水建筑公司发放定期贷款30 000 000元,贷款年利率5.6%,期限2年,6月30日,滨州财达防水建筑公司未向银行支付利息;

(5)受托发放贷款80 000 000元,贷款期限6个月,贷款年利率5%,银行已按当季应收利息的8%收取手续费,当季借款方未支付利息;

(6)4月1日购进有价证券3 300 000元,其中包括到期未支付的利息收入60 000元(7月8日已收到),9月28日以4 000 000元卖出。

要求:如果你是山东省滨州市城市商业银行的办税员,请计算山东省滨州市城市商业银行应缴纳的营业税税额。

任务指导

金融业计征营业税的营业额有三种方法:

(一)以取得的利息收入全额或手续费收入全额为营业额

对一般贷款、典当、金融经纪业等中介服务,以取得的利息收入全额或手续费收入全额为营业额;

(二)以余额、差额为营业额

对外汇、证券、期货等金融商品转让,按卖出价减去买入价后的差额为营业额。自2009年1月1日起纳税人按规定扣除有关项目取得的凭证不符合法律、行政法规或者国务院税务主管部门有关规定的,该项目金额不得扣除。

(三)营业额的具体规定

1.一般贷款业务的营业额为贷款利息收入(包括各种加息、罚息等)。

2.融资租赁以其向承租者收取的全部价款和价外费用(包括残值)减去出租方承担的出租货物的实际成本后的余额,以直线法折算出本期的营业额。

3.金融商品转让业务,按股票、债券、外汇、其他四大类来划分。同一大类不同品种金融商品买卖出现的正负差,在同一个纳税期内可以相抵,相抵后仍出现负差的,可结转下一个纳税期相抵,但年末时仍出现负差的,不得转入下一个会计年度。金融商品的买入价,可以选定按加权平均法或移动加权法进行核算,选定后一年内不得变更。

4.对资本市场有关营业税的计税营业额按以下规定执行:准许上海、深圳证券交易所的证券交易监管费从其营业税计税营业额中扣除;准许上海、郑州、大连期货交易所代收的期货市场监管费从其营业税计税营业额中扣除;准许证券公司代收的以下费用从其计税营业额中扣除:为证券交易所代收的证券交易监管费,代理他人买卖证券代收的证券交易经手费,为中国证券登记结算公司代收的股东账户开户费(包括A股和B股)、特别转让股票开户费、过户费、B股结算费、转托管费;准许上海、深圳证券交易所上缴的证券投资者保护基金从其营业税计税营业额中扣除;准许中国证券登记结算公司和主承销商代扣代缴的证券投资者保护基金从其营业税计税营业额中扣除。

5.金融经纪业务和其他金融业务(中间业务)营业额为手续费(佣金)类的全部收入,包括价外收取的代垫、代收代付费用(如邮电费、工本费)加价等,从中不得作任何扣除。金融企业从营业额中减除的应收未收利息的额度和年限,以该金融企业确定的额度和年限确定,各级地方政府及其财政、税务机关不得规定金融企业应收未收利息从营业额中减除的年限和比例。

对金融企业2001年1月1日以后发生的已缴纳过营业税的应收未收利息(包括自营贷款利息和委托贷款利息),若超过应收未收利息核算期限(从2001年1月1日起由180天调整为90天)后仍未收回,或其贷款本金到期(含展期)后尚未收回的,可以从以后的营业额中减除。

人民银行对金融机构的贷款业务不征营业税,人民银行对企业贷款或委托金融机构贷款的业务应当征收营业税;对金融机构的出纳长款收入,不征营业税。证券公司可以将在证券交易时向客户收取的佣金作为计征营业税的营业额。如果证券公司给客户的折扣额与向客户收取的佣金额在同一张证券交易交割凭证上注明的,可按折扣后的佣金额征收营业税;如果将折扣额另开凭证或发票的,不论其在财务上如何处理,均不得从佣金计税营业额中将折扣额扣除。

6.对于保险业,原则上也是以收入的全额为营业额。

保险企业已征过营业税的应收未收保费,凡在财务会计制度规定的核算期限内未收回的,允许从营业额中减除。在会计核算期限以后收回的已冲减的应收未收保费,再并入当期营业额中。

保险企业开展无赔偿奖励业务的，以向投保人实际收取的保费为营业额。保险企业的摊回分保费用不征营业税。

任务处理

山东省滨州市城市商业银行2009年第二季度营业税计算如下：

发放贷款业务应缴纳营业税＝(3 000 000＋20 000)×5%＋30 000 000×5.6%÷4×5%＝172 000(元)

销售各种凭证缴纳营业税＝300 000×5%＝15 000(元)

手续费收入应交营业税＝(800 000＋80 000 000×5%÷4×8%)×5%＝44 000(元)

该银行受托发放贷款业务，应代扣代缴营业税＝80 000 000×5%÷4×5%×2＝100 000(元)

金融商品买卖业务应纳营业税＝(4 000 000－3 300 000＋60 000)×5%＝38 000(元)

第二季度缴纳的营业税(不含代扣部分)＝172 000＋15 000＋44 000＋38 000＝269 000(元)

四 邮电通信业营业税的计算

任务情境

中国通达滨州通信公司2009年8月发生如下业务：

(1)话费收入2 000 000元；

(2)为客户提供跨省的出租电路服务共收费600 000元，支付给相关电信部门价款250 000元；

(3)出售移动电话收入300 000元，7月份销售的某一型号移动电话因存在质量问题本月发生退款50 000元，已缴纳的营业税为1 500元，该税款没有退还；

(4)销售有价电话卡面值共600 000元，财务上体现的销售折扣额为60 000元；

(5)电话机安装收入30 000元。

要求：如果你是中国通达滨州通信公司的办税员，请计算中国通达滨州通信公司应缴纳的营业税税额。

任务指导

确定邮电通信业的营业额有两种方法：第一，以取得收入的全额确定的营业额，如传递函件或包件、邮汇等业务的营业额；第二，以取得的收入额扣除某些项目的差额确定的营业额，如报刊发行、邮政储蓄等业务的营业额。

(一)邮政业务的营业额

邮政业务的营业额，是指提供传递函件或包件、邮汇、报刊发行、邮务物品销售、邮政储蓄、其他邮政业务的收入。其主要有以下几项：国内、国际及港澳台函件收入；国内、国际特快专递收入；邮政快件收入；国内、国际汇票收入；国内、国际及港澳台包裹收入；机要通信收入；报纸杂志收入；储蓄业务收入；代办保险收入；在邮政业务资费标准中不属于以上各项收入的其他收入，如信箱租金收入，特快专递邮件、包裹逾期保管收入，包裹破损重封费收入；

储蓄挂失手续费收入;代发广告申请登记费收入等。

(二)电信业务的营业额

电信业务的营业额,是指提供电报、电话、电传、电话机安装、电信物品销售、其他电信业务的收入。其主要有以下几项:国内、国际及港澳台电话收入;会议电话收入;广播电视传送业务收入;出租国内、国际及港澳台电话电报电路收入;电报收入;传真、数据业务收入;出租设备及代维费收入;市话月租费、通话费收入;专线收入;公用电话收入;无线寻呼收入;移动电话收入;装移机收入;其他收入。

电信部门以集中受理方式为集团客户提供跨省的出租电路业务,由受理地区的电信部门按取得的全部价款减除分割给参与提供跨省电信业务电信部门的价款后的差额为营业税计税依据;对参与提供跨省电信业务的电信部门,按各自取得的全部价款为营业税计税营业额。邮政电信单位与其他单位合作,共同为用户提供邮政电信业务及其他服务并由邮政电信单位统一收取价款的,以全部收入减去支付给合作方价款后的余额为营业额。对中国电信集团公司将江苏、浙江、广东、上海等四省(市)和其他地区电信业务资产重组上市时已缴纳过营业税的预收性质的收入,从递延收入中转出并确认为营业收入时,不再征收营业税。

任务处理

中国通达滨州通信公司应缴纳的营业税税额计算如下:

应纳营业税税额=(2 000 000+600 000-250 000+300 000-50 000+600 000-60 000+30 000)×3%=95 100(元)

五 文化体育业营业税的计算

任务情境

2009 年 7 月,滨州第三有线电视台改制为企业,同月发生如下业务:

(1)有线电视节目收入 250 000 元;

(2)有线电视初装费收入 50 000 元。

要求:如果你是滨州第三有线电视台的办税员,请计算滨州第三有线电视台应缴纳的营业税税额。

任务指导

文化体育业的营业额是指纳税人经营文化业、体育业取得的全部收入,其中包括演出收入、播映收入、其他文化收入、经营游览场所收入和体育收入。但单位或个人进行演出,以全部收入减去付给提供演出场所的单位、演出公司或经纪人的费用后的余额为营业额。

广播电视有线数字付费频道业务应由直接向用户收取数字付费频道收视费的单位按其向用户收取的收视费全额,向所在地主管税务机关缴纳营业税。对各合作单位分得的收视费收入,不再征收营业税。

任务处理

滨州第三有线电视台应缴纳的营业税税额计算如下:

文化业营业税＝250 000×3％＝7 500(元)

建筑业营业税＝50 000×3％＝1 500(元)

应纳营业税＝7 500＋1 500＝9 000(元)

六 娱乐业营业税的计算

任务情境

大连市华丽娱乐公司2009年1月1日开业，经营范围包括娱乐及其他服务，当年收入情况如下：

(1)歌舞厅收入4 000 000元；

(2)游戏厅收入1 000 000元；

(3)保龄球馆自7月1日开馆，保龄球门票收入860 000元，销售香烟取得收入8 500元，销售饮料取得收入12 000元，销售毛巾等日用品取得收入3 200元，支付场租费200 000元，工作人员工资34 000元，设备维修费4 800元，其他费用5 800元；

(4)美容美发、中医按摩收入1 500 000元。

要求：如果你是大连市华丽娱乐公司的办税员，请计算大连市华丽娱乐公司应缴纳的营业税税额。

任务指导

娱乐业的营业额为经营娱乐业向顾客收取的各项费用，包括门票收费、台位费、点歌费、烟酒和饮料收费及经营娱乐业的其他各项收费。

任务处理

大连市华丽娱乐公司应缴纳的营业税税额计算如下：

歌舞厅收入应缴纳的营业税＝4 000 000×20％＝800 000(元)

游戏厅收入应缴纳的营业税＝1 000 000×20％＝200 000(元)

保龄球收入应缴纳的营业税＝(860 000＋8 500＋12 000＋3 200)×5％＝44 185(元)

美容美发、中医按摩收入应缴纳的营业税＝1 500 000×5％＝75 000(元)

应纳营业税＝800 000＋200 000＋44 185＋75 000＝1 119 185(元)

七 服务业营业税的计算

任务情境

山东东立服务公司主要从事人力资源中介服务，2009年2月份发生以下业务：

(1)接受一用工单位的委托安排劳动力，取得该单位支付的价款共计500 000元。其中，400 000元用于支付劳动力的工资和社会保险费，20 000元用于支付劳动力的住房公积金。

(2)提供人力资源咨询服务取得收入400 000元。

(3)提供会议服务取得收入 300 000 元。

(4)在中国境内接受境外企业的远程业务指导(境外企业未派人来华),支付费用 200 000 元。

(5)借款给某单位,按同期银行贷款利率收取资金占用费 100 000 元。

要求:如果你是山东东立服务公司的办税员,请计算应缴纳的营业税税额。

任务指导

服务业的营业额是纳税人提供服务业劳务向对方收取的全部价款和价外费用。同时,为了避免某些项目重复征税,《营业税暂行条例》及其实施细则等对旅游业和广告业的营业额作了特别规定。

(一)代理业营业额的确定

1.代理业营业额为纳税人从事代理业务向委托方实际收取的报酬。服务性单位从事餐饮中介服务的营业额为向委托方和餐饮企业实际收取的中介服务费,不包括其代委托方转付的就餐费用。

2.福利彩票机构发行销售福利彩票取得的收入不征营业税。对福利彩票机构以外的代销单位销售福利彩票取得的手续费收入应征收营业税。

3.外事服务单位为外国常驻机构、"三资"企业和其他企业提供人力资源服务的,按"代理业"子目征收营业税。其营业额为从委托方取得的全部收入减除代委托方支付给聘用人员的工资及福利费和缴纳的社会统筹、住房公积金后的余额。

4.纳税人从事代理报关业务,以其向委托人收取的全部价款和价外费用扣除以下项目金额后的余额为计税营业额申报缴纳营业税:

(1)支付给海关的税金、签证费、滞报费、滞纳金、查验费、打单费、电子报关平台费、仓储费;

(2)支付给检验检疫单位的三检费、熏蒸费、消毒费、电子保险平台费;

(3)支付给预录单位的预录费;

(4)国家税务总局规定的其他费用。

纳税人从事无船承运业务,以其向委托人收取的全部价款和价外费用扣除其支付的海运费以及报关、港杂、装卸费用后的余额为计税营业额申报缴纳营业税;纳税人从事无船承运业务,应按照其从事无船承运业务取得的全部价款和价外费用向委托人开具发票,同时应凭其取得的开具给本纳税人的发票或其他合法有效凭证作为差额缴纳营业税的扣除凭证。

(二)旅店业营业额的确定

旅店业的营业额为提供住宿服务的各项收入。

(三)饮食业营业额的确定

饮食业的营业额为向顾客提供饮食消费服务而收取的餐饮收入。

(四)旅游业营业额的确定

旅游业的营业额,按照税法规定旅游企业组织旅游团到中华人民共和国境外旅游,在境外凡改由其他旅游企业接团的,以全程旅游费减去付给接团企业的旅游费后的余额为营业额。为了公平税负,对旅游企业组织旅游团在中国境内旅游的,以收取的全部旅游费减去替旅游者支付给其他单位的房费、餐费、交通、门票或支付给其他接团旅游企业的旅游费用后的余额为营业额。对旅游企业在境内改团接待的业务，可比照境外规定予以扣除。自2009年1月1日起对旅游业纳税人按规定扣除有关项目，取得的凭证不符合有关规定的，该项目金额不得扣除。

单位和个人在旅游景区兼有不同税目应税行为并采取“一票制”收费方式的，应当分别核算不同税目的营业额；未分别核算或核算不清的，从高适用税率。

（五）广告业营业额的确定

对广告业以广告业务收入作为营业额征税。广告业务收入是指广告的设计、制作、刊登、广告性赞助收入等，对其应按全额征收营业税。从事广告代理业务的，以其全部收入减去支付给其他广告公司或广告发布者（包括媒体、载体）的广告发布费后的余额为营业额。

（六）租赁业营业额的确定

租赁业的营业额是经营租赁业务所取得租金的全额收入，不得扣除任何费用。

（七）仓储业营业额的确定

仓储业的营业额为经营仓储业务向顾客收取的全部费用。

试点物流企业将承揽的仓储业务分给其他单位并由其统一收取价款的，应以该企业取得的全部收入减去付给其他仓储合作方的仓储费后的余额为营业额。

（八）其他服务业营业额的确定

其他服务业的营业额为发生其他服务业劳务时，向对方收取的全部费用，包括价外费用。需要注意的是，对于财政部、国家税务总局或者省级财政、地税局确定的不征税名单中的收费项目，不征营业税，其余的收费项目都应该征收营业税，且营业额为收费的全额。对商业企业向供货方收取的与商品销售量、销售额无必然联系，且商业企业向供货方提供一定劳务的收入例如进场费、广告促销费、上架费、展示费、管理费等，不属于平销返利，应按营业税的适用税目税率征收营业税。

劳务公司接受用工单位的委托，为其安排劳动力，凡用工单位将其应支付给劳动力的工资和为劳动力上交的社会保险（包括养老保险、医疗保险、失业保险、工伤保险等，下同）以及住房公积金统一交给劳务公司代为发放或办理的，以劳务公司从用工单位收取的全部价款减去代转付给劳动力的工资和为劳动力办理社会保险及住房公积金后的余额为营业额。从事物业管理的单位，以与物业管理有关的全部收入减去代业主支付的水、电、燃气以及代承租者支付的水、电、燃气、房屋租金的价款后的余额为营业额。对勘察设计单位将承担的勘察设计劳务分包或转包给其他勘探设计单位或个人并由其统一收取价款的，以其取得的勘察设计总包收入减去支付给其他勘察设计单位或个人的勘察设计费后的余额为计税营业额。

消费者持服务单位销售或赠与的固定面值消费卡进行消费时应确认为该服务单位提供了营业税服务，对该服务单位应照章征收营业税；其计税依据为，消费者持卡消费时，服务单位所冲减的有价消费卡面值额。

任务处理

山东东立服务公司应缴纳的营业税税额计算如下：

受托安排劳动力业务应缴纳的营业税＝（500 000－400 000－20 000）×5％＝4 000（元）

提供人力资源咨询服务应缴纳的营业税＝400 000×5％＝20 000(元)

提供会议服务应缴纳的营业税＝300 000×5％＝15 000(元)

接受境外企业远程业务指导所付费用应代扣代缴的营业税＝200 000×5％＝10 000(元)

收取的资金占用费应缴纳的营业税＝100 000×5％＝5 000(元)

应纳营业税(不含代扣部分)＝4 000＋20 000＋15 000＋5 000＝44 000(元)

八　转让无形资产、销售不动产营业税的计算

任务情境

山东天元房地产公司 2009 年有关业务如下：

(1)3 月份，该房地产公司自建商品房 250 000 平方米，工程成本 1 350 元/平方米，售价 2 600元/平方米。当月销售自建商品房 150 000 平方米；将 2 000 平方米自建商品房无偿赠送给某单位，将 8 000 平方米自建商品房向 C 公司投资，占 C 公司股份的 1％。

(2)4 月份，该房地产公司销售由甲建筑公司建造商品房的 45％，取得销售收入 32 000 000 元，销售由乙建筑公司建造商品房的 78％，取得销售收入 30 000 000 元。

(3)4 月份，该房地产公司签订出租写字楼协议，租金收入 200 000 元/月，从 4 月份起，租期 2 年，根据合同规定，写字楼由承租方组织装修，装修费由出租方承担，承租方垫付装修费 400 000 元，装修费从租金中扣除，扣除装修费后，房地产公司 2009 年收取租金共计1 400 000 元。

要求：如果你是山东天元房地产公司的办税员，请计算该公司应纳的营业税税额。

任务指导

(一)转让无形资产

纳税人转让无形资产的营业额为纳税人转让无形资产从受让方取得的货币、货物和其他经济利益。

单位和个人转让土地使用权，以全部收入减去土地使用权的购置或受让原价后的余额为计税营业额。单位和个人转让抵债所得的土地使用权，以全部收入减去抵债时该项土地使用权作价后的余额为计税营业额。

土地使用者转让、抵押或置换土地，无论其是否取得了该土地的使用权属证书，无论其在转让、抵押或置换土地过程中是否与对方当事人办理了土地使用权属证书变更登记手续，只要土地使用者享有占有、使用、收益或处分该土地的权利，且有合同等证据表明其实质转让、抵押或置换了土地并取得了相应的经济利益，土地使用者及其对方当事人应当依照税法规定缴纳营业税。

纳税人将土地使用权归还给土地所有者的行为(出具县级和县级以上人民政府收回土地使用权的正式文件即可，无论支付征地补偿费的资金来源是否为财政资金)，不征收营业税。

(二)销售不动产

纳税人销售不动产的营业额为纳税人销售不动产时从购买方取得的全部价款和价外费

用(含货币、货物或其他经济利益)。

单位和个人销售或转让其购置的不动产或受让的土地使用权,以全部收入减去不动产或土地使用权的购置或受让原价后的余额为营业额。

单位和个人销售或转让抵债所得的不动产、土地使用权的,以全部收入减去抵债时该项不动产或土地使用权作价后的余额为营业额。

这里要注意以下几个问题:

第一,房地产开发公司销售商品房时,要代当地政府及有关部门收取一些资金或费用,如代市政府收取的市政费、代邮政部门收取的邮政通讯配套费等。对此类代收资金及费用,房地产开发公司不是作为自己的营业收入,而是作为代收费用处理的,将全额转给有关部门。根据《营业税暂行条例》中关于营业税营业额为纳税人从对方所得取得全部价款和价外费用的规定,对此类费用,不论其财务上如何核算,均应当全部作为销售不动产的营业额计征营业税。

第二,单位将不动产赠与他人的营业额问题。对单位将不动产无偿赠与他人,税务机关有权核定其计税营业额,其方法如下:

1. 按纳税人当月销售的同类不动产的平均价格核定。

2. 按纳税人最近时期销售的同类不动产的平均价格核定。

3. 按下列公式核定计税价格:

计税价格=营业成本或工程成本×(1+成本利润率)÷(1-营业税税率)

第三,转让企业产权是整体转让企业资产、债权、债务及劳动力的行为,其转让价格不仅仅是由资产价值决定的,与企业销售不动产、转让无形资产的行为完全不同。因此,转让企业产权的行为不应征收营业税。

任务处理

山东天元房地产公司营业税税额的计算如下:

建筑业的营业税=(150 000+2 000)×1 350×(1+10%)÷(1-3%)×3%=6 981 031(元)

销售不动产的营业税=[(150 000+2 000)×2 600+32 000 000+30 000 000]×5%=22 860 000(元)

租金收入的营业税=200 000×9×5%=90 000(元)

该房地产公司全年应纳营业税税额=6 981 031+22 860 000+90 000=29 931 031(元)。

九　营业税税收优惠的计算

任务情境

2009 年 6 月,金源农业技术咨询公司发生如下业务:

(1)6 月 5 日,将一块地的土地使用权转让给附近村的农民种植棉花,取得收入 120 000元;

(2)6 月 10 日,将一专利技术转让给当地一家农业企业,取得收入 500 000 元;

(3)6月16日，提供农业技术培训，取得收入50 000元；

(4)6月21日，出租仓库，取得租金收入20 000元。

要求：如果你是金源农业技术咨询公司的办税员，请计算其应纳的营业税。

任务指导

(一)营业税的起征点

起征点是开始征税的起点。纳税人营业额达到起征点的，应按营业额全额计算应纳税款。

现行营业税的起征点为：按期纳税的起征点幅度为月营业额1 000～5 000元；按次纳税的起征点为每次(日)营业额100元。具体由各省、自治区、直辖市人民政府所属税务机关根据本地的实际情况，在规定的幅度内确定本地的适用起征点，并报国家税务总局备案。

(二)营业税免税规定

1.按照《营业税暂行条例》及其实施细则规定，营业税免税项目及免税范围是：

(1)托儿所、幼儿园、养老院、残疾人福利机构提供的育养服务，婚姻介绍、殡葬服务。

(2)残疾人员个人提供的劳务。

这里所说的残疾人员个人提供的劳务，是指残疾人员本人为社会提供的劳务。

(3)医院、诊所、其他医疗机构提供的医疗服务。

这里所说的医疗服务，是指对患者进行诊断、治疗和防疫、接生、计划生育方面的服务，以及与这些服务有关的提供药品、医疗用具、病房住宿和伙食的业务。

(4)学校及其他教育机构提供的教育劳务、学生勤工俭学所提供的劳务服务。

这里所说的学校及其他教育机构，是指普通学校以及经地市级以上人民政府或同级教育行政主管部门批准成立、国家承认其学员学历的各类学校。

(5)农业机耕、排灌、病虫害防治、农牧保险、相关技术培训以及家禽、牲畜、水生动物的配种和疾病防治业务。

农业机耕，指在农业、林业、牧业中使用农业机械进行耕作(包括耕耘、种植、收割、植保等)的业务。

排灌，是指对农田进行灌溉或排涝的业务。

病虫害防治，是指从事农业、林业、牧业、渔业的病虫害测报和防治的业务。

农牧保险，是指为种植业、养殖业、牧业种植和饲养的动植物提供的保险业务。

相关技术培训，指与农业机耕、排灌、病虫害防治、植保业务相关以及为使农民获得农牧保险知识的技术培训业务。

家禽、牲畜、水生动物的配种和疾病防治业务免税范围，包括与该项劳务有关的提供药品和医疗用具的业务。

(6)纪念馆、博物馆、文化馆(站)、美术馆、展览馆、书画院、图书馆、文物保护单位举办文化活动的售票收入，宗教场所举办文化、宗教活动的售票收入。

这里所说的纪念馆、博物馆、文化馆(站)、美术馆、展览馆、书画院、图书馆、文物保护单位举办文化活动，是指这些单位在自己的场所举办的属于文化体育业税目征税范围的文化活动。其售票收入，是指销售第一道门票的收入。

宗教场所举办文化、宗教活动的售票收入，是指寺庙、宫观、清真寺和教堂举办文化、宗教活动销售门票的收入。

(7)自2009年1月1日起,对境内保险机构为出口货物提供的保险产品免征税。

2.根据国务院的决定,财政部、国家税务总局出台的减免税政策为:

(1)将土地使用权转让给农业生产者用于农业生产的免征营业税。这里的农业,包括农业、林业、牧业、水产业。

(2)个人转让著作权,免征营业税。

(3)科研单位的技术转让收入,免征营业税。

(4)为支持技术创新和高新技术企业的发展,对单位和个人从事技术转让、技术开发业务和与之相关的技术咨询、技术服务业务取得的收入,免征营业税。所谓技术转让是指转让者将其拥有的专利技术和非专利技术的所有权和使用权有偿转让他人的行为;技术开发是指开发者接受他人委托就新技术、新产品、新工艺或者新材料及其系统进行研究开发的行为;技术咨询是指就特定技术项目提供可行性论证、技术预测、专题技术调查、分析评价技术报告等;与技术转让、技术开发相关的技术咨询、技术服务业务是指转让方(或委托方)掌握所转让(或委托开发)的技术,而且这部分技术咨询、服务的价款与技术转让(或开发)价款是在同一张发票上体现的。以图纸、资料等为载体提供已有技术或开发成果的,可对其取得的全部价款和价外费用免征营业税;以样品、样机、设备等货物为载体提供已有技术或开发成果的,可对其除货物以外的部分免征营业税,货物应按规定征收增值税。

(5)2006年6月1日后,个人将购买超过5年(含5年)的普通住房对外销售的,免征营业税。

个人自建自用住房销售时免征营业税;对住房公积金管理中心用住房公积金在指定的委托银行发放个人住房贷款取得的收入,免征营业税;对按政府规定价格出租的公有住房和廉租住房暂免征收营业税;对企业、行政事业单位按房改成本价、标准价出售住房的收入,暂免征营业税。

(6)对保险公司开展的1年期限以上的返还性人身保险业务,免征营业税。

(7)对安置残疾人的单位,实行由税务机关按单位实际安置残疾人的人数减征营业税的办法。实际安置的每位残疾人每年可减征的营业税的具体限额,由县级以上税务机关根据单位所在区县(含县级市)适用的经省级(含自治区、直辖市、计划单列市)人民政府批准的最低工资标准的6倍确定,但最高不得超过每人每年35 000元。主管地税机关应按月减征营业税,本月应缴营业税不足减征的,可结转本年度内以后月份减征,但不得从以前月份已缴营业税中退还。对残疾人个人为社会提供的劳务免征营业税。

(8)对廉租住房经营管理单位按照政府规定价格向规定保障对象出租廉租住房的租金收入,免征营业税;对个人按市场价格出租的居民住房,暂按3%的税率征收营业税。

任务处理

金源农业技术咨询公司应纳营业税的计算如下:

(1)将土地使用权转让给农民种植棉花,取得的收入120 000元属于免税收入,应纳营业税为0;

(2)将一专利技术转让给当地一家农业企业,取得收入500 000元属于免税收入,应纳营业税为0;

(3)提供农业技术培训,取得收入 50 000 元属于免税收入,应纳营业税为 0;

(4)租金收入的营业税=20 000×5%=1 000(元)。

任务三　营业税纳税申报

任务情境

山东麒麟娱乐城有限公司从事餐饮、住宿、娱乐等经营项目,2009 年 6 月发生如下业务:

(1)所属的客房部取得住宿收入 800 000 元;

(2)餐厅部取得餐饮收入 1 600 000 元;

(3)所属的夜总会取得收入 500 000 元;

(4)所属的练歌房取得收入 200 000 元;

(5)所属的保龄球馆取得收入 100 000 元。

要求:假如你是山东麒麟娱乐城有限公司的办税员,请编制该公司的相关纳税申报表。

任务指导

(一)营业税纳税申报操作规范

服务业、交通运输业、建筑安装业、金融保险业等营业税纳税申报操作要点如下:

1. 核查营业收入相关账户及主要的原始凭证,计算应税营业收入。

2. 根据企业应税项目的具体情况,确认税前应扣除的营业额。

3. 核查兼营非应税劳务、混合销售以及减免税项目的营业额,确认应税营业额和适用的税目税率。

4. 核查已发生的代扣代缴营业税义务的情况,确认应扣缴税额。

5. 计算填表后按规定期限向主管税务机关报送营业税纳税申报表及其他计税资料。代扣代缴的营业税要履行报缴税款手续。

(二)填制营业税纳税申报表的方法

为加强营业税的征收管理,国家税务总局制定了全国统一的《营业税纳税人纳税申报办法》。除经税务机关核准实行简易申报方式外,均按该办法进行纳税申报。进行纳税申报的营业税纳税人均应报送以下资料:

营业税纳税申报表;按照本纳税人发生营业税应税行为所属的税目,分别填报相应税目的营业税纳税申报表附表;同时发生两种或两种以上税目应税行为的,应同时填报相应的纳税申报表附表;凡使用税控收款机的纳税人应同时报送税控收款机 IC 卡;主管税务机关规定的其他申报资料。

纳税申报资料的报送方式、报送的具体份数由省一级地方税务局确定。营业税纳税申报表及其附表由纳税人向主管税务机关领取。邮电通信业、文化体育业、转让无形资产和销售不动产的营业税纳税人目前仍按照各地的申报办法进行纳税申报。

任务处理

山东麒麟娱乐城有限公司的纳税申报表如下(表 4-2～表 4-4)。

表 4-2 营业税纳税申报表

（适用于查账征收的营业税纳税人）

纳税人名称（公章）：山东麒麟娱乐城有限公司　　　　纳税人识别号：372000000000992

税款所属时间：自 2009 年 6 月 1 日至 2009 年 6 月 30 日　　填表日期：2009 年 7 月 11 日　　金额单位：元（列至角分）

税目	营业额				税率（%）	本期税款计算			税款缴纳								
											本期已缴税额				本期应缴税额计算		
	应税收入	应税减除项目	应税营业额	免税收入		小计	本期应纳税额	免减税额	期初税额	前期多缴税额	小计	已缴本期应纳税额	本期已被扣缴税额	本期已缴欠缴税额	小计	本期期末应缴税额	本期期末应缴欠缴税额
1	2	3	4=2−3	5	6	7=8+9	8=(4−5)×6	9=5×6	10	11	12=13+14+15	13	14	15	16=17+18	17=8−13−14	18=10−11−15
……																	
服务业	2 400 000	0	2 400 000	0	5	120 000	120 000	0	0	0	0	0	0	0	120 000	120 000	0
娱乐业	700 000	0	700 000	0	20	140 000	140 000	0	0	0	0	0	0	0	140 000	140 000	0
	100 000	0	100 000	0	5	5 000	5 000	0	0	0	0	0	0	0	5 000	5 000	0
代扣代缴项目																	
总计	3 200 000	0	3 200 000	0	—	265 000	265 000	0	0	0	0	0	0	0	265 000	265 000	0

纳税人或代理人声明：	如纳税人填报，由纳税人填写以下各栏							
此纳税申报表是根据国家税收法律的规定填报的，我确定它是真实的、可靠的、完整的。	办税人员（签章）	李霞	财务负责人（签章）	王丽	法定代表人（签章）	于涛	联系电话	
	如委托代理人填报，由代理人填写以下各栏							
	代理人名称		经办人（签章）		联系电话		代理人（公章）	

以下由税务机关填写：（略）

表 4-3 娱乐业营业税纳税申报表

（适用于娱乐业营业税纳税人）

纳税人名称（公章）：山东麒麟娱乐城有限公司　　纳税人识别号：372000000000992

税款所属时间：自 2009 年 6 月 1 日至 2009 年 6 月 30 日　　填表日期：2009 年 7 月 11 日　　金额单位：元（列至角分）

应税项目		营业额				税率（%）	本期税款计算			税款缴纳							
												本期已缴税额			本期应缴税额计算		
		应税收入	应税减除项目	应税营业额	免税收入		小计	本期应纳税额	免减税额	期初税额	前期多缴税额	小计	已缴本期应纳税额	本期已缴欠缴税额	小计	本期期末应缴税额	本期期末应缴欠缴税额
1		2	3	4＝2－3	5	6	7＝8＋9	8＝(4－5)×6	9＝5×6	10	11	12＝13＋14	13	14	15＝16＋17	16＝8－13	17＝10－11－14
……																	
卡拉 OK	夜总会	500 000	0	500 000	0	20	100 000	100 000	0	0	0	0	0	0	100 000	100 000	0
	练歌房	200 000	0	200 000	0	20	40 000	40 000	0	0	0	0	0	0	40 000	40 000	0
音乐茶座	酒吧																
高尔夫球																	
台球、保龄球		100 000	0	100 000	0	5	5 000	5 000	0	0	0	0	0	0	5 000	5 000	0
游艺场																	
网吧																	
其他																	
合计		800 000	0	800 000	0	—	145 000	145 000	0	0	0	0	0	0	145 000	145 000	0

以下由税务机关填写：

受理人：　　受理日期：　　年　　月　　日　　受理税务机关（签章）：

本表为 A3 横式一式三份，一份纳税人留存，一份主管税务机关留存，一份征收部门留存。

表 4-4　服务业营业税纳税申报表

（适用于服务业营业税纳税人）

纳税人名称（公章）：山东麒麟娱乐城有限公司　　　　纳税人识别号：372000000000992

税款所属时间：自 2009 年 6 月 1 日至 2009 年 6 月 30 日　　　　填表日期：2009 年 7 月 11 日　　　　金额单位：元（列至角分）

应税项目	营业额				税率（%）	本期税款计算			税款缴纳							
											本期已缴税额			本期应缴税额计算		
	应税收入	应税减除项目	应税营业额	免税收入		小计	本期应纳税额	免减税额	期初税额	前期多缴税额	小计	已缴本期应纳税额	本期已缴欠缴税额	小计	本期期末应缴税额	本期期末应缴欠缴税额
1	2	3	4＝2－3	5	6	7＝8＋9	8＝(4－5)×6	9＝5×6	10	11	12＝13＋14	13	14	15＝16＋17	16＝8－13	17＝10－11－14
旅店业	800 000	0	800 000	0	5	40 000	40 000	0	0	0	0	0	0	40 000	40 000	0
饮食业	1 600 000	0	1 600 000	0	5	80 000	80 000	0	0	0	0	0	0	80 000	80 000	0
……																
合计	2 400 000	0	2 400 000	0	5	120 000	120 000	0	0	0	0	0	0	120 000	120 000	0

以下由税务机关填写：

受理人：　　　　受理日期：　　年　　月　　日　　　　受理税务机关（签章）：

本表为 A3 横式一式三份，一份纳税人留存，一份主管税务机关留存，一份征收部门留存。

项目小结

本项目主要介绍了以下两项内容：

1. 营业税的纳税义务人，营业税的征税范围、税率，各行业营业税的计算；

2. 营业税税收优惠的计算，营业税的纳税申报。

关键概念

营业税(business tax)：是对在我国境内提供应税劳务、转让无形资产或销售不动产的单位和个人，就其所取得的营业额征收的一种税。

课堂讨论

1. 如何划分营业税的各项税目？

2. 如何划分营业税与增值税的征税范围？

复习思考题

一、单选题

1. 根据现行营业税税收制度的规定，下列项目不属于营业税征收范围的是(　　)。

A. 境内企业转让境外的房产

B. 组织游客跨省旅游

C. 出租境内房地产

D. 境外企业将无形资产转让给境内个人使用

2. 某饮食服务企业在2006年9月取得餐饮服务收入260万元，并提供运输劳务取得运费收入10万元，但对于运费收入没有单独核算。如果服务业和运输业的营业税税率为5%和3%，该月该饮食服务企业应当缴纳的营业税是(　　)。

A. 13.3万元　　B. 13.5万元　　C. 8.1万元　　D. 21.6万元

3. 根据营业税的相关规定，下列说法正确的是(　　)。

A. 计税营业额包括纳税人提供应税劳务、转让无形资产或者销售不动产向对方收取的全部价款和价外费用、政府基金

B. 计税营业额包括纳税人提供应税劳务、转让无形资产或者销售不动产向对方收取的全部价款和价外费用、行政事业收费

C. 纳税人如果将折扣额另开发票，不论其在财务上如何处理，均不得从营业额中扣除

D. 纳税人的营业额计算缴纳营业税后发生退款的，应直接减除当期营业额

4. 下列各项中，应作为营业税计算依据的是(　　)。

A. 建筑企业不扣除其转包工程额的全部承包额

B. 非金融机构买卖外汇，卖出价减去买入价后的余额

C. 旅行社组团在境内旅游收取的全部旅游费用

D. 娱乐业向顾客收取的包括烟酒、饮料、水果、糕点收费在内的各项费用

5. 下列经营活动中计算营业税的税率正确的为(　　)。

A. 钻井勘探取得的收入按 5%
B. 广播电视传输收入按 3%
C. 建筑设计收入按 5%
D. 金融保险业按 5%

6. 某建筑公司 2 月发生如下业务：自建同一规格和标准的楼房两栋，建筑安装总成本 3 000万元，成本利润率 20%，该公司将其中一栋自用，另一栋对外销售，取得销售收入2 400 万元，当月应纳营业税（　　）。

A. 120 万元　　B. 174 万元　　C. 175.67 万元　　D. 192 万元

7. 某旅游公司组织 20 人到桂林旅游，向每人收取旅游费 2 000 元，旅游中由公司支付每人房费 150 元、餐费 100 元、交通费 100 元，门票等费用 50 元，则旅游公司这次旅游业务应纳营业税为（　　）元。

A. 1 800　　B. 1 200　　C. 960　　D. 1 600

8. 根据现行营业税税收制度规定，下列说法错误的是（　　）。

A. 有线电视台收取的初装费，属于建筑业征税范围

B. 金融机构的出纳长款收入，不征收营业税

C. 扣缴义务人代扣代缴建筑业营业税税款的解缴地点为该扣缴义务人机构所在地

D. 服务性单位从事餐饮中介服务的营业额为向委托方和餐饮企业实际收取的中介服务费，不包括其代委托方转付的就餐费用

9. 根据现行营业税税收制度的规定，下列业务按"交通运输业"税目征收营业税的是（　　）。

A. 个人从事快递业务
B. 铁路的邮运运费收入
C. 航空运输企业从事干租业务
D. 物流企业运输代理业务

10. 2008 年 8 月份，某县城一服务公司餐饮收入 600 万元，派出 5 名员工赴国外提供中医按摩服务取得收入 70 万元，经批准从事代销福利彩票业务取得手续费 3 万元。该公司本月应缴纳的营业税为（　　）万元。

A. 30.15　　B. 31.68　　C. 31.85　　D. 31.89

二、多选题

1. 经甲演出公司联系协商，某歌舞团在乙剧院进行演出，由乙剧院代售门票，乙剧院代售门票收入 88 万元。根据协议，歌舞团支付给甲演出公司中介费 10 万元，支付给乙剧院场租费 8 万元。对上述业务的税务处理正确的有（　　）。

A. 乙剧院自行申报缴纳营业税 0.4 万元

B. 歌舞团自行申报缴纳营业税 3.5 万元

C. 歌舞团应纳营业税 2.1 万元，由乙剧院代扣代缴

D. 甲演出公司应纳营业税 0.5 万元，并负责代扣代缴歌舞团和乙剧院应纳的营业税

2. 以下项目中，属于"服务业"税目征收营业税的有（　　）。

A. 拆除建筑物收入
B. 维修房屋收入
C. 无船承运业务收入
D. 个人受托种植植物收入

3. 按照 2009 年的税收政策，以下关于兼营和混合销售行为的税务处理方法正确的是（　　）。

A. 纳税人兼营增值税货物销售和营业税咨询行为，凡分别核算各项销售额的，其咨询

收入缴纳营业税，货物销售额不缴纳营业税

B. 纳税人兼营增值税货物销售和营业税咨询行为，凡未分别核算各项销售额的，全部收入均缴纳营业税

C. 纳税人兼营增值税货物销售和营业税咨询行为，凡未分别核算各项销售额的，全部收入均缴纳增值税

D. 纳税人兼营增值税货物销售和营业税咨询行为，凡未分别核算各项销售额的，由主管税务机关核定其应税行为营业额

4. 外国甲企业在我国境内拥有一处房产，境内未设有经营机构和代理机构。甲企业将该房产销售给乙外资企业，销售价格为 3 200 万元人民币，乙企业以该房产按市场价格作价 3 500万元投资入股丙企业，乙企业拥有丙企业 8%的股份，并按所拥有的股份分担风险，分享利润。销售不动产的营业税税率为 5%，对于上述业务，下列营业税税务处理正确的有(　　)。

A. 甲企业不缴纳营业税

B. 甲企业应缴纳的营业税为 160 万元，由甲企业向税务机关申报纳税

C. 甲企业应缴纳的营业税为 160 万元，由乙企业代扣代缴

D. 乙企业不缴纳营业税

5. 下列表述中，符合营业税有关扣缴义务人规定的是(　　)。

A. 委托金融机构发放贷款，以受托发放贷款的金融机构为扣缴义务人

B. 建筑安装业务实行分包或转包的，以总承包人为扣缴义务人

C. 建筑安装业务实行分包或转包的，以分包或转包人为扣缴义务人

D. 个人进行演出由他人售票的，以售票者为扣缴义务人

E. 个人进行演出由他人售票的，以演出人为扣缴义务人

三、计算题

甲建筑公司以 16 000 万元的总承包额中标为某房地产开发公司承建一幢写字楼，之后，甲建筑公司又将该写字楼工程的装饰工程以 7 000 万元分包给乙建筑公司。工程完工后，房地产开发公司用其自有的市值 4 000 万元的两幢普通住宅楼(假定每幢市值均为 2 000万元)抵顶了应付给甲建筑公司的工程劳务费；甲建筑公司将一幢普通住宅楼自用，将另有一幢市值2 200万元的普通住宅抵顶了应付给乙建筑公司的工程劳务费。

要求：请分别计算有关各方应缴纳和应扣缴的营业税税款。

项目五 城市维护建设税、教育费附加

知识目标

1. 掌握城市维护建设税纳税义务人的类别，城市维护建设税的征税范围和税率，城市维护建设税的计算。
2. 掌握教育费附加的征收范围、征收比例，教育费附加的计算。

能力目标

1. 能正确确定城市维护建设税的征税范围、税率，会城市维护建设税应纳税额的计算。
2. 能正确确定教育费附加的征收范围、征收比例，会教育费附加的计算。

任务一 认识城市维护建设税

任务情境

2009 年 8 月，山东省滨州东岳贸易集团公司所属子公司的主要经营资料如下：

(1)中美东岳轮胎有限公司是一家中外合资企业，股东东岳集团公司占 51%的股份，美国 NEW 公司占 49%的股份，缴纳增值税 560 000 元；

(2)东岳轮箍贸易公司本月进口轮箍一批，缴纳增值税 540 000 元，本月无其他业务；

(3)东岳娱乐有限公司本月缴纳营业税 600 000 元；

(4)东岳酒业有限公司本月缴纳消费税 2 600 000 元，增值税 1 400 000 元。

要求：如果你是山东省滨州东岳贸易集团公司的办税员，请分析所属单位中哪些要缴纳城市维护建设税，哪些不需缴纳。

任务指导

(一)城市维护建设税的特点

城市维护建设税法，是指国家制定的用以调整城市维护建设税征收与缴纳权利及义务关系的法律规范。

城市维护建设税(简称城建税)，是国家对缴纳增值税、消费税、营业税(简称“三税”)的单位和个人就其实际缴纳的“三税”税额为计税依据而征收的一种税。它属于特定目的税，是国家为加强城市的维护建设，扩大和稳定城市维护建设资金的来源而采取的一项税收措施。由此可以看出，城建税具有以下两个显著特点：

(1)具有附加税性质。它以纳税人实际缴纳的“三税”税额为计税依据，附加于“三税”税额，本身并没有特定的、独立的征税对象。

(2)具有特定目的。城建税税款专门用于城市的公用事业和公共设施的维护建设。

城建税为开发建设新兴城市，扩展、改造旧城市，发展城市公用事业，以及维护公共设施等提供了稳定的资金来源，使城市的维护建设随着经济的发展而不断发展，体现了对受益者课税、权利与义务相一致的原则。

(二)城市维护建设税的纳税人

城建税的纳税义务人，是指负有缴纳"三税"义务的单位和个人，包括国有企业、集体企业、私营企业、股份制企业、其他企业和行政单位、事业单位、军事单位、社会团体、其他单位，以及个体工商户及其他个人。

对外商投资企业和外国企业缴纳的"三税"不征收城建税。

任务处理

(1)根据税收法规的规定，对外商投资企业和外国企业缴纳的"三税"不征收城建税，而中美东岳轮胎有限公司是一家中外合资企业，所以中美东岳轮胎有限公司不缴纳城市维护建设税。

(2)东岳轮箍贸易公司本月除进口轮箍缴纳的增值税外无其他业务，而税法规定对海关进口的产品征收的增值税、消费税，不征城建税，故当月东岳轮箍贸易公司不缴纳城建税。

(3)东岳娱乐有限公司本月缴纳了营业税，应缴纳城市维护建设税。

(4)东岳酒业有限公司本月缴纳了消费税和增值税，应缴纳城市维护建设税。

任务二　计算城市维护建设税

任务情境

位于山东省滨州市滨城区的山东省华宇公司 2009 年 8 月份实际缴纳增值税 300 000 元、消费税 400 000 元、营业税 200 000 元。

要求：如果你是山东省华宇公司的办税员，请计算应纳的城市维护建设税。

任务指导

(一)城建税纳税人的应纳税额

城建税纳税人应纳税额的大小是由纳税人实际缴纳的"三税"税额决定的。其计算公式为：

应纳税额＝纳税人实际缴纳的增值税、消费税、营业税税额×适用税率

由于城建税法实行纳税人所在地差别比例税率，所以在计算应纳税额时，应注意根据纳税人所在地来确定适用税率。

(二)城市维护建设税的税率

城建税的税率，是指纳税人应缴纳的城建税税额与纳税人实际缴纳的"三税"税额之间的比率。城建税按纳税人所在地的不同，设置了三档差别比例税率，即：

(1)纳税人所在地为市区的，税率为 7%；

(2)纳税人所在地为县城、镇的,税率为5%;

(3)纳税人所在地不在市区、县城或者镇的,税率为1%。

城建税的适用税率,应当按纳税人所在地的规定税率执行。但是,对下列两种情况,可按缴纳“三税”所在地的规定税率就地缴纳城建税:①由受托方代扣代缴、代收代缴“三税”的单位和个人,其代扣代缴、代收代缴的城建税按受托方所在地适用税率执行;②流动经营等无固定纳税地点的单位和个人,在经营地缴纳“三税”的,其城建税的缴纳按经营地适用税率执行。

(三)城市维护建设税的计税依据

城建税的计税依据,是纳税人实际缴纳的“三税”税额。纳税人违反“三税”有关税法而加收的滞纳金和罚款,是税务机关对纳税人违法行为的经济制裁,不作为城建税的计税依据,但纳税人在被查补“三税”和被处以罚款时,应同时对其偷漏的城建税进行补税、征收滞纳金和罚款。

城建税以“三税”税额为计税依据并同时征收。如果要免征或者减征“三税”,也就同时免征或者减征城建税。

供货企业向出口企业销售出口产品时,以增值税当期销项税额抵扣进项税额后的余额,计算缴纳城建税。但对出口产品退还增值税、消费税的,不退还已缴纳的城建税。

自2005年1月1日起经国家税务总局正式审核批准的当期免抵的增值税税额应纳入城市维护建设税和教育费附加的计征范围,分别按规定的税(费)率征收城市维护建设税和教育费附加。

任务处理

山东省华宇公司应缴纳的城市维护建设税如下:

应纳城建税税额=(实际缴纳的增值税+实际缴纳的消费税+实际缴纳的营业税)×适用税率=(300 000+400 000+200 000)×7%=900 000×7%=63 000(元)

任务三 教育费附加的计算

任务情境

位于山东省滨州市滨城区的山东省华宇公司2009年8月份实际缴纳增值税300 000元、消费税400 000元、营业税200 000元。

要求:如果你是山东省华宇公司的办税员,计算该企业应纳的教育费附加。

任务指导

教育费附加是以单位和个人缴纳的增值税、消费税、营业税税额为计算依据征收的一种附加费。教育费附加名义上是一种专项资金,但实质上有税的性质。

(一)教育费附加的征收范围及计税依据

教育费附加对缴纳增值税、消费税、营业税的单位和个人征收以其实际缴纳的增值税、消费税和营业税税额为计税依据,分别与增值税、消费税和营业税同时缴纳。

(二)教育费附加的计征比率

随着经济的发展,社会各界对各级教育投入的需求也在增加,与此相适应,教育费附加的计征比率也经历了一个由低到高变化的过程。目前,教育费附加征收比率为3%。

(三)教育费附加的计算

教育费附加的计算公式为:

应纳教育费附加=(实际缴纳的增值税+实际缴纳的消费税+实际缴纳的营业税)×征收比率

(四)教育费附加的减免规定

(1)对海关进口的产品征收的增值税、消费税,不征收教育费附加。

(2)对由于减免增值税、消费税、营业税而发生退税的,可以同时退还已征收的教育费附加。但对出口产品退还增值税、消费税的,不退还已征的教育费附加。

(3)对新办的商贸企业(从事批发、批零兼营以及其他非零售业务的商贸企业除外),当年新招用下岗失业人员达到职工总数30%以上(含30%),并与其签订1年以上期限劳动合同的,经劳动保障部门认定,税务机关审核,3年内免征教育费附加。

(4)对下岗失业人员从事个体经营(除建筑业、娱乐业以及广告业、桑拿、按摩、网吧、氧吧外)的,自领取税务登记证之日起,3年内免征教育费附加。

(5)自2004年1月1日起,对为安置自谋职业的城镇退役士兵就业而新办的商业零售企业、服务型企业(除广告业、桑拿、按摩、网吧、氧吧外),当年新安置自谋职业的城镇退役士兵达到职工总数30%以上,并与其签订1年以上期限劳动合同的,经县级以上民政部门认定,税务机关审核,3年内免征教育费附加。

对自谋职业的城镇退役士兵,从事个体经营(除建筑业、娱乐业以及广告业、桑拿、按摩、网吧、氧吧外)的,自领取税务登记证之日起,3年内免征教育费附加。

(6)经中国人民银行依法决定撤销的金融机构及其分设于各地的分支机构(包括被依法撤销的商业银行、信托投资公司、财务公司、金融租赁公司、城市信用社和农村信用社),用其财产清偿债务时,免征被撤销金融机构转让货物、不动产、无形资产、有价证券、票据等应缴纳的教育费附加。

任务处理

山东省华宇公司应缴纳的教育费附加如下:

应纳教育费附加=(实际缴纳的增值税+实际缴纳的消费税+实际缴纳的营业税)×教育费附加征收率=(300 000+400 000+200 000)×3%=900 000 ×3%=27 000(元)

任务四　城市维护建设税的纳税申报

任务情境

位于滨州市区的山东滨州三环有限公司(纳税人识别号:372600088800088)2009年1月实际缴纳增值税1 200 000元、消费税250 000元、营业税120 000元。

要求:假如你是滨州三环有限公司的办税员李源,请填写附加税(费)纳税申报表

（表 5-1），办理纳税申报（假设地方教育费附加征收率为 1%）。

表 5-1 附加税(费)纳税申报表

纳税人识别号：

纳税人名称：（公章）

税款所属期限：自　　年　　月　　日至　　年　　月　　日

填表日期：　　年　　月　　日　　　　　　　　　　金额单位：元

计税依据（计征依据）		计税金额（计征金额）	税率（征收率）	本期应纳税额	本期已缴税额	本期应补（退）税额
		1	2	3=1×2	4	5=3−4
城市维护建设税	增值税					
	消费税					
	营业税					
	合计		—			
教育费附加	增值税		3%			
	消费税		3%			
	营业税		3%			
	合计		—			
	销售收入		4‰			
地方教育附加	增值税		1%			
	消费税		1%			
	营业税		1%			
	合计		—			

纳税人或代理人声明：	如纳税人填报，由纳税人填写以下各栏					
此纳税申报表是根据国家税收法律的规定填报的，我确信它是真实的、可靠的、完整的。	经办人（签章）		会计主管（签章）		法定代表人（签章）	
	如委托代理人填报，由代理人填写以下各栏					
	代理人名称			代理人（公章）		
	经办人（签章）					
	联系电话					

以下由税务机关填写：（略）

受理人		受理日期		受理税务机关（签章）	

任务指导

(一)纳税地点

城建税以纳税人实际缴纳的增值税、消费税、营业税税额为计税依据,分别与“三税”同时缴纳。所以,纳税人缴纳“三税”的地点,就是该纳税人缴纳城建税的地点。但是,属于下列情况的,纳税地点为:

(1)代扣代缴、代收代缴“三税”的单位和个人,同时也是城市维护建设税的代扣代缴、代收代缴义务人,其城建税的纳税地点在代扣代收地。

(2)跨省开采的油田,下属生产单位与核算单位不在一个省内的,其生产的原油,在油井所在地缴纳增值税,其应纳税款由核算单位按照各油井的产量和规定税率,计算汇拨各油井缴纳。所以,各油井应纳的城建税,应由核算单位计算,随同增值税一并汇拨油井所在地,由油井在缴纳增值税的同时,一并缴纳城建税。

(3)对管道局输油部分的收入,由取得收入的各管道局于所在地缴纳营业税。所以,其应纳城建税,也应由取得收入的各管道局于所在地缴纳营业税时一并缴纳。

(4)对流动经营等无固定纳税地点的单位和个人,应随同“三税”在经营地按适用税率缴纳。

(二)纳税期限

由于城建税是由纳税人在缴纳“三税”时同时缴纳的,所以其纳税期限分别与“三税”的纳税期限一致。但增值税、消费税由国家税务局征收管理,而城市维护建设税由地方税务局征收管理,因此,在缴税入库的时间上不一定完全一致。

(三)申报表填写方法

(1)“纳税人名称”栏,填写纳税人单位名称全称,并加盖公章,不得填写简称。

(2)“税款所属期限”填写纳税人申报的城建税应纳税额的所属时间,应填写具体的起止年、月、日。

(3)“填表日期”填写纳税人申报本表信息的具体日期。

(4)“计税金额” 填写纳税人实际缴纳的增值税、消费税、营业税金额。

(5)“税率”填报纳税人所在区域的城市维护建设税税率和教育费附加征收率。

(6)“本期应纳税额”填写纳税人本期计税金额与税率的乘积。

(7)“本期已缴税额”填写纳税人截至本期已预缴的税(费)额。

(8)“本期应补(退)税额”填写纳税人本期应纳税额与本期已缴税额的差。

任务处理

滨州三环有限公司的办税员李源填写的城市维护建设税和教育费附加申报表如下(表5-2)。

表 5-2　附加税(费)纳税申报表

纳税人名称:(公章)　　　　　　　　　　　　　　　　纳税人识别号:372600088800088

税款所属期限:自 2009 年 1 月 1 日至 2009 年 1 月 31 日

填表日期:2009 年 2 月 6 日　　　　　　　　　　　　　　　　　　　　金额单位:元

计税依据(计征依据)		计税金额(计征金额)	税率(征收率)	本期应纳税额	本期已缴税额	本期应补(退)税额
		1	2	3=1×2	4	5=3-4
城市维护建设税	增值税	1 200 000	7%	84 000	0	84 000
	消费税	250 000	7%	17 500	0	17 500
	营业税	120 000	7%	8 400	0	8 400
	合计	1 570 000	—	109 900	0	109 900
教育费附加	增值税	1 200 000	3%	36 000	0	36 000
	消费税	250 000	3%	7 500	0	7 500
	营业税	120 000	3%	3 600	0	3 600
	合计	1 570 000	—	47 100	0	47 100
	销售收入		4‰			
地方教育附加	增值税	1 200 000	1%	12 000	0	12 000
	消费税	250 000	1%	2 500	0	2 500
	营业税	120 000	1%	1 200	0	1 200
	合计	1 570 000	—	15 700	0	15 700

纳税人或代理人声明:	如纳税人填报,由纳税人填写以下各栏					
此纳税申报表是根据国家税收法律的规定填报的,我确信它是真实的、可靠的、完整的。	经办人(签章)		会计主管(签章)		法定代表人(签章)	
	如委托代理人填报,由代理人填写以下各栏					
	代理人名称			代理人(公章)		
	经办人(签章)					
	联系电话					

以下由税务机关填写:(略)

受理人		受理日期		受理税务机关(签章)	

▶▶▶ 项目小结

本项目主要介绍了以下两项内容:

1. 城市维护建设税的纳税义务人,城市维护建设税的征税范围、税率,城市维护建设税的计算。

2. 教育费附加的征收范围、税率，教育费附加的计算，教育费附加的纳税申报。

关键概念

1. 城市维护建设税(urban maintenance and construction tax)：是我国为了加强城市的维护建设，扩大和稳定城市维护建设资金的来源，对有经营收入的单位和个人征收的一个税种。

2. 教育费附加(educational surtax)：是对缴纳增值税、消费税、营业税的单位和个人征收的一种附加费。

课堂讨论

1. 城市维护建设税的征税范围如何界定?

2. 教育费附加的性质是什么?

复习思考题

一、单选题

1. 下列情况应缴纳城市维护建设税的是(　　)。

A. 外贸企业进口货物　B. 内资企业销售增值税

C. 外贸企业出口转内销货物　D. 旅行社代收的旅行费

2. 某市某企业某月缴纳增值税 12 万元，应纳城市维护建设税(　　)。

A. 2.1 万元　B. 1.5 万元　C. 1.26 万元　D. 0.84 万元

3. 博兴远景有限公司位于县城，2008 年 1 月拖欠消费税 50 万元，经查出后补交了拖欠的消费税，同时加罚滞纳金和罚款合计 10 万元，该企业应纳城市维护建设税(　　)万元。

A. 0.4　B. 2.1　C. 2.5　D. 2.9

4. 下列各项中，符合城市维护建设税相关规定的是(　　)。

A. 跨省开采的油田应按照油井所在地适用税率缴纳城市维护建设税

B. 营业税纳税人跨省承包工程应按劳务发生地适用税率缴纳城市维护建设税

C. 流动经营的单位应随同缴纳“三税”的经营地的适用税率缴纳城市维护建设税

D. 代扣代缴的城市维护建设税应按照被扣缴纳税人所在地适用税率缴纳城市维护建设税

5. 某县城一加工企业 2004 年 8 月份因进口半成品缴纳增值税 120 万元，销售缴纳增值税 280 万元，本月出租门面房又收到租金 40 万元，该企业本月应缴纳城市维护建设税和教育费附加为(　　)。

A. 22.56 万元　B. 25.6 万元　C. 28.2 万元　D. 35.2 万元

二、多选题

1. 城市维护建设税以纳税人实际缴纳的(　　)三税税额为计税依据。

A. 增值税　B. 营业税　C. 消费税

D. 资源税　E. 关税

2. 下列各项中，符合城市维护建设税规定的是(　　)。

A. 只要缴纳“三税”，就要缴纳城市维护建设税

B. 因减免“三税”而退库的，相应的城市维护建设税可以同时退库

C. 对出口产品退还增值税、消费税，不征收城市维护建设税

D. 对出口产品退还增值税、消费税，不退还已征的教育费附加

3. 位于山东省滨州市滨城区的某自营业出口生产企业，2007 年 6 月增值税应纳税额为 －280 万元，出口货物的“免抵退”税额为 400 万元；企业将其自行研发的动力节约技术转让给一家科技开发公司，获得转让收入 80 万元。下列各项中，符合税法相关规定的有(　　)。

A. 该企业应缴纳的营业税为 4 万元

B. 应退该企业增值税税额为 280 万元

C. 该企业应缴纳的教育费附加为 8.52 万元

D. 该企业应缴纳的城市维护建设税为 8.4 万元

4. 下列各项中，符合城市维护建设税计税依据规定的有(　　)。

A. 偷逃营业税而被查补的税款

B. 偷逃消费税而加收的滞纳金

C. 出口货物免抵的增值税税额

D. 出口产品征收的消费税税额

5. 下列各项中，符合城市维护建设税有关规定的有(　　)。

A. 城市维护建设税的计税依据是纳税人实际缴纳增值税、消费税、营业税的税额

B. 因减免税而发生增值税、消费税、营业税退库的，城市维护建设税也同时退库

C. 纳税人因偷漏增值税、消费税、营业税应该补税的，也要补缴城市维护建设税

D. 纳税人偷漏“三税”而加收的滞纳金、罚款，一并计入城市维护建设税的计税依据

三、计算分析题

某市一娱乐公司 2009 年 1 月 1 日开业，经营范围包括娱乐、餐饮及其他服务，当年收入情况如下：

(1)门票收入 220 万元，歌舞厅收入 400 万元，游戏厅收入 100 万元；

(2)保龄球馆自 7 月 1 日开馆，至当年年底取得收入 120 万元；

(3)美容美发、中医按摩收入 150 万元；

(4)非独立核算的小卖部销售收入 60 万元；

(5)餐饮收入 600 万元(其中包括销售自制的 180 吨啤酒所取得的收入)；

(6)与某公司签订租赁协议书，将部分空闲的歌舞厅出租，分别取得租金 76 万元、赔偿金 4 万元；

(7)派出 5 名员工赴国外提供中医按摩服务取得收入 70 万元；

(8)经批准从事代销福利彩票业务取得手续费 10 万元。

(注：除税法统一规定的特殊项目外，该公司所在地省政府规定，其他娱乐业项目的营业税税率为 5%。)

要求：计算该娱乐公司当年应缴纳的城市维护建设税和教育费附加。

项目六 企业所得税

知识目标

1. 掌握企业所得税纳税义务人的类别、征税范围、税率。

2. 掌握企业所得税的计算扣除项目,会计收入和费用的调整,减、免税项目所得,企业所得税应纳税额的计算。

3. 掌握企业所得税的纳税申报。

能力目标

1. 能正确确定增值税的计税依据、税率,会企业所得税的计算。

2. 能正确填报企业所得税纳税申报表及其附表。

任务一 认识企业所得税

一 认识企业所得税的纳税人

任务情境

2009 年 1 月 1 日,山东滨州的高宁和徐元在英属维尔京群岛注册成立天鸟商贸公司,资本 40 000 美元,并经工商局批准在山东省滨州市滨城区长江三路长江大厦设立分支机构从事电子产品进出口贸易。经税务局了解,天鸟商贸公司的主要业务都发生在中国境内,并且董事会召开地和主要财产所在地也都在中国境内。

该公司安排财务部雇员 Mr. Carol 主管相关税务事务,要求按照非居民企业纳税。

假如你是主管税务机关工作人员,该如何答复该公司的要求。

任务指导

(一)企业所得税的纳税人

企业所得税的纳税人是指在中华人民共和国境内的企业和其他取得收入的组织。《中华人民共和国企业所得税法》(简称《企业所得税法》)第一条规定,除个人独资企业、合伙企业(缴纳个人所得税)不适用企业所得税法外,凡在我国境内,企业和其他取得收入的组织(以下统称企业)为企业所得税的纳税人,依照本法规定缴纳企业所得税。

企业所得税的纳税人分为居民企业和非居民企业,不同的企业在向中国政府缴纳所得税时，纳税义务不同。根据国际上的通行做法，我国选择了地域管辖权和居民管辖权的双重管辖权标准，最大限度地维护我国的税收利益。

（二）居民企业

居民企业是指依法在中国境内成立，或者依照外国（地区）法律成立但实际管理机构在中国境内的企业。这里的企业包括国有企业、集体企业、私营企业、联营企业、股份制企业、外商投资企业、外国企业，以及有生产、经营所得和其他所得的其他组织。其中，有生产、经营所得和其他所得的其他组织，是指经国家有关部门批准，依法注册、登记的事业单位、社会团体等组织。由于我国的一些社会团体组织、事业单位在完成国家事业计划的过程中，开展多种经营和有偿服务活动，取得除财政部门各项拨款、财政部和国家价格主管部门批准的各项规费收入以外的经营收入，具有了经营的特点，应当视同企业纳入征税范围。其中，实际管理机构是指对企业的生产经营、人员、账务、财产等实施实质性全面管理和控制的机构。

（三）非居民企业

非居民企业是指依照外国（地区）法律成立且实际管理机构不在中国境内，但在中国境内设立机构、场所的，或者在中国境内未设立机构、场所，但有来源于中国境内所得的企业。

上述所称机构、场所是指在中国境内从事生产经营活动的机构、场所，包括：

（1）管理机构、营业机构、办事机构。

（2）工厂、农场、开采自然资源的场所。

（3）提供劳务的场所。

（4）从事建筑、安装、装配、修理、勘探等工程作业的场所。

（5）其他从事生产经营活动的机构、场所。

非居民企业委托营业代理人在中国境内从事生产经营活动的，包括委托单位或者个人经常代其签订合同，或者储存、交付货物等，该营业代理人视为非居民企业在中国境内设立的机构、场所。

任务处理

根据《企业所得税法》及其实施条例，天鸟商贸公司应为居民纳税义务人。

理由如下："居民企业，是指依法在中国境内成立，或者依照外国（地区）法律成立但实际管理机构在中国境内的企业。"根据这一规定，即便是依照外国（地区）法律在境外成立的企业，也有可能会成为负担全面纳税义务的"居民企业"纳税人。对于在境外登记注册的企业到底是居民企业还是非居民企业，关键就要看其实际管理机构是否在中国境内了。可以看出天鸟商贸公司的主要业务都发生在中国境内，并且董事会召开地和主要财产所在地也都在中国境内，应当属于居民企业的纳税义务，不能享受非居民企业的有限纳税义务，而应当承担无限纳税义务。

二　认识企业所得税的征税对象

任务情境

2009 年 3 月，美国思科公司在山东省滨州市开设办事处，从事电子产品代理贸易。5 月发生如下业务：

(1)1 日，美国思科公司将位于韩国首尔的一处工业厂房出售给中国天勤网络设备制造公司，取得收入 2 000 万美元；

(2)6 日，美国思科公司滨州办事处从澳大利亚取得办事处出租给澳大利亚美澳矿业公司的设备租赁款 20 万美元；

(3)9 日，思科公司滨州办事处向山东太广电子公司出售电子产品一批，计 300 万美元；

(4)16 日，美国斯科公司从山东龙辉电子公司取得分回的股利 20 万美元，存入思科公司滨州办事处在中国银行开立的账户。

5 月 28 日，主管税务机关派税收管理员李军到思科公司滨州办事处征收上述事项的企业所得税。如果你是思科公司滨州办事处办税员，你认为以上哪些所得应向中国缴纳企业所得税？

任务指导

企业所得税的征税对象是指企业的生产经营所得、其他所得和清算所得。

(一)居民企业的征税对象

居民企业应就来源于中国境内、境外的所得作为征税对象。所得，包括销售货物所得、提供劳务所得、转让财产所得、股息红利等权益性投资所得，以及利息所得、租金所得、特许权使用费所得、接受捐赠所得和其他所得。

(二)非居民企业的征税对象

非居民企业在中国境内设立机构、场所的，应当就其所设机构、场所取得的来源于中国境内的所得，以及发生在中国境外但与其所设机构、场所有实际联系的所得，缴纳企业所得税。非居民企业在中国境内未设立机构、场所的，或者虽设立机构、场所但取得的所得与其所设机构、场所没有实际联系的，应当就其来源于中国境内的所得缴纳企业所得税。

上述所称实际联系，是指非居民企业在中国境内设立的机构、场所拥有的据以取得所得的股权、债权，以及拥有、管理、控制据以取得所得的财产。

(三)所得来源的确定

1. 销售货物所得，按照交易活动发生地确定。

2. 提供劳务所得，按照劳务发生地确定。

3. 转让财产所得。

(1)不动产转让所得按照不动产所在地确定。

(2)动产转让所得按照转让动产的企业或者机构、场所所在地确定。

(3)权益性投资资产转让所得按照被投资企业所在地确定。

4. 股息、红利等权益性投资所得，按照分配所得的企业所在地确定。

5. 利息所得、租金所得、特许权使用费所得，按照负担、支付所得的企业或者机构、场所所在地确定，或者按照负担、支付所得的个人的住所地确定。

6. 其他所得，由国务院财政、税务主管部门确定。

任务处理

根据信息可知，美国思科公司是一家外国企业，属于非居民企业；而美国思科公司滨州办事处则是一非居民企业在我国设立的机构、场所。

根据企业所得税法规，非居民企业在中国境内设立机构、场所的，应当就其所设机构、场所取得的来源于中国境内的所得，以及发生在中国境外但与其所设机构、场所有实际联系的所得，缴纳企业所得税。非居民企业在中国境内未设立机构、场所的，或者虽设立机构、场所但取得的所得与其所设机构、场所没有实际联系的，应当就其来源于中国境内的所得缴纳企业所得税。

故分析如下：

业务(1)：美国思科公司出售位于韩国首尔的一处工业厂房属于虽非居民企业在中国境内设立机构、场所，但取得的所得与其所设机构、场所没有实际联系的所得，且发生在境外，无须向中国缴纳企业所得税；

业务(2)：美国思科公司滨州办事处，从澳大利亚取得办事处出租给澳大利亚美澳矿业公司的设备租赁款20万美元，属于非居民企业在中国境内设立机构、场所，取得的发生在中国境外但与其所设机构、场所有实际联系的所得，应当向中国缴纳企业所得税；

业务(3)：思科公司滨州办事处出售给山东太广电子公司电子产品，属于非居民企业在中国境内设立机构、场所，取得的来源于中国境内的所得，应当向中国缴纳企业所得税；

业务(4)：美国思科公司从山东龙辉电子公司取得分回的股利20万美元，属于非居民企业在中国境内设立机构、场所，但取得的所得与其所设机构、场所没有实际联系的来源于中国境内的所得，应当缴纳企业所得税。

三 认识企业所得税的税率

任务情境

2009年9月，山东滨州的杨丽和李海准备建立从事笔记本维修的公司，年净利润大约为20万元，了解到公司规模小的话可以得到税率优惠，便一起去滨州海诚税务师事务所了解情况。滨州海诚税务师事务所的王大海接待了他们。

如果你是王大海，从税率角度有什么建议？

任务指导

企业所得税税率是体现国家与企业分配关系的核心要素。税率设计的原则是兼顾国家、企业、职工个人三者利益，既要保证财政收入的稳定增长，又要使企业在发展生产、经营方面有一定的财力保证。

企业所得税实行比例税率。比例税率简便易行，透明度高，不会因征税而改变企业间收入分配比例，有利于促进效率的提高。现行规定是：

1. 基本税率为25%。适用于居民企业和在中国境内设有机构、场所且所得与机构、场所有关联的非居民企业。

2. 低税率为20%。适用于在中国境内未设立机构、场所，或者虽设立机构、场所但取得的所得与其所设机构、场所没有实际联系的非居民企业。但实际征税时适用10%的税率。

3. 小型微利税率。小型微利企业按20%的所得税税率征收企业所得税。小型微利企业的条件如下：

(1)工业企业。年度应纳税所得额不超过30万元，从业人数不超过100人，资产总额不超过3 000万元。

(2)其他企业。年度应纳税所得额不超过30万元，从业人数不超过80人，资产总额不超过1 000万元。

4. 国家需要重点扶持的高新技术企业按15%的所得税税率征收企业所得税。

国家需要重点扶持的高新技术企业，是指拥有核心自主知识产权，并同时符合下列条件的企业：

(1)产品(服务)属于《国家重点支持的高新技术领域》规定的范围。

(2)研究开发费用占销售收入的比例不低于规定比例。

(3)高新技术产品(服务)收入占企业总收入的比例不低于规定比例。

(4)科技人员占企业职工总数的比例不低于规定比例。

(5)高新技术企业认定管理办法规定的其他条件。

任务处理

根据资料可知，杨丽和李海准备建立的笔记本维修公司，年净利润为20万元左右，规模小，从纳税角度考虑，可以组建两家独立的笔记本维修公司，并分别设立在城市的两个区域，这样不但能够享受企业所得税低税率的优惠，同时又避免同一区域的同业竞争。

此外，根据《国务院关于进一步促进中小企业发展的若干意见》，自2010年1月1日至2010年12月31日，对年应纳税所得额低于3万元(含3万元)的小型微利企业，其所得按50%计入应纳税所得额，按20%的税率缴纳企业所得税。相当于小型微利企业的实际税率在2010年仅为10%。

任务二　企业所得税的基本计算

一　计算应纳税额

任务情境

经计算，山东东山机械股份公司2008年企业所得税应纳税所得额为10 000万元，计算东山机械股份公司2008年的企业所得税。

任务指导

居民企业应纳税额等于应纳税所得额乘以适用税率。基本计算公式为：

居民企业应纳税额＝应纳税所得额×适用税率－减免税额－抵免税额

任务处理

山东东山机械股份公司2008年企业所得税＝10 000×25%＝2 500(万元)

二　计算应纳税所得额

任务情境

山东东山机械股份公司2008年的收入总额为40 000万元，其中国债利息收入100万元，各项扣除29 900万元。

要求：假如你是山东东山机械股份公司的办税员，请计算其应纳税所得额。

任务指导

应纳税所得额是企业所得税的计税依据，按照企业所得税法的规定，应纳税所得额为企业每一个纳税年度的收入总额，减除不征税收入、免税收入、各项扣除，以及允许弥补的以前年度亏损后的余额。基本公式为：

应纳税所得额＝收入总额－不征税收入－免税收入－各项扣除－以前年度亏损

企业应纳税所得额的计算以权责发生制为原则，属于当期的收入和费用，不论款项是否收付，均作为当期的收入和费用；不属于当期的收入和费用，即使款项已经在当期收付，均不作为当期的收入和费用。应纳税所得额的正确计算直接关系到国家财政收入和企业的税收负担，并且同成本、费用核算关系密切。因此，《企业所得税法》对应纳税所得额计算做了明确规定，主要内容包括收入总额、不征税收入、免税收入、扣除原则和范围、资产的税务处理、亏损弥补等。

(一)收入总额

企业的收入总额包括以货币形式和非货币形式从各种来源取得的收入，具体有销售货物收入，提供劳务收入，转让财产收入，股息、红利等权益性投资收益，以及利息收入，租金收入，特许权使用费收入，接受捐赠收入，其他收入。

(二)不征税收入和免税收入

国家为了扶持和鼓励某些特殊的纳税人和特定的项目，或者避免因征税影响企业的正常经营，对企业取得的某些收入予以不征税或免税的特殊政策，以减轻企业的负担，促进经济的协调发展，或准予抵扣应纳税所得额，或者是对专项用途的资金作为非税收入处理，减轻企业的税负，增加企业可用资金。

1. 不征税收入

(1)财政拨款。是指各级人民政府对纳入预算管理的事业单位、社会团体等组织拨付的财政资金，但国务院和国务院财政、税务主管部门另有规定的除外。

(2)依法收取并纳入财政管理的行政事业性收费，是指依照法律、法规等有关规定，按照国务院规定程序批准，在实施社会公共管理，以及在向公民、法人或者其他组织提供特定公共服务的过程中，向特定对象收取并纳入财政管理的费用。政府性基金，是指企业依照法律、行政法规等有关规定，代政府收取的具有专项用途的财政资金。

(3)国务院规定的其他不征税收入，是指企业取得的，由国务院财政、税务主管部门规定专项用途并经国务院批准的财政性资金。

2. 免税收入

(1)国债利息收入。为鼓励企业积极购买国债,支援国家建设项目,税法规定,企业因购买国债所得的利息收入,免征企业所得税。

(2)符合条件的居民企业之间的股息、红利等权益性收益。该收益是指居民企业直接投资于其他居民企业取得的投资收益。

(3)在中国境内设立机构、场所的非居民企业从居民企业取得与该机构、场所有实际联系的股息、红利等权益性投资收益。该收益不包括连续持有居民企业公开发行并上市流通的股票不足12个月取得的投资收益。

(4)符合条件的非营利性组织的收入。非营利性组织是指同时符合下列条件的组织:

①依法履行非营利组织登记手续;

②从事公益性或者非营利性活动;

③取得的收入除用于与该组织有关的、合理的支出外,全部用于登记核定或者章程规定的公益性或者非营利性事业;

④财产及其孳生息不用于分配的组织;

⑤按照登记核定或者章程规定,该组织注销后的剩余财产用于公益性或者非营利性目的,或者由登记管理机关转赠给与该组织性质、宗旨相同的组织,并向社会公告;

⑥投入人对投入该组织的财产不保留或者享有任何财产权利;

⑦工作人员工资福利开支控制在规定的比例内,不变相分配该组织的财产;

⑧国务院财政、税务主管部门规定的其他条件。

《企业所得税法》第二十六条第4项所称符合条件的非营利组织的收入,不包括非营利组织从事营利性活动取得的收入,但国务院财政、税务主管部门另有规定的除外。

(三)扣除原则和范围

1.扣除项目的范围

《企业所得税法》规定,企业实际发生的与取得收入有关的、合理的支出,包括成本、费用、税金、损失、其他支出,准予在计算应纳税所得额时扣除。在实际中,计算应纳税所得额时还应注意以下三方面的内容:

(1)企业发生的支出应当区分收益性支出和资本性支出。收益性支出在发生当期直接扣除;资本性支出应当分期扣除或者计入有关资产成本,不得在发生当期直接扣除。

(2)企业的不征税收入用于支出所形成的费用或者财产,不得扣除或者计算对应的折旧、摊销扣除。

(3)除《企业所得税法》另有规定外,企业实际发生的成本、费用、税金、损失和其他支出,不得重复扣除。

2. 税前扣除项目的原则

企业申报的扣除项目和金额要真实、合法。所谓真实是指能证明有关支出确属已经实际发生;合法是指符合国家税法的规定,若其他法规规定与税收法规规定不一致,应以税收法规的规定为标准。除税收法规另有规定外,税前扣除一般应遵循以下原则:

(1)权责发生制原则。是指企业费用应在发生的所属期扣除,而不是在实际支付时确认扣除。

(2)配比原则。是指企业发生的费用应当与收入配比扣除。除特殊规定外,企业发生的费用不得提前或滞后申报扣除。

(3)相关性原则。企业可扣除的费用从性质和根源上必须与取得应税收入直接相关。

(4)确定性原则。即企业可扣除的费用不论何时支付,其金额必须是确定的。

(5)合理性原则。符合生产经营活动常规,应当计入当期损益或者有关资产成本的必要和正常的支出。

任务处理

山东东山机械股份公司 2008 年应纳税所得额计算如下:

东山机械应纳税所得额=40 000-100-29 900=10 000(万元)

三 计算收入总额

任务情境

山东东山机械股份公司 2008 年收入情况如下:

(1)主营业务收入账簿中,销售工程机械 2 000 台,每台不含增值税价 15 万元;

(2)其他业务收入中,出租沿街商用房 12 000 平方米,年租金收入 1 000 万元;

(3)营业外收入中,转让一栋办公楼,原值 680 万元,已提折旧 180 万元,转让价 1 497 万元,发生交易税费 97 万元;

(4)投资收益中,交易性金融资产转让收益 8 000 万元,国债利息收入 100 万元。

要求:假如你是山东东山机械股份公司的办税员,请计算其应纳税收入。

任务指导

企业取得收入的货币形式,包括现金、存款、应收账款、应收票据、准备持有至到期的债券投资以及债务的豁免等。纳税人以非货币形式取得的收入,包括固定资产、生物资产、无形资产、股权投资、存货、不准备持有至到期的债券投资、劳务以及有关权益等。这些非货币资产应当按照公允价值确定收入额,公允价值是指按照市场价格确定的价值。收入的具体构成为:

(1)销售货物收入。是指企业销售商品、产品、原材料、包装物、低值易耗品以及其他存货取得的收入。

(2)劳务收入。是指企业从事建筑安装、修理修配、交通运输、仓储租赁、金融保险、邮电通信、咨询经纪、文化体育、科学研究、技术服务、教育培训、餐饮住宿、中介代理、卫生保健、社区服务、旅游、娱乐、加工以及其他劳务服务活动取得的收入。

(3)财产转让收入。是指企业转让固定资产、生物资产、无形资产、股权、债权等财产取得的收入。

(4)股息、红利等权益性投资收益。是指企业因权益性投资从被投资方取得的收入。股息、红利等权益性投资收益,除国务院财政、税务主管部门另有规定外,按照被投资方做出利润分配决定的日期确认收入的实现。

(5)利息收入。是指企业将资金提供他人使用但不构成权益性投资,或者因他人占用企业资金取得的收入,包括存款利息、贷款利息、债券利息、欠款利息等收入。利息收入,按照合同约定的债务人应付利息的日期确认收入的实现。

(6)租金收入。是指企业提供固定资产、包装物或者其他有形财产的使用权取得的收入。租金收入,按照合同约定的承租人应付租金的日期确认收入的实现。

(7)特许权使用费收入。是指企业提供专利权、非专利技术、商标权、著作权以及其他特许权的使用权而取得的收入。特许权使用费收入,按照合同约定的特许权使用人应付特许权使用费的日期确认收入的实现。

(8)接受捐赠收入。是指企业接受的来自其他企业、组织或者个人无偿给予的货币性资产、非货币性资产。接受捐赠收入,按照实际收到捐赠资产的日期确认收入的实现。

(9)其他收入。是指企业取得的除以上收入外的其他收入,包括企业资产溢余收入、逾期未退包装物押金收入、确实无法偿付的应付款项、已做坏账损失处理后又收回的应收款项、债务重组收入、补贴收入、违约金收入、汇兑收益等。

任务处理

山东东山机械股份公司2008年收入总额及免税收入计算如下:

收入总额=15×2 000+1 000+[1 497-(680-180)-97]+8 000+100=40 000(万元)

其中:国债利息收入100万元为免税收入。

四 计算扣除项目

任务情境

山东东山机械股份公司2008年各项扣除项目如下:

1.主营业务成本账簿中,2008年销售2 000台工程机械,单台成本10万元。

2.其他业务成本账簿中,出租沿街商用房计提折旧900万元(符合税法要求)。

3. 2008年营业税金及附加账簿中记录的业务如下:

(1)2008年共缴纳增值税5 100万元;

(2)2008年共缴纳营业税150万元;

(3)2008年缴纳城市维护建设税和教育费附加525万元(公司位于市区)。

4.其他允许扣除的成本、费用、税金总计8 325万元。

要求:假如你是山东东山机械股份公司的办税员,请计算其允许扣除项目的金额。

任务指导

允许扣除的项目如下:

(1)成本。是指企业在生产经营活动中发生的销售成本、销货成本、业务支出,以及其他耗费,即企业销售商品(产品、材料、下脚料、废料、废旧物资等),提供劳务,转让固定资产、无形资产(包括技术转让)的成本。

企业必须将经营活动中发生的成本合理划分为直接成本和间接成本。直接成本是指可直接计入有关成本计算对象或劳务的经营成本中的直接材料、直接人工等。间接成本是指多个部门为同一成本对象提供服务的共同成本，或者同一种投入可以制造、提供两种或两种以上的产品或劳务的联合成本。

直接成本可根据有关会计凭证、记录直接计入有关成本计算对象或劳务的经营成本中。间接成本必须根据与成本计算对象之间的因果关系、成本计算对象的产量等，以合理的方法分配计入有关成本计算对象中。

(2)费用。是指企业每一个纳税年度为生产、经营商品和提供劳务等所发生的销售(经营)费用、管理费用和财务费用。已计入成本的有关费用除外。

销售费用是指应由企业负担的为销售商品而发生的费用，包括广告费、运输费、装卸费、包装费、展览费、保险费、销售佣金(能直接认定的进口佣金调整商品进价成本)、代销手续费、经营性租赁费及销售部门发生的差旅费、工资、福利费等费用。

管理费用是指企业的行政管理部门为管理组织经营活动提供各项支援性服务而发生的费用。

财务费用是指企业筹集经营性资金而发生的费用，包括利息净支出、汇兑净损失、金融机构手续费以及其他非资本化支出。

(3)税金。是指企业发生的除企业所得税和允许抵扣的增值税以外的企业缴纳的各项税金及其附加，即企业按规定缴纳的消费税、营业税、城市维护建设税、关税、资源税、土地增值税、房产税、车船税、土地使用税、印花税、教育费附加等产品销售税金及附加。这些已纳税金准予税前扣除。准许扣除的税金有两种方式：一是在发生当期扣除；二是在发生当期计入相关资产的成本，在以后各期分摊扣除。

(4)损失。是指企业在生产经营活动中发生的固定资产和存货的盘亏、毁损、报废损失，转让财产损失，呆账损失，坏账损失，自然灾害等不可抗力因素造成的损失以及其他损失。

企业发生的损失减除责任人赔偿和保险赔款后的余额，依照国务院财政、税务主管部门的规定扣除。

企业已经作为损失处理的资产，在以后纳税年度又全部收回或者部分收回时，应当计入当期收入。

(5)扣除的其他支出。是指除成本、费用、税金、损失外，企业在生产经营活动中发生的与生产经营活动有关的、合理的支出。

任务处理

山东东山机械公司允许扣除项目的金额计算如下：

允许扣除项目的金额＝10×2 000＋900＋150＋525＋8 325＝29 900(万元)

注意：增值税与企业所得税的计算通常无关。

任务三 应纳税所得额的扩展计算

一 计算视同销售收入调整

任务情境

2009 年,山东东城电子公司与山东西城电子公司进行非货币性交换。山东东城电子公司以产成品 1 000 台 MP4(账面价值 1 000 元/台,公允价值 1 300 元/台)换取山东西城电子公司电子词典 1 000 台(账面价值 1 000 元/台,公允价值 1 200 元/台)作为代售库存商品,山东西城电子公司支付补价 117 000 元。该交易不具有商业实质。

要求:请计算山东东城电子公司应调增的应纳税所得额。

任务指导

企业发生非货币性资产交换、偿债,以及将货物用于捐赠、赞助、集资、广告、样品、职工福利和利润分配,应当视同销售货物,确认收入。

对于将货物用于在建工程、管理部门、分公司等仅是增值税视同销售,这考虑到与增值税暂行条例的衔接,不能作为企业所得税视同销售。因为《企业所得税法》采用的是法人所得税的模式,对于货物在统一法人实体内部之间的转移,比如用于在建工程、管理部门、分公司等不再作为销售处理,不能作为视同销售处理。

任务处理

山东东城电子公司的税务处理为:视同销售收入 1 300 000 元,视同销售成本 1 000 000 元,调增应纳税所得额 300 000 元。

二 计算特殊销售方式的收入调整

任务情境

2008 年 12 月 31 日,山东东城电子公司向山东东区商场销售上网本 10 000 台,上网本的成本为 2 000 万元,现销价为 2 500 万元。销售合同约定为采用分期销售方式,约定分别于 2008、2009、2010 年的 12 月 31 日等额收取销货款 1 000 万元,共计 3 000 万元。

要求:计算该项业务 2008 年应当计算企业所得税的销售收入。

任务指导

特殊收入的确认:

(1)以分期收款方式销售货物的,按照合同约定的收款日期确认收入的实现。

(2)企业受托加工制造大型机械设备、船舶、飞机,以及从事建筑、安装、装配工程业务或者提供其他劳务等，持续时间超过12个月的，按照纳税年度内完工进度或者完成的工作量确认收入的实现。

(3)采取产品分成方式取得收入的，按照企业分得产品的日期确认收入的实现，其收入额按照产品的公允价值确定。

(4)企业发生非货币性资产交换，以及将货物、财产、劳务用于捐赠、偿债、赞助、集资、广告、样品、职工福利或者利润分配等用途的，应当视同销售货物、转让财产或者提供劳务，但国务院财政、税务主管部门另有规定的除外。

任务处理

该业务按税法规定，分期销售于合同约定的收款日期产生纳税义务，所以该业务计入2008年中的企业所得税收入为1 000万元。

三 计算重组收入调整

任务情境

山东东城电子公司欠山东东方电子元器件公司80万元。双方协商后，山东东方电子元器件公司同意山东东城电子公司以其生产的600台MP4偿还债务，该产品总售价60万元，成本44万元。山东东方电子元器件公司将该产品作为产成品入库。

要求：计算山东东城电子公司的债务重组收益。

任务指导

(一)企业重组

企业重组，是指企业在日常经营活动以外发生的法律结构或经济结构重大改变的交易，包括企业法律形式改变、债务重组、股权收购、资产收购、合并、分立、股权支付等。

1.企业法律形式改变，是指企业注册名称、住所以及企业组织形式等的简单改变，但符合本通知规定其他重组的类型除外。

2.债务重组，是指在债务人发生财务困难的情况下，债权人按照其与债务人达成的书面协议或者法院裁定书，就其债务人的债务作出让步的事项。

3.股权收购，是指一家企业(以下称为收购企业)购买另一家企业(以下称为被收购企业)的股权，以实现对被收购企业控制的交易。收购企业支付对价的形式包括股权支付、非股权支付或两者的组合。

4.资产收购，是指一家企业(以下称为受让企业)购买另一家企业(以下称为转让企业)实质经营性资产的交易。受让企业支付对价的形式包括股权支付、非股权支付或两者的组合。

5.合并，是指一家或多家企业(以下称为被合并企业)将其全部资产和负债转让给另一家现存或新设企业(以下称为合并企业)，被合并企业股东换取合并企业的股权或非股权支付，实现两个或两个以上企业的依法合并。

6.分立，是指一家企业(以下称为被分立企业)将部分或全部资产分离转让给现存或新设的企业（以下称为分立企业），被分立企业股东换取分立企业的股权或非股权支付，实现企业的依法分立。

7.股权支付，是指企业重组中购买、换取资产的一方支付的对价中，以本企业或其控股企业的股权、股份作为支付的形式；非股权支付，是指以本企业的现金、银行存款、应收款项、本企业或其控股企业股权和股份以外的有价证券、存货、固定资产、其他资产以及承担债务等作为支付的形式。

（二）企业重组的税务处理

企业重组区分不同条件分别适用一般性税务处理规定和特殊性税务处理规定。

1.一般性税务处理规定

企业重组，除符合规定适用特殊性税务处理规定的外，按以下规定进行税务处理：

（1）企业由法人转变为个人独资企业、合伙企业等非法人组织，或将登记注册地转移至中华人民共和国境外（包括港澳台地区），应视同企业进行清算、分配，股东重新投资成立新企业。企业的全部资产以及股东投资的计税基础均应以公允价值为基础确定。

企业发生其他法律形式简单改变的，可直接变更税务登记，除另有规定外，有关企业所得税纳税事项（包括亏损结转、税收优惠等权益和义务）由变更后的企业承继，但因住所发生变化而不符合税收优惠条件的除外。

（2）企业债务重组，相关交易应按以下规定处理：

①以非货币资产清偿债务，应当分解为转让相关非货币性资产、按非货币性资产公允价值清偿债务两项业务，确认相关资产的所得或损失。

②发生债权转股权的，应当分解为债务清偿和股权投资两项业务，确认有关债务清偿所得或损失。

③债务人应当按照支付的债务清偿额低于债务计税基础的差额，确认债务重组所得；债权人应当按照收到的债务清偿额低于债权计税基础的差额，确认债务重组损失。

④债务人的相关所得税纳税事项原则上保持不变。

（3）企业股权收购、资产收购重组，相关交易应按以下规定处理：

①被收购方应确认股权、资产转让所得或损失。

②收购方取得股权或资产的计税基础应以公允价值为基础确定。

③被收购企业的相关所得税事项原则上保持不变。

（4）企业合并，当事各方应按下列规定处理：

①合并企业应按公允价值确定接受被合并企业各项资产和负债的计税基础。

②被合并企业及其股东都应按清算进行所得税处理。

③被合并企业的亏损不得在合并企业结转弥补。

（5）企业分立，当事各方应按下列规定处理：

①被分立企业对分立出去的资产应按公允价值确认资产转让所得或损失。

②分立企业应按公允价值确认接受资产的计税基础。

③被分立企业继续存在时，其股东取得的对价应视同被分立企业分配进行处理。

④被分立企业不再继续存在时，被分立企业及其股东都应按清算进行所得税处理。

⑤企业分立相关企业的亏损不得相互结转弥补。

2.特殊性税务处理规定

(1)特殊性税务处理的条件

①具有合理的商业目的,且不以减少、免除或者推迟缴纳税款为主要目的。

②被收购、合并或分立部分的资产或股权比例符合本通知规定的比例。

③企业重组后的连续12个月内不改变重组资产原来的实质性经营活动。

④重组交易对价中涉及股权支付金额符合本通知规定比例。

⑤企业重组中取得股权支付的原主要股东,在重组后连续12个月内,不得转让所取得的股权。

(2)企业重组特殊性税务处理

交易各方对其交易中的股权支付部分,可以按以下规定进行特殊性税务处理:

①企业债务重组确认的应纳税所得额占该企业当年应纳税所得额50%以上,可以在5个纳税年度的期间内,均匀计入各年度的应纳税所得额。

企业发生债权转股权业务,对债务清偿和股权投资两项业务暂不确认有关债务清偿所得或损失,股权投资的计税基础以原债权的计税基础确定。企业的其他相关所得税事项保持不变。

②股权收购。收购企业购买的股权不低于被收购企业全部股权的75%,且收购企业在该股权收购发生时的股权支付金额不低于其交易支付总额的85%,可以选择按以下规定处理:

a.被收购企业的股东取得收购企业股权的计税基础,以被收购股权的原有计税基础确定。

b.收购企业取得被收购企业股权的计税基础,以被收购股权的原有计税基础确定。

c.收购企业、被收购企业的原有各项资产和负债的计税基础和其他相关所得税事项保持不变。

③资产收购。受让企业收购的资产不低于转让企业全部资产的75%,且受让企业在该资产收购发生时的股权支付金额不低于其交易支付总额的85%,可以选择按以下规定处理:

a.转让企业取得受让企业股权的计税基础,以被转让资产的原有计税基础确定。

b.受让企业取得转让企业资产的计税基础,以被转让资产的原有计税基础确定。

④企业合并。企业股东在该企业合并发生时取得的股权支付金额不低于其交易支付总额的85%,以及同一控制下且不需要支付对价的企业合并,可以选择按以下规定处理:

a.合并企业接受被合并企业资产和负债的计税基础,以被合并企业的原有计税基础确定。

b.被合并企业合并前的相关所得税事项由合并企业承继。

c.可由合并企业弥补的被合并企业亏损的限额为被合并企业净资产公允价值与截至合并业务发生当年年末国家发行的最长期限的国债利率之积。

d.被合并企业股东取得合并企业股权的计税基础,以其原持有的被合并企业股权的计税基础确定。

⑤企业分立。被分立企业所有股东按原持股比例取得分立企业的股权,分立企业和被分立企业均不改变原来的实质经营活动,且被分立企业股东在该企业分立发生时取得的股

权支付金额不低于其交易支付总额的85%，可以选择按以下规定处理：

a. 分立企业接受被分立企业资产和负债的计税基础，以被分立企业的原有计税基础确定。

b. 分立企业已分立出去资产相应的所得税事项由分立企业承继。

c. 被分立企业未超过法定弥补期限的亏损额可按分立资产占全部资产的比例进行分配，由分立企业继续弥补。

d. 被分立企业的股东取得分立企业的股权（以下简称"新股"），如需部分或全部放弃原持有的被分立企业的股权（以下简称"旧股"），"新股"的计税基础应以放弃"旧股"的计税基础确定。如不需放弃"旧股"，则其取得"新股"的计税基础可从以下两种方法中选择确定：直接将"新股"的计税基础确定为零；或者以被分立企业分立出去的净资产占被分立企业全部净资产的比例先调减原持有的"旧股"的计税基础，再将调减的计税基础平均分配到"新股"上。

⑥重组交易各方按规定对交易中股权支付暂不确认有关资产的转让所得或损失的，其非股权支付仍应在交易当期确认相应的资产转让所得或损失，并调整相应资产的计税基础。

非股权支付对应的资产转让所得或损失＝（被转让资产的公允价值－被转让资产的计税基础）×（非股权支付金额÷被转让资产的公允价值）

⑦企业发生涉及中国境内与境外之间（包括港澳台地区）的股权和资产收购交易，除应符合第五条规定的条件外，还应同时符合下列条件，才可选择适用特殊性税务处理规定：

a. 非居民企业向其100%直接控股的另一非居民企业转让其拥有的居民企业股权，没有因此造成以后该项股权转让所得预提税负担变化，且转让方非居民企业向主管税务机关书面承诺在3年（含3年）内不转让其拥有受让方非居民企业的股权；

b. 非居民企业向与其具有100%直接控股关系的居民企业转让其拥有的另一居民企业股权；

c. 居民企业以其拥有的资产或股权向其100%直接控股的非居民企业进行投资；

d. 财政部、国家税务总局核准的其他情形。

⑧居民企业以其拥有的资产或股权向其100%直接控股关系的非居民企业进行投资，其资产或股权转让收益如选择特殊性税务处理，可以在10个纳税年度内均匀计入各年度应纳税所得额。

⑨在企业吸收合并中，合并后的存续企业性质及适用税收优惠的条件未发生改变的，可以继续享受合并前该企业剩余期限的税收优惠，其优惠金额按存续企业合并前一年的应纳税所得额（亏损计为零）计算。

⑩在企业存续分立中，分立后的存续企业性质及适用税收优惠的条件未发生改变的，可以继续享受分立前该企业剩余期限的税收优惠，其优惠金额按该企业分立前一年的应纳税所得额（亏损计为零）乘以分立后存续企业资产占分立前该企业全部资产的比例计算。

⑪企业在重组发生前后连续12个月内分步对其资产、股权进行交易，应根据实质重于形式原则将上述交易作为一项企业重组交易进行处理。

⑫企业发生符合规定的特殊性重组条件并选择特殊性税务处理的，当事各方应在该重组业务完成当年企业所得税年度申报时，向主管税务机关提交书面备案资料，证明其符合各类特殊性重组规定的条件。企业未按规定书面备案的，一律不得按特殊重组业务进行税务

处理。

⑬关联方之间的债务重组

关联方之间发生的债务重组,符合以下条件之一的,可以按规定确认债务重组所得或损失:

a.经法院裁定的;

b.有全体债权人同意的协议;

c.国务院财政、税务主管部门规定的。

不符合条件的关联方之间的债务重组,债权人的让步损失应当视为捐赠,不得在税前扣除,债务人应当确认捐赠收入;如果债务人是债权人的股东,债权人所作的让步应当推定为企业对股东的分配。

任务处理

山东东城电子公司的债务重组收益计算如下:

主营业务收入=600 000(元);主营业务成本=440 000(元);债务重组收益= 800 000 −600 000−600 000×17%=98 000(元)。

四　计算权益法下长期股权投资初始确认调整

任务情境

山东东城电子公司于2008年1月取得山东华方电子股份有限公司30%的股权,支付价款9 000万元,取得山东华方电子股份有限公司净资产账面价值为36 000万元。山东华方电子股份有限公司各项可辨认的资产、负债的公允价值与其账面价值相同。

山东东城电子公司的会计处理为:

借:长期股权投资——投资成本	108 000 000
贷:银行存款	90 000 000
营业外收入	18 000 000

要求:计算该长期投资的所得税计税收入。

任务指导

根据企业会计准则,对联营企业和企业的投资,当投资成本小于享有的被投资单位可辨认净资产公允价值份额之间的差额时,体现为双方在交易作价过程中被投资方的让步,该部分经济利益作为营业外收入处理。

但是根据企业所得税法规及纳税申报表填写说明,该部分收益实际未发生,长期股权投资的计税基础只能是实际发生的投资成本,该部分收益不征企业所得税,应将该部分收入调减企业所得税应纳税所得额。

任务处理

尽管会计上长期投资入账价值为10 800万元,确认营业外收入1 800万元;但根据税法相关法规，长期投资的计税成本为 9 000 万元，不确认 1 800 万元的收入。

五　减计收入调整的计算

任务情境

2009 年，山东东城电子公司销售用废旧电子电器产品生产的银，取得不含税收入 500 万元。

要求：计算该项业务调减应纳税所得额的金额。

任务指导

(一)减计收入的税务处理

企业以《资源综合利用企业所得税优惠目录》(以下简称《目录》)规定的资源作为主要原材料，生产国家非限制和禁止并符合国家和行业相关标准的产品取得的收入，按 90%计入收入总额。

原材料占生产产品材料的比例不得低于《目录》规定的标准。

(二)减计收入的具体规定

根据《中华人民共和国企业所得税法》和《中华人民共和国企业所得税法实施条例》的有关规定：

1. 企业自 2008 年 1 月 1 日起以《目录》中所列资源为主要原材料，生产《目录》内符合国家或行业相关标准的产品取得的收入，在计算应纳税所得额时，按 90%计入当年收入总额。享受上述税收优惠时，《目录》内所列资源占产品原料的比例应符合《目录》规定的技术标准。

2. 企业同时从事其他项目而取得的非资源综合利用收入，应与资源综合利用收入分开核算。没有分开核算的，不得享受优惠政策。

3. 企业从事不符合实施条例和《目录》规定范围、条件和技术标准的项目，不得享受资源综合利用企业所得税优惠政策。

4. 根据经济社会发展需要及企业所得税优惠政策实施情况，国务院财政、税务主管部门会同国家发展改革委等有关部门适时对《目录》内的项目进行调整和修订，并在报国务院批准后对《目录》进行更新。

(三)优惠目录(见表 6-1)

表 6-1 《资源综合利用企业所得税优惠目录》简表

类别	序号	综合利用的资源	生产的产品
一、共生、伴生资源	1	煤系共生、伴生的矿产资源、瓦斯	高岭岩(土)、铝矾土、膨润土,电力、热力及燃气
二、废水(液)、废气、废渣	2	煤矸石、石煤、粉煤灰(渣)、建筑垃圾等	砖(瓦)、砌块(等)
	3	转炉渣、电炉渣等	铁、铁合金料等
	4	化工、纺织、造纸工业废液(渣)	银、盐、锌等
	5	制盐液(苦卤)及硼酸废液	氯化钾、溴素、氯化镁等
	6	工矿废水、城市污水	再生水
	7	废生物质油、废弃润滑油	生物柴油等
	8	焦炉煤气、化工废气	硫黄、硫酸等
	9	转炉煤气、高炉煤气等	电力、热力
三、再生资源	10	废旧电池等	金属等
	11	废灯泡等	有色金属等
	12	锯末等	人造板等
	13	废塑料	塑料制品
	14	废、旧轮胎	翻新轮胎等
	15	废弃天然纤维等	纤维纱等
	16	农作物秸秆等	电力等

任务处理

山东东城电子公司该笔销售收入 500 万元,按照税法规定,可以享受减计 10%的收入额优惠,即调减应纳税所得额 50 万元(500×10%)。

六　计算减、免税项目所得

任务情境

山东滨州万全股份公司 2008 年收入 2 000 万元(产品收入 1 000 万元,代政府收取的具有专项用途的财政资金 20 万元,符合条件的居民企业之间的股息、红利等权益性投资收益 50 万元,综合利用收入 100 万元,农产品初加工收入 90 万元,香料作物收入 60 万元,节能减排技术改造 2007 年取得第一笔收入,本年取得收入 80 万元,符合条件的技术转让所得 600 万元)。

发生各项成本费用 1 500 万元(不符合税法规定在税前扣除金额 510 万元,其他都符合税法要求)。购置节能节水专用设备投资额 60 万元,即投入使用,三新技术开发费未形成无形资产金额40万元，安置残疾人工资100万元。以前年度亏损10万元（注：该企业2008年符合小型微企业标准）。

要求：计算该企业的应纳所得税额。

任务指导

企业中常见的减、免税项目所得主要包括涉农减免和技术减免。

（一）从事农、林、牧、渔业项目的所得

企业从事农、林、牧、渔业项目的所得，包括免征和减征两部分。

1.企业从事下列项目的所得，免征企业所得税：

（1）蔬菜、谷物、薯类、油料、豆类、棉花、麻类、糖料、水果、坚果的种植。

（2）农作物新品种的选育。

（3）中药材的种植。

（4）林木的培育和种植。

（5）牲畜、家禽的饲养。

（6）林产品的采集。

（7）灌溉、农产品初加工、兽医、农技推广、农机作业和维修等农、林、牧、渔服务业项目。

（8）远洋捕捞。

2.企业从事下列项目的所得，减半征收企业所得税：

（1）花卉、茶以及其他饮料作物和香料作物的种植。

（2）海水养殖、内陆养殖。

（二）从事国家重点扶持的公共基础设施项目投资经营的所得

企业所得税法所称的国家重点扶持的公共基础设施项目，是指《公共基础设施项目企业所得税优惠目录》规定的港口码头、机场、铁路、公路、电力、水利等项目。

企业从事国家重点扶持的公共基础设施项目的投资经营的所得，自项目取得第一笔生产经营收入所属纳税年度起，第一年至第三年免征企业所得税，第四年至第六年减半征收企业所得税。

企业承包经营、承包建设和内部自建自用本条规定的项目，不得享受本条规定的企业所得税优惠。

（三）从事符合条件的环境保护、节能节水项目的所得

环境保护、节能节水项目的所得，自项目取得第一笔生产经营收入所属纳税年度起，第一年至第三年免征企业所得税，第四年至第六年减半征收企业所得税。

符合条件的环境保护、节能节水项目，包括公共污水处理、公共垃圾处理、沼气综合开发利用、节能减排技术改造、海水淡化等。项目的具体条件和范围由国家财政、税务主管部门同国务院有关部门制定，报国务院批准后公布施行。

但是以上规定享受减免税优惠的项目，在减免税期限内转让的，受让方自受让之日起，可以在剩余期限内享受规定的减免税优惠；减免税期限届满后转让的，受让方不得就该项目重复享受减免税优惠。

（四）技术转让减免

符合条件的技术转让所得免征、减征企业所得税，是指一个纳税年度内，居民企业技术转让所得不超过500万元的部分，免征企业所得税；超过500万元的部分，减半征收企业所得税。

1. 根据《企业所得税法》第二十七条第（四）项的规定，享受减免企业所得税优惠的技术转让应符合以下条件：

（1）享受优惠的技术转让主体是《企业所得税法》规定的居民企业；

（2）技术转让属于财政部、国家税务总局规定的范围；

（3）境内技术转让经省级以上科技部门认定；

（4）向境外转让技术经省级以上商务部门认定；

（5）国务院税务主管部门规定的其他条件。

2. 符合条件的技术转让所得应按以下方法计算：

技术转让所得＝技术转让收入－技术转让成本－相关税费

技术转让收入是指当事人履行技术转让合同后获得的价款，不包括销售或转让设备、仪器、零部件、原材料等非技术性收入。不属于与技术转让项目密不可分的技术咨询、技术服务、技术培训等收入，不得计入技术转让收入。

技术转让成本是指转让的无形资产的净值，即该无形资产的计税基础减除在资产使用期间按照规定计算的摊销扣除额后的余额。

相关税费是指技术转让过程中实际发生的有关税费，包括除企业所得税和允许抵扣的增值税以外的各项税金及其附加、合同签订费用、律师费等相关费用及其他支出。

3. 享受技术转让所得税优惠的企业，应单独计算技术转让所得，并合理分摊企业的期间费用；没有单独计算的，不得享受技术转让所得税优惠。

4. 企业发生技术转让，应在纳税年度终了后至报送年度纳税申报表以前，向主管税务机关办理减免税备案手续。

（1）企业发生境内技术转让，向主管税务机关备案时应报送以下资料：

①技术转让合同（副本）；

②省级以上科技部门出具的技术合同登记证明；

③技术转让所得归集、分摊、计算的相关资料；

④实际缴纳相关税费的证明资料；

⑤主管税务机关要求提供的其他资料。

（2）企业向境外转让技术，向主管税务机关备案时应报送以下资料：

①技术出口合同（副本）；

②省级以上商务部门出具的技术出口合同登记证书或技术出口许可证；

③技术出口合同数据表；

④技术转让所得归集、分摊、计算的相关资料；

⑤实际缴纳相关税费的证明资料；

⑥主管税务机关要求提供的其他资料。

任务处理

应纳税额＝应纳税所得额×适用税率－减免税额－抵免税额＝（收入总额－不征税收入－免税收入－扣除额－允许弥补的以前年度亏损）×适用税率－减免税额－抵免税额

故：

收入总额＝2 000(万元)；

不征税收入＝20(万元)；免税收入＝50(万元)；

扣除额＝(1 500－510)＋ 10＋(90＋60÷2＋80＋550)＋(40＋100)＝ 1 890(万元)；

允许弥补的以前年度亏损＝10(万元)；

应纳税所得额＝2 000－20－50－1 890－10＝30(万元)；

减免税额＝30×5%＝1.5(万元)；

抵免税额＝60×10%＝6(万元)；

应纳税额＝30×25%－1.5－6＝0。

七 计算抵扣应纳税所得

任务情境

山东滨州东城创业投资有限责任公司2009年1月8日全资投资未上市山东鹏博微电子技术公司(高新技术企业)，投资额500万元。

假如你是山东滨州东城创业投资有限公司的办税员，请分析该公司哪年允许抵扣应纳税所得额？可以抵扣多少元？有什么前提条件？

任务指导

(一)创业投资企业抵扣应纳税所得额

创业投资企业是指依照《创业投资企业管理暂行办法》(简称《暂行办法》)和《外商投资创业投资企业管理规定》在中华人民共和国境内设立的专门从事创业投资活动的企业或其他经济组织。

创业投资企业采取股权投资方式投资于未上市的中小高新技术企业2年(24个月)以上，凡符合以下条件的，可以按照其对中小高新技术企业投资额的70%，在股权持有满2年的当年抵扣该创业投资企业的应纳税所得额；当年不足抵扣的，可以在以后纳税年度结转抵扣。

1.经营范围符合《暂行办法》规定，且工商登记为“创业投资有限责任公司”、“创业投资股份有限公司”等专业性法人创业投资企业。

2.按照《暂行办法》规定的条件和程序完成备案，经备案管理部门年度检查核实，投资运作符合《暂行办法》的有关规定。

3. 创业投资企业投资的中小高新技术企业，除应按照科技部、财政部、国家税务总局《关于印发〈高新技术企业认定管理办法〉的通知》(国科发火[2008]172号)和《关于印发〈高新技术企业认定管理工作指引〉的通知》(国科发火[2008]362号)的规定，通过高新技术企业认定以外，还应符合职工人数不超过500人，年销售(营业)额不超过2亿元，资产总额不超过2亿元的条件。

2007年年底前按原有规定取得高新技术企业资格的中小高新技术企业，且在2008年继续符合新的高新技术企业标准的，向其投资满24个月的计算，可自创业投资企业实际向其投资的时间起计算。

4.财政部、国家税务总局规定的其他条件。

中小企业接受创业投资之后,经认定符合高新技术企业标准的,应自其被认定为高新技术企业的年度起,计算创业投资企业的投资期限。该期限内中小企业接受创业投资后,企业规模超过中小企业标准,但仍符合高新技术企业标准的,不影响创业投资企业享受有关税收优惠。

(二)创业投资企业的报送资料

创业投资企业申请享受投资抵扣应纳税所得额,应在其报送申请投资抵扣应纳税所得额年度纳税申报表以前,向主管税务机关报送以下资料备案:

1.经备案管理部门核实后出具的年检合格通知书(副本);

2.关于创业投资企业投资运作情况的说明;

3.中小高新技术企业投资合同或章程的复印件、实际所投资金验资报告等相关材料;

4.中小高新技术企业的基本情况(包括企业职工人数、年销售(营业)额、资产总额等)说明;

5.由省、自治区、直辖市和计划单列市高新技术企业认定管理机构出具的中小高新技术企业有效的高新技术企业证书(复印件)。

任务处理

山东滨州东城创业投资有限责任公司创业投资项目分析如下:

1.根据《企业所得税法》及实施条例,创业投资企业采取股权投资方式投资于未上市的中小高新技术企业2年(24个月)以上,凡符合规定条件的,可以按照其对中小高新技术企业投资额的70%,在股权持有满2年的当年抵扣该创业投资企业的应纳税所得额;当年不足抵扣的,可以在以后纳税年度结转抵扣。

该公司2009年1月8日投资,到2011年满足上述条件,故2011年允许抵扣。

2.假如2011年的应纳税所得额足够抵扣的话,2011年可以抵扣500×70%=350(万元);当年不足抵扣,以应纳税所得额为限,其余可以在以后纳税年度结转抵扣。

八　计算工资薪金支出调整

任务情境

山东东城电子公司2008年账簿显示,工资薪金计提260万元,实际发放200万元;本年度在成本费用中列支职工福利费25万元,其中“应付福利费”年初余额30万元,年末余额18万元;列支职工教育经费6万元;列支工会经费3万元,已取得工会专用收据2万元。

要求:指出上述哪项支出应调增应纳税所得额。

任务指导

(一)工资、薪金支出

企业发生的合理的工资、薪金支出准予据实扣除。工资、薪金支出是企业每一纳税年度支付给在本企业任职或与其有雇佣关系的员工的所有现金或非现金形式的劳动报酬，包括基本工资、奖金、津贴、补贴、年终加薪、加班工资，以及与任职或者受雇有关的其他支出。

(二)职工福利费、工会经费、职工教育经费

企业发生的职工福利费、工会经费、职工教育经费按标准扣除，未超过标准的按实际数扣除，超过标准的只能按标准扣除。

1.企业发生的职工福利费支出，不超过工资薪金总额14%的部分准予扣除。

2.企业拨缴的工会经费，不超过工资薪金总额2%的部分准予扣除。

3.除国务院财政、税务主管部门另有规定外，企业发生的职工教育经费支出，不超过工资薪金总额2.5%的部分准予扣除，超过部分准予结转以后纳税年度扣除。

(三)社会保险费

1.企业依照国务院有关主管部门或者省级人民政府规定的范围和标准为职工缴纳的“五险一金”，即基本养老保险费、基本医疗保险费、失业保险费、工伤保险费、生育保险费等基本社会保险费和住房公积金，准予扣除。

2.企业为投资者或者职工支付的补充养老保险费、补充医疗保险费，在国务院财政、税务主管部门规定的范围和标准内，准予扣除。企业依照国家有关规定为特殊工种职工支付的人身安全保险费和符合国务院财政、税务主管部门规定可以扣除的商业保险费准予扣除。

3.企业参加财产保险，按照规定缴纳的保险费，准予扣除。企业为投资者或者职工支付的商业保险费，不得扣除。

任务处理

1.应付福利费

本年度实际使用数＝30＋25－18＝37(万元)，其中应先使用年初数30万元，所以多列支18万元，应作纳税调增。

2.职工教育经费

准予扣除的部分为200×2.5%＝5(万元)，实际计提6万元，超支1万元，应调增。

九　计算业务招待费、广告和业务宣传费调整

任务情境

山东东城电子公司2008年在“管理费用”明细账中列支业务招待费50万元，全年销售货物收入2 000万元，出租厂房租金收入20万元，以货物抵债30万元。

要求：1.计算该公司2008年度业务招待费允许税前扣除数。

2.假如山东东城电子公司2008年当年度列支广告费和业务宣传费计320万元(符合税法规定)，请计算允许税前扣除的广告费和业务宣传费。

任务指导

(一)业务招待费的纳税调整

企业发生的与其生产、经营业务有关的业务招待费支出,按照发生额的60%扣除,但最高不得超过当年销售(营业)收入的5‰。

(二)广告费和业务宣传费的纳税调整

企业发生的符合条件的广告费和业务宣传费支出,除国务院财政、税务主管部门另有规定外,不超过当年销售(营业)收入15%的部分,准予扣除;超过部分,准予结转以后纳税年度扣除。

企业申报扣除的广告费支出应与赞助支出严格区分。企业申报扣除的广告费支出,必须符合下列条件:广告是通过工商部门批准的专门机构制作的;已实际支付费用,并已取得相应发票;通过一定的媒体传播。

任务处理

山东东城电子公司2008年允许扣除的业务招待费、广告和业务宣传费如下:

1.允许扣除的业务招待费

(1)50×0.6=30(万元);(2)2 050×0.005=10.25(万元),按孰小原则,以10.25万元为扣除数。

2.允许扣除的广告和业务宣传费

2 050×15%=307.5(万元),调增数320-307.5=12.5(万元)。

十　计算对外捐赠的调整

任务情境

山东东城电子公司2008年将成本是80万元、售价是100万元的MP4捐赠,符合公益性捐赠。当年利润1 000万元。

山东东城电子公司会计处理如下:

借:营业外支出	970 000	
贷:产成品		800 000
应交税费——应交增值税(销项税额)		170 000

要求:计算该公司当年应纳所得税。

任务指导

公益性捐赠,是指企业通过公益性社会团体或者县级以上人民政府及其部门,用于《中华人民共和国公益事业捐赠法》内定的公益事业的捐赠。

企业发生的公益性捐赠支出,不超过年度利润总额12%的部分,准予扣除。年度利润总额,是指企业依照国家统一会计制度的规定计算的年度会计利润。

公益性社会团体,是指同时符合下列条件的基金会、慈善组织等社会团体:

(1)依法登记,具有法人资格。

(2)以发展公益事业为宗旨,且不以营利为目的。

(3)全部资产及其增值为该法人所有。

(4)收益和劳动结余主要用于符合该法人设立目的的事业。

(5)终止后的剩余财产不归属任何个人或者营利组织。

(6)不经营与其设立目的无关的业务。

(7)有健全的财务会计制度。

(8)捐赠者不以任何形式参与社会团体财产的分配。

(9)国务院财政、税务主管部门会同国务院民政部门等登记管理部门规定的其他条件。

任务处理

山东东城电子公司应当进行税收调整,其中视同销售调增 20 万元,捐赠限额 120 万元,可以全部扣除捐赠 97 万元。

应纳所得税=(1 000+20)×25%=255(万元)

十一 计算投资转让扣除

任务情境

山东滨州国泰民公司 2008 年度主营业务利润 60 万元,同时又分得被投资企业的投资收益 40 万元,此外,当年还有股权投资处置转让损失 50 万元。在计算年度应纳税所得额时,出现了两种不同的意见:

1. 年度应纳税所得额=60+40-50+(50-40)-(40-40)=60(万元);

2. 年度应纳税所得额=60+40-50+(50-40)-40=20(万元)。

如你是税务局主管该公司的税收管理员,你应如何答复?

任务指导

(一)投资转让扣除的税务处理原则

因收回、转让或清算处置股权投资而发生的权益性投资转让损失,可以在税前扣除,但每一纳税年度扣除的股权投资损失,不得超过当年实现的股权投资收益和股权投资转让所得,超过部分可向以后纳税年度结转扣除。股权投资转让损失连续向后结转 5 年仍不能从股权投资收益和股权投资转让所得中扣除的,准予在该股权投资转让年度后第 6 年一次性扣除。

(二)投资所得递延纳税

在一个纳税年度发生的转让、处置持有 5 年以上的股权投资所得、非货币性资产投资转让所得、债务重组所得和捐赠所得,占当年应纳税所得 50%及以上的,可在不超过 5 年的期间均匀计入各年度的应纳税所得额。

任务处理

根据企业所得税法规,因收回、转让或清算处置股权投资而发生的权益性投资转让损失，可以在税前扣除，但每一纳税年度扣除的股权投资损失，不得超过当年实现的股权投资收益和股权投资转让所得，超过部分可向以后纳税年度结转扣除。

故应当选择年度应纳税所得额＝60＋40－50＋(50－40)－(40－40)＝60(万元)。

其中：50 万元投资转让损失应首先抵消 40 万元投资收益，余下 10 万元结转下一年度；投资收益已被抵消，不存在免税问题，应冲减。

十二　计算利息支出调整

任务情境

山东鸿滨服装公司是上海鸿雁集团公司和哈尔滨天海服装集团公司各投资 500 万元，于 2006 年 1 月注册成立的一家独立核算的服装生产企业。

2008 年初，山东鸿滨服装公司与国外一家企业签订了一笔较大的服装生产供应合同，急需 2 000 万元的流动资金购买原材料。于是，山东鸿滨服装公司向哈尔滨天海服装集团公司申请借款 2 000 万元。但由于哈尔滨天海服装集团公司只能提供 1 000 万元的借款(借款期限为 1 年)，故由哈尔滨天海服装集团公司提供连带责任担保向上海华运公司借款 1 000万元(借款期限为 1 年)，借款利息均按银行 1 年期贷款利率(6.93%)的 1.5 倍按季度支付。2008 年 1—9 月，山东鸿滨服装公司按合同分别向哈尔滨天海服装集团公司和上海华运公司支付了 1—3 季度的利息 779 625 元。由于山东鸿滨服装公司与哈尔滨天海服装集团公司具有关联关系，因此该企业财务人员依照《企业所得税税前扣除办法》(国税发[2000]84 号)第三十六条的规定，对从哈尔滨天海服装集团公司借入的资金(1 000 万元)超过山东鸿滨服装公司注册资本(1 000 万元)50%的部分(500 万元)所支付的利息 389 812.50 元进行了纳税调整，即核增应纳税所得额 389 812.50 元；而对于支付给上海华运公司的利息则因为没有关联关系，就没有进行纳税调整。

对此，山东鸿滨服装公司的财务人员还是放心不下，故向主管国税局进行咨询，看其账务处理是否妥当。

任务指导

(一)利息费用

企业在生产、经营活动中发生的利息费用，按下列规定扣除。

1. 非金融企业向金融机构借款的利息支出、金融企业的各项存款利息支出和同业拆借利息支出、企业经批准发生债券的利息支出可据实扣除。

2. 非金融企业向非金融机构借款的利息支出，不超过按照金融企业同期同类贷款利率计算的数额的部分可据实扣除，超过部分不许扣除。

其中，所称金融机构，是指各类银行、保险公司及经中国人民银行批准从事金融业务的非银行金融机构，包括国家专业银行、区域性银行、股份制银行、外资银行、中外合资银行以及其他综合性银行；还包括全国性保险企业、区域性保险企业、股份制保险企业、中外合资保险企业以及其他专业性保险企业；城市、农村信用社、各类财务公司，以及其他从事信托投资、租赁等业务的专业和综合性非银行金融机构。非金融机构，是指除上述金融机构以外的所有企业、事业单位以及社会团体等企业或组织。

(二)借款费用

1.企业在生产经营活动中发生的合理的不需要资本化的借款费用,准予扣除。

2.企业为购置、建造固定资产、无形资产和经过12个月以上的建造才能达到预定可销售状态的存货发生的借款,在有关资产购置、建造期间发生的合理的借款费用,应予以资本化,作为资本性支出计入有关资产的成本;有关资产交付使用后发生的借款利息,可在发生当期扣除。

(三)汇兑损失

企业在货币交易中,以及纳税年度终了时将人民币以外的货币性资产、负债按照期末即期人民币汇率中间价折算为人民币时产生的汇兑损失,除已经计入有关资产成本以及与向所有者进行利润分配相关的部分外,准予扣除。

根据《企业所得税法》第四十六条、《企业所得税法实施条例》第一百一十九条和《财政部、国家税务总局关于企业关联方利息支出税前扣除标准有关税收政策问题的通知》(财税[2008]121号)第一条和第二条的规定,无关联第三方提供的、由关联方担保且负有连带责任的债权性投资属于企业间接从关联方获得的债权性投资。金融企业以外的企业直接或者间接从关联方获得的债权性投资与权益性投资的比例超过2∶1的部分而发生的利息支出,不得在计算应纳税所得额时扣除。

任务处理

滨州市国税局的税务人员在详细了解情况后,向该企业财务人员介绍了新的企业所得税政策。首先,根据《企业所得税法》第四十六条、《企业所得税法实施条例》第一百一十九条和《财政部、国家税务总局关于企业关联方利息支出税前扣除标准有关税收政策问题的通知》(财税[2008]121号)第一条和第二条的规定,无关联第三方提供的、由关联方担保且负有连带责任的债权性投资属于企业间接从关联方获得的债权性投资。金融企业以外的企业直接或者间接从关联方获得的债权性投资与权益性投资的比例超过2∶1的部分而发生的利息支出,不得在计算应纳税所得额时扣除。同时,依据《企业所得税法实施条例》第三十八条第(二)项的规定,非金融企业在生产经营活动中向非金融企业借款的利息支出,不超过按照金融企业同期同类贷款利率计算的数额部分准予税前扣除,超过部分不予税前扣除。

因此,对于山东鸿滨服装公司来说,其从上海华运公司借的1 000万元借款,也应算作从哈尔滨天海服装集团公司间接获得的债权性投资。所以,山东鸿滨服装公司从哈尔滨天海服装集团公司获得的债权性投资(包括从上海华运公司借得的款项)在不超过哈尔滨天海服装集团公司对山东鸿滨服装公司的权益性投资(500万元)的2倍内的部分,按照同期同类贷款利率计算的利息准予税前扣除,其余均不得税前扣除。故山东鸿滨服装公司从哈尔滨天海服装集团公司和上海华运公司共借得的2 000万元借款,在2008年1—9月实际支付并可以税前扣除的利息是5 000 000(权益性投资额)×2×6.93%÷12×9=519 750(元),应核增的应纳税所得额为779 625+779 625−519 750=1 039 500(元)。

十三 计算加计扣除调整

任务情境

山东冶金工业企业 2008 年三新技术开发费未形成无形资产金额 40 万元，安置残疾人工资 100 万元。

要求：计算加计扣除。

任务指导

加计扣除优惠包括研究开发费和残疾人员工资两项。

（一）研究开发费

研究开发费，是指企业为开发新技术、新产品、新工艺发生的研究开发费用，未形成无形资产计入当期损益的，在按照规定据实扣除的基础上，按照研究开发费用的 50%加计扣除；形成无形资产的，按照无形资产成本的 150%摊销。

（二）企业安置残疾人员所支付的工资

企业安置残疾人员所支付的工资，是指企业安置残疾人员的，在按照支付给残疾职工工资据实扣除的基础上，按照支付给残疾职工工资的 100%加计扣除。残疾人员的范围适用《中华人民共和国残疾人保障法》的有关规定。企业安置国家鼓励安置的其他就业人员所支付的工资的加计扣除办法，由国务院另行规定。

任务处理

根据企业所得税法规，研究开发费，是指企业为开发新技术、新产品、新工艺发生的研究开发费用，未形成无形资产计入当期损益的，在按照规定据实扣除的基础上，按照研究开发费用的 50%加计扣除。故 2008 年三新技术开发费未形成无形资产金额 40 万元，可以加计扣除 40×50%＝20（万元），总计 60 万元。

企业安置残疾人员所支付的工资，是指企业安置残疾人员的，在按照支付给残疾职工工资据实扣除的基础上，按照支付给残疾职工工资的 100%加计扣除。故加计扣除 100×100%＝100（万元），总计扣除 200 万元。

十四 计算资产类调整

任务情境

2008 年山东南达木器公司年初固定资产为：房屋建筑物类 100 万元；机器、机械类 40 万元；汽车及电子类 20 万元。

2008 年 1 月购置办公家具 1 套，计 4 万元；6 月购入小货车 1 辆，计 5 万元；8 月购入电脑一台，计 5 000 元。

要求：根据税法计算该公司新购固定资产允许扣除的折旧。

任务指导

资产是由于资本投资而形成的财产，对于资本性支出以及无形资产受让、开办、开发费用，不允许作为成本、费用从纳税人的收入总额中做一次性扣除，只能采取分次计提折旧或分次返销的方式予以扣除。即纳税人经营活动中使用的固定资产的折旧费用、无形资产和长期待摊费用的摊销费用可以扣除。

税法规定，纳入税务处理范围的资产形式主要有固定资产、生物资产、无形资产、长期待摊费用、投资资产、存货等，均以历史成本为计税基础。历史成本是指企业取得该项资产时实际发生的支出。企业持有各项资产期间资产增值或者减值，除国务院财政、税务主管部门规定可以确认为损益外，不得调整该资产的计税基础。

（一）固定资产的税务处理

固定资产是指企业为生产产品、提供劳务、出租或者经营管理而持有的、使用期限超过12个月的非货币性资产，包括房屋、建筑物、机器、机械、运输工具，以及其他与生产经营活动有关的设备、器具、工具等。

1.固定资产的计税基础

（1）外购的固定资产，以购买价款和支付的相关税费以及直接归属于使该资产达到预定用途发生的其他支出为计税基础。

（2）自行建造的固定资产，以竣工结算前发生的支出为计税基础。

（3）融资租入的固定资产，以租赁合同约定的付款总额和承租人在签订租赁合同过程中发生的相关费用为计税基础。租赁合同未约定付款总额的，以该资产的公允价值和承租人在签订租赁合同过程中发生的相关费用为计税基础。

（4）盘盈的固定资产，以同类固定资产的重置完全价值为计税基础。

（5）通过捐赠、投资、非货币性资产交换、债务重组等方式取得的固定资产，以该资产的公允价值和支付的相关费用为计税基础。

（6）改建的固定资产，除已足额提取折旧的固定资产和租入的固定资产以外的其他固定资产，以改建过程中发生的改建支出增加计税基础。

2.固定资产折旧的范围

在计算应纳税所得额时，企业按照规定计算的固定资产折旧，准予扣除。下列固定资产不得计算折旧扣除：

（1）房屋、建筑物以外未投入使用的固定资产。

（2）以经营租赁方式租入的固定资产。

（3）以融资租赁方式租出的固定资产。

（4）已提足折旧继续使用的固定资产。

（5）与经营活动无关的固定资产。

（6）单独估价作为固定资产入账的土地。

（7）其他不得计提折旧扣除的固定资产。

3.固定资产折旧的计提方法

（1）企业应当自固定资产投入使用月份的次月起计提折旧；停止使用的固定资产，应当从停止使用月份的次月起停止计提折旧。

(2)企业应当根据固定资产的性质和使用情况，合理确定固定资产的预计净残值。固定资产的预计净残值一经确定，不得变更。

(3)固定资产按照直线法计算的折旧，准予扣除。

4. 固定资产折旧的计提年限

除国务院财政、税务主管部门另有规定外，固定资产计算折旧的最低年限如下：

(1)房屋、建筑物，为 20 年。

(2)飞机、火车、轮船、机器、机械和其他生产设备，为 10 年。

(3)与生产经营活动有关的器具、工具、家具等，为 5 年。

(4)飞机、火车、轮船以外的运输工具，为 4 年。

(5)电子设备，为 3 年。

从事开采石油、天然气等矿产资源的企业，在开始商业性生产前发生的费用和有关固定资产的折耗、折旧方法，由国务院财政、税务主管部门另行规定。

(二)无形资产的税务处理

无形资产是指企业长期使用、但没有实物形态的资产，包括专利权、商标权、著作权、土地使用权、非专利技术、商誉等。

1. 无形资产的计税基础

无形资产按照以下方法确定计税基础：

(1)外购的无形资产，以购买价款和支付的相关税费，以及直接归属于使该资产达到预定用途发生的其他支出为计税基础。

(2)自行开发的无形资产，以开发过程中该资产符合资本化条件后至达到预定用途前发生的支出为计税基础。

(3)通过捐赠、投资、非货币性资产交换、债务重组等方式取得的无形资产，以该资产的公允价值和支付的相关税费为计税基础。

2. 无形资产摊销的范围

在计算应纳税所得额时，企业按照规定计算的无形资产摊销费用，准予扣除。

下列无形资产不得计算摊销费用扣除：

(1)自行开发的支出已在计算应纳税所得额时扣除的无形资产。

(2)自创商誉。

(3)与经营活动无关的无形资产。

(4)其他不得计算摊销费用扣除的无形资产。

3. 无形资产的摊销方法及年限

无形资产的摊销采取直线法计算。无形资产的摊销年限不得低于 10 年。作为投资或者受让的无形资产，有关法律规定或者合同约定了使用年限的，可以按照规定或者约定的使用年限分期摊销。外购商誉的支出，在企业整体转让或者清算时准予扣除。

(三)长期待摊费用的税务处理

长期待摊费用，是指企业发生的应在一个年度以上进行摊销的费用。在计算应纳税所得额时，企业发生的下列支出作为长期待摊费用，按照规定摊销的，准予扣除。

1. 已足额提取折旧的固定资产的改建支出。

2. 租入固定资产的改建支出。

3.固定资产的大修理支出。

4.其他应当作为长期待摊费用的支出。

企业的固定资产修理支出可在发生当期直接扣除。企业的固定资产改良支出，如果有关固定资产尚未提足折旧，可增加固定资产价值；如有关固定资产已提足折旧，可作为长期待摊费用，在规定的期间内平均摊销。

固定资产的改建支出，是指改变房屋或者建筑物结构、延长使用年限等发生的支出。已足额提取折旧的固定资产的改建支出，按照固定资产预计尚可使用年限分期摊销；租入固定资产的改建支出，按照合同约定的剩余租赁期限分期摊销；改建的固定资产延长使用年限的，除已足额提取折旧的固定资产、租入固定资产的改建支出外，其他的固定资产发生改建支出，应当适当延长折旧年限。

大修理支出，按照固定资产尚可使用年限分期摊销。

《企业所得税法》所指固定资产的大修理支出，是指同时符合下列条件的支出：

(1)修理支出达到取得固定资产时的计税基础50%以上。

(2)修理后固定资产的使用年限延长2年以上。

其他应当作为长期待摊费用的支出，自支出发生月份的次月起分期摊销，摊销年限不得低于3年。

(四)存货的税务处理

存货，是指企业持有以备出售的产品或者商品、处在生产过程中的在产品、在生产或者提供劳务过程中耗用的材料和物料等。

1.存货的计税基础

存货按照以下方法确定成本：

(1)通过支付现金方式取得的存货，以购买价款和支付的相关税费为成本。

(2)通过支付现金以外的方式取得的存货，以该存货的公允价值和支付的相关税费为成本。

(3)生产性生物资产收获的农产品，以产出或者采收过程中发生的材料费、人工费和分摊的间接费用等必要支出为成本。

2.存货的成本计算方法

企业使用或者销售的存货的成本计算方法，可以在先进先出法、加权平均法、个别计价法中选用一种。计价方法一经选用，不得随意变更。

企业转让以上资产，在计算企业应纳税所得额时，资产的净值允许扣除。其中，资产的净值是指有关资产、财产的计税基础减除已经按照规定扣除的折旧、折耗、摊销、准备金等后的余额。

除国务院财政、税务主管部门另有规定外，企业在重组过程中，应当在交易发生时确认有关资产的转让所得或者损失，相关资产应当按照交易价格重新确定计税基础。

(五)投资资产的税务处理

投资资产，是指企业对外进行权益性投资和债权性投资而形成的资产。

1.投资资产的成本

投资资产按以下方法确定投资成本：

(1)通过支付现金方式取得的投资资产，以购买价款为成本。

(2)通过支付现金以外的方式取得的投资资产，以该资产的公允价值和支付的相关税费为成本。

2.投资资产成本的扣除方法

企业对外投资期间，投资资产的成本在计算应纳税所得额时不得扣除，企业在转让或者处置投资资产时，投资资产的成本准予扣除。

(六)税法规定与会计规定差异的处理

税法规定与会计规定差异的处理，是指企业在财务会计核算中与税法规定不一致的，应当依照税法规定予以调整。即企业在平时进行会计核算时，可以按会计制度的有关规定进行账务处理，但在申报纳税时，对税法规定和会计制度规定有差异的，要按税法规定进行纳税调整。

1.企业不能提供完整、准确的收入及成本、费用凭证，不能正确计算应纳税所得额的，由税务机关核定其应纳税所得额。

2.企业依法清算时，以其清算终了后的清算所得为应纳税所得额，按规定缴纳企业所得税。所谓清算所得，是指企业清算时的全部资产或者财产扣除各项清算费用、损失、负债、企业未分配利润、公益金和公积金后的余额，超过实缴资本的部分。

3.企业应纳税所得额是根据税收法规计算出来的，它在数额上与依据财务会计制度计算的利润总额往往不一致。因此，税法规定：对企业按照有关财务会计规定计算的利润总额，要按照税法的规定进行必要调整后，才能作为应纳税所得额计算缴纳所得税。

任务处理

新购固定资产允许扣除的折旧：

1.办公家具允许扣除的折旧＝40 000÷5×11÷12≈7333.33(元)；

2.小货车允许扣除的折旧＝50 000÷4×6÷12＝6 250(元)；

3.电脑允许扣除的折旧＝5 000÷3×4÷12＝555.56(元)。

十五 亏损弥补

任务情境

假定山东滨州美雅公司2003—2009年期间的经营情况是：2003年亏损150万元，2004年亏损60万元，2005年盈利20万元，2006年盈利70万元，2007年盈利40万元，2008年亏损10万元，2009年盈利95万元。

要求：计算2009年应纳税所得额。

任务指导

亏损是指企业依照企业所得税法和暂行条例的规定，将每一纳税年度的收入总额减除不征税收入、免税收入和各项扣除后小于零的数额。税法规定，企业某一纳税年度发生的亏损可以用下一年度的所得弥补，下一年度的所得不足以弥补的，可以逐年延续弥补，但最长不得超过5年。而且，企业在汇总计算缴纳企业所得税时，其境外营业机构的亏损不得抵减境内营业机构的盈利。

任务处理

1.2003 年亏损 150 万元，可以由 2005 年、2006 年、2007 年弥补 20＋70＋40＝130（万元），余 20 万元不再弥补。

2.2004 年亏损 60 万元和 2008 年亏损 10 万元由 2009 年弥补，余 95－60－10＝25（万元），故 2009 年应纳税所得额为 25 万元。

任务四 企业所得税额的扩展计算

一 计算减免税额

任务情境

山东新烽高新技术公司 2008 年收入 2 000 万元（产品销售 1 800 万元，国库券利息收入 100 万元，营业外收入 100 万元），发生各项成本费用 1 000 万元（销售成本 600 万元，管理费用 390 万元，营业外支出 10 万元）。其中：合理的工资 200 万元，招待费 100 万元，职工福利费 50 万元，教育经费 20 万元，工会经费 10 万元，税收滞纳金 10 万元，提取的各项准备金 100 万元。当年购置环保专用设备 500 万元，即投入使用。

要求：计算该公司应纳的企业所得税。

任务指导

（一）税额抵免优惠

税额抵免，是指企业购置并实际使用《环境保护专用设备企业所得税优惠目录》、《节能节水专用设备企业所得税优惠目录》和《安全生产专用设备企业所得税优惠目录》规定的环境保护、节能节水、安全生产等专用设备的，该专用设备的投资额的 10％可以从企业当年的应纳税额中抵免；当年不足抵免的，可以在以后 5 个纳税年度结转抵免。

享受前款规定的企业所得税优惠的企业，应当实际购置并自身实际投入使用前款规定的专用设备；企业购置上述专用设备在 5 年内转让、出租的，应当停止享受企业所得税优惠，并补缴已经抵免的企业所得税税款。

企业所得税优惠目录，由国务院财政、税务主管部门同国务院有关部门制定，报国务院批准后公布施行。

企业同时从事适用不同企业所得税待遇的项目的，其优惠项目应当单独计算所得，并合理分摊企业的期间费用；没有单独计算的，不得享受企业所得税优惠。

（二）民族自治地方的优惠

民族自治地方的自治机关对本民族自治地方的企业应缴纳的企业所得税中属于地方分享的部分，可以决定减征或者免征。自治州、自治县决定减征或者免征的，须报省、自治区、直辖市人民政府批准。

企业所得税法所称民族自治地方，是指依照《中华人民共和国民族区域自治法》的规定，实行民族区域自治的自治区、自治州、自治县。

对民族自治地方内国家限制和禁止行业的企业，不得减征或者免征企业所得税。

任务处理

准予扣除金额＝1 000－(100－1 800×5‰)－(50－200×14％)－(20－200×2.5％)－(10－200×2％)－10－100 ＝ 756(万元)；应纳税所得额＝1 900－756＝1 144(万元)；应缴所得税＝1 144×15％＝171.6(万元)；抵免所得税＝500×10％＝50(万元)；实际应缴所得税＝171.6－50＝121.6(万元)。

二　居民企业境外所得税额的扩展计算

任务情境

山东滨州大诚公司 2008 年度境内应纳税所得额为 100 万元，适用 25％的企业所得税税率。另外，该企业分别在美国、日本设有分支机构(我国与美国、日本两国已经缔结避免双重征税协定)，在美国的分支机构应纳税所得额为 50 万元，美国企业所得税税率为 20％；在日本的分支机构应纳税所得额为 30 万元，日本企业所得税税率为 30％。假设该企业在美国、日本两国所得按我国税法计算的应纳税所得额和按美国、日本两国税法计算的应纳税所得额一致，两个分支机构在美国、日本两国分别缴纳了 10 万元和 9 万元的企业所得税。

要求：计算该企业汇总时在我国应缴纳的企业所得税税额。

任务指导

企业取得的下列所得已在境外缴纳的所得税税额，可以从其当期应纳税额中抵免，抵免限额为该项所得依照本法规定计算的应纳税额；超过抵免限额的部分，可以在以后 5 个年度内，用每年度抵免限额抵免当年应抵税额后的余额进行抵补：

(1)居民企业来源于中国境外的应税所得。

(2)非居民企业在中国境内设立机构、场所，取得发生在中国境外但与该机构、场所有实际联系的应税所得。

居民企业从其直接或者间接控制的外国企业分得的来源于中国境外的股息、红利等权益性投资收益，外国企业在境外实际缴纳的所得税税额中属于该项所得负担的部分，可以作为该居民企业的可抵免境外所得税税额，在企业所得税税法规定的抵免限额内抵免。

上述所称直接控制，是指居民企业直接持有外国企业 20％以上股份。

上述所称间接控制，是指居民企业以间接持股方式持有外国企业 20％以上股份，具体认定办法由国务院财政、税务主管部门另行制定。

已在境外缴纳的所得税税额，是指企业来源于中国境外的所得依照中国境外税收法律以及相关规定应当缴纳并已经实际缴纳的企业所得税性质的税款。企业依照企业所得税法的规定抵免企业所得税税额时，应当提供中国境外税务机关出具的税款所属年度的有关纳税凭证。

抵免限额，是指企业来源于中国境外的所得，依照企业所得税法和本条例的规定计算的应纳税额。除国务院财政、税务主管部门另有规定外，该抵免限额应当分国(地区)不分项计算。计算公式为：

抵免限额＝中国境内、境外所得依照企业所得税法和条例规定计算的应纳税总额×来源于某国(地区)的应纳税所得额÷中国境内、境外应纳税所得总额

前述5个年度，是指从企业取得的来源于中国境外的所得，已经在中国境外缴纳的企业所得税性质的税额超过抵免限额的当年的次年起连续5个纳税年度。

任务处理

1.该企业按我国企业所得税法计算境内、境外所得的应纳税额。

应纳税额＝(100＋50＋30)×25％＝45(万元)

2.美国、日本两国的扣除限额。

美国的扣除限额＝45×[50÷(100＋50＋30)]＝12.5(万元)

日本的扣除限额＝45×[30÷(100＋50＋30)]＝7.5(万元)

在美国缴纳的所得税为10万元，低于扣除限额12.5万元，可全额扣除。

在日本缴纳的所得税为9万元，高于扣除限额7.5万元，其超过扣除限额的部分1.5万元当年不能扣除。

3.汇总时在我国应缴纳的所得税＝45－10－7.5＝27.5(万元)

任务五　企业所得税的纳税申报

任务情境

山东省环海医药股份有限责任公司是一家居民企业，为增值税一般纳税人，主要生产销售各类抗生素。2008年度利润表及有关经营业务如表6-2所示。

利润表相关项目资料如下：

1.销售E抗生素取得不含税收入17 200万元，与E抗生素配比的销售成本11 320万元。

2.购进原材料共计6 000万元，取得的增值税专用发票上注明的进项税额1 020万元；支付购料运输费用共计460万元，取得运输发票。

3.出租设备取得租金收入400万元，接受原材料捐赠取得的增值税专用发票注明材料金额100万元、增值税进项税额17万元，取得国债利息收入60万元。

4.转让技术所有权取得收入1 400万元，直接与技术所有权转让有关的成本和费用200万元。

5.销售费用中广告费2 800万元；管理费用中业务招待费180万元；财务费用中含向滨州天地集团公司借款1 000万元所支付的年利息80万元(当年金融企业贷款的年利率为5.8％)。

6.本年度实发工资1 080万元；发生的工会经费30万元、职工福利费164万元、职工教育经费36万元。

表 6-2 利润表(简表) 单位:元

项目	本期金额	上期金额
一、营业收入	176 000 000	
减:营业成本	113 200 000	
营业税金及附加	2 074 800	
销售费用	33 000 000	
管理费用	17 000 000	
财务费用	1 600 000	
资产减值损失	0	
加:公允价值变动收益(损失以"一"号填列)	0	
投资收益(损失以"一"号填列)	600 000	
其中:对联营企业和合营企业的投资收益	0	
二、营业利润(亏损以"一"号填列)	9 725 200	
加:营业外收入	15 170 000	
减:营业外支出	8 000 000	
其中:非流动资产处置损失	0	
三、利润总额(亏损总额以"一"号填列)	16 895 200	

7.营业外支出 600 万元,其中包括通过公益性社会团体向贫困山区的捐款 300 万元。

(其他相关资料:①上述销售费用、管理费用和财务费用不涉及转让费用;②取得的相关票据均通过主管税务机关认证。)

要求:根据利润表及其相关资料填写企业所得税纳税申报表(表 6-3)。

表 6-3 中华人民共和国企业所得税年度纳税申报表(A 类)

税款所属期间 年 月 日至 年 月 日

纳税人名称:

纳税人识别号:□□□□□□□□□□□□□□□□□□□□ 金额单位:元(列至角分)

类别	行次	项 目	金额
利润总额计算	1	一、营业收入(填附表一)	
	2	减:营业成本(填附表二)	
	3	营业税金及附加	
	4	销售费用(填附表二)	
	5	管理费用(填附表二)	
	6	财务费用(填附表二)	
	7	资产减值损失	
	8	加:公允价值变动收益	
	9	投资收益	
	10	二、营业利润(1－2－3－4－5－6－7＋8＋9)	
	11	加:营业外收入(填附表一)	
	12	减:营业外支出(填附表二)	
	13	三、利润总额(10＋11－12)	

续表 6-3

类别	行次	项　　目	金额
应纳税所得额计算	14	加：纳税调整增加额（填附表三）	
	15	减：纳税调整减少额（填附表三）	
	16	其中：不征税收入	
	17	免税收入	
	18	减计收入	
	19	减、免税项目所得	
	20	加计扣除	
	21	抵扣应纳税所得额	
	22	加：境外应税所得弥补境内亏损	
	23	纳税调整后所得（13＋14－15－19－21＋22）	
	24	减：弥补以前年度亏损（填附表四）	
	25	应纳税所得额（23－24）	
应纳税额计算	26	税率（25%）	
	27	应纳所得税额（25×26）	
	28	减：减免所得税额（填附表五）	
	29	减：抵免所得税额（填附表五）	
	30	应纳税额（27－28－29）	
	31	加：境外所得应纳所得税额（填附表六）	
	32	减：境外所得抵免所得税额（填附表六）	
	33	实际应纳所得税额（30＋31－32）	
	34	减：本年累计实际已预缴的所得税额	
	35	其中：汇总纳税的总机构分摊预缴的税额	
	36	汇总纳税的总机构财政调库预缴的税额	
	37	汇总纳税的总机构所属分支机构分摊的预缴税额	
	38	合并纳税（母子体制）成员企业就地预缴比例	
	39	合并纳税企业就地预缴的所得税额	
	40	本年应补（退）的所得税额（33－34）	
附列资料	41	以前年度多缴的所得税额在本年抵减额	
	42	以前年度应缴未缴在本年入库所得税额	

纳税人公章： 经办人： 申报日期：　　年　月　日	代理申报中介机构公章： 经办人执业证件号码： 代理申报日期：　　年　月　日	主管税务机关受理专用章： 受理人： 受理日期：　　年　月　日

任务指导

企业所得税适用面广，税前扣除项目的计算和报表填报内容繁杂。会计人员必须在指导企业正确核算会计所得的前提下，按照税法和征收管理的有关规定，将其会计所得调整为应税所得后，再计算填报企业所得税申报表及其附表。

（一）企业所得税的计算方法

企业所得税的基本计算公式为：

应纳所得税额＝应纳税所得额×税率－减免税额－抵免税额

应纳税所得额＝收入总额－不征税收入－免税收入－各项扣除－允许弥补的以前年度亏损

1.应纳税所得额的计算

（1）企业以货币形式和非货币形式从各种来源取得的收入，为收入总额，包括销售货物收入；提供劳务收入；转让财产收入；股息、红利等权益性投资收益；利息收入；租金收入；特许权使用费收入；接受捐赠收入；其他收入。

（2）收入总额中的不征税收入包括财政拨款；依法收取并纳入财政管理的行政事业性收费、政府性基金；国务院规定的其他不征税收入。

（3）企业的免税收入包括国债利息收入；符合条件的居民企业之间的股息、红利等权益性投资收益；在中国境内设立机构、场所的非居民企业从居民企业取得与该机构、场所有实际联系的股息、红利等权益性投资收益；符合条件的非营利组织的收入。

（4）亏损，是指企业依照企业所得税法及其实施条例的规定将每一纳税年度的收入总额减除不征税收入、免税收入和各项扣除后小于零的数额。

2.境外所得抵免税额的计算

居民企业来源于中国境外的应税所得，非居民企业在中国境内设立机构、场所，取得发生在中国境外但与该机构、场所有实际联系的应税所得，已在境外缴纳的所得税税额，可以从其当期应纳税额中抵免。抵免限额为该项所得依照企业所得税法规定计算的应纳税额；超过抵免限额的部分，可以在以后5个年度内，用每年度抵免限额抵免当年应抵税额后的余额进行抵补。

居民企业从其直接或者间接控制的外国企业分得的来源于中国境外的股息、红利等权益性投资收益，外国企业在境外实际缴纳的所得税税额中属于该项所得负担的部分，可以作为该居民企业的可抵免境外所得税税额，在企业所得税法规定的抵免限额内抵免。

3.企业所得税纳税申报操作规范

根据税法规定，纳税人在月份或者季度终了后15日内报送申报表及月份或者季度财务报表，履行月份或者季度纳税申报手续。年度终了后5个月内向其所在地主管税务机关报送企业所得税年度纳税申报表和税务机关要求报送的其他有关资料，办理结清税款手续。

（1）核查收入核算账户和主要的原始凭证，计算当期生产经营收入、财产转让收入、股息收入等各项应税收入。

（2）核查成本核算账户和主要的原始凭证，根据行业会计核算制度，确定当期产品销售成本或营业成本。

（3）核查主要的期间费用账户和原始凭证，确定当期实际支出的销售费用、管理费用和财务费用。

(4)核查税金核算账户,确定税前应扣除的税金总额。

(5)核查损失核算账户,计算资产损失、投资损失和其他损失。

(6)核查营业外收支账户及主要原始凭证,计算营业外收支净额。

(7)经过上述六个步骤的操作,会计人员可据此计算出企业当期收入总额、不征税收入和免税收入额,再按税法规定核查允许的各项扣除及允许弥补的以前年度亏损,计算当期应税所得额。

(8)根据企业适用的所得税税率,计算应纳所得税额。

(二)填制企业所得税纳税申报表主表的方法

自 2008 年 1 月 1 日起,全国统一使用新的企业所得税纳税申报表。

中华人民共和国企业所得税年度纳税申报表(A 类)(见表 6-3)适用于实行查账征收企业所得税的居民纳税人(以下简称纳税人)填报。

有关项目填报说明如下:

1. 表头项目

(1)"税款所属期间":正常经营的纳税人,填报公历当年 1 月 1 日至 12 月 31 日;纳税人年度中间开业的,填报实际生产经营之日的当月 1 日至同年 12 月 31 日;纳税人年度中间发生合并、分立、破产、停业等情况的,填报公历当年 1 月 1 日至实际停业或法院裁定并宣告破产之日的当月月末;纳税人年度中间开业且年度中间又发生合并、分立、破产、停业等情况的,填报实际生产经营之日的当月 1 日至实际停业或法院裁定并宣告破产之日的当月月末。

(2)"纳税人名称":填报税务登记证所载纳税人的全称。

(3)"纳税人识别号":填报税务机关统一核发的税务登记证号码。

2. 表体项目

本表是在纳税人会计利润总额的基础上,加减纳税调整额后计算出"纳税调整后所得"(应纳税所得额)。会计与税法的差异(包括收入类、扣除类、资产类等差异)通过纳税调整项目明细表(附表三)集中体现。

本表包括利润总额计算、应纳税所得额计算、应纳税额计算和附列资料四个部分。

(1)"利润总额计算"中的项目,按照国家统一会计制度口径计算填报。实行企业会计准则的纳税人,其数据直接取自损益表;实行其他国家统一会计制度的纳税人,与本表不一致的项目,按照其利润表项目进行分析填报。

利润总额部分的收入、成本、费用明细项目,一般工商企业纳税人,通过附表一(1)"收入明细表"和附表二(1)"成本费用明细表"相应栏次填报;金融企业纳税人,通过附表一(2)"金融企业收入明细表"、附表二(2)"金融企业成本费用明细表"相应栏次填报;事业单位、社会团体、民办非企业单位、非营利组织等纳税人,通过附表一(3)事业单位、社会团体、民办非企业单位收入项目明细表和附表二(3)"事业单位、社会团体、民办非企业单位支出项目明细表"相应栏次填报。

(2)"应纳税所得额计算"和"应纳税额计算"中的项目,除根据主表逻辑关系计算的外,通过附表相应栏次填报。

(3)"附列资料"填报用于税源统计分析的上一纳税年度税款在本纳税年度抵减或入库金额。

3. 行次说明

(1)第1行“营业收入”:填报纳税人主要经营业务和其他经营业务取得的收入总额。本行根据“主营业务收入”和“其他业务收入”科目的数额计算填报。一般工商企业纳税人,通过附表一(1)“收入明细表”计算填报;金融企业纳税人,通过附表一(2)“金融企业收入明细表”计算填报;事业单位、社会团体、民办非企业单位、非营利组织等纳税人,通过附表一(3)“事业单位、社会团体、民办非企业单位收入明细表”计算填报。

(2)第2行“营业成本”项目:填报纳税人主要经营业务和其他经营业务发生的成本总额。本行根据“主营业务成本”和“其他业务成本”科目的数额计算填报。一般工商企业纳税人,通过附表二(1)“成本费用明细表”计算填报;金融企业纳税人,通过附表二(2)“金融企业成本费用明细表”计算填报;事业单位、社会团体、民办非企业单位、非营利组织等纳税人,通过附表二(3)“事业单位、社会团体、民办非企业单位支出明细表”计算填报。

(3)第3行“营业税金及附加”:填报纳税人经营活动发生的营业税、消费税、城市维护建设税、资源税、土地增值税和教育费附加等相关税费。本行根据“营业税金及附加”科目的数额计算填报。

(4)第4行“销售费用”:填报纳税人在销售商品和材料、提供劳务的过程中发生的各种费用。本行根据“销售费用”科目的数额计算填报。

(5)第5行“管理费用”:填报纳税人为组织和管理企业生产经营发生的管理费用。本行根据“管理费用”科目的数额计算填报。

(6)第6行“财务费用”:填报纳税人为筹集生产经营所需资金等发生的筹资费用。本行根据“财务费用”科目的数额计算填报。

(7)第7行“资产减值损失”:填报纳税人计提各项资产准备发生的减值损失。本行根据“资产减值损失”科目的数额计算填报。

(8)第8行“公允价值变动收益”:填报纳税人交易性金融资产、交易性金融负债,以及采用公允价值模式计量的投资性房地产、衍生工具、套期保值业务等公允价值变动形成的应计入当期损益的利得或损失。本行根据“公允价值变动损益”科目的数额计算填报。

(9)第9行“投资收益”:填报纳税人以各种方式对外投资确认所取得的收益或发生的损失。本行根据“投资收益”科目的数额计算填报。

(10)第10行“营业利润”:填报纳税人当期的营业利润。根据上述项目计算填列。

(11)第11行“营业外收入”:填报纳税人发生的与其经营活动无直接关系的各项收入。本行根据“营业外收入”科目的数额计算填报。一般工商企业纳税人,通过附表一(1)“收入明细表”相关项目计算填报;金融企业纳税人,通过附表一(2)“金融企业收入明细表”相关项目计算填报;事业单位、社会团体、民办非企业单位、非营利组织等纳税人,通过附表一(3)“事业单位、社会团体、民办非企业单位收入明细表”计算填报。

(12)第12行“营业外支出”:填报纳税人发生的与其经营活动无直接关系的各项支出。本行根据“营业外支出”科目的数额计算填报。一般工商企业纳税人,通过附表二(1)“成本费用明细表”相关项目计算填报;金融企业纳税人,通过附表二(2)“金融企业成本费用明细表”相关项目计算填报;事业单位、社会团体、民办非企业单位、非营利组织等纳税人,通过附表二(3)“事业单位、社会团体、民办非企业单位支出明细表”计算填报。

(13)第13行“利润总额”:填报纳税人当期的利润总额。

(14)第14行“纳税调整增加额”:填报纳税人会计处理与税收规定不一致,进行纳税调整增加的金额。本行通过附表三“纳税调整项目明细表”中的“调增金额”列计算填报。

(15)第 15 行“纳税调整减少额”:填报纳税人会计处理与税收规定不一致,进行纳税调整减少的金额。本行通过附表三“纳税调整项目明细表”中的“调减金额”列计算填报。

(16)第 16 行“不征税收入”:填报纳税人计入利润总额但属于税收规定不征税的财政拨款、依法收取并纳入财政管理的行政事业性收费、政府性基金以及国务院规定的其他不征税收入。本行通过附表一(3)“事业单位、社会团体、民办非企业单位收入明细表”计算填报。

(17)第 17 行“免税收入”:填报纳税人计入利润总额但属于税收规定免税的收入或收益,包括国债利息收入;符合条件的居民企业之间的股息、红利等权益性投资收益;从居民企业取得与该机构、场所有实际联系的股息、红利等权益性投资收益;符合条件的非营利组织的收入。本行通过附表五“税收优惠明细表”第 1 行计算填报。

(18)第 18 行“减计收入”:填报纳税人以“资源综合利用企业所得税优惠目录”规定的资源作为主要原材料,生产国家非限制和禁止并符合国家和行业相关标准的产品取得收入 10%的数额。本行通过附表五“税收优惠明细表”第 6 行计算填报。

(19)第 19 行“减、免税项目所得”:填报纳税人按照税收规定减征、免征企业所得税的所得额。本行通过附表五“税收优惠明细表”第 14 行计算填报。

(20)第 20 行“加计扣除”:填报纳税人开发新技术、新产品、新工艺发生的研究开发费用,以及安置残疾人员及国家鼓励安置的其他就业人员所支付的工资,符合税收规定条件的准予按照支出额一定比例,在计算应纳税所得额时加计扣除的金额。本行通过附表五“税收优惠明细表”第 9 行计算填报。

(21)第 21 行“抵扣应纳税所得额”:填报创业投资企业采取股权投资方式投资于未上市的中小高新技术企业 2 年以上的,可以按照其投资额的 70%在股权持有满 2 年的当年抵扣该创业投资企业的应纳税所得额。当年不足抵扣的,可以在以后纳税年度结转抵扣。本行通过附表五“税收优惠明细表”第 39 行计算填报。

(22)第 22 行“境外应税所得弥补境内亏损”:填报纳税人根据税收规定,境外所得可以弥补境内亏损的数额。

(23)第 23 行“纳税调整后所得”:填报纳税人经过纳税调整计算后的所得额。

当本表第 23 行小于 0 时,即为可结转以后年度弥补的亏损额;如本表第 23 行大于 0,继续计算应纳税所得额。

(24)第 24 行“弥补以前年度亏损”:填报纳税人按照税收规定可在税前弥补的以前年度亏损的数额。

本行通过附表四“企业所得税弥补亏损明细表”第 5～9 列填报。但不得超过本表第 23 行“纳税调整后所得”。

(25)第 25 行“应纳税所得额”:金额等于本表第 23 行金额与第 24 行金额之差。

本行不得为负数。本表第 23 行或者按照上述行次顺序计算结果本行为负数,本行金额填 0。

(26)第 26 行“税率”:填报税法规定的税率 25%。

(27)第 27 行“应纳所得税额”:金额等于本表第 25 行金额与第 26 行金额之积。

(28)第 28 行“减免所得税额”:填报纳税人按税收规定实际减免的企业所得税额,包括小型微利企业、国家需要重点扶持的高新技术企业、享受减免税优惠过渡政策的企业,其法定税率与实际执行税率的差额,以及其他享受企业所得税减免税的数额。本行通过附表五“税收优惠明细表”第 33 行计算填报。

(29)第 29 行“抵免所得税额”:填报纳税人购置用于环境保护、节能节水、安全生产等专用设备的投资额,其设备投资额的10%可以从企业当年的应纳所得税额中抵免的金额;当年不足抵免的,可以在以后5个纳税年度结转抵免。本行通过附表五"税收优惠明细表"第40行计算填报。

(30)第30行"应纳税额":金额等于本表第27行金额－第28行金额－第29行金额

(31)第31行"境外所得应纳所得税额":填报纳税人来源于中国境外的所得,按照企业所得税法及其实施条例以及相关税收规定计算的应纳所得税额。

(32)第32行"境外所得抵免所得税额":填报纳税人来源于中国境外所得依照中国境外税收法律以及相关规定应缴纳并实际缴纳的企业所得税性质的税款,准予抵免的数额。

企业已在境外缴纳的所得税额,小于抵免限额的,"境外所得抵免所得税额"按其在境外实际缴纳的所得税额填报;大于抵免限额的,按抵免限额填报,超过抵免限额的部分,可以在以后5个年度内,用每年度抵免限额抵免当年应抵税额后的余额进行抵补。

(33)第33行"实际应纳所得税额":填报纳税人当期的实际应纳所得税额。

(34)第34行"本年累计实际已预缴的所得税额":填报纳税人按照税收规定本纳税年度已在月(季)度累计预缴的所得税款。

(35)第35行"汇总纳税的总机构分摊预缴的税额":填报汇总纳税的总机构按照税收规定已在月(季)度在总机构所在地累计预缴的所得税款。

附报"中华人民共和国企业所得税汇总纳税分支机构企业所得税分配表"。

(36)第36行"汇总纳税的总机构财政调库预缴的税额":填报汇总纳税的总机构按照税收规定已在月(季)度在总机构所在地累计预缴在财政调节专户的所得税款。

附报"中华人民共和国企业所得税汇总纳税分支机构企业所得税分配表"。

(37)第37行"汇总纳税的总机构所属分支机构分摊的预缴税额":填报汇总纳税的分支机构已在月(季)度在分支机构所在地累计分摊预缴的所得税款。

附报"中华人民共和国企业所得税汇总纳税分支机构企业所得税分配表"。

(38)第38行"合并纳税(母子体制)成员企业就地预缴比例":填报经国务院批准的实行合并纳税(母子体制)的成员企业按照税收规定就地预缴税款的比例。

(39)第39行"合并纳税企业就地预缴的所得税额":填报合并纳税的成员企业已在月(季)度累计预缴的所得税款。

(40)第40行"本年应补(退)的所得税额":填报纳税人当期应补(退)的所得税额。

(41)第41行"以前年度多缴的所得税在本年抵减额":填报纳税人以前纳税年度汇算清缴多缴的税款尚未办理退税、并在本纳税年度抵缴的所得税额。

(42)第42行"以前年度应缴未缴在本年入库所得额":填报纳税人以前纳税年度损益调整税款、上一纳税年度第四季度预缴税款和汇算清缴的税款,在本纳税年度入库所得税额。

(三)填制企业所得税纳税申报表附表的方法

1.企业所得税年度纳税申报表附表一(1)(表6-4)有关项目填报说明:

表 6-4　企业所得税年度纳税申报表附表一(1)

收入明细表

填报时间：　　年　　月　　日　　　　　　　　　　金额单位:元(列至角分)

行次	项　　目	金额
1	一、销售(营业)收入合计(2＋13)	
2	(一)营业收入合计(3＋8)	
3	1.主营业务收入(4＋5＋6＋7)	
4	(1)销售货物	
5	(2)提供劳务	
6	(3)让渡资产使用权	
7	(4)建造合同	
8	2.其他业务收入(9＋10＋11＋12)	
9	(1)材料销售收入	
10	(2)代购代销手续费收入	
11	(3)包装物出租收入	
12	(4)其他	
13	(二)视同销售收入(14＋15＋16)	
14	(1)非货币性交易视同销售收入	
15	(2)货物、财产、劳务视同销售收入	
16	(3)其他视同销售收入	
17	二、营业外收入(18＋19＋20＋21＋22＋23＋24＋25＋26)	
18	1.固定资产盘盈	
19	2.处置固定资产净收益	
20	3.非货币性资产交易收益	
21	4.出售无形资产收益	
22	5.罚款净收入	
23	6.债务重组收益	
24	7.政府补助收入	
25	8.捐赠收入	
26	9.其他	

经办人(签章)：　　　　　　　　　　　　　　　　法定代表人(签章)：

本表适用于执行企业会计制度、小企业会计制度、企业会计准则以及分行业会计制度的一般工商企业的居民纳税人填报。

(1)第1行“销售(营业)收入合计”:填报纳税人根据国家统一会计制度确认的主营业务收入、其他业务收入,以及根据税收规定确认的视同销售收入。

本行数据作为计算业务招待费、广告费和业务宣传费支出扣除限额的计算基数。

(2)第 2 行“营业收入合计”:填报纳税人根据国家统一会计制度确认的主营业务收入和其他业务收入。本行数额填入主表第 1 行。

(3)第 3 行“主营业务收入”:根据不同行业的业务性质分别填报纳税人按照国家统一会计制度核算的主营业务收入。

(4)第 4 行“销售货物”:填报从事工业制造、商品流通、农业生产以及其他商品销售企业取得的主营业务收入。

(5)第 5 行“提供劳务”:填报从事提供旅游饮食服务、交通运输、邮政通信、对外经济合作等劳务、开展其他服务的纳税人取得的主营业务收入。

(6)第 6 行“让渡资产使用权”:填报让渡无形资产使用权(如商标权、专利权、专有技术使用权、版权、专营权等)而取得的使用费收入以及以租赁业务为基本业务的出租固定资产、无形资产、投资性房地产在主营业务收入中核算取得的租金收入。

(7)第 7 行“建造合同”:填报纳税人建造房屋、道路、桥梁、水坝等建筑物,以及船舶、飞机、大型机械设备等取得的主营业务收入。

(8)第 8 行“其他业务收入”:根据不同行业的业务性质分别填报纳税人按照国家统一会计制度核算的其他业务收入。

(9)第 9 行“材料销售收入”:填报纳税人销售材料、下脚料、废料、废旧物资等取得的收入。

(10)第 10 行“代购代销手续费收入”:填报纳税人从事代购代销、受托代销商品取得的手续费收入。

(11)第 11 行“包装物出租收入”:填报纳税人出租、出借包装物取得的租金和逾期未退包装物没收的押金。

(12)第 12 行“其他”:填报纳税人按照国家统一会计制度核算、上述未列举的其他业务收入。

(13)第 13 行“视同销售收入”:填报纳税人会计上不作为销售核算、但按照税收规定视同销售确认的应税收入。

(14)第 14 行“非货币性交易视同销售收入”:填报纳税人发生非货币性交易行为,会计核算未确认或未全部确认损益,按照税收规定应视同销售确认应税收入。

纳税人按照国家统一会计制度已确认非货币性交易损益的,直接填报非货币性交易换出资产公允价值与已确认的非货币交易收益的差额。

(15)第 15 行“货物、财产、劳务视同销售收入”:填报纳税人将货物、财产、劳务用于捐赠、偿债、赞助、集资、广告、样品、职工福利或者利润分配等用途的,按照税收规定应视同销售确认应税收入。

(16)第 16 行“其他视同销售收入”:填报除上述项目外,按照税收规定其他视同销售确认应税收入。

(17)第 17 行“营业外收入”:填报纳税人与生产经营无直接关系的各项收入的金额。本行数据填入主表第 11 行。

(18)第 18 行“固定资产盘盈”:填报纳税人在资产清查中发生的固定资产盘盈。

(19)第 19 行“处置固定资产净收益”:填报纳税人因处置固定资产而取得的净收益。

(20)第 20 行“非货币性资产交易收益”:填报纳税人发生的非货币性交易按照国家统一会计制度确认为损益的金额。执行企业会计准则的纳税人,发生具有商业实质且换出资产为固定资产、无形资产的非货币性交易,填报其换出资产公允价值和换出资产账面价值的差额;执行企业会计制度和小企业会计制度的纳税人,填报与收到补价相对应的收益额。

(21)第 21 行“出售无形资产收益”:填报纳税人处置无形资产而取得净收益的金额。

(22)第 22 行“罚款净收入”:填报纳税人在日常经营管理活动中取得的罚款收入。

(23)第 23 行“债务重组收益”:填报纳税人发生的债务重组行为确认的债务重组利得。

(24)第 24 行“政府补助收入”:填报纳税人从政府无偿取得的货币性资产或非货币性资产的金额,包括补贴收入。

(25)第 25 行“捐赠收入”:填报纳税人接受的来自其他企业、组织或者个人无偿给予的货币性资产、非货币性资产捐赠确认的收入。

(26)第 26 行“其他”:填报纳税人按照国家统一会计制度核算、上述项目未列举的其他营业外收入。

2.企业所得税年度纳税申报表附表二(1)(表 6-5)有关项目填报说明:

本表适用于执行企业会计制度、小企业会计制度、企业会计准则,以及分行业会计制度的一般工商企业的居民纳税人填报。

(1)第 1 行“销售(营业)成本合计”:填报纳税人根据国家统一会计制度确认的主营业务成本、其他业务成本和按税收规定视同销售确认的成本。

(2)第 2 行“主营业务成本”:根据不同行业的业务性质分别填报纳税人按照国家统一会计制度核算的主营业务成本。

(3)第 3 行“销售货物成本”:填报从事工业制造、商品流通、农业生产以及其他商品销售企业发生的主营业务成本。

(4)第 4 行“提供劳务成本”:填报从事提供旅游饮食服务、交通运输、邮政通信、对外经济合作等劳务,开展其他服务的纳税人发生的主营业务成本。

(5)第 5 行“让渡资产使用权成本”:填报让渡无形资产使用权(如商标权、专利权、专有技术使用权、版权、专营权等)发生的使用费成本以及以租赁业务为基本业务的出租固定资产、无形资产、投资性房地产在主营业务收入中核算发生的租金成本。

(6)第 6 行“建造合同成本”:填报纳税人建造房屋、道路、桥梁、水坝等建筑物,以及船舶、飞机、大型机械设备等发生的主营业务成本。

(7)第 7 行“其他业务成本”:根据不同行业的业务性质分别填报纳税人按照国家统一会计制度核算的其他业务成本。

(8)第 8 行“材料销售成本”:填报纳税人销售材料、下脚料、废料、废旧物资等发生的支出。

(9)第 9 行“代购代销费用”:填报纳税人从事代购代销、受托代销商品发生的支出。

(10)第 10 行“包装物出租成本”:填报纳税人出租、出借包装物发生的租金支出和逾期未退包装物发生的支出。

表6-5 企业所得税年度纳税申报表附表二(1)

成本费用明细表

填报时间：　年　月　日　　金额单位：元(列至角分)

行次	项　目	金额
1	一、销售(营业)成本合计(2+7+12)	
2	(一)主营业务成本(3+4+5+6)	
3	(1)销售货物成本	
4	(2)提供劳务成本	
5	(3)让渡资产使用权成本	
6	(4)建造合同成本	
7	(二)其他业务成本(8+9+10+11)	
8	(1)材料销售成本	
9	(2)代购代销费用	
10	(3)包装物出租成本	
11	(4)其他	
12	(三)视同销售成本(13+14+15)	
13	(1)非货币性交易视同销售成本	
14	(2)货物、财产、劳务视同销售成本	
15	(3)其他视同销售成本	
16	二、营业外支出(17+18+…+24)	
17	1.固定资产盘亏	
18	2.处置固定资产净损失	
19	3.出售无形资产损失	
20	4.债务重组损失	
21	5.罚款支出	
22	6.非常损失	
23	7.捐赠支出	
24	8.其他	
25	三、期间费用(26+27+28)	
26	1.销售(营业)费用	
27	2.管理费用	
28	3.财务费用	

经办人(签章)：　　法定代表人(签章)：

(11)第11行“其他”：填报纳税人按照国家统一会计制度核算、上述项目未列举的其他业务成本。

(12)第12行“视同销售成本”：填报纳税人会计上不作为销售核算、但按照税收规定视同销售确认的应税成本。本行数据填入附表三第21行第4列。

(13)第16行“营业外支出”：填报纳税人与生产经营无直接关系的各项支出。本行数据填入主表第12行。

①第17行“固定资产盘亏”：填报纳税人在资产清查中发生的固定资产盘亏。

②第 18 行“处置固定资产净损失”:填报纳税人因处置固定资产发生的净损失。

③第 19 行“出售无形资产损失”:填报纳税人因处置无形资产而发生的净损失。

④第 20 行“债务重组损失”:填报纳税人发生的债务重组行为按照国家统一会计制度确认的债务重组损失。

⑤第 21 行“罚款支出”:填报纳税人在日常经营管理活动中发生的罚款支出。

⑥第 22 行“非常损失”:填报纳税人按照国家统一会计制度规定在营业外支出中核算的各项非正常的财产损失。

⑦第 23 行“捐赠支出”:填报纳税人实际发生的货币性资产、非货币性资产捐赠支出。

⑧第 24 行“其他”:填报纳税人按照国家统一会计制度核算、上述项目未列举的其他营业外支出。

(14)第 25 行“期间费用”:填报纳税人按照国家统一会计制度核算的销售(营业)费用、管理费用和财务费用的数额。

①第 26 行“销售(营业)费用”:填报纳税人在销售商品和材料、提供劳务的过程中发生的各种费用。本行根据“销售费用”科目的数额计算填报。本行数据填入主表第 4 行。

②第 27 行“管理费用”:填报纳税人为组织和管理企业生产经营发生的管理费用。本行根据“管理费用”科目的数额计算填报。本行数据填入主表第 5 行。

③第 28 行“财务费用”:填报纳税人为筹集生产经营所需资金等发生的筹资费用。本行根据“财务费用”科目的数额计算填报。本行数据填入主表第 6 行。

3.企业所得税年度纳税申报表附表三(表 6-6)有关项目填报说明:

本表适用于实行查账征收企业所得税的居民纳税人填报。

本表打 * 号的栏次均不填报。本表“注:1……”修改为:“1.标有 * 或 # 的行次,纳税人分别按照适用的国家统一会计制度填报”。

(1)第 1 行“一、收入类调整项目”:填报收入类调整项目第 2 行至第 19 行的合计数。第 1 列“账载金额”、第 2 列“税收金额”不填报。

(2)第 2 行“1.视同销售收入”:填报纳税人会计上不作为销售核算、税收上应确认为应税收入的金额。

①事业单位、社会团体、民办非企业单位直接填报第 3 列“调增金额”。

②金融企业第 3 列“调增金额”取自附表一(2)“金融企业收入明细表”第 38 行。

③一般工商企业第 3 列“调增金额”取自附表一(1)“收入明细表”第 13 行。

表 6-6 企业所得税年度纳税申报表附表三

纳税调整项目明细表

填报时间: 年 月 日　　　　金额单位:元(列至角分)

行次	项 目	账载金额	税收金额	调增金额	调减金额
		1	2	3	4
1	一、收入类调整项目	*	*		
2	1.视同销售收入(填写附表一)	*	*		*
3	#2.接受捐赠收入	*			*

续表 6-6

行次	项　　目	账载金额 1	税收金额 2	调增金额 3	调减金额 4
4	3.不符合税收规定的销售折扣和折让				*
5	*4.未按权责发生制原则确认的收入				
6	* 5.按权益法核算长期股权投资对初始投资成本调整确认收益	*	*		
7	6.按权益法核算的长期股权投资持有期间的投资损益	*	*		
8	* 7.特殊重组				
9	* 8.一般重组				
10	* 9.公允价值变动净收益	*	*		
11	10.确认为递延收益的政府补助				
12	11.境外应税所得	*	*		
13	12.不允许扣除的境外投资损失	*	*		*
14	13.不征税收入	*	*	*	
15	14.免税收入	*	*	*	
16	15.减计收入	*	*	*	
17	16.减、免税项目所得	*	*	*	
18	17.抵扣应纳税所得额	*	*	*	
19	18.其他				
20	二、扣除类调整项目	*	*		
21	1.视同销售成本(填写附表二)	*	*	*	
22	2.工资薪金支出				
23	3.职工福利费支出				
24	4.职工教育经费支出				
25	5.工会经费支出				
26	6.业务招待费支出				*
27	7.广告费和业务宣传费支出(填写附表八)	*	*		
28	8.捐赠支出				*
29	9.利息支出				*
30	10.住房公积金				*
31	11.罚金、罚款和被没收财物的损失		*		*

续表 6-6

行次	项　　目	账载金额 1	税收金额 2	调增金额 3	调减金额 4
32	12.税收滞纳金		*		*
33	13.赞助支出		*		*
34	14.各类基本社会保障性缴款				*
35	15.补充养老保险、补充医疗保险				*
36	16.与未实现融资收益相关在当期确认的财务费用				
37	17.与取得收入无关的支出		*		*
38	18.不征税收入用于支出所形成的费用		*		*
39	19.加计扣除（填附表五）	*	*	*	
40	20.其他				
41	三、资产类调整项目	*	*		
42	1.财产损失				
43	2.固定资产折旧（填写附表九）	*	*		
44	3.生产性生物资产折旧（填写附表九）	*	*		
45	4.长期待摊费用的摊销（填写附表九）	*	*		
46	5.无形资产摊销（填写附表九）	*	*		
47	6.投资转让、处置所得（填写附表十一）	*	*		
48	7.油气勘探投资（填写附表九）	*	*		
49	8.油气开发投资（填写附表九）	*	*		
50	9.其他				
51	四、准备金调整项目（填写附表十）	*	*		
52	五、房地产企业预售收入计算的预计利润	*	*		
53	六、特别纳税调整应税所得	*	*		*
54	七、其他	*	*		
55	合计	*	*		

注：1.标有＊的行次为执行新会计准则的企业填列，标有＃的行次为除执行新会计准则以外的企业填列。

2.没有标注的行次，无论执行何种会计核算办法，有差异就填报相应行次，填＊号不可填列。

3.有二级附表的项目只填调增、调减金额，账载金额、税收金额不再填写。

经办人(签章)：　　　　　　　　　　　　　　　　法定代表人(签章)：

④第 1 列“账载金额”、第 2 列“税收金额”和第 4 列“调减金额”不填。

(3)第 3 行“2.接受捐赠收入”：第 2 列“税收金额”填报纳税人按照国家统一会计制度规定，将接受捐赠直接计入资本公积核算、进行纳税调整的金额。第 3 列“调增金额”等于第 2 列“税收金额”。第 1 列“账载金额”和第 4 列“调减金额”不填。

(4)第 4 行“3. 不符合税收规定的销售折扣和折让”：填报纳税人不符合税收规定的销售折扣和折让应进行纳税调整的金额。第 1 列“账载金额”填报纳税人按照国家统一会计制度规定，销售货物给购货方的销售折扣和折让金额。第 2 列“税收金额”填报纳税人按照税收规定可以税前扣除的销售折扣和折让的金额。第 3 列“调增金额”填报第 1 列与第 2 列的差额。第 4 列“调减金额”不填。

(5)第 5 行“4. 未按权责发生制原则确认的收入”：填报纳税人会计上按照权责发生制原则确认收入，但按照税收规定不按照权责发生制确认收入，进行纳税调整的金额。

第 1 列“账载金额”填报纳税人按照国家统一会计制度确认的收入；第 2 列“税收金额”填报纳税人按照税收规定确认的应纳税收入；第 3 列“调增金额”填报纳税人纳税调整的金额；第 4 列“调减金额”填报纳税人纳税调减的金额。

(6)第 6 行“5. 按权益法核算长期股权投资对初始投资成本调整确认收益”：填报纳税人采取权益法核算，初始投资成本小于取得投资时应享有被投资单位可辨认净资产公允价值份额的差额计入取得投资当期的营业外收入。本行“调减金额”数据通过附表十一“长期股权投资所得(损失)明细表”第 5 行“合计”填报。第 1 列“账载金额”、第 2 列“税收金额”和第 3 列“调增金额”不填。

(7)第 7 行“6. 按权益法核算的长期股权投资持有期间的投资损益”：第 3 列“调增金额”填报纳税人应分担被投资单位发生的净亏损、确认为投资损失的金额；第 4 列“调减金额”填报纳税人应分享被投资单位发生的净利润、确认为投资收益的金额。本行根据附表十一“长期股权投资所得(损失)明细表”分析填列。

(8)第 8 行“7. 特殊重组”：填报纳税人按照税收规定作为特殊重组处理，导致财务会计处理与税收规定不一致进行纳税调整的金额。

第 1 列“账载金额”填报纳税人按照国家统一会计制度确认的账面金额；第 2 列“税收金额”填报纳税人按照税收规定确认的应税收入金额；第 3 列“调增金额”填报纳税人进行纳税调整增加的金额；第 4 列“调减金额”填报纳税人进行纳税调整减少的金额。

(9)第 9 行“8. 一般重组”：填报纳税人按照税收规定作为一般重组处理，导致财务会计处理与税收规定不一致进行纳税调整的金额。

第 1 列“账载金额”填报纳税人按照国家统一会计制度确认的账面金额；第 2 列“税收金额”填报纳税人按照税收规定确认的应税收入金额；第 3 列“调增金额”填报纳税人进行纳税调整增加的金额；第 4 列“调减金额”填报纳税人进行纳税调整减少的金额。

(10)第 10 行“9. 公允价值变动净收益”：第 3 列“调增金额”或第 4 列“调减金额”通过附表七“以公允价值计量资产纳税调整表”第 10 行第 5 列数据填报。

附表七第 5 列“纳税调整额”第 10 行“合计”数为正数时，填入附表三第 10 行本行第 3 列“调增金额”；为负数时，将其绝对值填入本行第 4 列“调减金额”。

(11)第 11 行“10. 确认为递延收益的政府补助”：填报纳税人取得的不属于税收规定的不征税收入、免税收入以外的其他政府补助，按照国家统一会计制度确认为递延收益，税收处理应计入应纳税所得额应进行纳税调整的数额。

第 1 列“账载金额”填报纳税人按照国家统一会计制度确认的账面金额；第 2 列“税收金额”填报纳税人按照税收规定确认的应税收入金额；第 3 列“调增金额”填报纳税人进行纳税

调整增加的金额；第 4 列“调减金额”填报纳税人进行纳税调整减少的金额。

(12)第 12 行“11.境外应税所得”：第 3 列“调增金额”填报纳税人并入利润总额的成本费用或确认的境外投资损失。第 4 列“调减金额”填报纳税人并入利润总额的境外收入、投资收益等。第 1 列“账载金额”、第 2 列“税收金额”不填。

(13)第 13 行“12.不允许扣除的境外投资损失”：第 3 列“调增金额”填报纳税人境外投资除合并、撤消、依法清算外形成的损失。第 1 列“账载金额”、第 2 列“税收金额”和第 4 列“调减金额”不填。

(14)第 14 行“13.不征税收入”：第 4 列“调减金额”通过附表一(3)“事业单位、社会团体、民办非企业单位收入项目明细表”第 12 行“不征税收入总额”填报。第 1 列“账载金额”、第 2 列“税收金额”和第 3 列“调增金额”不填。

(15)第 15 行“14.免税收入”：第 4 列“调减金额”通过附表五“税收优惠明细表”第 1 行“免税收入”填报。第 1 列“账载金额”、第 2 列“税收金额”和第 3 列“调增金额”不填。

(16)第 16 行“15.减计收入”：第 4 列“调减金额”通过取自附表五“税收优惠明细表”第 6 行“减计收入”填报。第 1 列“账载金额”、第 2 列“税收金额”和第 3 列“调增金额”不填。

(17)第 17 行“16.减、免税项目所得”：第 4 列“调减金额”通过取自附表五“税收优惠明细表”第 14 行“减免所得额合计”填报。第 1 列“账载金额”、第 2 列“税收金额”和第 3 列“调增金额”不填。

(18)第 18 行“17.抵扣应纳税所得额”：第 4 列“调减金额”通过取自附表五“税收优惠明细表”第 39 行“创业投资企业抵扣的应纳税所得额”填报。第 1 列“账载金额”、第 2 列“税收金额”和第 3 列“调增金额”不填。

(19)第 19 行“18.其他”：填报企业财务会计处理与税收规定不一致、进行纳税调整的其他收入类项目金额。

(20)第 20 行“二、扣除类调整项目”：填报扣除类调整项目第 21～40 行的合计数。第 1 列“账载金额”、第 2 列“税收金额”不填报。

(21)第 21 行“1.视同销售成本”：

①事业单位、社会团体、民办非企业单位直接填报第 4 列“调减金额”。

②金融企业第 4 列“调减金额”取自附表二(2)“金融企业成本费用明细表”第 41 行。

③一般工商企业第 4 列“调减金额”取自附表二(1)“成本费用明细表”第 12 行。

④第 1 列“账载金额”、第 2 列“税收金额”和第 3 列“调增金额”不填。

(22)第 22 行“2.工资薪金支出”：第 1 列“账载金额”填报纳税人按照国家统一会计制度计入成本费用的职工工资、奖金、津贴和补贴；第 2 列“税收金额”填报纳税人按照税收规定允许税前扣除的工资薪金。如本行第 1 列大于等于第 2 列，第 1 列减去第 2 列的差额填入本行第 3 列“调增金额”；如本行第 1 列小于第 2 列，第 2 列减去第 1 列的差额填入本行第 4 列“调减金额”。

(23)第 23 行“3.职工福利费支出”：第 1 列“账载金额”填报纳税人按照国家统一会计制度计入成本费用的职工福利费；第 2 列“税收金额”填报纳税人按照税收规定允许税前扣除的职工福利费，金额小于等于第 22 行“工资薪金支出”第 2 列“税收金额”×14％；如本行第 1 列大于等于第 2 列，第 1 列减去第 2 列的差额填入本行第 3 列“调增金额”，如本行第 1 列小于第2列，第2列减去第1列的差额填入本行第4列“调减金额”。

(24)第24行“4.职工教育经费支出”：第1列“账载金额”填报纳税人按照国家统一会计制度计入成本费用的教育经费支出；第2列“税收金额”填报纳税人按照税收规定允许税前扣除的职工教育经费，金额小于等于第22行“工资薪金支出”第2列“税收金额”×2.5%，或国务院财政、税务主管部门另有规定的金额；如本行第1列大于等于第2列，第1列减去第2列的差额填入本行第3列“调增金额”，如本行第1列小于第2列，第2列减去第1列的差额填入本行第4列“调减金额”。

(25)第25行“5.工会经费支出”：第1列“账载金额”填报纳税人按照国家统一会计制度计入成本费用的工会经费支出。第2列“税收金额”填报纳税人按照税收规定允许税前扣除的工会经费，金额等于第22行“工资薪金支出”第2列“税收金额”×2%减去没有工会专用凭据列支的工会经费后的余额；如本行第1列大于等于第2列，第1列减去第2列的差额填入本行第3列“调增金额”，如本行第1列小于第2列，第2列减去第1列的差额填入本行第4列“调减金额”。

(26)第26行“6.业务招待费支出”：第1列“账载金额”填报纳税人按照国家统一会计制度计入成本费用的业务招待费支出；第2列“税收金额”填报纳税人按照税收规定允许税前扣除的业务招待费支出的金额。比较“本行第1列×60%”与附表一(1)“收入明细表”“第1行×5‰”或附表一(2)“金融企业收入明细表”“第1行与第38行数额之和×5‰”两数，小者填入本行第2列。如本行第1列大于等于第2列，本行第1列减去第2列的余额填入本行第3列“调增金额”，第4列“调减金额”不填。如本行第1列小于第2列，第3列“调增金额”、第4列“调减金额”均不填。

(27)第27行“7.广告费与业务宣传费支出”：第3列“调增金额”取自附表八“广告费和业务宣传费跨年度纳税调整表”第7行“本年广告费和业务宣传费支出纳税调整额”，第4列“调减金额”取自附表八“广告费和业务宣传费跨年度纳税调整表”第10行“本年扣除的以前年度结转额”。第1列“账载金额”和第2列“税收金额”不填。

(28)第28行“8.捐赠支出”：第1列“账载金额”填报纳税人按照国家统一会计制度实际发生的捐赠支出。第2列“税收金额”填报纳税人按照税收规定允许税前扣除的捐赠支出的金额。如本行第1列大于等于第2列，第1列减去第2列的差额填入本行第3列“调增金额”，第4列“调减金额”不填；如本行第1列小于第2列，第3列“调增金额”、第4列“调减金额”均不填。

(29)第29行“9.利息支出”：第1列“账载金额”填报纳税人按照国家统一会计制度实际发生的向非金融企业借款计入财务费用的利息支出的金额；第2列“税收金额”填报纳税人按照税收规定允许税前扣除的利息支出的金额。如本行第1列大于等于第2列，第1列减去第2列的差额填入本行第3列“调增金额”，第4列“调减金额”不填；如本行第1列小于第2列，第3列“调增金额”、第4列“调减金额”均不填。

(30)第30行“10.住房公积金”：第1列“账载金额”填报纳税人按照国家统一会计制度实际发生的住房公积金的金额；第2列“税收金额”填报纳税人按照税收规定允许税前扣除的住房公积金的金额。如本行第1列大于等于第2列，第1列减去第2列的差额填入本行第3列“调增金额”，第4列“调减金额”不填；如本行第1列小于第2列，第3列“调增金额”、第 4 列“调减金额”均不填。

(31)第 31 行“11.罚金、罚款和被没收财物的损失”:第 1 列“账载金额”填报纳税人按照国家统一会计制度实际发生的罚金、罚款和被没收财物损失的金额,不包括纳税人按照经济合同规定支付的违约金(包括银行罚息)、罚款和诉讼费。第 3 列“调增金额”等于第 1 列。第 2 列“税收金额”和第 4 列“调减金额”不填。

(32)第 32 行“12.税收滞纳金”:第 1 列“账载金额”填报纳税人按照国家统一会计制度实际发生的税收滞纳金的金额。第 3 列“调增金额”等于第 1 列。第 2 列“税收金额”和第 4 列“调减金额”不填。

(33)第 33 行“13.赞助支出”:第 1 列“账载金额”填报纳税人按照国家统一会计制度实际发生且不符合税收规定的公益性捐赠的赞助支出的金额。第 3 列“调增金额”等于第 1 列。第 2 列“税收金额”和第 4 列“调减金额”不填。

广告性的赞助支出按广告费和业务宣传费的规定处理,在第 27 行“广告费与业务宣传费支出”中填报。

(34)第 34 行“14.各类基本社会保障性缴款”:第 1 列“账载金额”填报纳税人按照国家统一会计制度实际发生的各类基本社会保障性缴款的金额,包括基本医疗保险费、基本养老保险费、失业保险费、工伤保险费和生育保险费;第 2 列“税收金额”填报纳税人按照税收规定允许税前扣除的各类基本社会保障性缴款的金额。如本行第 1 列大于等于第 2 列,第 1 列减去第 2 列的差额填入本行第 3 列“调增金额”;如本行第 1 列小于第 2 列,第 3 列“调增金额”、第 4 列“调减金额”均不填。

(35)第 35 行“15.补充养老保险、补充医疗保险”:第 1 列“账载金额”填报纳税人按照国家统一会计制度实际发生的补充养老保险、补充医疗保险的金额;第 2 列“税收金额”填报纳税人按照税收规定允许税前扣除的补充养老保险、补充医疗保险的金额。如本行第 1 列大于等于第 2 列,第 1 列减去第 2 列的差额填入本行第 3 列“调增金额”;如本行第 1 列小于第 2 列,则第 3 列“调增金额”、第 4 列“调减金额”均不填。

(36)第 36 行“16.与未实现融资收益相关在当期确认的财务费用”:第 1 列“账载金额”填报纳税人按照国家统一会计制度实际发生的、与未实现融资收益相关并在当期确认的财务费用的金额。第 2 列“税收金额”填报纳税人按照税收规定允许税前扣除的相关金额。

(37)第 37 行“17.与取得收入无关的支出”:第 1 列“账载金额”填报纳税人按照国家统一会计制度实际发生的、与取得收入无关的支出的金额。第 3 列“调增金额”等于第 1 列。第 2 列“税收金额”和第 4 列“调减金额”不填。

(38)第 38 行“18.不征税收入用于支出所形成的费用”:第 1 列“账载金额”填报纳税人按照国家统一会计制度实际发生的、不征税收入用于支出形成的费用的金额。第 3 列“调增金额”等于第 1 列。第 2 列“税收金额”和第 4 列“调减金额”不填。

(39)第 39 行“19.加计扣除”:第 4 列“调减金额”取自附表五“税收优惠明细表”第 9 行“加计扣除额合计”金额。第 1 列“账载金额”、第 2 列“税收金额”和第 3 列“调增金额”不填。

(40)第 40 行“20.其他”:填报企业财务会计处理与税收规定不一致、进行纳税调整的其他扣除类项目金额。

(41)第 41 行“三、资产类调整项目”:填报资产类调整项目第 42～50 行的合计数。第 1

列“账载金额”、第2列“税收金额”不填报。

(42)第42行“1.财产损失”:第1列“账载金额”填报纳税人按照国家统一会计制度确认的财产损失金额;第2列“税收金额”填报纳税人按照税收规定允许税前扣除的财产损失金额。如本行第1列大于等于第2列,第1列减去第2列的差额填入本行第3列“调增金额”;如本行第1列小于第2列,第1列减去第2列的差额的绝对值填入第4列“调减金额”。

(43)第43行“2.固定资产折旧”:通过附表九“资产折旧、摊销纳税调整明细表”填报。附表九“资产折旧、摊销纳税调整明细表”第1行“固定资产”第7列“纳税调整额”的正数填入本行第3列“调增金额”;附表九“资产折旧、摊销纳税调整明细表”第1行“固定资产”第7列“纳税调整额”负数的绝对值填入本行第4列“调减金额”。第1列“账载金额”、第2列“税收金额”不填。

(44)第44行“3.生产性生物资产折旧”:通过附表九“资产折旧、摊销纳税调整明细表”填报。附表九“资产折旧、摊销纳税调整明细表”第7行“生产性生物资产”第7列“纳税调整额”的正数填入本行第3列“调增金额”;附表九“资产折旧、摊销纳税调整明细表”第7行“生产性生物资产”第7列“纳税调整额”的负数的绝对值填入本行第4列“调减金额”。第1列“账载金额”、第2列“税收金额”不填。

(45)第45行“4.长期待摊费用的摊销”:通过附表九“资产折旧、摊销纳税调整明细表”填报。附表九“资产折旧、摊销纳税调整明细表”第10行“长期待摊费用”第7列“纳税调整额”的正数填入本行第3列“调增金额”;附表九“资产折旧、摊销纳税调整明细表”第10行“长期待摊费用”第7列“纳税调整额”的负数的绝对值填入本行第4列“调减金额”。第1列“账载金额”、第2列“税收金额”不填。

(46)第46行“5.无形资产摊销”:通过附表九“资产折旧、摊销纳税调整明细表”填报。附表九“资产折旧、摊销纳税调整明细表”第15行“无形资产”第7列“纳税调整额”的正数填入本行第3列“调增金额”;附表九“资产折旧、摊销纳税调整明细表”第15行“无形资产”第7列“纳税调整额”的负数的绝对值填入本行第4列“调减金额”。第1列“账载金额”、第2列“税收金额”不填。

(47)第47行“6.投资转让、处置所得”:第3列“调增金额”和第4列“调减金额”通过附表十一“股权投资所得(损失)明细表”分析填报。第1列“账载金额”、第2列“税收金额”不填。

(48)第48行“7.油气勘探投资”:通过附表九“资产折旧、摊销纳税调整明细表”填报。附表九“资产折旧、摊销纳税调整明细表”第16行“油气勘探投资”第7列“纳税调整额”的正数填入本行第3列;附表九“资产折旧、摊销纳税调整明细表”第16行“油气勘探投资”第7列“纳税调整额”负数的绝对值填入本行第4列“调减金额”。第1列“账载金额”、第2列“税收金额”不填。

(49)第49行“油气开发投资”:通过附表九“资产折旧、摊销纳税调整明细表”填报。附表九“资产折旧、摊销纳税调整明细表”第17行“油气开发投资”第7列“纳税调整额”的正数填入本行第3列;附表九“资产折旧、摊销纳税调整明细表”第17行“油气开发投资”第7列“纳税调整额”负数的绝对值填入本表第4列“调减金额”。第1列“账载金额”、第2列“税收金额”不填。

(50)第 50 行“9.其他”:填报企业财务会计处理与税收规定不一致、进行纳税调整的其他资产类项目金额。

(51)第 51 行“四、准备金调整项目”:通过附表十“资产减值准备项目调整明细表”填报。附表十“资产减值准备项目调整明细表”第 17 行“合计”第 5 列“纳税调整额”的正数填入本行第 3 列“调增金额”;附表十“资产减值准备项目调整明细表”第 17 行“合计”第 5 列“纳税调整额”的负数的绝对值填入本行第 4 列“调减金额”。第 1 列“账载金额”、第 2 列“税收金额”不填。

(52)第 52 行“五、房地产企业预售收入计算的预计利润”:第 3 列“调增金额”填报从事房地产开发业务的纳税人本期取得的预售收入,按照税收规定的预计利润率计算的预计利润的金额;第 4 列“调减金额”填报从事房地产开发业务的纳税人本期将预售收入转为销售收入,转回已按税收规定征税的预计利润的数额。第 1 列“账载金额”、第 2 列“税收金额”不填。

(53)第 53 行“六、特别纳税调整应税所得”:第 3 列“调增金额”填报纳税人按特别纳税调整规定,自行调增的当年应纳税所得。第 1 列“账载金额”、第 2 列“税收金额”、第 4 列“调减金额”不填。

(54)第 54 行“七、其他”:填报企业财务会计处理与税收规定不一致、进行纳税调整的其他项目金额。第 1 列“账载金额”、第 2 列“税收金额”不填报。

(55)第 55 行“合计”:第 3 列“调增金额”等于本表第 1、20、41、51、52、53、54 行第 3 列合计;第 4 列“调减金额”分别等于本表第 1、20、41、51、52、53、54 行第 4 列合计。

4.企业所得税年度纳税申报表附表四(表 6-7)有关项目填报说明:

本表适用于实行查账征收企业所得税的居民纳税人填报。

(1)第 1 列“年度”:填报公历年度。第 1 至 5 行依次从第 6 行往前倒推 5 年,第 6 行为申报年度。

(2)第 2 列“盈利额或亏损额”:填报主表的第 23 行“纳税调整后所得”的金额(亏损额以“-”表示)。

(3)第 3 列“合并分立企业转入可弥补亏损额”:填报按照税收规定企业合并、分立允许税前扣除的亏损额,以及按税收规定汇总纳税后分支机构在 2008 年以前按独立纳税人计算缴纳企业所得税尚未弥补完的亏损额(以“-”表示)。

(4)第 4 列“当年可弥补的所得额”:金额等于第 2、3 列金额合计。

(5)第 9 列“合计”:金额等于第 5、6、7、8 列金额合计(第 4 列为正数的不填)。

(6)第 10 列第 1～5 行“本年度实际弥补的以前年度亏损额”:填报主表第 24 行金额,用于依次弥补前 5 年度的尚未弥补的亏损额。

表 6-7　企业所得税年度纳税申报表附表四

企业所得税弥补亏损明细表

填报时间：　　年　　月　　日　　　　　　　　　　金额单位：元（列至角分）

行次	项目	年度	盈利额或亏损额	合并分立企业转入可弥补亏损额	当年可弥补的所得额	以前年度亏损弥补额					本年度实际弥补的以前年度亏损额	可结转以后年度弥补的亏损额
						前四年度	前三年度	前二年度	前一年度	合计		
		1	2	3	4	5	6	7	8	9	10	11
1	第一年						*					
2	第二年			*								
3	第三年			*	*							
4	第四年			*	*	*						
5	第五年			*	*	*	*					
6	本年			*	*	*	*	*				
7	可结转以后年度弥补的亏损额合计											

经办人（签章）：　　　　　　　　　　　　法定代表人（签章）：

(7)第 10 列第 6 行“本年度实际弥补的以前年度亏损额”:金额等于第 1～5 行第 10 列的合计数(6 行 10 列的合计数小于等于 6 行 4 列的合计数)。

(8)第 11 列第 2～6 行“可结转以后年度弥补的亏损额”:填报前 5 年度的亏损额被本年主表中第 24 行数据依次弥补后,各年度仍未弥补完的亏损额,以及本年度尚未弥补的亏损额。第 11 列金额等于第 4 列金额的绝对值－第 9 列金额－第 10 列金额(第 4 列大于零的行次不填报)。

(9)第 11 列第 7 行“可结转以后年度弥补的亏损额合计”:填报第 2～6 行第 11 列的合计数。

5. 企业所得税年度纳税申报表附表五(表 6-8)有关项目填报说明:

本表适用于实行查账征收企业所得税的居民纳税人填报。

(1)第 2 行“国债利息收入”:填报纳税人持有国务院财政部门发行的国债取得的利息收入。

(2)第 3 行“符合条件的居民企业之间的股息、红利等权益性投资收益”:填报居民企业直接投资于其他居民企业所取得的投资收益,不包括连续持有居民企业公开发行并上市流通的股票不足 12 个月取得的投资收益。

表 6-8 企业所得税年度纳税申报表附表五

税收优惠明细表

填报时间:　　　年　　月　　日　　　　　　　　　　　　　　　金额单位:元(列至角分)

行次	项　　目	金额
1	一、免税收入(2＋3＋4＋5)	
2	1. 国债利息收入	
3	2. 符合条件的居民企业之间的股息、红利等权益性投资收益	
4	3. 符合条件的非营利组织的收入	
5	4. 其他	
6	二、减计收入(7＋8)	
7	1. 企业综合利用资源生产符合国家产业政策规定产品所取得的收入	
8	2. 其他	
9	三、加计扣除额合计(10＋11＋12＋13)	
10	1. 开发新技术、新产品、新工艺发生的研究开发费用	
11	2. 安置残疾人员所支付的工资	
12	3. 国家鼓励安置的其他就业人员支付的工资	
13	4. 其他	
14	四、减免所得额合计(15＋25＋29＋30＋31＋32)	
15	(一)免税所得(16＋17＋…＋24)	
16	1. 蔬菜、谷物、薯类、油料、豆类、棉花、麻类、糖料、水果、坚果的种植	
17	2. 农作物新品种的选育	
18	3. 中药材的种植	

续表 6-8

行次	项 目	金额
19	4.林木的培育和种植	
20	5.牲畜、家禽的饲养	
21	6.林产品的采集	
22	7.灌溉、农产品初加工、兽医、农技推广、农机作业和维修等农、林、牧、渔服务业项目	
23	8.远洋捕捞	
24	9.其他	
25	(二)减税所得(26+27+28)	
26	1.花卉、茶以及其他饮料作物和香料作物的种植	
27	2.海水养殖、内陆养殖	
28	3.其他	
29	(三)从事国家重点扶持的公共基础设施项目投资经营的所得	
30	(四)从事符合条件的环境保护、节能节水项目的所得	
31	(五)符合条件的技术转让所得	
32	(六)其他	
33	五、减免税合计(34+35+36+37+38)	
34	(一)符合规定条件的小型微利企业	
35	(二)国家需要重点扶持的高新技术企业	
36	(三)民族自治地方的企业应缴纳的企业所得税中属于地方分享的部分	
37	(四)过渡期税收优惠	
38	(五)其他	
39	六、创业投资企业抵扣的应纳税所得额	
40	七、抵免所得税额合计(41+42+43+44)	
41	(一)企业购置用于环境保护专用设备的投资额抵免的税额	
42	(二)企业购置用于节能节水专用设备的投资额抵免的税额	
43	(三)企业购置用于安全生产专用设备的投资额抵免的税额	
44	(四)其他	
45	企业从业人数(全年平均人数)	
46	资产总额(全年平均数)	
47	所属行业(工业企业　其他企业)	

经办人(签章):　　　　　　　　　　　　　　　　　　法定代表人(签章):

(3)第4行“符合条件的非营利组织的收入”:填报符合条件的非营利组织的收入,不包括除国务院财政、税务主管部门另有规定外的从事营利性活动所取得的收入。

(4)第 5 行“其他”:填报国务院根据税法授权制定的其他免税收入。

(5)第 7 行“企业综合利用资源生产符合国家产业政策规定产品所取得的收入”:填报纳税人以《资源综合利用企业所得税优惠目录》内的资源作为主要原材料,生产非国家限制和禁止并符合国家和行业相关标准的产品所取得的收入减计 10%部分的数额。

(6)第 8 行“其他”:填报国务院根据税法授权制定的其他减计收入的数额。

(7)第 10 行“开发新技术、新产品、新工艺发生的研究开发费用”:填报纳税人为开发新技术、新产品、新工艺发生的研究开发费用,未形成无形资产计入当期损益的,按研究开发费用的 50%加计扣除的金额。

(8)第 11 行“安置残疾人员所支付的工资”:填报纳税人按照有关规定条件安置残疾人员,支付给残疾职工工资的 100%加计扣除额。

(9)第 12 行“国家鼓励安置的其他就业人员支付的工资”:填报国务院根据税法授权制定的其他就业人员支付工资的加计扣除额。

(10)第 13 行“其他”:填报国务院根据税法授权制定的其他加计扣除额。

(11)第 16 行“蔬菜、谷物、薯类、油料、豆类、棉花、麻类、糖料、水果、坚果的种植”:填报纳税人种植蔬菜、谷物等免征的所得额。

(12)第 17 行“农作物新品种的选育”:填报纳税人从事农作物新品种的选育免征的所得额。

(13)第 18 行“中药材的种植”:填报纳税人从事中药材的种植免征的所得额。

(14)第 19 行“林木的培育和种植”:填报纳税人从事林木的培育和种植免征的所得额。

(15)第 20 行“牲畜、家禽的饲养”:填报纳税人从事牲畜、家禽的饲养免征的所得额。

(16)第 21 行“林产品的采集”:填报纳税人从事采集林产品免征的所得额。

(17)第 22 行“灌溉、农产品初加工、兽医、农技推广、农机作业和维修等农、林、牧、渔服务业项目”:填报纳税人从事灌溉等免征的所得额。

(18)第 23 行“远洋捕捞”:填报纳税人从事远洋捕捞免征的所得额。

(19)第 24 行“其他”:填报国务院根据税法授权制定的其他免税所得额。

(20)第 26 行“花卉、茶以及其他饮料作物和香料作物的种植”:填报纳税人从事花卉、茶以及其他饮料作物和香料作物种植取得的所得减半征收的部分。

(21)第 27 行“海水养殖、内陆养殖”:填报纳税人从事海水养殖、内陆养殖取得的所得减半征收的部分。

(22)第 28 行“其他”:填报国务院根据税法授权制定的其他减税所得额。

(23)第 29 行“从事国家重点扶持的公共基础设施项目投资经营的所得”:填报纳税人从事《公共基础设施项目企业所得税优惠目录》规定的港口码头、机场、铁路、公路、城市公共交通、电力、水利等项目的投资经营的所得额,不包括企业承包经营、承包建设和内部自建自用该项目的所得。

(24)第 30 行“从事符合条件的环境保护、节能节水项目的所得”:填报纳税人从事公共污水处理等项目减征、免征的所得额。

(25)第 31 行“符合条件的技术转让所得”:填报居民企业技术转让所得免征、减征的部分(技术转让所得不超过 500 万元的部分,免征企业所得税;超过 500 万元的部分,减半征收企业所得税)。

(26)第 32 行“其他”:填报国务院根据税法授权制定的其他减免所得。

(27)第 34 行“符合规定条件的小型微利企业”:填报纳税人从事国家非限制和禁止行业并符合规定条件的小型微利企业享受优惠税率减征的企业所得税税额。

(28)第 35 行“国家需要重点扶持的高新技术企业”:填报纳税人从事国家需要重点扶、持拥有核心自主知识产权等条件的高新技术企业享受的减征企业所得税税额。

(29)第 36 行“民族自治地方的企业应缴纳的企业所得税中属于地方分享的部分”:填报纳税人经民族自治地方所在省、自治区、直辖市人民政府批准,减征或者免征民族自治地方的企业缴纳的企业所得税中属于地方分享的企业所得税税额。

(30)第 37 行“过渡期税收优惠”:填报纳税人符合国务院规定以及经国务院批准给予过渡期税收优惠政策。

(31)第 38 行“其他”:填报国务院根据税法授权制定的其他减免税额。

(32)第 39 行“创业投资企业抵扣的应纳税所得额”:填报创业投资企业采取股权投资方式投资于未上市的中小高新技术企业 2 年以上的,可以按照其投资额的 70%在股权持有满 2 年的当年抵扣该创业投资企业的应纳税所得额;当年不足抵扣的,可以在以后纳税年度结转抵扣。

(33)第 41～43 行:填报纳税人购置并实际使用《环境保护专用设备企业所得税优惠目录》等规定的环境保护、节能节水、安全生产等专用设备的,允许从企业当年的应纳税额中抵免的投资额 10%的部分。当年不足抵免的,可以在以后 5 个纳税年度结转抵免。

(34)第 44 行“其他”:填报国务院根据税法授权制定的其他抵免所得税额部分。

(35)第 45 行“企业从业人数”:填报纳税人全年平均从业人员,按照纳税人年初和年末的从业人员平均计算,用于判断是否为税收规定的小型微利企业。

(36)第 46 行“资产总额”:填报纳税人全年资产总额平均数,按照纳税人年初和年末的资产总额平均计算,用于判断是否为税收规定的小型微利企业。

(37)第 47 行“所属行业”项目:填报纳税人所属的行业,用于判断是否为税收规定的小型微利企业。

6. 企业所得税年度纳税申报表附表六(表 6-9)各项目填报说明:

本表适用于实行查账征收企业所得税的居民纳税人填报。

(1)第 1 列“国家或地区”:填报境外所得来源的国家或地区的名称。来源于同一国家或地区的境外所得可合并到一行填报。

(2)第 2 列“境外所得”:填报来自境外的税后境外所得的金额。

(3)第 3 列“境外所得换算含税所得”:填报第 2 列境外所得换算成包含在境外缴纳企业所得税以及按照我国税收规定计算的所得。

(4)第 4 列“弥补以前年度亏损”:填报境外所得按税收规定弥补以前年度境外亏损额。

(5)第 5 列“免税所得”:填报按照税收规定予以免税的境外所得。

(6)第 6 列“弥补亏损前境外应税所得额”:填报境外所得弥补境内亏损前的应税所得额。第 6 列金额等于第 3 列金额减第 4 列金额减第 5 列金额。

表 6-9 企业所得税年度纳税申报表附表六

境外所得税抵免计算明细表

填报时间：　　年　　月　　日　　　　　　　　　　　　　　　　　　　　　　　　　　　　金额单位：元(列至角分)

抵免方式	国家或地区	境外所得	境外所得换算含税所得	弥补以前年度亏损	免税所得	弥补亏损前境外应税所得额	可弥补境内亏损	境外应纳税所得额	税率	境外所得应纳税额	境外所得可抵免税额	境外所得税款抵免限额	本年可抵免的境外所得税款	未超过境外所得税款抵免限额的余额	本年可抵免以前年度所得税额	前五年境外所得已缴税款未抵免余额	定率抵免
	1	2	3	4	5	6(3－4－5)	7	8(6－7)	9	10(8×9)	11	12	13	14(12－13)	15	16	17
直接抵免																	
间接抵免				*	*									*	*	*	
				*	*									*	*	*	
				*	*									*	*	*	
				*	*									*	*	*	

经办人(签章)：　　　　　　　　　　　　　　　　　　　　　　　　　　　　　　　　法定代表人(签章)：

(7)第 7 列“可弥补境内亏损”:填报境外所得按税收规定弥补境内亏损额。

(8)第 8 列“境外应纳税所得额”:填报弥补亏损前境外应纳税所得额扣除可弥补境内亏损后的金额。

(9)第 9 列“税率”:填报纳税人境内税法规定的税率 25%。

(10)第 10 列“境外所得应纳税额”:填报境外应纳税所得额与境内税法规定税率的乘积的金额。

(11)第 11 列“境外所得可抵免税额”:填报纳税人已在境外缴纳的所得税税款的金额。

(12)第 12 列“境外所得税款抵免限额”:抵免限额为中国境内、境外所得依照企业所得税法和条例的规定计算的应纳税总额与来源于某国(地区)的应纳税所得额之积再除以中国境内、境外应纳税所得总额。

(13)第 13 列“本年可抵免的境外所得税款”:填报本年来源于境外的所得已缴纳所得税,在本年度允许抵免的金额。

(14)第 14 列“未超过境外所得税款抵免限额的余额”:填报本年度在抵免限额内抵免完境外所得税后,可用于抵免以前年度结转的待抵免的所得税额。

(15)第 15 列“本年可抵免以前年度所得税额”:填报本年可抵免以前年度未抵免、结转到本年度抵免的境外所得税额。

(16)第 16 列“前五年境外所得已缴税款未抵免余额”:填报可结转以后年度抵免的境外所得税未抵免余额。

(17)第 17 列“定率抵免”:本列适用于实行定率抵免境外所得税款的纳税人,填报此列的纳税人不填报第 11～16 列。

7. 企业所得税年度纳税申报表附表七(表 6-10)各项目填报说明:

表 6-10 企业所得税年度纳税申报表附表七

以公允价值计量资产纳税调整表

填报时间: 年 月 日 金额单位:元(列至角分)

行次	资产种类	期初金额		期末金额		纳税调整额(纳税调减以“—”表示)
		账载金额(公允价值)	计税基础	账载金额(公允价值)	计税基础	
		1	2	3	4	5
1	一、公允价值计量且其变动计入当期损益的金融资产					
2	1. 交易性金融资产					
3	2. 衍生金融工具					
4	3. 其他以公允价值计量的金融资产					
5	二、公允价值计量且其变动计入当期损益的金融负债					

续表 6-10

行次	资产种类	期初金额		期末金额		纳税调整额（纳税调减以"—"表示）
		账载金额（公允价值）	计税基础	账载金额（公允价值）	计税基础	
		1	2	3	4	5
6	1.交易性金融负债					
7	2.衍生金融工具					
8	3.其他以公允价值计量的金融负债					
9	三、投资性房地产					
10	合计					

经办人(签章)：　　　　　　　　　　　　　　　　　　法定代表人(签章)：

本表适用于实行查账征收企业所得税的居民纳税人填报。

(1)第 1 列、第 3 列"账载金额(公允价值)"：填报纳税人根据会计准则规定以公允价值计量且其变动计入当期损益的金融资产、金融负债以及投资性房地产的期初、期末账面金额。

(2)第 2 列、第 4 列"计税基础"：填报纳税人以公允价值计量且其变动计入当期损益的金融资产、金融负债以及投资性房地产按照税收规定确定的计税基础的金额。

(3)第 6 行第 5 列交易性金融负债的"纳税调整额"＝本表(第 2 列－第 4 列)－(第 1 列－第 3 列)。其他行次第 5 列"纳税调整额"＝本表(第 4 列－第 2 列)－(第 3 列－第 1 列)。

(4)第 10 行第 5 列为正数时：第 10 行第 5 列的值与附表三第 10 行第 3 列相等；第 10 行第 5 列为负数时：第 10 行第 5 列负数的绝对值与附表三第 10 行第 4 列的值相等。

8. 企业所得税年度纳税申报表附表八(表 6-11)有关项目填报说明：

本表适用于实行查账征收企业所得税的居民纳税人填报。

(1)第 1 行"本年度广告费和业务宣传费支出"：填报纳税人本期实际发生的广告费和业务宣传费用的金额。

(2)第 2 行"不允许扣除的广告费和业务宣传费支出"：填报税收规定不允许扣除的广告费和业务宣传费支出的金额。

(3)第 3 行"本年度符合条件的广告费和业务宣传费支出"：本行等于本表第 1 行金额与第 2 行金额之差。

(4)第 4 行"本年计算广告费和业务宣传费扣除限额的销售(营业)收入"：一般工商企业：填报附表一(1)第 1 行的"销售(营业)收入合计"数额；金融企业：填报附表一(2)第 1 行"营业收入"＋第 38 行"按税法规定视同销售的收入"；事业单位、社会团体、民办非企业单位：填报主表第 1 行"营业收入"。

表 6-11 企业所得税年度纳税申报表附表八

广告费和业务宣传费跨年度纳税调整表

填报时间： 年 月 日 金额单位：元(列至角分)

行次	项 目	金额
1	本年度广告费和业务宣传费支出	
2	其中：不允许扣除的广告费和业务宣传费支出	
3	本年度符合条件的广告费和业务宣传费支出(1－2)	
4	本年计算广告费和业务宣传费扣除限额的销售(营业)收入	
5	税收规定的扣除率	
6	本年广告费和业务宣传费扣除限额(4×5)	
7	本年广告费和业务宣传费支出纳税调整额(3≤6，本行＝2行；3＞6，本行＝1－6)	
8	本年结转以后年度扣除额(3＞6，本行＝3－6；3≤6，本行＝0)	
9	加：以前年度累计结转扣除额	
10	减：本年扣除的以前年度结转额	
11	累计结转以后年度扣除额(8＋9－10)	

经办人(签章)： 法定代表人(签章)：

(5)第 5 行“税收规定的扣除率”：填报按照税收规定纳税人适用的扣除率。

(6)第 6 行“本年广告费和业务宣传费扣除限额”：金额等于本表第 4 行金额与第 5 行金额之积。

(7)第 7 行“本年广告费和业务宣传费支出纳税调整额”：当第 3 行小于等于第 6 行时，本行等于本表第 2 行；当第 3 行大于第 6 行时，本行等于本表第 1 行与第 6 行之差。

(8)第 8 行“本年结转以后年度扣除额”：当第 3 行大于第 6 行时，本行等于本表第 3 行与第 6 行之差；当第 3 行小于等于第 6 行时，本行填 0。

(9)第 9 行“加：以前年度累计结转扣除额”：填报以前年度允许税前扣除但超过扣除限额未扣除、结转扣除的广告费和业务宣传费的金额。

(10)第 10 行“减：本年扣除的以前年度结转额”：当第 3 行大于等于第 6 行时，本行填 0。当第 3 行小于第 6 行时，第 3 行减第 6 行的差额如果小于或者等于第 9 行“以前年度累计结转扣除额”，直接将差额填入本行；其差额如果大于第 9 行“以前年度累计结转扣除额”，则本行的金额等于第 9 行的金额。

(11)第 11 行“累计结转以后年度扣除额”：本行＝本表第 8＋9－10 行。

9. 企业所得税年度纳税申报表附表九(表 6-12)各项目填报说明：

本表适用于实行查账征收企业所得税的居民纳税人填报。

(1)第 1 列“账载金额”：填报纳税人按照国家统一会计制度计算提取折旧、摊销的资产原值(或历史成本)的金额。

(2)第 2 列“计税基础”：填报纳税人按照税收规定计算税前扣除折旧、摊销的金额。

(3)第 3 列：填报纳税人按照国家统一会计制度计算提取折旧、摊销额的年限。

(4)第 4 列：填报纳税人按照税收规定计算税前扣除折旧、摊销额的年限。

(5)第 5 列:填报纳税人按照国家统一会计制度计算本纳税年度的折旧、摊销额。

表 6-12　企业所得税年度纳税申报表附表九

资产折旧、摊销纳税调整明细表

填报时间:　　年　　月　　日　　　　　　　　　　　　　　　　金额单位:元(列至角分)

行次	资产类别	资产原值		折旧、摊销年限		本期折旧、摊销额		纳税调整额
		账载金额	计税基础	会计	税收	会计	税收	
		1	2	3	4	5	6	7
1	一、固定资产		*	*				
2	1.房屋建筑物							
3	2.飞机、火车、轮船、机器、机械和其他生产设备							
4	3.与生产经营有关的器具、工具、家具							
5	4.飞机、火车、轮船以外的运输工具							
6	5.电子设备							
7	二、生产性生物资产		*	*				
8	1.林木类							
9	2.畜类							
10	三、长期待摊费用		*	*				
11	1.已足额提取折旧的固定资产的改建支出							
12	2.租入固定资产的改建支出							
13	3.固定资产大修理支出							
14	4.其他长期待摊费用							
15	四、无形资产							
16	五、油气勘探投资							
17	六、油气开发投资							
18	合计		*	*				

经办人(签章):　　　　　　　　　　　　　　　　　　　　　法定代表人(签章):

(6)第 6 列:填报纳税人按照税收规定计算税前扣除的折旧、摊销额。

(7)第 7 列:其金额为第 5 行与第 6 行之差。如本列为正数,进行纳税调增;如本列为负数,进行纳税调减。

10.企业所得税年度纳税申报表附表十(表 6-13)各项目填报说明:

本表适用于实行查账征收企业所得税的居民纳税人填报。本表"注:……"修改为:"1.标有 * 或 # 的行次,纳税人分别按照适用的国家统一会计制度填报"。

(1)第 1 列"期初余额":填报纳税人按照国家统一会计制度核算的各项准备金期初数

金额。

(2)第 2 列“本期转回额”:填报纳税人按照国家统一会计制度核算价值恢复、资产转让等原因转回的准备金本期转回金额。

(3)第 3 列“本期计提额”:填报纳税人按照国家统一会计制度核算资产减值的准备金本期计提数的金额。

(4)第 4 列“期末余额”:填报纳税人按照国家统一会计制度核算的各项准备金期末数的金额。

(5)第 5 列“纳税调整额”:金额等于本表第 3 列减第 2 列。当第 5 列大于 0 时,进行纳税调增;当第 5 列小于 0 时,进行纳税调减。

表 6-13 企业所得税年度纳税申报表附表十

资产减值准备项目调整明细表

填报时间: 年 月 日 金额单位:元(列至角分)

行次	准备金类别	期初余额	本期转回额	本期计提额	期末余额	纳税调整额
		1	2	3	4	5
1	坏(呆)账准备					
2	存货跌价准备					
3	*其中:消耗性生物资产减值准备					
4	*持有至到期投资减值准备					
5	*可供出售金融资产减值	—				
6	#短期投资跌价准备					
7	长期股权投资减值准备					
8	*投资性房地产减值准备					
9	固定资产减值准备					
10	在建工程(工程物资)减值准备					
11	*生产性生物资产减值准备					
12	无形资产减值准备					
13	商誉减值准备					
14	贷款损失准备					
15	矿区权益减值					
16	其他					
17	合计					

注:表中加*项目为执行新会计准则企业专用;表中加#项目为执行企业会计制度、小企业会计制度的企业专用。

经办人(签章): 法定代表人(签章):

11. 企业所得税年度纳税申报表附表十一(表 6-14)有关项目填报说明:

表 6-14 企业所得税年度纳税申报表附表十一

长期股权投资所得(损失)明细表

填报时间： 年 月 日　　　　　　　　　　　　金额单位：元(列至角分)

行次	被投资企业	期初投资额	本年度增(减)投资额	投资成本		股息红利					投资转让所得(损失)					
				初始投资成本	权益法核算对初始投资成本调整产生的收益	会计核算投资收益	会计投资损益	税收确认的股息红利		会计与税收的差异	投资转让净收入	投资转让的会计成本	投资转让的税收成本	会计上确认的转让所得或损失	按税收计算的投资转让所得或损失	会计与税收的差异
								免税收入	全额征税收入							
1	2	3	4	5	6(7+14)	7	8	9		10(7－8－9)	11	12	13	14(11－12)	15(11－13)	16(14－15)
1																
2																
3																
4																
合计																

投资损失补充资料

行次	项目	年度	当年度结转金额	已弥补金额	本年度弥补金额	结转以后年度待弥补金额
1	第一年					
2	第二年					
3	第三年					
4	第四年					
5	第五年					
以前年度结转在本年度税前扣除的股权投资转让损失						

备注：

经办人(签章)：　　　　　　　　　　　　法定代表人(签章)：

本表适用于实行查账征收企业所得税的居民纳税人填报。

(1)第 3 列“期初投资额”:填报对被投资企业投资的期初余额。

(2)第 4 列“本年度增(减)投资额”:填报本纳税年度内对同一企业股权投资增减变化金额。

(3)第 5 列“初始投资成本”:填报纳税人取得长期股权投资的所有支出的金额,包括支付的货币性资产、非货币性资产的公允价值及支付的相关税费。

(4)第 6 列“权益法核算对初始投资成本调整产生的收益”:填报纳税人采取权益法核算,初始投资成本小于取得投资时应享有被投资单位可辨认净资产公允价值份额的差额计入取得投资当期的营业外收入的金额。

(5)第 7 列“会计核算投资收益”:填报纳税人按照国家统一会计制度核算的投资收益的金额。本行根据“投资收益”科目的数额计算填报。

(6)第 8 列“会计投资损益”:填报纳税人按照国家统一会计制度核算的扣除投资转让损益后的金额。

(7)第 9 列“税收确认的股息红利”:填报纳税人在纳税本年度取得按照税收规定确认的股息红利的金额。对于符合税收免税规定条件的股息红利,填入“免税收入”,不符合的填入“全额征税收入”。

(8)第 11 列“投资转让净收入”:填报纳税人因收回、转让或清算处置股权投资时,转让收入扣除相关税费后的金额。

(9)第 12 列“投资转让的会计成本”:填报纳税人因收回、转让或清算处置股权投资时,按照国家统一会计制度核算的投资转让成本的金额。

(10)第 13 列“投资转让的税收成本”:填报纳税人因收回、转让或清算处置股权投资时,按税收规定计算的投资转让成本的金额。

(11)第 14 列“会计上确认的转让所得或损失”:填报纳税人按照国家统一会计制度核算的长期股权投资转让所得或损失的金额。

(12)第 15 列“按税收计算的投资转让所得或损失”:填报纳税人因收回、转让或清算处置股权投资时,按税收规定计算的投资转让所得或损失。

(13)“投资损失补充资料”填报说明

本部分主要反映投资转让损失历年弥补情况。如“按税收计算投资转让所得或损失”与“税收确认的股息红利”合计数大于 0,可弥补以前年度投资损失。

①“年度”:分别填报本年度前 5 年自然年度。

②“当年度结转金额”:填报当年投资转让损失需结转以后年度弥补的金额。

③“已弥补金额”:填报已经用历年投资收益弥补的金额。

④“本年度弥补金额”:本年投资所得(损失)合计数为正数时,可按顺序弥补以前年度投资损失。

⑤“以前年度结转在本年度税前扣除的股权投资转让损失”:填报本年度弥补金额合计数加第一年结转填入附三表中“投资转让所得、处置所得”调减项目中数额。

12. 企业所得税纳税申报表(适用于核定征收企业)(表 6-15)具体项目填报说明:

本表为按照核定征收办法(包括核定应税所得率和核定税额征收方式)缴纳企业所得税的纳税人在季度(月)和年度申报缴纳企业所得税时使用。

表 6-15　企业所得税纳税申报表(适用于核定征收企业)

税款所属期间：　　年　　月　　日至　　年　　月　　日

纳税人识别号：□□□□□□□□□□□□□□□□□□□□　　金额单位：元(列至角分)

纳税人名称			
纳税申报栏			
项　目	行次	本期数	累计数
收入总额	1		
成本费用	2		
应税所得率	3		
应纳税所得额	4		
适用税率	5		
应缴所得税额(4×5)	6		
减：实际已预缴的所得税额	7		
应补(退)的所得税额(8=6−7)	8		
纳税人公章： 经办人(签章)： 申报日期：　年　月　日		主管税务机关受理专用章： 受理人： 受理日期：　年　月　日	

备注：本表一式三份，主管税务机关受理后退还纳税人保存一份，由主管税务机关留存两份。

(1)第 1 行“收入总额”：填报当期取得的各项收入的合计金额(按照收入总额核定应税所得率的纳税人填报)。

(2)第 2 行“成本费用”：填报计入当期的成本费用的合计金额(按照成本费用核定应税所得率的纳税人填报)

(3)第 3 行“应税所得率”：填报主管税务机关核定的应税所得率。

(4)第 4 行“应纳税所得额”：

①按照收入总额核定应税所得率的纳税人，计算公式为：应纳税所得额＝收入总额×应税所得率。

②按照成本费用核定应税所得率的纳税人，计算公式为：应纳税所得额＝成本费用支出额÷(1−应税所得率)×应税所得率。

(5)第 5 行“适用税率”：根据第 4 行“应纳税所得额”金额确定的适用税率或者所得税政策规定的适用税率。

(6)第 7 行“实际已预缴的所得税额”：填报当年累计已预缴的企业所得税额。

(7)实行核定应纳所得税额的纳税人，可填第 6 行、第 7 行、第 8 行。其中，第 6 行填报主管税务机关核定的当期累计应纳所得税额。

任务处理

1.计算参考答案

(1)应缴纳的增值税＝17 200×17％−17−1 020−460×7％＝1 854.8(万元)

(2)应缴纳的营业税＝400×5％＝20(万元)

(3)应缴纳的城市维护建设税和教育费附加＝(1 854.8＋20)×(7％＋3％)＝187.48(万元)

(4)会计利润＝17 200－11 320＋1 400－200＋400＋100＋17＋60－3 300－1 700－160－600－20－187.74＝1 689.26(万元)

(5)销售(营业)收入＝1 7200＋400＝17 600(万元)；广告费用应调整的应纳税所得额＝2 800－17 600×15％＝160(万元)

(6)业务招待费×60％＝180×60％＝108(万元)，销售(营业)收入×0.5％＝17 600×0.5％＝88(万元)；业务招待费应调整的应纳税所得额＝180－88＝92(万元)

(7)财务费用应调整的应纳税所得额＝80－1 000×5.8％＝22(万元)

(8)工会经费扣除限额＝1 080×2％＝21.6(万元)，调增 30－21.6＝8.4(万元)；职工福利费扣除限额＝1 080×14％＝151.2(万元)，调增 164－151.2＝12.8(万元)；职工教育经费＝1 080×2.5％＝27(万元)，调增 36－27＝9(万元)；职工工会经费、职工福利费、职工教育经费应调整的应纳税所得额＝8.4＋12.8＋9＝30.2(万元)

(9)公益性捐赠应调整的应纳税所得额＝300－1 689.52×12％＝97.26(万元)

(10)企业所得税的应纳税所得额＝1 689.52＋160＋92＋22＋30.2＋97.26－60＝2 030.98(万元)

(11)应缴纳的企业所得税＝(2 030.98－1 200)×25％＋700×25％×50％＝295.245(万元)

2.纳税申报表(表 6-16)

表 6-16 中华人民共和国企业所得税年度纳税申报表(A 类)

税款所属期间：2008 年 1 月 1 日至 2008 年 12 月 23 日

纳税人名称：滨州环海医药股份有限责任公司

纳税人识别号：3 7 2 3 0 1 0 0 0 0 0 0 0 0 0 9　　金额单位：元(列至角分)

类别	行次	项目	金额
利润总额计算	1	一、营业收入(填附表一)	176 000 000.00
	2	减：营业成本(填附表二)	113 200 000.00
	3	营业税金及附加	2 074 800.00
	4	销售费用(填附表二)	33 000 000.00
	5	管理费用(填附表二)	17 000 000.00
	6	财务费用(填附表二)	1 600 000.00
	7	资产减值损失	0
	8	加：公允价值变动收益	0
	9	投资收益	600 000.00
	10	二、营业利润	9 725 200.00
	11	加：营业外收入(填附表一)	15 170 000.00
	12	减：营业外支出(填附表二)	8 000 000.00
	13	三、利润总额(10＋11－12)	16 895 200.00

续表 6-16

类别	行次	项　目	金额
应纳税所得额计算	14	加:纳税调整增加额(填附表三)	4 014 600.00
	15	减:纳税调整减少额(填附表三)	9 100 000.00
	16	其中:不征税收入	0
	17	免税收入	600 000.00
	18	减计收入	0
	19	减、免税项目所得	8 500 000.00
	20	加计扣除	0
	21	抵扣应纳税所得额	0
	22	加:境外应税所得弥补境内亏损	0
	23	纳税调整后所得(13＋14－15＋22)	11 809 800.00
	24	减:弥补以前年度亏损(填附表四)	0
	25	应纳税所得额(23－24)	11 809 800.00
应纳税额计算	26	税率(25%)	25%
	27	应纳所得税额(25×26)	2 952 450.00
	28	减:减免所得税额(填附表五)	0
	29	减:抵免所得税额(填附表五)	0
	30	应纳税额(27－28－29)	2 952 450.00
	31	加:境外所得应纳所得税额(填附表六)	0
	32	减:境外所得抵免所得税额(填附表六)	0
	33	实际应纳所得税额(30＋31－32)	2 952 450.00
	34	减:本年累计实际已预缴的所得税额	2 000 000.00
	35	其中:汇总纳税的总机构分摊预缴的税额	0
	36	汇总纳税的总机构财政调库预缴的税额	0
	37	汇总纳税的总机构所属分支机构分摊的预缴税额	0
	38	合并纳税(母子体制)成员企业就地预缴比例	0
	39	合并纳税企业就地预缴的所得税额	0
	40	本年应补(退)的所得税额(33－34)	952 450.00
附列资料	41	以前年度多缴的所得税额在本年抵减额	0
	42	以前年度应缴未缴在本年入库所得税额	

纳税人公章: 经办人: 申报日期:　　年　月　日	代理申报中介机构公章: 经办人执业证件号码: 代理申报日期:　　年　月　日	主管税务机关受理专用章: 受理人: 受理日期:　　年　月　日

项目小结

本项目主要介绍了以下内容：

1. 企业所得税的纳税义务人、征税范围、税率；

2. 企业所得税的计算扣除项目，会计收入和费用的所得税税前调整，减、免税项目所得，企业所得税应纳税额的计算；

3. 企业所得税纳税申报表的填制。

关键概念

1. 企业所得税(business income tax)：是对中国境内企业和经营单位的生产经营所得和其他所得征收的所得税。

2. 居民企业(resident enterprise)：是指依法在中国境内成立，或者依照外国(地区)法律成立但实际管理机构在中国境内的企业。

3. 非居民企业(non-resident enterprises)：是指依照外国(地区)法律成立且实际管理机构不在中国境内，但在中国境内设立机构、场所的，或者在中国境内未设立机构、场所，但有来源于中国境内所得的企业。

课堂讨论

1. 企业给职工缴纳的保险费是否可以全部在所得税前扣除？

2. 企业所得税税率是如何规定的？

复习思考题

一、单选题

1. 根据《企业所得税暂行条例》及其实施细则的规定，在计算企业应纳税所得额时，允许纳税人的职工工会经费、职工福利费、职工教育经费分别按照计税工资总额的一定比例从收入总额中扣除。准许予以扣除的比例是(　　)。

A. 2%；1.5%；14%　　　　B. 2%；14%；1.5%

C. 1.5%；14%；2%　　　　D. 1.5%；2%；14%

2. 某企业1994年度发生亏损，按税法规定，可以用以后纳税年度的所得延续弥补，但延续弥补的期限最长不得超过(　　)。

A. 1996年　　B. 1998年　　C. 1999年　　D. 2001年

3. 以下符合企业所得税法规定的是(　　)。

A. 居民企业应当只就其来源于中国境内的所得缴纳企业所得税

B. 居民企业应当就其来源于中国境内、境外的所得缴纳企业所得税

C. 非居民企业就其来源于中国境内、境外的所得缴纳企业所得税

D. 非居民企业发生在我国境外的所得一律不在我国缴纳企业所得税

4. 其他应当作为长期待摊费用的支出，自支出发生月份的次月起分期摊销，摊销年限不得低于(　　)年。

A. 2　　B. 3　　C. 5　　D. 10

5. 企业应当自年度终了之日起(　　)个月内，向税务机关报送年度企业所得税纳税申报表，并汇算清缴，结清应缴应退税款。

A. 3　　B. 4　　C. 5　　D. 6

6. 某企业 2008 年度有注册资本 500 万元，当年 1 月 1 日向其无关联企业借入经营性资金 400 万元，借款期 1 年，支付利息费用 28 万元。假定当年银行同期贷款年利息率为 6%，该企业在计算应纳税所得额时可以扣除的利息费用为(　　)万元。

A. 30　　B. 28　　C. 24　　D. 15

7. 企业安置残疾人员所支付工资的加计扣除，是指企业安置残疾人员的，在按照支付给残疾职工工资据实扣除的基础上，按照支付给残疾职工工资的(　　)加计扣除。

A. 30%　　B. 50%　　C. 80%　　D. 100%

8. 抵扣应纳税所得额，是指创业投资企业采取股权投资方式投资于未上市的中小高新技术企业(　　)以上的，可以按照其投资额的(　　)在股权持有满(　　)的当年抵扣该创业投资企业的应纳税所得额；当年不足抵扣的，可以在以后纳税年度结转抵扣。

A. 1 年、50%、1 年　　B. 1 年、70%、1 年

C. 2 年、70%、2 年　　D. 2 年、50%、2 年

9. 按照企业所得税法和实施条例的规定，下列固定资产可以提取折旧的是(　　)。

A. 以经营租赁方式租出的固定资产

B. 以融资租赁方式租出的固定资产

C. 未使用的机器设备

D. 单独估价作为固定资产入账的土地

10. 企业从事规定的国家重点扶持的公共基础设施项目的投资经营的所得，自项目取得第一笔生产经营收入所属纳税年度起，(　　)征收企业所得税。

A. "三免、二减半"　　B. "二免、三减半"

C. "三免、三减半"　　D. "四免、三减半"

二、多选题

1. 依据企业所得税法的规定，判定居民企业的标准有(　　)。

A. 登记注册地标准　　B. 所得来源地标准

C. 经营行为实际发生地标准　　D. 实际管理机构所在地标准

2. 以下使用 25%税率的企业有(　　)。

A. 在山东境内的居民企业

B. 在山东省滨州市设有机构场所，且所得与机构场所有关联的美国某企业

C. 在中国境内设有机构场所，但所得与机构场所没有实际联系的非居民企业

D. 在中国境内未设立机构场所的非居民企业

3. 企业按照公允价值确定收入的收入形式包括(　　)。

A. 债务的豁免　　B. 股权投资

C. 劳务　　D. 不准备持有到期的债券投资

4. 企业所得税法规定的转让财产收入包括转让(　　)。

A. 无形资产　　B. 存货　　C. 股权　　D. 债权

5. 下列属于企业所得税法规定的“其他收入”的项目有(　　)。

A. 债务重组收入　　B. 补贴收入　　C. 违约金收入　　D. 视同销售收入

三、计算分析题

某企业2008年发生下列业务：

(1)销售产品收入2 000万元。

(2)接受捐赠材料一批，取得赠出方开具的增值税发票，注明价款10万元，增值税1.7万元；企业找一运输公司将该批材料运回企业，支付运杂费0.3万元。

(3)转让一项商标所有权，取得营业外收入60万元。

(4)收取当年让渡资产使用权的专利实施许可费，取得其他业务收入10万元。

(5)取得国债利息2万元。

(6)全年销售成本1 000万元；销售税金及附加100万元。

(7)全年销售费用500万元，含广告费400万元；全年管理费用200万元，含招待费80万元；全年财务费用50万元。

(8)全年营业外支出40万元，含通过政府部门对灾区捐款20万元；直接对私立小学捐款10万元；违反政府规定被工商局罚款2万元。

要求计算：

(1)该企业的会计利润总额；

(2)该企业对收入的纳税调整额；

(3)该企业对广告费用的纳税调整额；

(4)该企业对招待费的纳税调整额；

(5)该企业对营业外支出的纳税调整额；

(6)该企业应纳所得税额。

项目七 其他税种

知识目标

1. 掌握关税纳税义务人的类别，关税的征税范围、税率，关税的计算。

2. 掌握房产税纳税义务人的类别，房产税的征税范围、税率，房产税的计算，房产税的纳税申报。

3. 掌握城镇土地使用税纳税义务人的类别，城镇土地使用税的征税范围、税率，城镇土地使用税的计算，城镇土地使用税的纳税申报。

4. 掌握车船税纳税义务人的类别，车船税的征税范围、税率，车船税的计算，车船税的纳税申报。

5. 掌握印花税纳税义务人的类别，印花税的征税范围、税率，印花税的计算，印花税的纳税申报。

6. 掌握个人所得税纳税义务人的类别，个人所得税的征税范围、税率，个人所得税的计算，个人所得税的纳税申报。

能力目标

1. 能正确确定关税的征税范围、税率，会关税应纳税额的计算。

2. 能正确确定房产税的计税依据、税率，会房产税应纳税额的计算，能够正确填制房产税的纳税申报表。

3. 能正确确定城镇土地使用税的纳税义务人、征税范围、税率，会城镇土地使用税应纳税额的计算，能够正确填制城镇土地使用税的纳税申报表。

4. 能正确确定车船税的征税范围、税率，会车船税应纳税额的计算，能够正确填制车船税的纳税申报表。

5. 能正确确定印花税的纳税义务人、征税范围、税率，会印花税应纳税额的计算，能够正确填制印花税的纳税申报表。

6. 能正确确定个人所得税的纳税义务人、征税范围、税率，会个人所得税应纳税额的计算，能够正确填制个人所得税的纳税申报表。

任务一 关 税

一 认识关税

任务情境

2009 年 10 月，山东泰华外贸公司的业务如下：

1.10月5日，出口一批鳗鱼苗给美国多星公司；

2.10月12日，从韩国三星公司进口一批液晶电视面板。

假如你是山东泰华外贸公司办理关税业务的工作人员，上述业务的纳税人和征税对象是谁？

任务指导

关税是由海关根据国家制定的有关法律，以进出关境的货物和物品为征税对象而征收的一种商品税。

（一）征税对象

关税的征税对象是准许进出境的货物和物品。货物是指贸易性商品；物品指入境旅客随身携带的行李物品，个人邮递物品，各种运输工具上的服务人员携带进口的自用物品、馈赠物品以及其他方式进境的个人物品。

（二）纳税义务人

进口货物的收货人、出口货物的发货人、进出境物品的所有人，是关税的纳税义务人。进出口货物的收、发货人是依法取得对外贸易经营权，并进口或者出口货物的法人或者其他社会团体。进出境物品的所有人包括该物品的所有人和推定为所有人的人。一般情况下，对于携带进境的物品，推定其携带人为所有人；对分离运输的行李，推定相应的进出境旅客为所有人；对以邮递方式进境的物品，推定其收件人为所有人；以邮递或其他运输方式出境的物品，推定其寄件人或托运人为所有人。

（三）关税的分类

1.按征税对象分类

按征税对象进行分类，可将关税分为进口税、出口税和过境税。

（1）进口税（import duty）

进口税是海关对进口货物和物品所征收的关税。它是关税中最主要的一种征税形式，是保护关税政策的主要手段。

（2）出口税（export duty）

出口税是海关对出口货物和物品所征收的关税。

（3）过境税（transit duty）

过境货物是指由境外启运，通过境内继续运往境外的货物。对过境货物所征的关税叫做过境税。

2.按征税标准分类

按征税标准分类，可将关税分为从量税、从价税。此外常用的征税标准还有复合税、选择税、滑动税。

（1）从量税

按货物的计量单位（重量、长度、面积、容积、数量等）作为征税标准，以每一计量单位应纳的关税金额作为税率，称为从量税。目前，世界各国多以货物重量为标准计征关税。

（2）从价税

以货物的价格作为征税标准而征收的税称为从价税。从价税的税率表现为货物价格的百分值。经海关审定作为计征关税依据的价格称为完税价格。目前多数国家以到岸价格作为完税价格。

(3)复合税

复合税又称混合税(mixed duty)。在税则的同一税目中,订有从价和从量两种税率,征税时既采用从量又采用从价两种税率计征税款的,被称为复合税。

(4)选择税

在税则的同一税目中,订有从价和从量两种税率,征税时由海关选择其中一种计征的称为选择税。

(5)滑动税

滑动税又称滑准税,是指在税则中预先按产品的价格高低分档制定若干不同的税率,然后根据进出口商品价格的变动而增减进出口税率的一种关税。

3.按征税性质分类

按征税性质,关税可分为普通关税、优惠关税和差别关税三种。它们主要适用于进口关税。

(1)普通关税

普通关税又称一般关税,是对与本国没有签署贸易或经济互惠等友好协定的国家原产的货物征收的非优惠性关税。普通关税与优惠关税的税率差别一般较大。

(2)优惠关税

优惠关税一般是互惠关税,即优惠协定的双方互相给对方优惠关税待遇,但也有单向优惠关税,即只对受惠国给予优惠待遇,而没有反向优惠。优惠关税一般有特定优惠关税、普遍优惠关税和最惠国待遇三种。

①特定优惠关税制又称特惠税制,是指某一国家对另一国家或某些国家对另外一些国家的某些方面予以特定优惠关税待遇,而他国不得享受的一种关税制度。

②普遍优惠关税制,简称为普惠制,是指发达国家对从发展中国家或地区输入的产品,特别是制成品和半制成品普遍给予优惠关税待遇的一种制度。因此普惠制还可称为普税制。

③最惠国待遇,是国际贸易协定中的一项重要内容,它规定缔约国双方相互间现在和将来所给予任何第三国的优惠待遇,同样适用于对方。最惠国待遇最初只限于关税待遇。随后范围日益扩大,目前已适用于通商及航海的各个方面,如关税、配额、航运、港口使用、仓储、移民、投资、专利权等。但最惠国待遇仍以关税为主。凡贸易协定或航海条约中最惠国待遇的条文都称为最惠国条款。

(3)差别关税

差别关税主要分为加重关税、反补贴关税、反倾销关税、报复关税等。

①加重关税。加重关税是出于某种原因或为达到某种目的,而对某国货物或某种货物的输入加重征收的关税,如间接输入货物加重税等。

②反补贴关税。反补贴关税又称抵消关税,它是对接受任何津贴或补贴的外国进口货物所附加征收的一种关税,是差别关税的重要形式之一。货物输出国为了加强本国输出产品在国际市场的竞争能力,往往对输出产品予以津贴、补贴或奖励,以降低成本,廉价销售于

国外市场。输入国为防止他国补贴货物进入本国市场,威胁本国产业正常发展,对凡接受政府、垄断财团补贴、津贴或奖励的他国输入产品课征与补贴、津贴或奖励额相等的反补贴关税,以抵消别国输入货物因接受补贴、津贴或奖励所形成的竞争优势。

③反倾销关税。反倾销关税即对外国的倾销商品,在征收正常进口关税的同时附加征收的一种关税,它是差别关税的又一种重要形式。

④报复关税。报复关税是指他国政府以不公正、不平等、不友好的态度对待本国输出的货物时,为维护本国利益,报复该国对本国输出货物的不公正、不平等、不友好,对该国输入本国的货物加重征收的关税。

(四)关税税率

1.进口关税税率

在我国加入 WTO 之后,我国进口税则设有最惠国税率、协定税率、特惠税率、普通税率、关税配额税率等税率形式。对进口货物在一定期限内可以实行暂定税率。

最惠国税率适用原产于与我国共同适用最惠国待遇条款的 WTO 成员国或地区的进口货物,或原产于与我国签订有相互给予最惠国待遇条款的双边贸易协定的国家或地区进口的货物,以及原产于我国境内的进口货物。

协定税率适用原产于我国参加的含有关税优惠条款的区域性贸易协定的有关缔约方的进口货物。目前我国对原产于韩国、斯里兰卡和孟加拉国 3 个曼谷协定成员的 739 个税目进口商品实行协定税率(即曼谷协定税率)。

特惠税率适用原产于与我国签订有特殊优惠关税协定的国家或地区的进口货物。目前我国对原产于孟加拉国的 18 个税目进口商品实行特惠税率(即曼谷协定特惠税率)。

普通税率适用于原产于上述国家或地区以外的其他国家或地区的进口货物,以及原产地不明的进口货物。按照普通税率征税的进口货物,经国务院关税税则委员会特别批准,可以适用最惠国税率。

适用最惠国税率、协定税率、特惠税率的国家或者地区名单,由国务院关税税则委员会决定。

适用最惠国税率的进口货物有暂定税率的,应当适用暂定税率;适用协定税率、特惠税率的进口货物有暂定税率的,应当从低适用税率;适用普通税率的进口货物,不适用暂定税率。按照国家规定实行关税配额管理的进口货物,关税配额内的,适用关税配额税率;关税配额外的,按其适用税率的规定执行。

按照有关法律、行政法规的规定对进口货物采取反倾销、反补贴、保障措施的,其税率的适用按照《中华人民共和国反倾销条例》、《中华人民共和国反补贴条例》和《中华人民共和国保障措施条例》的有关规定执行。

任何国家或者地区违反与中华人民共和国签订或者共同参加的贸易协定及相关协定,对中华人民共和国在贸易方面采取禁止、限制、加征关税或者其他影响正常贸易的措施的,对原产于该国家或者地区的进口货物可以征收报复性关税,适用报复性关税税率。征收报复性关税的货物、适用国别、税率、期限和征收办法,由国务院关税税则委员会决定并公布。

2.出口关税税率

我国出口税则为一栏税率即出口税率。国家仅对少数资源性产品及易于竞相杀价、盲目进口、需要规范出口秩序的半制成品征收出口关税。1992年对47种商品计征出口关税，税率为2%～40%，现行税则对36种商品计征出口关税，主要是鳗鱼苗、部分有色金属矿砂及其精矿、生锑、磷、氟钽酸钾、苯、山羊板皮、部分铁合金、钢铁废碎料、铜和铝原料及其制品、镍锭、锌锭、锑锭。出口商品税则税率一直未予调整。但对上述范围内的23种商品实行0～20%的暂定税率，其中16种商品为零关税，6种商品的税率为1%及以下。与进口暂定税率一样，出口暂定税率优先适用于出口税则中规定的出口税率。因此，我国真正征收出口关税的商品只是20种，税率也较低。

3.税率的运用

我国《进出口关税条例》规定，进出口货物应当依照税则规定的归类原则归入合适的税号，并按照适用的税率征税。其中：

(1)进出口货物应当按照纳税义务人申报进口或者出口之日实施的税率征税。

(2)进口货物到达前，经海关核准先行申报的，应当按照装载此货物的运输工具申报进境之日实施的税率征税。

任务处理

山东泰华外贸公司2009年10月关税的纳税人和征税对象分析如下：

1. 在山东泰华外贸公司出口一批鳗鱼苗给美国多星公司的业务中，山东泰华外贸公司是出口关税的纳税人，征税对象是出口的鳗鱼苗；

2. 在山东泰华外贸公司从韩国三星公司进口一批液晶电视面板的业务中，山东泰华外贸公司是进口关税的纳税人，征税对象是进口的这批液晶电视面板。

二 关税的计算

任务情境

山东第五进出口公司2009年6月发生以下两项进口业务：

(1)12日进口2台日本产摄像机，价格为CIF(到岸价格) 10 000美元，假设征税日人民币与美元的外汇折算率为1∶6.3224，适用优惠税率为：每台完税价格高于5 000美元的，从量税为每台12 000元，再征从价税3%。

(2)19日报关从日本进口凌志汽车一批，成交价格(离岸价格)220 000美元，其中向境外采购代理人支付买方佣金5 000美元。另支付到境前的运费30 000美元，保险费20 000美元。假设当日外汇折算汇率1美元等于6.3315元人民币，关税税率为15%。

假如你是山东第五进出口公司的报关员，请计算应当缴纳的关税。

任务指导

(一)关税应纳税额的计算

1.从价税应纳税额的计算

关税税额=应税进(出)口货物数量×单位完税价格×税率

2.从量税应纳税额的计算

关税税额＝应税进(出)口货物数量×单位货物税额

3.复合税应纳税额的计算

我国目前实行的复合税都是先计征从量税，再计征从价税。

关税税额＝应税进(出)口货物数量×单位货物税额＋应税进(出)口货物数量×单位完税价格×税率

4.滑准税应纳税额的计算

关税税额＝应税进(出)口货物数量×单位完税价格×滑准税税率

现行税则《进(出)口商品从量税、复合税、滑准税税目税率表》后注明了滑准税税率的计算公式，该公式是一个与应税进(出)口货物完税价格相关的取整函数。

(二)关税完税价格

《海关法》规定，进出口货物的完税价格，由海关以该货物的成交价格为基础审查确定。成交价格不能确定时，完税价格由海关依法估定。

1.一般进口货物的完税价格

(1)以成交价格为基础的完税价格

根据《海关法》的规定，进口货物的完税价格包括货物的货价、货物运抵我国境内输入地点起卸前的运输及其相关费用、保险费。我国境内输入地为入境海关地，包括内陆河、江口岸，一般为第一口岸。货物的货价以成交价格为基础。进口货物的成交价格是指买方为购买该货物，并按《完税价格办法》有关规定调整后的实付或应付价格。

"实付或应付价格"指买方为购买进口货物直接或间接支付的总额，即作为卖方销售进口货物的条件，由买方向卖方或为履行卖方义务向第三方已经支付或将要支付的全部款项。

(2)如下列费用或者价值未包括在进口货物的实付或者应付价格中，应当计入完税价格：

①由买方负担的除购货佣金以外的佣金和经纪费。"购货佣金"指买方为购买进口货物向自己的采购代理人支付的劳务费用。"经纪费"指买方为购买进口货物向代表买卖双方利益的经纪人支付的劳务费用。

②由买方负担的与该货物视为一体的容器费用。

③由买方负担的包装材料和包装劳务费用。

④与该货物的生产和向中华人民共和国境内销售有关的，由买方以免费或者以低于成本的方式提供并可以按适当比例分摊的料件、工具、模具、消耗材料及类似货物的价款，以及在境外开发、设计等相关服务的费用。

⑤与该货物有关并作为卖方向我国销售该货物的一项条件，应当由买方直接或间接支付的特许权使用费。"特许权使用费"指买方为获得与进口货物相关的、受著作权保护的作品、专利、商标、专有技术和其他权利的使用许可而支付的费用。但是在估定完税价格时，进口货物在境内的复制权费不得计入该货物的实付或应付价格之中。

⑥卖方直接或间接从买方对该货物进口后转售、处置或使用所得中获得的收益。

上列所述的费用或价值，应当由进口货物的收货人向海关提供客观量化的数据资料。如果没有客观量化的数据资料，完税价格由海关按《完税价格办法》规定的方法进行估定。

(3)下列费用，如能与该货物实付或者应付价格区分，不得计入完税价格：

①厂房、机械、设备等货物进口后的基建、安装、装配、维修和技术服务的费用；

②货物运抵境内输入地点之后的运输费用、保险费和其他相关费用；

③进口关税及其他国内税收。

(4)进口货物海关估价方法

进口货物的价格不符合成交价格条件或者成交价格不能确定的，海关应当依次以相同货物成交价格方法、类似货物成交价格方法、倒扣价格方法、计算价格方法及其他合理方法确定的价格为基础，估定完税价格。

①相同或类似货物成交价格方法，即以与被估的进口货物同时或大约同时(在海关接受申报进口之日的前后各 45 天以内)进口的相同或类似货物的成交价格为基础，估定完税价格。

②倒扣价格方法，即以被估的进口货物、相同或类似进口货物在境内销售的价格为基础估定完税价格。按该价格销售的货物应当同时符合五个条件，即在被估货物进口时或大约同时销售；按照进口时的状态销售；在境内第一环节销售；合计的货物销售总量最大；向境内无特殊关系方的销售。

③计算价格方法，即按下列各项的总和计算出的价格估定完税价格。有关项为：生产该货物所使用的原材料价值和进行装配或其他加工的费用；与向境内出口销售同等级或同种类货物的利润、一般费用相符的利润和一般费用；货物运抵境内输入地点起卸前的运输及相关费用、保险费。

④其他合理方法。使用其他合理方法时，应当根据《完税价格办法》规定的估价原则，以在境内获得的数据资料为基础估定完税价格。

2.出口货物的完税价格

(1)以成交价格为基础的完税价格

出口货物的完税价格，由海关以该货物向境外销售的成交价格为基础审查确定，并应包括货物运至我国境内输出地点装载前的运输及其相关费用、保险费，但其中包含的出口关税税额，应当扣除。

出口货物的成交价格，是指该货物出口销售到我国境外时买方向卖方实付或应付的价格。出口货物的成交价格中含有支付给境外的佣金的，如果单独列明，应当扣除。

(2)出口货物海关估价方法

出口货物的成交价格不能确定时，完税价格由海关依次使用下列方法估定：

①同时或大约同时向同一国家或地区出口的相同货物的成交价格；

②同时或大约同时向同一国家或地区出口的类似货物的成交价格；

③根据境内生产相同或类似货物的成本、利润和一般费用、境内发生的运输及其相关费用、保险费计算所得的价格；

④按照合理方法估定的价格。

3.进出口货物完税价格中的运输及相关费用、保险费的计算

(1)以一般陆运、空运、海运方式进口的货物

在进口货物的运输及相关费用、保险费的计算中，海运进口货物，计算至该货物运抵境内的卸货口岸；如果该货物的卸货口岸是内河(江)口岸，则应当计算至内河(江)口岸。陆运

进口货物，计算至该货物运抵境内的第一口岸；如果运输及其相关费用、保险费支付至目的地口岸，则计算至目的地口岸。空运进口货物，计算至该货物运抵境内的第一口岸；如果该货物的目的地为境内的第一口岸外的其他口岸，则计算至目的地口岸。

陆运、空运和海运进口货物的运费和保险费，应当按照实际支付的费用计算。如果进口货物的运费无法确定或未实际发生，海关应当按照该货物进口同期运输行业公布的运费率(额)计算运费；按照“货价加运费”两者总额的3‰计算保险费。

(2)以其他方式进口的货物

邮运的进口货物，应当以邮费作为运输及其相关费用、保险费；以境外边境口岸价格条件成交的铁路或公路运输进口货物，海关应当按照货价的1%计算运输及其相关费用、保险费；作为进口货物的自驾进口的运输工具，海关在审定完税价格时，可以不另行计入运费。

(3)出口货物

出口货物的销售价格如果包括离境口岸至境外口岸之间的运输、保险费的，该运费、保险费应当扣除。

(三)关税减免

关税减免是对某些纳税人和征税对象给予鼓励和照顾的一种特殊调节手段。关税减免分为法定减免税、特定减免税和临时减免税。

1. 法定减免税

法定减免税是税法中明确列出的减税或免税。符合税法规定可予减免税的进出口货物，纳税义务人无须提出申请，海关可按规定直接予以减免税。

我国《海关法》和《进出口条例》明确规定，下列货物、物品予以减免关税：

(1)关税税额在人民币50元以下的一票货物，可免征关税。

(2)无商业价值的广告品和货样，可免征关税。

(3)外国政府、国际组织无偿赠送的物资，可免征关税。

(4)进出境运输工具装载的途中必需的燃料、物料和饮食用品，可予免税。

(5)经海关核准暂时进境或者暂时出境，并在6个月内复运出境或者复运进境的货样、展览品、施工机械、工程车辆、工程船舶、供安装设备时使用的仪器和工具、电视或者电影摄制器械、盛装货物的容器以及剧团服装道具，在货物收、发货人向海关缴纳相当于税款的保证金或者提供担保后，可予暂时免税。

(6)为境外厂商加工、装配成品和为制造外销产品而进口的原材料、辅料、零件、部件、配套件和包装物料，海关按照实际加工出口的成品数量免征进口关税；或者对进口料、件先征进口关税，再按照实际加工出口的成品数量予以退税。

(7)因故退还的中国出口货物，经海关审查属实，可予免征进口关税，但已征收的出口关税不予退还。

(8)因故退还的境外进口货物，经海关审查属实，可予免征出口关税，但已征收的进口关税不予退还。

(9)法律规定减征、免征的其他货物。

2. 特定减免税

特定减免税也称政策性减免税。在法定减免税之外，国家按照国际通行规则和我国实际情况，制定发布的有关进出口货物减免关税的政策，称为特定或政策性减免税。特定减免税货物一般有地区、企业和用途的限制，海关需要进行后续管理，也需要进行减免税统计。

(1)科教用品

为有利于我国科研、教育事业的发展，国务院制定了《科学研究和教学用品免征进口税收暂行规定》(以下简称《规定》)，对科学研究机构和学校，不以营利为目的，在合理数量范围内进口国内不能生产的科学研究和教学用品，直接用于科学研究或者教学的，免征进口关税和进口环节增值税、消费税。《规定》对享受该优惠的科研机构和学校资格、类别以及可以免税的物品都作了明确规定。

(2)残疾人专用品

为支持残疾人的康复工作，国务院制定了《残疾人专用品免征进口税收暂行规定》，对规定的残疾人个人专用品，免征进口关税和进口环节增值税、消费税；对康复、福利机构，假肢厂和荣誉军人康复医院进口国内不能生产的、该规定明确的残疾人专用品，免征进口关税和进口环节增值税。该规定对可以免税的残疾人专用品种类和品名作了明确规定。

(3)扶贫、慈善性捐赠物资

为促进公益事业的健康发展，经国务院批准，财政部、国家税务总局、海关总署发布了《扶贫、慈善性捐赠物资免征进口税收的暂行办法》。对境外自然人、法人或者其他组织等境外捐赠人无偿向经国务院主管部门依法批准成立的，以人道救助和发展扶贫、慈善事业为宗旨的社会团体以及国务院有关部门和各省、自治区、直辖市人民政府捐赠的，直接用于扶贫、慈善事业的物资，免征进口关税和进口环节增值税。所称扶贫、慈善事业是指非营利的扶贫济困、慈善救助等社会慈善和福利事业。该办法对可以免税的捐赠物资种类和品名作了明确规定。

(4)特定行业或用途的减免税政策

为鼓励、支持部分行业或特定产品的发展，国家制定了部分特定行业或用途的减免税政策，这类政策一般对可减免税的商品列有具体清单。如为支持我国海洋和陆上特定地区石油、天然气开采作业，对相关项目进口国内不能生产或性能不能满足要求的，直接用于开采作业的设备、仪器、零部件、专用工具，免征进口关税和进口环节增值税，等等。

3.临时减免税

临时减免税是指以上法定和特定减免税以外的其他减免税，即由国务院根据《海关法》对某个单位、某类商品、某个项目或某批进出口货物的特殊情况，给予特别照顾，一案一批，专文下达的减免税。我国已加入世界贸易组织，为遵循统一、规范、公平、公开的原则，国家严格控制减免税，一般不办理个案临时性减免税，对特定减免税也在逐步规范、清理，对不符合国际惯例的税收优惠政策将逐步予以废止。

任务处理

山东第五进出口公司2009年6月计算的关税如下：

进口摄像机应纳关税税额＝ 2×12 000 ＋ 10 000×6.3224×3％ ＝25 896.72(元)

进口凌志汽车应纳关税税额＝（220 000－5 000＋30 000＋20 000）×6.3315×15％

＝ 251 677.125(元)

任务二 房 产 税

一 认识房产税

任务情境

山东滨州的张龙和张虎是兄弟，张龙是柳树乡张家庄村民，在村里盖了一楼房出租，每年租金 4 000 元；张虎在滨州市区的华源小区购买了一处房产，每年出租，租金 5 000 元，滨州市地方税务局税收管理员李海要求张虎缴纳房产税。

张虎向滨州市地方税务局申诉说，他哥哥张龙从未交过房产税，并且自己也从未听说过房产税，自己不应当缴纳房产税。

如果由你负责接待张虎，你应如何答复？

任务指导

房产税是以房屋为征税对象，按照房屋的计税余值或租金收入，向产权所有人征收的一种财产税。

房产税的特点为：①房产税属于财产税中的个别财产税；②征税范围限于城镇的经营性房屋；③区别房屋的经营使用方式规定征税办法。

(一)纳税义务人与征税对象

1.纳税义务人

房产税的纳税义务人是征税范围内的房屋的产权所有人，包括国家所有和集体、个人所有房屋的产权所有人、承典人、代管人或使用人三类。

(1)产权属国家所有的，由经营管理单位纳税；产权属集体和个人所有的，由集体单位和个人纳税。

(2)产权出典的，由承典人纳税。

(3)产权所有人、承典人不在房屋所在地的，由房产代管人或者使用人纳税。

(4)产权未确定及租典纠纷未解决的，亦由房产代管人或者使用人纳税。

(5)无租使用其他房产的，由房产使用人纳税。

(6)自 2009 年 1 月 1 日起，外商投资企业、外国企业和组织以及外籍个人，依照《中华人民共和国房产税暂行条例》缴纳房产税。

2.征税对象——房产

房产是有屋面和围护结构，能遮风避雨，可供人们生产、学习、工作、生活的场所。与房屋不可分割的各种附属设施或不单独计价的配套设施，也属于房屋，应一并征收房产税；但独立于房屋之外的建筑物(如水塔、围墙等)不属于房屋，不征房产税。

房地产开发企业建造的商品房，在出售前，不征收房产税；但对出售前房地产开发企业已使用或出租、出借的商品房应按规定征收房产税。

(二)征税范围

房产税的征税范围为:城市、县城、建制镇和工矿区。

房产税的征税范围不包括农村。

任务处理

根据《中华人民共和国房产税暂行条例》,房产税的征税范围不包括农村,这主要是为了减轻农民的负担。因为农村的房屋除农副业生产用房外,大部分是农民居住用房。对农村房屋不纳入房产税征税范围,促进农业发展,繁荣农村经济,有利于社会稳定。因为张龙的房产属于农村的房屋,因此不征税;而张虎的房产则位于市区,属于房产税的征税范围,应当征税。

二 房产税的计算

任务情境

山东滨州海洋化工有限公司2008年1月1日的房产原值为3 000万元,4月1日将其中原值为1 000万元的临街房出租给滨州佳豪连锁超市,月租金5万元。

滨州市地方税务局征收房产税时,山东海洋化工有限公司提出1 000万元的房产已出租给滨州佳豪超市,应当由其缴纳房产税,而滨州佳豪超市以租赁合同未曾规定为由,也拒绝缴纳(地方政府规定允许按房产原值减除20%后的余值计税)。

如果你是滨州地方税务局工作人员李欢,你应该怎么办?

任务指导

(一)计税依据

1.从价计征

从价计征的计税依据是房产原值一次减除10%~30%的扣除比例后的余值。各地扣除比例由当地省、自治区、直辖市人民政府确定。

(1)自2009年1月1日起,对依照房产原值计税的房产,不论是否记载在会计账簿固定资产科目中,均应按照房屋原价计算缴纳房产税。房屋原价应根据国家有关会计制度规定进行核算。

(2)纳税人对原有房屋进行改建、扩建的,要相应增加房屋的原值。

(3)房产联营投资

以房产联营投资的,房产税计税依据应区别对待:

①以房产联营投资,共担经营风险的,以房产余值为计税依据计征房产税;

②以房产联营投资,不承担经营风险,只收取固定收入的,实际是以联营名义取得房产租金,因此应由出租方按租金收入计征房产税。

【做中学7-1】 滨州佳豪超市有一处房产原值1 000万元,2008年7月1日用于投资联营(收取固定收入,不承担联营风险),投资期为5年。已知滨州佳豪超市当年取得固定收入50万元,当地政府规定的扣除比例为20%。滨州佳豪超市2008年应缴纳多少房产税?

【解析】 以房产联营投资，不担风险，只收取固定收入，应由出租方按租金收入计缴房产税。

应纳房产税＝1 000×(1－20%)×1.2%÷2＋50×12%＝10.8(万元)

(4)融资租赁房屋的，以房产余值为计税依据计征房产税。租赁期内该税的纳税人，由当地税务机关根据实际情况确定。

对融资租赁房屋的情况，由于租赁费包括购进房屋的价款、手续费、借款利息等，与一般房屋出租的“租金”内涵不同，且租赁期满后，当承租方偿还最后一笔租赁费时，房屋产权要转移到承租方。这实际是一种变相的分期付款购买固定资产的形式，所以在计征房产税时应以房产余值计算征收，至于租赁期内房产的纳税人，由当地税务机关根据实际情况确定。

(5)房屋附属设备和配套设施的计税规定

①凡以房屋为载体，不可随意移动的附属设备和配套设施，如给排水、采暖、消防、中央空调、电气及智能化楼宇设备等，无论在会计核算中是否单独记账与核算，都应计入房产原值，计征房产税。

②对于更换房屋附属设备和配套设施的，在将其价值计入房产原值时，可扣减原来相应设备和设施的价值；对附属设备和配套设施中易损坏、需要经常更换的零配件，更新后不再计入房产原值。

此外，居民住宅区内业主共有经营性房产应缴纳房产税。

由实际经营的代管人或使用人缴纳房产税。其中自营的，依照房产原值减除10%～30%后的余值计征；没有房产原值或不能将业主共有房产与其他房产的原值准确划分开的，由房产所在地地方税务机关参照同类房产核定房产原值；出租的，依照租金收入计征。

2. 从租计征

从租计征计税依据为房产租金收入。

如果是以劳务或者其他形式为报酬抵付房租收入的，应根据当地同类房产的租金水平，确定一个标准租金额从租计征。

(二)税率

1. 从价计征：税率为1.2%。

2. 从租计征：税率为12%。对个人按市场价格出租的居民住房，暂按4%的税率征收房产税。

(三)应纳税额的计算

房产税应纳税额的计算公式见表7-1。

表7-1 房产税计算公式表

计税方法	计税依据	税 率	税额计算公式
从价计征	计税余值	1.2%	全年应纳税额＝应税房产原值×(1－扣除比例)×1.2%
从租计征	房屋租金	12%(个人为4%)	全年应纳税额＝租金收入×12%(个人为4%)

【做中学7-2】 赵某拥有两处房产，一处原值60万元的房产供自己和家人居住，另一处原值20万元的房产于2008年7月1日出租给王三居住，按市场价每月取得租金收入1 200元。赵某2008年应缴纳多少房产税？

【解析】　应纳房产税＝1 200×6×4％＝288(元)

(四)税收优惠

1.国家机关、人民团体、军队自用的房产免征房产税。但上述免税单位的出租房产以及非自身业务使用的生产、营业用房,不属于免税范围。

2.由国家财政部门拨付事业经费的单位,如学校,医疗卫生单位,托儿所,幼儿园,敬老院,文化、体育、艺术等实行全额或差额预算管理的事业单位所有的,本身业务范围内使用的房产免征房产税。

3.宗教寺庙、公园、名胜古迹自用的房产免征房产税。

4.个人所有非营业用的房产免征房产税。

个人所有的非营业用房,主要是指居民住房,不分面积多少,一律免征房产税。

对个人拥有的营业用房或者出租的房产,不属于免税房产,应照章纳税。

5.对行使国家行政管理职能的中国人民银行总行(含国家外汇管理局)所属分支机构自用的房产,免征房产税。

6.经财政部批准免税的其他房产。

任务处理

根据《中华人民共和国房产税暂行条例》,房产税的计税依据是房产的计税价值或房产的租金收入。按照房产计税价值征税的,称为从价计征;按照房产租金收入计征的,称为从租计征。而且房产税以在征税范围内的房屋产权所有人为纳税人。所以,滨州市地方税务局征收房产税时,山东海洋化工有限公司不仅应就房产自用征税,也应按租金收入征税。

故:自身经营用房的房产税按房产余值从价计征,临街房4月1日才出租,1—3月仍从价计征,自身经营用房应纳房产税＝(3 000－1 000)×(1－20％)×1.2％＋1 000×(1－20％)×1.2％÷12×3＝19.2＋2.4＝21.6 (万元);出租的房产按本年租金从租计征,其房产税＝5×9×12％＝5.4(万元);企业当年应纳房产税＝21.6＋5.4＝27(万元)。

三　房产税的纳税申报

任务情境

山东滨州海洋化工有限公司2008年拥有的房产原值52万元,其中原值12万元的房产从2007年8月开始出租,租期5年,每年租金65 000元。山东省规定计算房产余值的扣除比例为30％。

山东滨州海洋化工有限公司的详细资料如下:纳税人识别号为372100000000006,税务登记证号2600006,地址是滨州市滨城区长江一路668号,开户银行为工商银行滨州分行,账号267400021,联系电话是0543—26587981,法人代表庞海,会计主管罗兰。

假设你是该公司办税员李达,请填写空白的纳税申报表(表7-2),办理纳税申报。

表 7-2 房产税纳税申报表

税款所属时间：　　　年　　月　　日至　　　年　　月　　日

单位：元（列至角分）

纳税人名称		本年度纳税期限（按年或半年、季度）	
纳税人识别号		税务登记证号	
地址		开户银行和账号	
企业类型		联系电话	

申 报 内 容

类别代码	从价计征（纳税期限同上）											
	房产原值	计税余值	税率	全年应纳税额	本期应纳税额	前期已纳税额	期末未缴税额	上期缓征到期数	本期申请缓缴数	缴纳以往年度欠税	应缴税额	滞纳金
1	2	3＝2×70％	4	5＝3×4	6	7	8＝5－6－7	9	10	11	12	13
合计												

类别代码	从租计征								
	房产原值	租金收入	税率％	应纳税额	上期缓征到期数	本期申请缓缴数	缴纳以往年度欠税	应缴税额	滞纳金
合计									

纳 税 人 声 明	授 权 人 声 明	代 理 人 声 明
本纳税申报表是按照国家税法和税务机关有关规定填报的，我确信是真实的、合法的。如有虚假，愿负法律责任。以上税款请从________账号划拨。 法定代表人（业主）签名： 经办人签字： 主管会计签字： 年　　月　　日	我单位（公司）现授权________为本纳税人的代理申报人，其法定代表人______，电话________，任何与申报有关的往来文件都可寄予此代理机构。 委托代理合同号码： 授权人（法定代表人）签名： 年　　月　　日	本纳税申报表是按照国家税法和税务机关有关规定填报的，我确信是真实的、合法的。如有不实，愿承担法律责任。 法定代表人签名： 代理人盖章： 年　　月　　日
受理申报日期：　　年　月　日	审核申报日期：　　年　月　日	录入日期：　　年　月　日
受理人：	审核人：	录入人：

任务指导

(一)纳税义务发生时间

房产税纳税义务发生时间见表7-3。

表7-3　房产税纳税义务发生时间表

房产用途	纳税义务发生时间
纳税人将原有房产用于生产经营	从生产经营之月起
纳税人自行新建房屋用于生产经营	从建成之次月起
委托施工企业建设的房屋	从办理验收手续之次月起(此前已使用或出租、出借的新建房屋,应从使用或出租、出借的当月起)
纳税人购置新建商品房	自房屋交付使用之次月起
购置存量房	自办理房屋权属转移、变更登记手续,房地产权属登记机关签发房屋权属证书之次月起
纳税人出租、出借房产	自交付出租、出借房产之次月起
房地产开发企业自用、出租、出借自建商品房	自房屋使用或交付之次月起

自2009年1月1日起,纳税人因房产的实物或权利状态发生变化而依法终止房产税纳税义务的,其应纳税款的计算应截止到房产的实物或权利状态发生变化的当月末。

(二)纳税地点

房产税在房产所在地缴纳。房产不在同一地方的纳税人,应按房产的坐落地点分别向房产所在地的税务机关纳税。

(三)纳税申报表填写方法

1.房产税纳税申报表由纳税人填写,适用于申报缴纳房产税。

2.纳税申报表一式三联,第一联(黑色)纳税人留存;第二联(红色)用于税务会计核算;第三联(蓝色)主管地税机关存档。

3.纳税人不能按规定期限报送本表时,应当在规定的报送期限内提交延期申报申请审批表,经税务机关批准,可以适当延长期限。

4.不按照规定期限报送本表及其他有关资料的,依照《税收征管法》第三十九条的规定予以处罚。

5.本表有关内容按以下要求填写:

(1)纳税人名称:填写企业全称或业户字号,无字号的填业主姓名,并应与工商登记或主管部门批准的名称一致。

(2)纳税人识别号:办理税务登记时,填写由税务机关确定的税务登记号。

(3)"房产原值":指取得房产时的账面价值或购买价值(包括企业出租房产原值)。

(4)"计税余值":指按房产原值申报缴纳房产税的房产,其计税余值等于房产原值的70%。

(5)"适用税率":分三种:①按房产原值征税的适用1.2%的税率;②按租金征税的适用12%的税率;③个人出租房产暂适用4%的税率。

(6)"本期实缴税额":等于本期应缴税额减本期减免税额的差额。

任务处理

纳税申报表的填写见表 7-4。

表 7-4 房产税纳税申报表

税款所属时间:2008 年 1 月 1 日至 2008 年 12 月 31 日　　　　单位:元(列至角分)

纳税人名称	山东滨州海洋化工有限公司	本年度纳税期限(按年或半年、季度)	按年
纳税人识别号	372100000000006	税务登记证号	2 6 0 0 0 0 6
地址	滨州市滨城区长江一路 668 号	开户银行和账号	工商银行滨州分行 267400021
企业类型	有限公司	联系电话	0543－26587981

申 报 内 容

从价计征(纳税期限同上)

类别代码	房产原值	计税余值	税率%	全年应纳税额	本期应纳税额	前期已纳税额	期末未缴税额	上期缓征到期数	本期申请缓缴数	缴纳以往年度欠税	应缴税额	滞纳金
1	2	3＝2×70%	4	5＝3×4	6	7	8＝5－6－7	9	10	11	12	13
11060111	400 000	280 000	1.2	3 360	3 360	0	0	0	0	0	3 360	
合计	400 000	280 000	* * *	3 360	3 360	0	0	0	0	0	3 360	

从租计征

类别代码	房产原值	租金收入	税率%	应纳税额	上期缓征到期数	本期申请缓缴数	缴纳以往年度欠税	应缴税额	滞纳金
1	2	3	4	5＝3×4	6	7	8	9	10
11060121	120 000	65 000	12	7 800	0	0	0	7 800	
合计	120 000	65 000	* * *	7 800	0	0	0	7 800	

纳税人声明	授权人声明	代理人声明
本纳税申报表是按照国家税法和税务机关有关规定填报的,我确信是真实的、合法的。如有虚假,愿负法律责任。以上税款请从 267400021 账号划拨。 法定代表人(业主)签名:庞海 经办人签字:李达 主管会计签字:罗兰 2009 年 1 月 10 日	我单位(公司)现授权______为本纳税人的代理申报人,其法定代表人______,电话______,任何与申报有关的往来文件都可寄予此代理机构。 委托代理合同号码: 授权人(法定代表人)签名: 年 月 日	本纳税申报表是按照国家税法和税务机关有关规定填报的,我确信是真实的、合法的。如有不实,愿承担法律责任。 法定代表人签名: 代理人盖章: 年 月 日
受理申报日期: 年 月 日	审核申报日期: 年 月 日	录入日期: 年 月 日
受理人:	审核人:	录入人:

任务三　城镇土地使用税

一　认识城镇土地使用税

任务情境

2008 年度山东达治有限公司与山东达慧有限公司共同使用面积为 8 000 平方米的土地，该土地上共有建筑物 15 000 平方米，山东达治有限公司使用其中的 3/5，山东达慧有限公司使用其中的 2/5。山东达治有限公司与山东达慧有限公司关于如何缴纳城镇土地使用税发生了纠纷。

假如你是负责处理的税务局工作人员，应如何处理？

任务指导

城镇土地使用税是以国有土地为征税对象，对拥有土地使用权的单位和个人征收的一种税。

城镇土地使用税的特点为：①征税对象是国有土地；②征税范围广；③实行差别幅度税额。

(一)纳税义务人

城镇土地使用税的纳税义务人，是使用城市、县城、建制镇和工矿区土地的单位和个人，包括内资企业、外商投资企业和外国企业在华机构、事业单位、社会团体、国家机关、军队及其他单位。个体工商户及个人也是纳税人。

纳税人通常包括以下几类：

1. 拥有土地使用权的单位和个人；

2. 拥有土地使用权的单位和个人不在土地所在地的，其土地的实际使用人和代管人为纳税人；

3. 土地使用权未确定或权属纠纷未解决的，其实际使用人为纳税人；

4. 土地使用权共有的，共有各方都是纳税人，由共有各方分别纳税。

(二)征税范围

城镇土地使用税的征税范围是城市、县城、建制镇和工矿区内属于国家所有和集体所有的土地，不包括农村集体所有的土地。

自 2009 年 1 月 1 日起，公园、名胜古迹内的索道公司经营用地，应按规定缴纳城镇土地使用税。

任务处理

根据城镇土地使用税条例，土地使用权由几方共有的，由共有各方按照各自实际使用的土地面积占总面积的比例，分别计算缴纳土地使用税。因此，山东达治有限公司与山东达慧有限公司应根据其实际使用的土地面积占总面积的比例分别计算缴纳土地使用税。

二 城镇土地使用税的计算

任务情境

2008 年度甲企业与乙企业共同使用面积为 8 000 平方米的土地，该土地上共有建筑物 15 000 平方米，甲企业使用其中的 3/5，乙企业使用其中的 2/5。除此之外，经有关部门批准，乙企业在 2008 年 1 月底新征用非耕地 6 000 平方米。甲乙企业共同使用土地所处地段的年税额为 4 元/平方米，乙企业新征土地所处地段的年税额为 2 元/平方米。

要求：计算 2008 年度甲乙企业应当缴纳的城镇土地使用税。

任务指导

（一）应纳税额的计算

（全年）应纳税额＝实际占用应税土地面积（平方米）×适用税额

1. 计税依据——土地面积

（1）以测定面积为计税依据，适用于由省、自治区、直辖市人民政府确定的单位组织测定土地面积的纳税人。

（2）以证书确认的土地面积为计税依据，适用尚未组织测量土地面积，但持有政府部门核发的土地使用证书的纳税人。

（3）以申报的土地面积为计税依据，适用于尚未核发土地使用证书的纳税人。

【做中学 7-3】 位于滨州市市区的滨州大力修理公司，实际占地 23 000 平方米。由于经营规模扩大，年初该公司又受让了一块尚未办理土地使用证的土地 3 000 平方米，公司按其当年开发使用的 2 000 平方米土地面积进行申报纳税，以上土地均适用 2 元/平方米的城镇土地使用税税额。试计算该公司当年应缴纳的城镇土地使用税。

【解析】 应纳税额＝(23 000＋2 000)×2＝50 000(元)

2. 税额

（1）城镇土地使用税单位税额有较大提高。最高与最低税额之间相差 50 倍，同一地区最高与最低税额之间相差 20 倍。

（2）经济落后地区，税额可适当降低，但降低额不得超过税率表中规定的最低税额的 30%。经济发达地区的适用税额可适当提高，但需报财政部批准。

（二）税收优惠

1. 法定优惠

（1）国家机关、人民团体、军队自用的土地，免征城镇土地使用税。

（2）由国家财政部门拨付事业经费的单位自用的土地，免征城镇土地使用税。

（3）宗教寺庙、公园、名胜古迹自用的土地，免征城镇土地使用税。

（4）市政街道、广场、绿化地带等公共用地，免征城镇土地使用税。

（5）直接用于农、林、牧、渔业的生产用地，免征城镇土地使用税。

（6）经批准开山填海整治的土地和改造的废弃土地，从使用的月份起免缴土地使用税 5～10 年。

（7）对非营利性医疗机构、疾病控制机构和妇幼保健机构等卫生机构自用的土地，免征城镇土地使用税。

(8)企业办的学校、医院、托儿所、幼儿园，其用地能与企业其他用地明确区分的，免征城镇土地使用税。

(9)免税单位无偿使用纳税单位的土地(如公安、海关等单位使用铁路、民航等单位的土地)，免征城镇土地使用税。纳税单位无偿使用免税单位的土地，纳税单位应照章缴纳城镇土地使用税。纳税单位与免税单位共同使用、共有使用权土地上的多层建筑，对纳税单位可按其占用的建筑面积占建筑总面积的比例计征城镇土地使用税。

【做中学 7-4】 某公司与政府机关共同使用一栋共有土地使用权的建筑物。该建筑物占用土地面积 2 000 平方米，建筑物面积 10 000 平方米(公司与机关的占用比例为 4∶1)，该公司所在市城镇土地使用税单位税额为 5 元/平方米。计算该公司应纳城镇土地使用税。

【解析】 应纳税额＝2 000×4÷5×5＝8 000(元)

(10)对行使国家行政管理职能的中国人民银行总行(含国家外汇管理局)所属分支机构自用的土地，免征城镇土地使用税。

(11)为了体现国家的产业政策，支持重点产业的发展，对石油、电力、煤炭等能源用地，民用港口、铁路等交通用地和水利设施用地，三线调整企业、盐业、采石场、邮电等一些特殊用地划分了征免税界限并给予政策性减免税照顾。

(12)对企业厂区以外的公共绿化用地和向社会开放的公园用地，暂免征收城镇土地使用税。

(13)自 2007 年 1 月 1 日起，在城镇土地使用税征收范围内经营采摘、观光农业的单位和个人，其直接用于采摘、观光的种植、养殖、饲养的土地，根据《中华人民共和国城镇土地使用税暂行条例》第六条中“直接用于农、林、牧、渔业的生产用地”规定，免征城镇土地使用税。

【做中学 7-5】 位于滨州市滨北镇的滨北生物园有限公司主要经营农产品采摘、销售、观光业务，公司占地 3 万平方米，其中采摘、观光的种植用地 2.5 万平方米，职工宿舍和办公用地 0.5 万平方米。

要求：计算公司 2007 年应缴纳的城镇土地使用税。

【解析】 应缴纳的城镇土地使用税＝(3－2.5)×5×10 000＝25 000(元)

2.由省、自治区、直辖市地方税务局确定的减免税项目

(1)个人所有的居住房屋及院落用地。

(2)房产管理部门在房租调整改革前经租的居民住房用地。

(3)免税单位职工家属的宿舍用地。

(4)民政部门举办的安置残疾人占一定比例的福利工厂用地。

(5)集体和个人办的各类学校、医院、托儿所、幼儿园用地。

3.房地产开发公司建造商品房的用地，原则上应按规定计征城镇土地使用税。但在商品房出售之前纳税确有困难的，其用地是否给予缓征或减征、免征照顾，可由各省、自治区、直辖市地方税务局根据从严的原则结合具体情况确定。

4.向居民供热并向居民收取采暖费的供热企业暂免征收土地使用税。对既向居民供热，又向非居民供热的企业，可按向居民供热收取的收入占其总供热收入的比例划分征免税界限；对于兼营供热的企业，可按向居民供热收取的收入占其生产经营总收入的比例划分征免税界限。

任务处理

使用权由几方共有的，由共有各方按照各自实际使用的土地面积占总面积的比例，分别计算缴纳土地使用税；纳税人新征用的非耕地，自批准征用次月起缴纳城镇土地使用税，因

此2008年乙企业只需缴纳11个月的新征用的耕地的土地使用税。

甲企业应缴纳土地使用税＝8 000×3÷5×4＝19 200(元)

乙企业应缴纳土地使用税＝8 000×2÷5×4＋6 000×2×11÷12＝23 800(元)

三　城镇土地使用税的纳税申报

任务情境

山东滨州海洋化工有限公司2008年使用土地10 000平方米，政府规定每平方米税额为0.8元。

山东滨州海洋化工有限公司的详细资料如下：纳税人识别号为372100000000006，税务登记证号2600006，地址是滨州市滨城区长江一路668号，土地等级为7级，开户银行为工商银行滨州分行，账号267400021，联系电话是0543—26587981，法人代表庞海，会计主管罗兰。

假设你是该公司办税员李达，请填写下面空白的纳税申报表(表7-5)，办理纳税申报。

表7-5　城镇土地使用税纳税申报表

税款所属时间：　　年　　月　　日至　　年　　月　　日　　单位：人民币元(列至角分)；平方米

纳税人名称			
纳税人识别号		税务登记证号	
地址		开户银行和账号	
企业类型		联系电话	

等级	每平方米年税额	类别代码	申报数							
			占地面积	应税面积	应纳税额	缴纳上期欠税金额	上期缓缴到期数	本期申请缓缴数	本期应纳税额	滞纳金
1	2	3	4	5	6＝2×5	7	8	9	10＝6÷基数＋7＋8－9	11
合计										

纳税人声明	授权人声明	代理人声明
本纳税申报表是按照国家税法和税务机关有关规定填报的，我确信是真实的、合法的。如有虚假，愿负法律责任。以上税款请从＿＿＿＿账号划拨。 法定代表人(业主)签名： 经办人签字： 主管会计签字： 年　月　日	我单位(公司)现授权＿＿＿＿为本纳税人的代理申报人，其法定代表人＿＿＿＿，电话＿＿＿＿，任何与申报有关的往来文件都可寄予此代理机构。 委托代理合同号码： 授权人(法定代表人)签名： 年　月　日	本纳税申报表是按照国家税法和税务机关有关规定填报的，我确信是真实的、合法的。如有不实，愿承担法律责任。 法定代表人签名： 代理人盖章： 年　月　日
受理申报日期：　年　月　日	审核申报日期：　年　月　日	录入日期：　年　月　日
受理人：	审核人：	录入人：

滨州市地方税务局监制

任务指导

(一)纳税义务发生时间

1.纳税人购置新建商品房,自房屋交付使用之次月起,缴纳城镇土地使用税。

2.以出让或转让方式有偿取得土地使用权的,应由受让方从合同约定交付土地时间的次月起缴纳城镇土地使用税;合同未约定交付时间的,由受让方从合同签订的次月起缴纳城镇土地使用税。

3.纳税人新征用的耕地,自批准征用之日起满1年时开始缴纳土地使用税。

4.自2009年1月1日起,纳税人因土地的权利发生变化而依法终止城镇土地使用税纳税义务的,其应纳税款的计算应截止到土地权利发生变化的当月末。

【做中学7-6】 某人民团体有A、B两栋办公楼,A栋占地3 000平方米,B栋占地1 000平方米。2007年3月30日至12月31日该团体将B栋办公楼出租。当地城镇土地使用税的税率为15元/平方米。计算该团体2007年应缴纳的城镇土地使用税。

【解析】 人民团体自用的A楼免征城镇土地使用税,但出租的B楼属于经营使用,不享受免税政策,应从交付出租、出借房产之次月起,缴纳城镇土地使用税。

B楼城镇土地使用税＝1 000×15÷12×9＝11 250(元)

(二)城镇土地使用税纳税申报表的填写方法

城镇土地使用税纳税申报表根据《中华人民共和国城镇土地使用税暂行条例》等法律法规设计,适用于土地使用税纳税义务人填报。其基本填报规则是:

1.纳税人有多宗土地的,按照土地的不同坐落地点分别向坐落地主管地方税务机关申报缴纳土地使用税。

2.土地使用税按年征收、分期缴纳,具体纳税申报期由县(市)税务机关确定。

3.该申报表应按照土地等级分等填列。

4.土地等级填写纳税人应税土地对应的土地等级。

5.应税面积填写纳税人应税土地面积。

6.单位税额按照各等级土地对应的既定税额标准分别填列。

7.本期应纳税额按照附表第9栏中对应的同一等级土地的合计数填报。

8.本期已缴税额为当期企业实际已缴纳的土地使用税额,可以分等级填,也可合并一笔填到合计栏中。

9.本期应补(退)税额等于本期应纳税额减本期已缴税额。

任务处理(见表7-6)

表 7-6　城镇土地使用税纳税申报表

税款所属时间：2008 年 1 月 1 日至 2008 年 12 月 31 日　　　　单位：人民币元(列至角分)；平方米

纳税人名称	山东滨州海洋化工有限公司						
纳税人识别号	372100000000006	税务登记证号	2	6	0	0	0	0	6
地址	滨州市滨城区长江一路 668 号	开户银行和账号	工商银行滨州分行 267400021				
企业类型		联系电话	0543－26587981				

等级	每平方米年税额	类别代码	申报数							
			占地面积	应税面积	应纳税额	缴纳上期欠税金额	上期缓缴到期数	本期申请缓缴数	本期应纳税额	滞纳金
1	2	3	4	5	6=2×5	7	8	9	10=6÷基数+7+8－9	11
7	0.8		10 000	10 000	8 000				8 000	
合计			10 000	10 000	8 000				8 000	

纳税人声明	授权人声明	代理人声明
本纳税申报表是按照国家税法和税务机关有关规定填报的，我确信是真实的、合法的。如有虚假，愿负法律责任。以上税款请从 267400021 账号划拨。 法定代表人(业主)签名：庞海 经办人签字：李达 主管会计签字：罗兰 2009 年 1 月 10 日	我单位(公司)现授权______为本纳税人的代理申报人，其法定代表人______，电话______，任何与申报有关的往来文件都可寄予此代理机构。 委托代理合同号码： 授权人(法定代表人)签名： 年　月　日	本纳税申报表是按照国家税法和税务机关有关规定填报的，我确信是真实的、合法的。如有不实，愿承担法律责任。 法定代表人签名： 代理人盖章： 年　月　日
受理申报日期：　年　月　日	审核申报日期：　年　月　日	录入日期：　年　月　日
受理人：	审核人：	录入人：

滨州市地方税务局监制

任务四　车　船　税

一　认识车船税

任务情境

美滨中外合资进出口公司有载客汽车 4 辆，载货汽车 4 辆，载货汽车自重吨位分别为 20 吨、15.5 吨、16 吨、30.5 吨。当地省政府规定，载客汽车年税额为 250 元/辆，载货汽车为 60 元/吨。该公司的所有车都要缴纳车船税吗？

任务指导

车船税是以车船为征税对象,向拥有车船的单位和个人征收的一种税。

车船税主要有三个作用:①为地方政府筹集财政资金;②有利于车船的管理与合理配置;③有利于调节财富差异。

(一)纳税义务人

在中华人民共和国境内,车辆、船舶(以下简称车船)的所有人或者管理人为车船税的纳税人。

外商投资企业和外国企业以及外籍人员适用车船税的规定。

(二)征税范围

车船税的征税范围为在我国车船管理部门登记的车船,包括机动车船和非机动车船。

任务处理

按照车船税的相关规定,美滨中外合资进出口公司的所有车都应缴纳车船税。

二 车船税的计算

任务情境

美滨中外合资进出口公司有载客汽车 4 辆,载货汽车 4 辆,载货汽车自重吨位分别为 20 吨、15.5 吨、16 吨、30.5 吨。当地省政府规定,载客汽车年税额为 250 元/辆,载货汽车为 60 元/吨。

要求:计算该公司所要缴纳的车船税。

任务指导

(一)税率

车船税采用分类定额税率(表 7-7)。

表 7-7 车船税税目税额表

税目	计税单位	每年税额(元)	备注
载客汽车	每辆	60～660	包括电车
载货汽车、专项作业车	按自重每吨	16～120	包括半挂牵引车、挂车
三轮汽车、低速货车	按自重每吨	24～120	
摩托车	每辆	36～180	
船舶	按净吨位每吨	3～6	拖船和非机动驳船分别按船舶税额的 50% 计算

(二)计税依据——辆、净吨位、自重吨位

1. 纳税人在购买机动车交通事故责任强制保险时,应当向扣缴义务人提供地方税务机关出具的本年度车船税的完税凭证或者减免税证明。

2. 拖船按照发动机功率每 2 马力折合净吨位 1 吨计算征收车船税。

3. 车辆自重尾数在 0.5 吨以下(含 0.5 吨)的,按照 0.5 吨计算;超过 0.5 吨的,按照 1 吨计算。船舶净吨位尾数在 0.5 吨以下(含 0.5 吨)的不予计算,超过 0.5 吨的按照 1 吨计算。1 吨以下的小型车船,一律按照 1 吨计算。

(三)应纳税额的计算方法

购置的新车船,购置当年的应纳税额自纳税义务发生的当月起按月计算。计算公式为:

应纳税额=年应纳税额÷12×应纳税月份数

【做中学 7-7】 滨州无棣航运公司 2007 年拥有机动船 4 艘,每艘净吨位为 3 000 吨;拖船 1 艘,发动机功率为 1 800 马力。其所在省车船税计税标准为净吨位 2 000 吨以下的,每吨 4 元;2 001～10 000 吨的,每吨 5 元。

该航运公司 2008 年应缴纳多少车船税?

【解析】 2 马力=净吨位 1 吨,拖船和非机动驳船按船舶税额的 50%计算。

车船税=4×3 000×5+1 800×50%×4×50%=61 800(元)

(四)保险机构代收代缴车船税和滞纳金的计算

1. 特殊情况下车船税应纳税款的计算

(1)购买短期"交强险"的车辆

当年应缴税额=计税单位×年单位税额×应纳税月份数÷12

(2)已向税务机关缴税的车辆或税务机关已批准减免税的车辆

减税车辆应纳税额=减税前应纳税额×(1-减税幅度)

2. 欠缴车船税的车辆补缴税款的计算

往年补缴税额=计税单位×年单位税额×(本次缴税年度-前次缴税年度-1)

3. 滞纳金计算

每一年度欠税应加收的滞纳金=欠税金额×滞纳天数×0.5‰

(五)税收优惠

1. 法定减免

(1)非机动车船(不包括非机动驳船):是指以人力或者畜力驱动的车辆,以及符合国家有关标准的残疾人机动轮椅车、电动自行车等车辆;

(2)拖拉机:是指在农业(农业机械)部门登记为拖拉机的车辆;

(3)捕捞、养殖渔船:是指在渔业船舶管理部门登记为捕捞船或者养殖船的渔业船舶,不包括在渔业船舶管理部门登记为捕捞船或者养殖船以外类型的渔业船舶;

(4)军队、武警专用的车船:是指按照规定在军队、武警车船管理部门登记,并领取军用牌照、武警牌照的车船;

(5)警用车船:是指公安机关、国家安全机关、监狱、劳动教养管理机关和人民法院、人民检察院领取警用牌照的车辆和执行警务的专用船舶;

(6)按照有关规定已经缴纳船舶吨税的船舶;

(7)依照我国有关法律和我国缔结或者参加的国际条约的规定应当予以免税的外国驻华使馆、领事馆和国际组织驻华机构及其有关人员的车船。

2. 特定减免

(1)对尚未在车辆管理部门办理登记,属于减免税的人购置车辆,车辆所有人或管理人可以提出减免税申请，并提供机构或个人身份证明文件和车辆权属证明文件以及地方税务机关要求的其他相关资料。

(2)省、自治区、直辖市人民政府可以根据当地实际情况，对城市、农村公共交通车船给予定期减税、免税。

任务处理

车辆自重尾数在0.5吨以下(含0.5吨)的按照0.5吨计算；超过0.5吨按1吨计算。

应纳税额＝4×250＋20×60＋15.5×60＋16×60＋30.5×60＝5 920(元)

三 车船税的纳税申报

任务情境

2008年，山东济南奔腾物流公司(370100000001009)有以下车辆：

(1)乘坐人数等于20人的载客汽车10辆；

(2)乘坐人数等于5人的载客汽车5辆；

(3)载货汽车50辆，每辆自重5吨。

车船税的标准为：乘坐人数大于或等于20人的载客汽车每辆600元，乘坐人数小于或等于9人的载客汽车每辆420元，载货汽车按自重每吨96元。

要求：填写车船税纳税申报表(表7-8)，办理纳税申报。

任务指导

(一)纳税期限

1.车船管理部门核发的车船登记证书或者行驶证书所记载日期的当月。

2.未按照规定到车船管理部门办理应税车船登记手续的，以车船购置发票所载开具时间的当月。

3.未办理车船登记手续且无法提供车船购置发票的，由主管地方税务机关核定纳税义务发生时间。

(二)纳税地点

跨省、自治区、直辖市使用的车船，纳税地点为车船的登记地。

(三)纳税申报

车船的所有人或者管理人未缴纳车船税的，使用人应当代为缴纳车船税。

(四)纳税申报表的填制

车船税纳税申报表是根据《中华人民共和国车船税暂行条例》制定的，在中华人民共和国境内车辆、船舶的所有人或者管理人为车船税的纳税人，应当依法缴纳车船税。车船税的纳税地点为纳税人所在地。纳税人所在地是指单位(组织)的机构所在地或个人的住所所在地。

车船税纳税申报表按照车船税的各税目汇总填报。各汇总数据来自于附表，具体说明如下：

表 7-8 车船税纳税申报表

纳税人识别号

纳税人名称：(公章)

税款所属期限：自　　年　　月　　日至　　年　　月　　日

填表日期：　　年　　月　　日　　　　　　　　　　　　　　　　　　　　金额单位：元

车船类别		计税单位	税额标准	数量	吨位	应纳税月数	本期应纳税额	本期减免税额	本期已缴税额	本期应补(退)税额
载客汽车	乘坐人数大于或等于 20 人	每辆								
	乘坐人数大于 9 人小于 20 人	每辆								
	乘坐人数小于或等于 9 人	每辆								
	发动机汽缸总排气量小于或等于 1 升	每辆								
载货汽车(包括半挂牵引车、挂车)		按自重每吨								
三轮汽车		按自重每吨								
低速货车		按自重每吨								
摩托车		每辆		—						
专项作业车		按自重每吨								
轮式专用机械车		按自重每吨								
小计			—							
船舶	净吨位小于或等于 200 吨	每吨								
	净吨位 201 吨至 2 000 吨	每吨								
	净吨位 2 001 吨至 10 000 吨	每吨								
	净吨位 10 001 吨及其以上	每吨								
	小计		—							
合计										

纳税人或代理人声明：此纳税申报表是根据国家税收法律的规定填报的，我确信它是真实的、可靠的、完整的。	如纳税人填报，由纳税人填写以下各栏					
	经办人(签章)		会计主管(签章)		法定代表人(签章)	
	如委托代理人填报，由代理人填写以下各栏					
	代理人名称		代理人(公章)			
	经办人(签章)					
	联系电话					
以下由税务机关填写						
受理人		受理日期		受理税务机关(签章)		

本表适用于自行申报车船税的纳税人填报。

"车船类别"相应栏次分别根据附表同类别车船对应栏次合计填写。

税额标准是对应申报表所列举的车船税每一税目，按各自计税单位确定的单位税额标准，是一个既定标准。

任务处理（见表 7-9）

表 7-9 车船税纳税申报表

纳税人识别号 370100000001009

纳税人名称：(公章)山东济南奔腾物流公司

税款所属期限：自 2008 年 1 月 1 日至 2008 年 12 月 31 日

填表日期：2009 年 12 月 31 日

金额单位：元

车船类别		计税单位	税额标准	数量	吨位	应纳税月数	本期应纳税额	本期减免税额	本期已缴税额	本期应补(退)税额
载客汽车	乘坐人数大于或等于 20 人	每辆	600 元	10	—		6 000		4 000	2 000
	乘坐人数大于 9 人小于 20 人	每辆								
	乘坐人数小于或等于 9 人	每辆	420 元	5	—		2 100		1 600	500
	发动机汽缸总排气量小于或等于 1 升	每辆								
载货汽车(包括半挂牵引车、挂车)		按自重每吨	96 元	50	5		24 000		20 000	4 000
三轮汽车		按自重每吨								
低速货车		按自重每吨								
摩托车		每辆								
专项作业车		按自重每吨								
轮式专用机械车		按自重每吨								
小计			—	65			32 100		25 600	6 500
船舶	净吨位小于或等于 200 吨	每吨								
	净吨位 201 吨至 2 000 吨	每吨								
	净吨位 2 001 吨至 10 000 吨	每吨								
	净吨位 10 001 吨及其以上	每吨								
	小计		—							
合计				65			32 100		25 600	6 500

纳税人或代理人声明：

此纳税申报表是根据国家税收法律的规定填报的，我确信它是真实的、可靠的、完整的。

如纳税人填报，由纳税人填写以下各栏

经办人(签章)　会计主管(签章)　法定代表人(签章)

如委托代理人填报，由代理人填写以下各栏

代理人名称

经办人(签章)

联系电话

代理人(公章)

以下由税务机关填写

受理人　受理日期　受理税务机关(签章)

数量，指的是对应每一税目申报缴纳车船税的车船数量，统计每一税目对应申报纳税的车辆数。

吨位，对按照自重或净吨位征收的车辆和船舶，每一税目对应的吨位合计。

本期应纳税额按照附表中同一车船类型本期应纳税额的合计数汇总填报。

本期已缴税额是企业在本纳税期实际已缴纳的车船税，包括被委托代征税款等。对企业已被保险机构扣缴的车船税，扣缴后可以不再办理申报。

任务五　印　花　税

一　认识印花税

任务情境

2009 年 10 月，山东华丽有限公司发生如下业务：

(1)与河南商丘第三商场签订加工家具合同；

(2)与山东博闻法律咨询公司签订法律咨询合同；

(3)与上海新芯技术开发公司签订技术开发合同；

(4)与济南明天公司签订商品房销售合同。

假设你是山东华丽有限公司的办税员，请分析上述业务哪些要缴纳印花税。

任务指导

印花税是以经济活动和经济交往中，书立、领受应税凭证的行为为征税对象征收的一种税。印花税因其采用在应税凭证上粘贴印花税票的方法缴纳税款而得名。

印花税具有征税范围广、税负从轻、自行贴花纳税、多缴不退不抵的特点。

(一)纳税义务人

印花税的纳税人，是在中国境内书立、使用、领受印花税法所列举的凭证，并应依法履行纳税义务的单位和个人，包括内、外资企业，各类行政(机关、部队)和事业单位，中、外籍个人。

印花税的纳税人，按照所书立、使用、领受的应税凭证不同，又可分为以下六类：

1.立合同人。指合同的当事人，不包括合同的担保人、证人、签订人。

2.立据人。

3.立账簿人。营业账簿的纳税人是立账簿人。

4.领受人。权利、许可证照的纳税人是领受人。

5.使用人。在国外书立、领受，但在国内使用的应税凭证，其纳税人是使用人。

6.各类电子应税凭证的签订人。

需要注意的是，凡由两方或两方以上当事人共同书立应税凭证的，其当事人各方都是印花税的纳税人，应各就其所持凭证的计税金额履行纳税义务。

(二)税目与税率(见表 7-10)

表 7-10 印花税税目税率表

应税凭证类别	税 目	税率形式	纳税人
一、合同或具有合同性质的凭证	1.购销合同	按购销金额的 0.3‰	订合同人
	2.加工承揽合同	按加工或承揽收入的 0.5‰	
	3.建设工程勘察设计合同	按收取费用的 0.5‰	
	4.建筑安装工程承包合同	按承包金额的 0.3‰	
	5.财产租赁合同	按租赁金额的 1‰	
	6.货物运输合同	按收取的运输费用的 0.5‰	
	7.仓储保管合同	按仓储收取的保管费用的 1‰	
	8.借款合同(包括融资租赁合同)	按借款金额的 0.05‰	
	9.财产保险合同	按收取的保险费收入的 1‰	
	10.技术合同 技术转让合同:包括专利申请转让、专利实施许可和非专利技术转让	按所载金额的 0.3‰	
二、书据	11.产权转移书据 包括:土地使用权出让合同、土地使用权转让合同、商品房销售合同; 个人无偿赠送不动产所签订的“个人无偿赠与不动产登记表”	按所载金额的 0.5‰	立据人
三、账簿	12.营业账簿 包括:日记账簿和各明细分类账簿	记载资金的账簿,按实收资本和资本公积合计的 0.5‰;其他账簿按件贴花 5 元	立账簿人
四、证照	13.权利、许可证照 包括:房屋产权证、工商营业执照、商标注册证、专利证、土地使用证	按件贴花 5 元	领受人

印花税的税率有两种形式,即比例税率和定额税率。

1.比例税率(4 档)

比例税率适用于记载有金额的应税凭证,分别是:

(1)1‰:财产租赁合同、仓储保管合同、财产保险合同、股权转移书据(2008 年 9 月 19 日起);

(2)0.3‰:购销合同、建筑安装工程承包合同、技术合同;

(3)0.5‰:加工承揽合同、建设工程勘察设计合同、货物运输合同、产权转移书据、记载资金的营业账簿;

(4)0.05‰:借款合同。

2.定额税率

定额税率适用于无法记载金额或虽载有金额,但作为计税依据明显不合理的应税凭证。

固定税额为每件应税凭证5元。适用于：

(1)其他营业账簿；

(2)权利、许可证照。

任务处理

2009年10月，山东华丽有限公司相关业务分析如下：

(1)与河南商丘第三商场签订加工家具合同属于加工承揽合同，应纳印花税；

(2)与山东博闻法律咨询公司签订法律咨询合同不属于印花税税目，不纳印花税；

(3)与上海新芯技术开发公司签订技术开发合同属于技术合同，应纳印花税；

(4)与济南明天公司签订商品房销售合同属于产权转移书据，应纳印花税。

二 印花税的计算

任务情境

山东滨州第六建筑公司主要从事建筑工程机械的生产制造，2008年发生以下业务：

(1)签订钢材采购合同一份，采购金额8 000万元；签订以货换货合同一份，用库存的3 000万元A型钢材换取对方相同金额的B型钢材；签订销售合同一份，销售金额15 000万元。

(2)公司作为受托方签订甲、乙两份加工承揽合同，甲合同约定：由委托方提供主要材料(金额300万元)，受托方只提供辅助材料(金额20万元)，受托方另收取加工费50万元；乙合同约定：由受托方提供主要材料(金额200万元)并收取加工费40万元。

(3)公司作为受托方签订技术开发合同一份，合同约定：技术开发金额共计1 000万元，其中研究开发费用与报酬金额之比为3∶1。

(4)公司作为承包方签订建筑安装工程承包合同一份，承包金额300万元，公司随后又将其中的100万元业务分包给另一单位，并签订相关合同。

(5)公司新增实收资本2 000万元、资本公积500万元。

(6)公司启用其他账簿10本。

假如你是山东滨州第六建筑公司的办税员，请计算其应纳的印花税。

任务指导

(一)计税依据的一般规定

大部分应税凭证按照计税金额纳税。计税金额以全额为主；余额计税的有两个：货物运输合同、技术合同。

1.购销合同，计税依据为购销金额。如果是以物易物方式签订的购销合同，计税金额为合同所载的购、销金额合计数，适用税率0.3‰。

【做中学7-8】 甲公司于2007年8月与乙公司签订了数份以货易货合同，以共计750 000元的钢材换取650 000元的水泥，甲公司取得差价100 000元。

【解析】 采用以货换货方式进行商品交易签订的合同，是反映既购又销双重经济行为的合同。对此，应按合同所载的购、销合计金额计税贴花，甲公司 8 月应缴纳的印花税 =(750 000+650 000)×0.03%=420(元)。

一份凭证应纳税额超过 500 元的，应向当地税务机关申请填写缴款书或者完税证，即“汇贴”办法纳税。

2.加工承揽合同，计税依据为加工或承揽收入。

如果是由受托方提供原材料的加工、定做合同，凡在合同中分别记载加工费金额与原材料金额的，加工费金额按“加工承揽合同”计税，原材料金额按“购销合同”计税，两项税额相加数，即为合同应贴印花；若合同中未分别记载，则就全部金额依照加工承揽合同计税贴花。

如果由委托方提供原材料，原材料不计税，计税依据为加工费和辅料，适用税率 0.5‰。

【做中学 7-9】 某高新技术企业与广告公司签订广告制作合同 1 份，分别记载加工费 3 万元，广告公司提供的原材料 7 万元。计算该高新技术企业应当缴纳的印花税。

【解析】 应纳税额=30 000×0.5‰+70 000×0.3‰=36(元)

3.建设工程勘察设计合同，计税依据为勘察、设计收取的费用(即勘察、设计收入)。

4.建筑安装工程承包合同，计税依据为承包金额，不得剔除任何费用。施工单位将自己承包的建设项目分包或转包给其他施工单位所签订的分包合同或转包合同，应以新的分包合同或转包合同所载金额为依据计算应纳税额。

【做中学 7-10】 某建筑公司与甲企业签订一份建筑承包合同，合同金额 6 000 万元(含相关费用 50 万元)。施工期间，该建筑公司又将其中价值 800 万元的安装工程转包给乙企业，并签订转包合同。计算该建筑公司此项业务应缴纳的印花税。

【解析】 施工企业将承包工程分包或转包所签的合同，应根据分包合同或转包合同记载的金额计算应纳税额。该建筑公司此项业务应纳印花税=(6 000+800)×0.3‰=2.04(万元)。

5.财产租赁合同，计税依据为租赁金额(即租金收入)。应注意两点：①税额不足 1 元的按照 1 元贴花。②财产租赁合同只是规定(月)天租金而不确定租期的，先定额 5 元贴花，再结算时按实际补贴印花。

【做中学 7-11】 2006 年 1 月，甲公司将闲置厂房出租给乙公司，合同约定每月租金 2 500元，租期未定。签订合同时，预收租金 5 000 元，双方已按定额贴花。5 月底合同解除，甲公司收到乙公司补交的租金 7 500 元。甲公司 5 月份应补缴多少印花税？

【解析】 根据印花税法的规定：有些合同在签订时无法确定计税金额，可在签订时先按定额 5 元贴花，以后结算时再按实际金额计税，补贴印花税票。

应补缴印花税=(5 000+7 500)×1‰−5=7.5(元)

6.货物运输合同，计税依据为取得的运输费金额(即运费收入)，不包括所运货物的金额、装卸费和保险费等。

【做中学 7-12】 某企业与货运公司签订运输合同，载明运输费用 8 万元(其中含装卸费 0.5 万元)。该货运合同应纳的印花税为多少？

【解析】 货运合同应纳印花税=(80 000−5 000)×0.5‰=37.5(元)

7.仓储保管合同，计税依据为仓储保管的费用(即保管费收入)。

8.借款合同，计税依据为借款金额(即借款本金)。特殊情况应了解：

(1)凡是一项信贷业务既签订借款合同,又一次或分次填开借据的,只以借款合同所载金额为计税依据计税贴花;凡是只填开借据并作为合同使用的,应以借据所载金额为计税依据计税贴花。

(2)借贷双方签订的流动周转性借款合同,一般按年(期)签订,规定最高限额,借款人在规定的期限和最高限额内随借随还,为避免加重借贷双方的负担,对这类合同只以其规定的最高限额为计税依据,在签订时贴花一次,在限额内随借随还不签订新合同的,不再贴花。

(3)对借款方以财产作抵押,从贷款方取得一定数量抵押贷款的合同,应按借款合同贴花;在借款方因无力偿还借款而将抵押财产转移给贷款方时,应再就双方书立的产权书据,按产权转移书据的有关规定计税贴花。

(4)对银行及其他金融组织的融资租赁业务签订的融资租赁合同,应按合同所载租金总额,暂按借款合同计税。

【做中学 7-13】 某钢铁公司与机械进出口公司签订购买价值 2 000 万元设备的合同,为购买此设备向商业银行签订借款 2 000 万元的借款合同。后因故购销合同作废,改签融资租赁合同,租赁费 1 000 万元。根据上述情况,该厂一共应缴纳多少印花税?

【解析】 本题涉及三项应税行为,①购销合同应纳税额=2 000×0.3‰=0.6(万元),产生纳税义务后合同作废不能免税;②借款合同应纳税额=2 000×0.05‰=0.1(万元);③融资租赁合同属于借款合同,应纳税额=1 000×0.05‰=0.05(万元)。该厂应纳税额=0.6+0.1+0.05=0.75(万元)=7 500(元)。

9.财产保险合同,计税依据为支付(收取)的保险费金额,不包括所保财产的金额。

10.技术合同,计税依据为合同所载的价款、报酬或使用费。技术开发合同研究开发经费不作为计税依据。

【做中学 7-14】 甲企业与乙企业签订一份技术开发合同,记载金额共计 500 万元,其中研究开发费用为 100 万元。该合同甲、乙各持一份,共应缴纳多少印花税?

【解析】 应纳税额=(500-100)×0.3‰×2=0.24(万元)

11.产权转移书据,计税依据为书据中所载的金额。

购买、继承、赠予所书立的股权转让书据,均依书立时证券市场当日实际成交价格为依据,由立据双方当事人分别按 1‰的税率缴纳印花税。

12.记载资金的营业账簿,以实收资本和资本公积的两项合计金额为计税依据。

凡"资金账簿"在次年度的实收资本和资本公积未增加的,对其不再计算贴花。

其他营业账簿,计税依据为应税凭证件数。

13.权利、许可证照,计税依据为应税凭证件数,每件 5 元。

(二)计税金额的特殊规定

1.同一凭证,载有两个或两个以上经济事项而适用不同税目税率,分别记载金额的,分别计算;未分别记载金额的,按税率高的计税。

2.按金额比例贴花的应税凭证,未标明金额的,应按照凭证所载数量及国家牌价计算金额;没有国家牌价的,按市场价格计算金额,然后按规定税率计算应纳税额。

3.有些合同,在签订时无法确定计税金额,可在签订时先按定额 5 元贴花,以后结算时再按实际金额计税,补贴印花。

4.应税合同在签订时纳税义务即已产生,应计算应纳税额并贴花。所以,不论合同是否兑现或是否按期兑现,均应贴花完税。对已履行并贴花的合同,所载金额与合同履行后实际结算金额不一致的,只要双方未修改合同金额,一般不再办理完税手续。

5.商品购销活动中,采用以货换货方式进行商品交易签订的合同,应按合同所载的购、销合计金额计税贴花。

6.施工单位将自己承包的建设项目,分包或者转包给其他施工单位所签订的分包合同或者转包合同,应按分包或转包合同所载金额计算应纳税额。

7.对国内各种形式的货物联运,凡在起运地统一结算全程运费的,应以全程运费作为计税依据,由起运地运费结算双方缴纳印花税;凡分程结算运费的,应以分程的运费作为计税依据,分别由办理运费结算的各方缴纳印花税。

对国际货运,凡由我国运输企业运输的,不论在我国境内、境外起运或中转分程运输,我国运输企业所持的一份运费结算凭证,均按本程运费计算应纳税额。

由外国运输企业运输进出口货物的,外国运输企业所持的一份运费结算凭证免纳印花税。

(三)应纳税额的计算方法

1.适用比例税率的应税凭证,以凭证上所记载的金额为计税依据。计税公式为:

应纳税额=计税金额×比例税率

2.适用定额税率的应税凭证,以凭证件数为计税依据。计税公式为:

应纳税额=凭证件数×固定税额(5元)

【做中学7-15】 某交通运输企业2005年12月签订以下合同:(1)与某银行签订融资租赁合同购置新车15辆,合同载明租赁期限为3年,每年支付租金100万元;(2)与某客户签订货物运输合同,合同载明货物价值500万元,运输费用65万元(含装卸费5万元,货物保险费10万元);(3)与某运输企业签订租赁合同,合同载明将本企业闲置的总价值300万元的10辆货车出租,每辆车月租金4 000元,租期未定;(4)与某保险公司签订保险合同,合同载明为本企业的50辆车上第三方责任险,每辆车每年支付保险费4 000元。

该企业当月应缴纳的印花税是多少?

【解析】 (1)融资租赁合同,按合同所载租金总额、暂按借款合同计税,应纳印花税 =100×3×0.05‰=0.015(万元)=150(元);(2)货物运输合同,计税依据为取得的运输费金额,不包括所运货物的金额、装卸费和保险费等,应纳印花税 =(65-5-10)×0.5‰=0.025(万元)=250(元);(3)货车租赁合同,签订时无法确定计税金额,可在签订时先按定额5元贴花,应纳印花税=5元;(4)财产保险合同,计税依据为支付(收取)的保险费金额,应纳印花税=50×4 000×1‰=200(元)。该企业当月应缴纳的印花税=150+250+5+200=605(元)。

(四)税收优惠

享受免税的凭证有:

1.已缴纳印花税的凭证的副本或者抄本;但以副本或者抄本视同正本使用的,则应另贴印花。

2.财产所有人将财产赠给政府、社会福利单位、学校所立的书据。

3.国家指定的收购部门与村民委员会、农民个人书立的农副产品收购合同。

4.无息、贴息贷款合同。

5.外国政府或者国际金融组织向我国政府及国家金融机构提供优惠贷款所书立的合同。

6.房地产管理部门与个人签订的用于生活居住的租赁合同。

7.农牧业保险合同。

8.特殊货运合同。

任务处理

山东滨州第六建筑公司应纳印花税如下：

(1)(8 000＋3 000×2＋15 000)×0.0003×10 000＝87 000(元)

(2)(20＋50＋40)×0.0005×10 000＋200×0.0003×10 000＝1 150(元)

(3)1 000/4×0.0003×10 000＝750(元)

(4)(300＋100)×0.0003×10 000＝1 200(元)

(5)(2 000＋500)×0.0005×10 000＝12 500(元)

(6)10×5＝50(元)

三　印花税的纳税申报

任务情境

山东银河有限公司于2009年6月成立，发生如下印花税业务：

(1)建立资金账簿1本，资金额1 500万元，其他账簿10本；

(2)领取许可证照5本；

(3)签订购销合同5份，总记载金额500万元；

(4)签订借款合同1份，记载借款金额100万元；

(5)签订财产租赁合同1份，记载金额1万元。

假如你是办税员王三，请填写印花税纳税申报表(表7-11)，办理纳税申报。

表 7-11 印花税纳税申报表

税款所属时期：　　年　　月　　日至　　年　　月　　日　　　　　　单位：人民币元(列至角分)

纳税人名称		地址		联系电话	
纳税人识别号				税务登记证号	

项目	计税基数		税率	上期欠税金额	+上期缓缴到期数	−本期申请缓缴数	本期应纳税额	滞纳金
	份数	记载金额						
1.购销合同			按购销金额万分之三贴花					
2.加工承揽合同			按加工或承揽收入万分之五贴花					
3.建设工程勘察设计合同			按收取费用万分之五贴花					
4.建筑安装工程承包合同			按承包金额万分之三贴花					
5.财产租赁合同			按租赁金额千分之一贴花，税额不足一元的按一元贴花					
6.货物运输费结算凭证			按运费结算金额万分之五贴花					
7.仓储保管合同			按仓储保管费用千分之一贴花					
8.借款合同			按借款金额万分之零点五贴花					
9.财产保险合同			按保险费收入金额千分之一贴花					
10.技术合同			按所载金额万分之三贴花					
11.产权转移合同			按所载金额万分之五贴花					
12. 记载资金的营业账簿			按实收资本与资本公积两项合计金额万分之五贴花					
12. 其他营业账簿			按件贴花五元					
13.权利许可证照			按件贴花五元					
合计								

印花税核定征收	应税合同种类	本期销售收入	核定的比例	计税收入	税率	应纳税额
	购销合同				0.3‰	
	产权转移书据		100%		0.5‰	
	建筑安装工程承包合同				0.3‰	
	货物运输合同		100%		0.5‰	
	借款合同		100%		0.05‰	
	保险合同		100%		1‰	
	合计					

续表 7-11

纳税人声明	授权人声明	代理人声明
本纳税申报表是按照国家税法和税务机关有关规定填报的，我确信是真实的、合法的。如有虚假，愿负法律责任。以上税款请从________账号划拨。 法定代表人（业主）签名： 经办人签字： 主管会计签字： 年 月 日	我单位（公司）现授权________为本纳税人的代理申报人，其法定代表人________，电话________，任何与申报有关的往来文件都可寄予此代理机构。 委托代理合同号码： 授权人（法定代表人）签名： 年 月 日	本纳税申报表是按照国家税法和税务机关有关规定填报的，我确信是真实的、合法的。如有不实，愿承担法律责任。 法定代表人签名： 代理人盖章： 年 月 日
受理申报日期： 年 月 日	审核申报日期： 年 月 日	录入日期： 年 月 日
受理人：	审核人：	录入人：

任务指导

（一）纳税方法

1. 自行贴花纳税法

纳税人发生应税行为，应自行计算应纳税额，自行购买印花税票，自行一次贴足印花税票并加以注销或划销，纳税义务才算全部履行完毕。对于已贴花的凭证，修改后所载金额增加的，其增加部分应当补贴印花税票；但多贴印花税票者，不得申请退税或者抵用。

2. 汇贴或汇缴纳税法

(1)此种方法一般适用于应纳税额较大或者贴花次数频繁的纳税人。

(2)汇贴纳税法。当一份凭证应纳税额超过 500 元时，应向税务机关申请填写缴款书或者完税凭证。

(3)汇缴纳税法。如果同一种类应税凭证需要频繁贴花的，应向当地税务机关申请按期汇总缴纳印花税。获准汇总缴纳印花税的纳税人，应持有税务机关发给的汇缴许可证。汇总缴纳的期限，由当地税务机关确定，但最长不得超过 1 个月。

3. 委托代征法

税务机关委托，由发放或者办理应纳税凭证的单位代为征收印花税税款的方法为委托代征法。

（二）违章处罚

1. 在应纳税凭证上未贴或少贴印花税票的或者已粘贴在应税凭证上的印花税票未注销或者未划销的，由税务机关追缴其不缴或者少缴的税款、滞纳金，并处不缴或者少数的税款 50%以上 5 倍以下的罚款。

2. 贴用的印花税票揭下重用造成未缴或少缴印花税的，由税务机关追缴其不缴或者少缴的税款、滞纳金，并处不缴或者少缴的税款 50%以上 5 倍以下的罚款；构成犯罪的，依法追究刑事责任。

3. 伪造印花税票的，由税务机关责令改正，处以 2 000 元以上 1 万元以下的罚款；情节严重的，处以 1 万元以上 5 万元以下的罚款；构成犯罪的，依法追究刑事责任。

（三）印花税纳税申报表的填写

印花税纳税申报表于次年终了后 10 日内向所在地地方税务机关申报；并且大额缴款、

贴花完税不论采取哪种方式完税的凭证均需填本申报表。

印花税申报表是根据《中华人民共和国印花税暂行条例》制订的。在中华人民共和国境内书立、领受《中华人民共和国印花税暂行条例》列举凭证的单位和个人，都是印花税的纳税义务人，应依法缴纳印花税。印花税申报表主要包括两大部分，一部分是据实征收的印花税，一部分是采用核定征收方式征收的印花税。具体说明如下：

1. 计税金额或件数指企业据实申报缴纳印花税的，企业所签订的应税合同上所载的金额或企业应税凭证的数量。

2. 核定依据指对企业的某类合同采用核定征收印花税的，该类应税合同所对应的费用或收入金额。如对购销合同采用核定征收的，"核定依据"应填写采购金额、销售收入；加工承揽合同则对应加工承揽营业额；建筑安装承包合同则对应承包金额等。

3. 核定比例填写各市地税部门规定的各税目的核定征收比例。按现行印花税规定，各市地税部门应按照该省印花税核定征收管理办法的要求，以核定依据为计算基础，在一定幅度内自行确定本地区的核定征收比例。

4. 本期应纳税额：企业据实申报缴纳印花税的，本期应纳税额等于计税金额或件数乘以适用税率；核定征收印花税的，本期应纳税额等于核定依据乘以核定比例乘以适用税率。

5. 本期已缴税额填写企业已缴纳的本期印花税税款。

6. 本期应补（退）税额等于本期应纳税额减本期已纳税额。

7. 份数栏：填写当年已完税的各印花税应税凭证的总份数。

任务处理

印花税纳税申报表填写如下（表 7-12）。

表 7-12　印花税纳税申报表

税款所属时期：2009 年 6 月 1 日至 2009 年 6 月 30 日　　　　单位：人民币元（列至角分）

纳税人名称	山东银河有限公司		地址	滨州市滨城区长江路 26 号		联系电话	0543－78651243	
纳税人识别号	37011400011111			税务登记证号	21401111			
项　目	计税基数		税率	上期欠税金额	十上期缓缴到期数	一本期申请缓缴数	本期应纳税额	滞纳金
	份数	记载金额						
1. 购销合同	5	5 000 000	按购销金额万分之三贴花	0	0	0	1 500.00	
2. 加工承揽合同			按加工或承揽收入万分之五贴花					
3. 建设工程勘察设计合同			按收取费用万分之五贴花					
4. 建筑安装工程承包合同			按承包金额万分之三贴花					
5. 财产租赁合同	1	10 000.00	按租赁金额千分之一贴花，税额不足一元的按一元贴花	0	0	0	10.00	
6. 货物运输费结算凭证			按运费结算金额万分之五贴花					
7. 仓储保管合同			按仓储保管费用千分之一贴花					

续表 7-12

8. 借款合同	1	1 000 000.00	按借款金额万分之零点五贴花	0	0	0	50.00
9. 财产保险合同			按保险费收入金额千分之一贴花				
10. 技术合同			按所载金额万分之三贴花				
11. 产权转移合同			按所载金额万分之五贴花				
12. 记载资金的营业账簿	1	15 000 000.00	按实收资本与资本公积两项合计金额万分之五贴花	0	0	0	7 500.00
12. 其他营业账簿	10		按件贴花五元	0		0	50.00
13. 权利许可证照	5		按件贴花五元	0		0	25.00
合计	23	21 010 000.00		0	0	0	9 135.00

	应税合同种类	本期销售收入	核定的比例	计税收入	税率	应纳税额
印花税核定征收	购销合同				0.3‰	
	产权转移书据		100%		0.5‰	
	建筑安装工程承包合同				0.3‰	
	货物运输合同		100%		0.5‰	
	借款合同		100%		0.05‰	
	保险合同		100%		1‰	
	合计					

纳税人声明	授权人声明	代理人声明
本纳税申报表是按照国家税法和税务机关有关规定填报的，我确信是真实的、合法的。如有虚假，愿负法律责任。以上税款请从590820001账号划拨。 法定代表人(业主)签名：张迪 经办人签字：王三 主管会计签字：王永泉 2009年7月3日	我单位(公司)现授权______为本纳税人的代理申报人，其法定代表人______，电话______，任何与申报有关的往来文件都可寄予此代理机构。 委托代理合同号码： 授权人(法定代表人)签名： 年 月 日	本纳税申报表是按照国家税法和税务机关有关规定填报的，我确信是真实的、合法的。如有不实，愿承担法律责任。 法定代表人签名： 代理人盖章： 年 月 日
受理申报日期： 年 月 日	审核申报日期： 年 月 日	录入日期： 年 月 日
受理人：	审核人：	录入人：

任务六 个人所得税

一 认识个人所得税

任务情境

韩国居民崔先生受其供职的境外公司委派，来华从事设备安装调试工作，在华停留 60

天，期间取得境外公司支付的工资 40 000 元，取得中国体育彩票中奖收入 20 000 元。

请问崔先生是否应在中国缴纳个人所得税？

任务指导

个人所得税是以自然人取得的各类应税所得为征税对象而征收的一种所得税。

个人所得税的计税原理与企业所得税一致，但纳税人为自然人，不仅包括个人还包括具有自然人性质的企业。我国个人独资企业和合伙企业投资者应依法缴纳个人所得税。

(一)纳税义务人

《个人所得税法》规定，中国公民、个体工商业户以及在中国有所得的外籍人员（包括无国籍人员，下同）和港澳台同胞，为个人所得税的纳税义务人。按照住所和居住时间两个标准，又划分为居民纳税义务人和非居民纳税义务人（表 7-13）。

表 7-13 个人所得税纳税人分类表

纳税义务人	判定标准	征税对象范围
居民纳税义务人	(1)在中国境内有住所的个人。 (2)在中国境内无住所，而在中国境内居住满 1 年的个人。“居住满 1 年”是指在一个纳税年度（即公历 1 月 1 日起至 12 月 31 日止，下同）内，在中国境内居住满 365 日。 “临时离境”：对境内居住的天数和境内实际工作时间新规定	境内所得 境外所得 （负无限纳税义务）
非居民纳税义务人	(1)在中国境内无住所且不居住的个人。 (2)在中国境内无住所且居住不满 1 年的个人	境内所得 （负有限纳税义务）

1. 居民纳税义务人

居民纳税义务人负有无限纳税义务。其所取得的应纳税所得，无论是来源于中国境内还是中国境外，都要在中国缴纳个人所得税。根据《个人所得税法》的规定，居民纳税义务人是指在中国境内有住所，或者无住所而在中国境内居住满 1 年的个人。

2. 非居民纳税义务人

非居民纳税义务人，是指不符合居民纳税义务人判定标准（条件）的纳税义务人。非居民纳税义务人承担有限纳税义务，即仅就其来源于中国境内的所得，向中国缴纳个人所得税。《个人所得税法》规定，非居民纳税义务人是“在中国境内无住所又不居住或者无住所而在境内居住不满 1 年的个人”。

对在中国境内无住所的个人，均应以该个人实际在华逗留天数计算。上述个人入境、离境、往返或多次返境内外的当日，均按 1 天计算其在华实际逗留天数。

对在中国境内、境外机构同时担任职务或仅在境外机构任职的境内无住所个人，对其入境、离境、往返或多次往返境内外的当日，均按半天计算其在华实际工作天数。

个人独资企业和个人合伙企业投资者也为个人所得税的纳税义务人。

(二)所得来源的确定

来源于中国境内的所得有：

1. 在中国境内的公司、企事业单位、机关、社会团体、部队、学校等单位或经济组织中任职，受雇而取得的工资、薪金所得。

2. 在中国境内提供各种劳务而取得的劳务报酬所得。

3.在中国境内从事生产、经营活动而取得的所得。

4.个人出租的财产，被承租人在中国境内使用而取得的财产租赁所得。

5.转让中国境内的房屋、建筑物、土地使用权，以及在中国境内转让其他财产而取得的财产转让所得。

6.提供在中国境内使用的专利权、专有技术、商标权、著作权，以及其他各种特许权利而取得的特许权使用费所得。

7.因持有中国的各种债券、股票、股权而从中国境内的公司、企业或其他经济组织以及个人取得的利息、股息、红利所得。

8.在中国境内参加各种竞赛活动取得名次的奖金所得；参加中国境内有关部门和单位组织的有奖活动而取得的中奖所得；购买中国境内有关部门和单位发行的彩票取得的中彩所得。

9.在中国境内以图书、报刊方式出版、发表作品，取得的稿酬所得。

(三)应税所得项目

应税所得项目体现了个人所得税的征税范围，目前共11项。

1.工资、薪金所得

工资、薪金所得，是指个人因任职或者受雇而取得的工资、薪金、奖金、年终加薪、劳动分红、津贴、补贴以及与任职或者受雇有关的其他所得。

2.个体工商户的生产、经营所得

个体工商户的生产、经营所得，是指个体工商户从事工业、手工业、建筑业、交通运输业、商业、饮食业、服务业、修理业及其他行业取得的所得；个人经政府有关部门批准，取得执照，从事办学、医疗、咨询以及其他有偿服务活动取得的所得；上述个体工商户和个人取得的与生产、经营有关的各项应税所得；个人因从事彩票代销业务而取得的所得，应按照“个体工商户的生产、经营所得”项目计征个人所得税；其他个人从事个体工商业生产、经营取得的所得。

(1)个人独资企业和合伙企业的生产经营所得，比照这个税。

(2)个人独资企业、合伙企业的个人投资者以企业资金为本人、家庭成员及其相关人员支付与企业生产经营无关的消费性支出及购买汽车、住房等财产性支出，视为企业对个人投资者的利润分配，并入投资者个人的生产经营所得，依照“个体工商户的生产经营所得”项目计征个人所得税。

3.对企事业单位的承包经营、承租经营所得

对企事业单位的承包经营、承租经营所得，是指个人承包经营或承租经营以及转包、转租取得的所得。承包项目可分多种，如生产经营、采购、销售、建筑安装等各种承包。转包包括全部转包或部分转包。

4.劳务报酬所得

劳务报酬所得指个人独立从事各种非雇佣劳务取得的所得，内容包括设计、装潢、安装、制图、化验、测试、医疗、法律、会计、咨询、讲学、新闻、广播、翻译、审稿、书画、雕刻、影视、录音、录像、演出、表演、广告、展览、技术服务、介绍服务、经纪服务、代办服务、其他劳务。

5.稿酬所得

稿酬所得，是指个人因其作品以图书、报刊形式出版、发表而取得的所得。

6.特许权使用费所得

特许权使用费所得，是指个人提供专利权、商标权、著作权、非专利技术以及其他特许权的使用权取得的所得。提供著作权的使用权取得的所得，不包括稿酬所得。

7.利息、股息、红利所得

利息、股息、红利所得，是指个人拥有债权、股权而取得的利息、股息、红利所得。利息，是指个人拥有债权而取得的利息，包括存款利息、贷款利息和各种债券的利息。国债和国家发行的金融债券利息除外；纳税年度内个人投资者从其投资企业(个人独资企业、合伙企业除外)借款，在该纳税年度终了后既不归还又未用于企业生产经营的，其未归还的借款可视为企业对个人投资者的红利分配，依照“利息、股息、红利所得”项目计征个人所得税。

8.财产租赁所得

财产租赁所得，是指个人出租建筑物、土地使用权、机器设备、车船以及其他财产取得的所得。

9.财产转让所得

财产转让所得，是指个人转让有价证券、股权、建筑物、土地使用权、机器设备、车船以及其他财产取得的所得。

对个人转让自用5年以上并且是家庭唯一生活用房取得的所得，继续免征个人所得税。

10.偶然所得

偶然所得，是指个人得奖、中奖、中彩以及其他偶然性质的所得。得奖是指参加各种有奖竞赛活动，取得名次得到的奖金；中奖、中彩是指参加各种有奖活动，如有奖销售、有奖储蓄，或者购买彩票，经过规定程序，抽中、摇中号码而取得的奖金。偶然所得应缴纳的个人所得税税款，一律由发奖单位或机构代扣代缴。

11.其他所得

除上述列举的各项个人应税所得外，其他确有必要征税的个人所得，由国务院财政部门确定。个人取得的所得，难以界定应纳税所得项目的，由主管税务机关确定。

任务处理

韩国居民崔先生属于境内无住所的个人在我国境内连续或累计居住不超过90日，境内所得境外支付部分免税，故取得境外公司支付的工资40 000元不需缴纳个人所得税；而取得中国体育彩票中奖收入20 000元属于来源于中国境内所得，应当缴纳个人所得税。

二 个人所得税的计算

任务情境

山东海洋有限公司经理为中国公民，2008年下半年每月应发工资4 600元，缴纳社会统筹的养老保险100元，失业保险50元(超过规定比例5元)，单位代缴水电费100元。

要求：计算山东海洋有限公司应扣缴的该经理下半年的个人所得税。

任务指导

(一) 税率

1. 工资、薪金所得

工资、薪金所得，适用九级超额累进税率，税率为5%～45%(见表7-14)。

表7-14　工资、薪金所得个人所得税税率表

级数	全月应纳税所得额(含税)	税率(%)	速算扣除数(元)
1	不超过500元的部分	5	0
2	超过500元至2 000元的部分	10	25
3	超过2 000元至5 000元的部分	15	125
4	超过5 000元至20 000元的部分	20	375
5	超过20 000元至40 000元的部分	25	1 375
6	超过40 000元至60 000元的部分	30	3 375
7	超过60 000元至80 000元的部分	35	6 375
8	超过80 000元至100 000元的部分	40	10 375
9	超过100 000元的部分	45	15 375

2. 个体工商户的生产、经营所得和对企事业单位的承包经营、承租经营所得

个体工商户的生产、经营所得和对企事业单位的承包经营、承租经营所得，适用5%～35%的超额累进税率(见表7-15)。

表7-15　个体工商户的生产、经营所得和承包、承租所得个人所得税税率表

级数	全年应纳税所得额	税率(%)	速算扣除数(元)
1	不超过5 000元的部分	5	0
2	超过5 000元至10 000元的部分	10	250
3	超过10 000元至30 000元的部分	20	1 250
4	超过30 000元至50 000元的部分	30	4 250
5	超过50 000元的部分	35	6 750

注：本表所称全年应纳税所得额，对个体工商户的生产、经营所得来源，是指以每一纳税年度的收入总额，减除成本、费用以及损失后的余额；对企事业单位的承包经营、承租经营所得来源，是指以每一纳税年度的收入总额减除必要费用后的余额。

由于目前实行承包(租)经营的形式较多，分配方式也不相同，因此，承包、承租人按照承包、承租经营合同(协议)规定取得所得的适用税率也不一致。其适用税率分为以下两种情况：

(1)承包、承租人对企业经营成果不拥有所有权，仅是按合同(协议)规定取得一定所得的，其所得按"工资、薪金"所得项目征税，适用5%～45%的九级超额累进税率。

(2)承包、承租人按合同(协议)的规定向发包、出租方缴纳一定费用后，企业经营成果归其所有的，承包、承租人取得的所得，按对企事业单位的承包经营、承租经营所得项目，适用

5%～35%的五级超额累进税率征税。

个人独资企业和合伙企业的生产经营所得，也适用5%～35%的五级超额累进税率。

3.稿酬所得

稿酬所得，适用比例税率，税率为 20%，并按应纳税额减征 30%。故其实际税率为14%。

4.劳务报酬所得

劳务报酬所得，适用比例税率，税率为20%。对劳务报酬所得一次收入畸高的，可以实行加成征收，具体办法由国务院规定。

根据《个人所得税法实施条例》的规定，"劳务报酬所得一次收入畸高"，是指个人一次取得劳务报酬，其应纳税所得额在20 000元。对应纳税所得额在20 000～50 000元的部分，依照税法规定计算应纳税额后再按照应纳税额加征五成；超过50 000元的部分，加征十成。因此，劳务报酬所得实际上适用20%、30%、40%的三级超额累进税率(见表7-16)。

表7-16 劳务报酬所得个人所得税税率表

级数	每次应纳税所得额	税率(%)	速算扣除数(元)
1	不超过20 000元的部分	20	0
2	20 000～50 000元的部分	30	2 000
3	超过50 000元的部分	40	7 000

注：本表所称每次应纳税所得额，是指每次收入额减除费用800元(每次收入额不超过4 000元时)或者减除20%的费用(每次收入额超过4 000元时)后的余额。

5.特许权使用费所得，利息、股息、红利所得，财产租赁所得，财产转让所得，偶然所得和其他所得

特许权使用费所得，利息、股息、红利所得，财产租赁所得，财产转让所得，偶然所得和其他所得，适用比例税率，税率为20%。出租居民住用房适用10%的税率。从2007年8月15日起，居民储蓄利息税率调为5%。

(二)应纳税所得额的规定

1.费用减除标准

按税法规定：

(1)工资、薪金所得，以每月收入额减除费用2 000元后的余额(2008年3月1日前每月1 600元)，为应纳税所得额。

(2)个体工商户的生产、经营所得，以每一纳税年度的收入总额，减除成本、费用以及损失后的余额，为应纳税所得额。

(3)对企事业单位的承包经营、承租经营所得，以每一纳税年度的收入总额，减除必要费用后的余额，为应纳税所得额。每一纳税年度的收入总额，是指纳税义务人按照承包经营、承租经营合同规定分得的经营利润和工资、薪金性质的所得；所说的减除必要费用，是指按月减除2 000元。

(4)劳务报酬所得、稿酬所得、特许权使用费所得、财产租赁所得，每次收入不超过4 000元的，减除费用800元；4 000元以上的，减除20%的费用，其余额为应纳税所得额。

(5)财产转让所得，以转让财产的收入额减除财产原值和合理费用后的余额，为应纳税

所得额。

纳税义务人未提供完整、准确的财产原值凭证，不能正确计算财产原值的，由主管税务机关核定其财产原值。

合理费用，是指卖出财产时按照规定支付的有关费用。

(6)利息、股息、红利所得，偶然所得和其他所得，以每次收入额为应纳税所得额。

2.附加减除费用适用的范围和标准

按照税法的规定，对在中国境内无住所而在中国境内取得工资、薪金所得的纳税义务人和在中国境内有住所而在中国境外取得工资、薪金所得的纳税义务人，可以根据其平均收入水平、生活水平以及汇率变化情况确定附加减除费用。附加减除费用适用的范围和标准由国务院规定。

(1)附加减除费用标准。

上述涉外的人员每月工资、薪金所得在减除2 000元费用的基础上，再减除2 800元。

(2)华侨和香港、澳门、台湾同胞参照上述附加减除费用标准执行。

3.每次收入的确定

《个人所得税法》对纳税义务人取得的劳务报酬所得，稿酬所得，特许权使用费所得，利息、股息、红利所得，财产租赁所得，偶然所得和其他所得等七项所得，都是明确应该按次计算征税的。

"次"在《个人所得税法实施条例》中具体是指：

(1)劳务报酬所得，根据不同劳务项目的特点，分别规定为：只有一次性收入的，以取得该项收入为一次；属于同一事项连续取得收入的，以1个月内取得的收入为一次。

(2)稿酬所得，以每次出版、发表取得的收入为一次。具体又可细分为：同一作品再版取得的所得，应视作另一次稿酬所得计征个人所得税；同一作品先在报刊上连载然后再出版，或先出版再在报刊上连载的，应视为两次稿酬所得征税，即连载作为一次，出版作为另一次；同一作品在报刊上连载取得收入的，以连载完成后取得的所有收入合并为一次，计征个人所得税；同一作品在出版和发表时，以预付稿酬或分次支付稿酬等形式取得的稿酬收入，应合并计算为一次；同一作品出版、发表后，因添加印数而追加稿酬的，应与以前出版、发表时取得的稿酬合并计算为一次，计征个人所得税。

(3)特许权使用费所得，以某项使用权的一次转让所取得的收入为一次。一个纳税义务人，可能不仅拥有一项特许权利，每项特许权的使用权也可能不止一次地向他人提供。因此，对特许权使用费所得的"次"的界定，明确为每一项使用权的每次转让所取得的收入为一次。

(4)财产租赁所得，以1个月内取得的收入为一次。

(5)利息、股息、红利所得，以支付利息、股息、红利时取得的收入为一次。

(6)偶然所得，以每次收入为一次。

(7)其他所得，以每次收入为一次。

4.应纳税所得额的其他规定

(1)个人将其所得通过中国境内的社会团体、国家机关向教育和其他社会公益事业以及遭受严重自然灾害地区、贫困地区捐赠，捐赠额未超过纳税义务人申报的应纳税所得额30%的部分，可以从其应纳税所得额中扣除。

(2)个人的所得(不含偶然所得和经国务院财政部门确定征税的其他所得)用于资助非关联的科研机构和高等学校研究开发新产品、新技术、新工艺所发生的研究开发经费,经主管税务机关确定,可以全额在下月(工资、薪金所得)或下次(按次计征的所得)或当年(按年计征的所得)计征个人所得税时,从应纳税所得额中扣除,不足抵扣的,不得结转抵扣。

(3)个人取得的应纳税所得,包括现金、实物和有价证券。所得为实物的,应当按照取得的凭证上所注明的价格计算应纳税所得额;无凭证的实物或者凭证上所注明的价格明显偏低的,由主管税务机关参照当地的市场价格核定应纳税所得额。所得为有价证券的,由主管税务机关根据票面价格和市场价格核定应纳税所得额。

(三)应纳税额的计算

1.工资、薪金所得

应纳税额=(每月收入额-2 000 元或 4 800 元)×适用税率-速算扣除数

【做中学 7-15】 某职工 2008 年 10 月应发工资 4 600 元,缴纳社会统筹的养老保险 100 元,失业保险 50 元(超过规定比例 5 元),单位代缴水电费 100 元,计算其每月应纳个人所得税。

【解析】 应纳个人所得税=(4 600-2 000-100-50+5)×15%-125=243.25(元)

2.个体工商户的生产、经营所得

应纳税额=(全年收入总额-成本费用及损失)×适用税率-速算扣除数

对个人独资企业和合伙企业生产经营所得,个人所得税有两种计算办法。

(1)查账征税

①自 2008 年 3 月 1 日起,个人独资企业和合伙企业投资者的生产经营所得依法计征个人所得税时,个人独资企业和合伙企业投资者本人的费用扣除标准统一确定为 24 000 元/年,即 2 000 元/月。投资者的工资不得在税前扣除。

②企业从业人员的工资支出,允许在税前扣除。

③投资者及其家庭发生的生活费用不允许在税前扣除。

④企业与生产经营投资者及其家庭生活共用的固定资产,难以划分的,由主管税务机关根据企业的生产经营类型、规模等具体情况,核定准予在税前扣除的折旧费用的数额或比例。

⑤个体工商户拨缴的工会经费、发生的职工福利费、职工教育经费支出分别在工资薪金总额 2%、14%、2.5%的标准内据实扣除。

个体工商户每一纳税年度发生的广告费和业务宣传费用不超过当年销售(营业)收入 15%的部分,可据实扣除;超过部分,准予在以后纳税年度结转扣除。

个体工商户每一纳税年度发生的与其生产经营业务直接相关的业务招待费支出,按照发生额的 60%扣除,但最高不得超过当年销售(营业)收入的 5‰。

上述第②、③、④、⑤条规定,从 2008 年 1 月 1 日起执行。

个体工商户在生产、经营期间的借款利息支出,凡有合法证明的,不高于按金融机构同类、同期贷款利率计算的数额的部分,准予扣除。

⑥企业计提的各种准备金不得扣除。

(2)核定征收

核定征收方式,包括定额征收、核定应税所得率征收以及其他合理的征收方式。

实行核定应税所得率征收方式的，应纳所得税额的计算公式如下：

应纳税额＝应纳税所得额×适用税率

应纳税所得额＝收入总额×应税所得率＝成本费用支出额÷(1－应税所得率)×应税所得率

3.企事业单位承包经营、承租经营所得

对企事业单位的承包经营、承租经营所得，其个人所得税应纳税额的计算公式为：

应纳税额＝应纳税所得额×适用税率－速算扣除数

或　　　　＝(纳税年度收入总额－必要费用)×适用税率－速算扣除数

【做中学7-16】 范钧2009年承包某商店，承包期限1年，取得承包经营所得47 000元。此外，范钧还按月从商店领取工资，每月2 500元。计算范钧全年应缴纳的个人所得税。

【解析】 (1)全年应纳税所得额＝(47 000＋12×2 500)－12×2 000＝53 000(元)

(2)全年应缴纳个人所得税＝53 000×35%－6 750＝11 800(元)

4.劳务报酬所得

对劳务报酬所得，其个人所得税应纳税额的计算公式为：

(1)每次收入不足4 000元的：

应纳税额＝应纳税所得额×适用税率

或　　　　＝(每次收入额－800)×20%

(2)每次收入在4 000元以上的：

应纳税额＝应纳税所得额×适用税率

或　　　　＝每次收入额×(1－20%)×20%

(3)每次收入的应纳税所得额超过20 000元的：

应纳税额＝应纳税所得额×适用税率－速算扣除数

或　　　　＝每次收入额×(1－20%)×适用税率－速算扣除数

【做中学7-17】 赵某于2008年10月外出参加营业性演出，一次取得劳务报酬60 000元。计算其应缴纳的个人所得税(不考虑其他税费)。

【解析】 该纳税人一次演出取得的应纳税所得额超过20 000元，按税法规定应实行加成征税。

(1)应纳税所得额＝60 000×(1－20%)＝48 000(元)

(2)未加成应纳税额＝48 000×20%＝9 600(元)

(3)加成部分应纳税额＝(48 000－20 000)×20%×50%＝2 800(元)

(4)应缴纳个人所得税＝9 600＋2 800＝12 400(元)

为简便计算，对加成征税也可采用速算扣除数法。每次应纳税所得额在20 000～50 000元的，税率为30%，速算扣除数为2 000元。因此，可将上例计算方法简化为：

应纳税额＝48 000×30%－2 000＝12 400(元)

5.稿酬所得应纳税额的计算

稿酬所得应纳税额的计算公式为：

(1)每次收入不足4 000元的：

应纳税额＝应纳税所得额×适用税率×(1－30%)

＝(每次收入额－800)×20％×(1－30％)

(2)每次收入在4 000元以上的：

应纳税额＝应纳税所得额×适用税率×(1－30％)

＝每次收入额×(1－20％)×20％×(1－30％)

【做中学7-18】 作家马正2009年2月初在杂志上发表了一篇小说，取得稿酬3 800元，自2月15日起又将该小说在晚报上连载10天，每天稿酬450元。马正当月需缴纳多少个人所得税？

【解析】 出版再连载视为两次稿酬。

应纳税额＝(3 800－800)×20％×70％＋450×10×(1－20％)×20％×70％＝924(元)

6.特许权使用费所得应纳税额的计算

计算公式为：

①每次收入不足4 000元的：

应纳税额＝应纳税所得额×适用税率＝(每次收入额－800)×20％

②每次收入在4 000元以上的：

应纳税额＝应纳税所得额×适用税率＝每次收入额×(1－20％)×20％

7.利息、股息、红利所得应纳税额的计算

应纳税额＝应纳税所得额×适用税率＝每次收入额×20％

储蓄存款利息适用税率，2007年8月15日前为20％，2007年8月15日起为5％，2008年10月9日起暂免征。

8.财产租赁所得应纳税额的计算

财产租赁所得一般以个人每次取得的收入，定额或定率减除规定费用后的余额为应纳税所得额。每次收入不超过4 000元，定额减除费用800元；每次收入在4 000元以上，定率减除20％的费用。财产租赁所得以一个月内取得的收入为一次。

(1)应纳税额的计算方法

财产租赁所得适用20％的比例税率。但对个人按市场价格出租的居民住房取得的所得，自2001年1月1日起暂减按10％的税率征收个人所得税。其应纳税额的计算公式为：

应纳税额＝应纳税所得额×适用税率

(2)个人出租房产，在计算缴纳所得税时从收入中依次扣除以下费用：

①财产租赁过程中缴纳的税费(营业税、城建税、教育费附加、房产税、印花税)；

②由纳税人负担的该出租财产实际开支的修缮费用(每次以800元为限，一次扣不完的下次继续扣除，直到扣完为止)；

③税法规定的费用扣除标准(800元或20％)；

④应纳税所得额。

应纳税额的计算公式：每次月收入不超过4 000元的应纳税所得额＝每次(月)收入额－准予扣除项目－修缮费用(800元为限)－800元；每次月收入超过4 000元的应纳税所得额＝[每次(月)收入额－准予扣除项目－修缮费用(800元为限)]×(1－20％)

【做中学7-19】 居住北京市的中国居民张扬为一中外合资企业的职员，2007年4月1日—6月30日前往美国参加培训，出国期间将其国内自己的小汽车出租给他人使用，每月取得租金5 000元。计算:①张扬出租小汽车应缴纳的营业税、城市维护建设税和教育费附加;②张扬出租小汽车的租金收入应缴纳的个人所得税。

【解析】

①出租小汽车应缴纳的营业税、城市维护建设税和教育费附加=5 000×5%×(1+7%+3%)×3=275×3=825(元)

②租金收入应缴纳的个人所得税=(5 000-275)×(1-20%)×20%×3=2 268(元)

9.财产转让所得应纳税额的计算

财产转让所得以个人每次转让财产取得的收入额减除财产原值和相关税费后的余额为应纳税所得额。其中,“每次”是指以一件财产的所有权一次转让取得的收入。

(1)财产转让所得中允许减除的财产原值是指:

①有价证券。其原值为买入价以及买入时按规定缴纳的有关费用。一般的,转让债权采用“加权平均法”确定其应予减除的财产原值和合理费用,计算公式如下:

一次卖出某一种类的债券允许扣除的买价和费用=购进该种债券的买入价和买进过程中缴纳的税费总和÷购进该种类债券的总数量×一次卖出该种类债券的数量+卖出该种类债券的过程中缴纳的税费

每次卖出债券应纳个人所得税额=(该次卖出该类债券收入-该次卖出该类债券允许扣除的买价和费用)×20%

②建筑物。其原值为建造费或者购进价格以及其他有关税费。

③土地使用权。其原值为取得土地使用权所支付的金额、开发土地的费用以及其他有关税费。

④机器设备、车船。其原值为购进价格、运输费、安装费,以及其他有关费用。

⑤其他财产。其原值参照以上方法确定。如果纳税人未提供完整、准确的财产原值凭证,不能正确计算财产原值,由主管税务机关核定其财产原值。

财产转让所得中允许减除的合理费用,是指卖出财产时按照规定支付的有关费用。

(2)财产转让所得应纳税所得额的计算公式为:

应纳税所得额=每次收入额-财产原值-合理税费

【做中学7-20】 居住在市区的中国居民李某为一中外合资企业的职员,11月份,以每份218元的价格转让2006年的企业债券500份,发生相关税费870元,债券申购价每份200元,申购时共支付相关税费350元;转让A股股票取得所得24 000元。

请计算应纳个人所得税。

【解析】 有价证券所得应缴纳的个人所得税=[(218-200)×500-870-350]×20%=1 556(元)

10.偶然所得应纳税额的计算

应纳税额=应纳税所得额×适用税率=每次收入额×20%

11.其他所得应纳税额的计算

应纳税额=应纳税所得额×适用税率=每次收入额×20%

12.个人取得全年一次性奖金计税方法

自2005年1月1日起按以下计税办法征收:

(1)先将当月取得的全年一次性奖金,除以12个月,按其商数确定适用税率和速算扣除数。

(2)将雇员个人当月内取得的全年一次性奖金，按上述适用税率和速算扣除数计算征税。

(3)如果雇员当月工资薪金所得低于税法规定的费用扣除额，适用公式为：

应纳税额=(雇员当月取得全年一次性奖金－雇员当月工资薪金所得与费用扣除额的差额)×适用税率－速算扣除数

(4)雇员取得除全年一次性奖金以外的其他各种名目奖金，如半年奖、季度奖、加班奖、先进奖、考勤奖等，一律与当月工资、薪金收入合并，按税法规定缴纳个人所得税。

任务处理

山东海洋有限公司应扣缴的该经理下半年的个人所得税为：

应扣缴个人所得税=[(4 600－2 000－100－50+5)×15%－125]×6=1 459.5(元)

三　个人所得税的代扣代缴申报

任务情境

2009 年 9 月 15 日，青岛市光阳电子有限公司发放工资。

该公司有 23 名员工，其中：

(1)董事长张平每月 6 000 元；

(2)经理马海每月 4 100 元；

(3)财务科长李芳每月 3 700 元；

(4)以王涛为首的职员每人 2 791 元。

假如你是青岛市光阳电子有限公司办税员王涛，请填写扣缴个人所得税报告表(见表 7-17)，办理代扣代缴。

任务指导

代扣代缴，是指按照税法规定负有扣缴税款义务的单位或者个人，在向个人支付应纳税所得时，应计算应纳税额，从其所得中扣出并缴入国库，同时向税务机关报送扣缴个人所得税报告表。这种方法，有利于控制税源、防止漏税和逃税。

根据《个人所得税法》及其实施条例以及《征管法》及其实施细则的有关规定，国家税务总局制定下发了《个人所得税代扣代缴暂行办法》(以下简称《暂行办法》)。自 1995 年 4 月 1 日起执行的《暂行办法》，对扣缴义务人和代扣代缴的范围、扣缴义务人的义务及应承担的责任、代扣代缴期限等作了明确规定。

(一)扣缴义务人和代扣代缴的范围

1. 扣缴义务人。凡支付个人应纳税所得的企业(公司)、事业单位、机关、社团组织、军队、驻华机构、个体户等单位或者个人，为个人所得税的扣缴义务人。

这里所说的驻华机构，不包括外国驻华使领馆和联合国及其他依法享有外交特权和豁免的国际组织驻华机构。

表 7-17　扣缴个人所得税报告表

扣缴义务人识别号：□□□□□□□□□□□□□□□　　金额单位：元（列至角分）

扣缴义务人名称（公章）：　　填表日期：　　年　　月　　日

序号	纳税人姓名	身份证照类型	身份证照号码	国籍	所得项目	所得期间	收入额	免税收入额	允许扣除的税费	费用扣除标准	准予扣除的捐赠额	应纳税所得额	税率（%）	速算扣除数	应扣税额	已扣税额	备注
1	2	3	4	5	6	7	8	9	10	11	12	13	14	15	16	17	18
合计										—	—	—	—	—			

扣缴义务人声明	我声明：此扣缴报告表是根据国家税收法律、法规的规定填报的，我确定它是真实的、可靠的、完整的。 声明人签字：

会计主管签字：　　负责人签字：　　扣缴单位（或法定代表人）（签章）：

受理人（签章）：　　受理日期：　　年　　月　　日　　受理税务机关（章）：

2.代扣代缴的范围。扣缴义务人向个人支付下列所得,应代扣代缴个人所得税:

(1)工资、薪金所得。

(2)对企事业单位的承包经营、承租经营所得。

(3)劳务报酬所得。

(4)稿酬所得。

(5)特许权使用费所得。

(6)利息、股息、红利所得。

(7)财产租赁所得。

(8)财产转让所得。

(9)偶然所得。

(10)经国务院财政部门确定征税的其他所得。

扣缴义务人向个人支付应纳税所得(包括现金、实物和有价证券)时,不论纳税人是否属于本单位人员,均应代扣代缴其应纳的个人所得税税款。

(二)扣缴义务人的义务及应承担的责任

1.扣缴义务人应指定支付应纳税所得的财务会计部门或其他有关部门的人员为办税人员,由办税人员具体办理个人所得税的代扣代缴工作。

代扣代缴义务人的有关领导要对代扣代缴工作提供便利,支持办税人员履行义务;确定办税人员或办税人员发生变动时,应将名单及时报告主管税务机关。

2.扣缴义务人的法人代表(或单位主要负责人)、财会部门的负责人及具体办理代扣代缴税款的有关人员,共同对依法履行代扣代缴义务负法律责任。

3.同一扣缴义务人的不同部门支付应纳税所得时,应报办税人员汇总。

4.扣缴义务人在代扣税款时,必须向纳税人开具税务机关统一印制的代扣代收税款凭证,并详细注明纳税人姓名、工作单位、家庭住址和居民身份证或护照号码(无上述证件的,可用其他能有效证明身份的证件)等个人情况。对工资、奖金所得和利息、股息、红利所得等,因纳税人数众多、不便一一开具代扣代收税款凭证的,经主管税务机关同意,可不开具代扣代收税款凭证,但应通过一定形式告知纳税人已扣缴税款。纳税人为持有完税依据而向扣缴义务人索取代扣代收税款凭证的,扣缴义务人不得拒绝。

扣缴义务人应主动向税务机关申领代扣代收税款凭证,据以向纳税人扣税。非正式扣税凭证,纳税人可以拒收。

5.扣缴义务人对纳税人的应扣未扣的税款,其应纳税款仍然由纳税人缴纳,扣缴义务人应承担应扣未扣税款50%～3倍的罚款。

6.扣缴义务人应设立代扣代缴税款账簿,正确反映个人所得税的扣缴情况,并如实填写扣缴个人所得税报告表及其他有关资料。

7.关于行政机关、事业单位工资发放方式改革后扣缴个人所得税问题。

(1)行政机关、事业单位改革工资发放方式后,随着支付工资所得单位的变化,其扣缴义务人也有所变化。根据《个人所得税法》第八条的规定,凡是有向个人支付工薪所得行为的财政部门(或机关事务管理、人事等部门)、行政机关、事业单位均为个人所得税的扣缴义务人。

(2)财政部门(或机关事务管理、人事等部门)向行政机关、事业单位工作人员发放工资时应依法代扣代缴个人所得税。行政机关、事业单位在向个人支付与其任职、受雇有关的其他所得时,应将个人的这部分所得与财政部门(或机关事务管理、人事等部门)发放的工资合并计算应纳税额,并就应纳税额与财政部门(或机关事务管理、人事等部门)已扣缴税款的差额部分代扣代缴个人所得税。

(三)代扣代缴期限

扣缴义务人每月所扣的税款,应当在次月7日内缴入国库,并向主管税务机关报送扣缴个人所得税报告表(略)、代扣代收税款凭证和包括每一纳税人姓名、单位、职务、收入、税款等内容的支付个人收入明细表以及税务机关要求报送的其他有关资料。

扣缴义务人违反上述规定不报送或者报送虚假纳税资料的,一经查实,其未在支付个人收入明细表中反映的向个人支付的款项,在计算扣缴义务人应纳税所得额时不得作为成本费用扣除。

扣缴义务人因有特殊困难不能按期报送扣缴个人所得税报告表及其他有关资料的,经县级税务机关批准,可以延期申报。

(四)扣缴个人所得税报告表的填写

本表填写扣缴义务人扣缴税款的明细信息,按照纳税人逐行填写。申报时与主表一同报送。具体填写要求是:

1. 扣缴义务人识别号:填写地税机关为扣缴义务人确定的税务识别号。

2. 扣缴义务人名称:填写扣缴义务人单位全称并加盖公章。

3. 填表日期:填写纳税人办理纳税申报的实际日期。

4. 序号:填写每项所得的明细信息数据的行数。

5. 纳税人姓名:填写纳税人的个人姓名。

6. 身份证照类型:具体要填写纳税人的有效身份证件的名称,包括身份证、护照、回乡证和军人身份证件等。

7. 身份证照号码:填写纳税人有效身份证件上的号码。

8. 国籍:填写纳税人所拥有的国籍。

9. 所得项目:按照税法规定项目填写。

10. 所得期间:填写扣缴义务人支付所得的时间。

11. 收入额:填写扣缴义务人支付纳税人该项所得的数额。如支付外币的,应折算成人民币。外币折合人民币时,如为美元、日元和港币,应当按照缴款上一月最后一日中国人民银行公布的人民币基准汇价折算;如为美元、日元和港币以外的其他外币的,应当按照缴款上一月最后一日中国人民银行公布的人民币外汇汇率中的现钞买入价折算。

12. 免税收入额:填写按照税法及其实施条例和国家有关政策规定免于缴纳个人所得税的所得,主要包括按照国家规定,单位为个人缴付和个人缴付的基本养老保险费、基本医疗保险费、失业保险费、住房公积金,按照国务院规定发给的政府特殊津贴、院士津贴、资深院士津贴和其他经国务院批准免税的补贴、津贴等。

13. 允许扣除的税费:填写按照税法规定,计算应纳税所得额时需要扣除的有关税费。

(1)劳务报酬所得允许扣除的税费是指劳务发生过程中实际缴纳的税费;

(2)特许权使用费允许扣除的税费是指提供特许权过程中发生的中介费和相关税费;

(3)适用财产租赁所得时,允许扣除的税费是指修缮费和出租财产过程中发生的相关税费;

(4)适用财产转让所得时,允许扣除的税费是指财产原值和转让财产过程中发生的合理税费。

14.费用扣除标准:按照《个人所得税法》第六条的规定,计算应纳税所得额时需要减除的标准扣除额,主要包括:劳务报酬所得、稿酬所得、特许权使用费所得、财产租赁所得,每次收入不超过 4 000 元的,减除费用 800 元;4 000 元以上的,减除 20%的费用。

15.准予扣除的捐赠额:纳税人将其所得进行公益性捐赠的填写此栏。除法律法规另有规定的外,准予扣除的捐赠额不得超过应纳税所得额的 30%。

16.应纳税所得额:为收入额减去免税收入额、费用扣除标准和准予扣除的捐赠额后的余额。

17.根据应纳税所得额确定适用的税率和速算扣除数,并据此计算应纳税额。具体计算公式是:应纳税额=应纳税所得额×税率-速算扣除数。

18.应扣税额:填写根据税法有关规定,经税务机关批准,准予减免的所得税额。

19.已扣税额:填写扣缴义务人本次实际扣缴申报的个人所得税税款。

任务处理

青岛市光阳电子有限公司填写的扣缴个人所得税报告表见表 7-18。

项目小结

本项目主要介绍了以下六项内容:

1.关税的纳税义务人,关税的征税范围、税率,关税的计算;

2.房产税的纳税义务人,房产税的征税范围、税率,房产税的计算,房产税的纳税申报;

3.城镇土地使用税的纳税义务人,城镇土地使用税的征税范围、税率,城镇土地使用税的计算,城镇土地使用税的纳税申报;

4.车船税的纳税义务人,车船税的征税范围、税率,车船税的计算,车船税的纳税申报;

5.印花税的纳税义务人,印花税的征税范围、税率,印花税的计算,印花税的纳税申报;

6.个人所得税的纳税义务人,个人所得税的征税范围、税率,个人所得税的计算,个人所得税的纳税申报。

关键概念

1.关税(customs duty):是由海关根据国家制定的有关法律,以进出关境的货物和物品为征税对象而征收的一种商品税。

2.房产税(house duty):是以房屋为征税对象,按照房屋的计税余值或租金收入,向产权所有人征收的一种财产税。

3.城镇土地使用税(land-use tax of town):是以国有土地为征税对象,对拥有土地使用权的单位和个人征收的一种税。

4.车船税(vehicle and vessel tax):是以车船为征税对象,向拥有车船的单位和个人征收的一种税。

5.印花税(stamp duty):是以经济活动和经济交往中,书立、领受应税凭证的行为为征税对象征收的一种税。印花税因其采用在应税凭证上粘贴印花税票的方法缴纳税款而得名。

表 7-18 扣缴个人所得税报告表

扣缴义务人识别号：5 2 1 2 3 0 0 0 0 0 0 1 2 3 4　　　　金额单位：元(列至角分)

扣缴义务人名称(公章)：光阳电子有限公司　　　　填表日期：　年　月　日

序号	纳税人姓名	身份证照类型	身份证照号码	国籍	所得项目	所得期间	收入额	免税收入额	允许扣除的税费	费用扣除标准	准予扣除的捐赠额	应纳税所得额	税率(%)	速算扣除数	应扣税额	已扣税额	备注
1	2	3	4	5	6	7	8	9	10	11	12	13	14	15	16	17	18
		合计								—	—	—	—	—			
1	张平	身份证	…	中国	工资薪金	6	6 000	0	0	2 000	0	4 000	15	125	475		
2	马海	身份证	…	中国	工资薪金	6	4 100	0	0	2 000	0	2 100	15	125	190		
3	李芳	身份证	…	中国	工资薪金	6	3 700	0	0	2 000	0	1 700	10	25	145		
4	王涛	身份证	…	中国	工资薪金	6	2 791	0	0	2 000	0	791	10	25	54.1		
…	…	…	…	…	…	…	…	…	…	…	…	…	…	…	…		
合计															1 892		

扣缴义务人声明	我声明：此扣缴报告表是根据国家税收法律、法规的规定填报的，我确定它是真实的、可靠的、完整的。 声明人签字：王涛

会计主管签字：　　　负责人签字：　　　扣缴单位(或法定代表人)(签章)：

受理人(签章)：　　　受理日期：　年　月　日　　　受理税务机关(章)：

6. 个人所得税(individual income tax)：是以自然人取得的各类应税所得为征税对象而征收的一种所得税。

课堂讨论

1. 个人所得税所得来源如何确定？

2. 印花税的纳税义务人有哪些？

复习思考题

一、单选题

1. 根据进出口商品价格的变动而税率相应增减的进出口关税属于(　　)。

A. 从价税　　B. 从量税　　C. 滑准税　　D. 复合税

2. 下列各项中符合关税法有关规定的是(　　)。

A. 进口货物由于完税价格审定需要补税的，按照原进口之日的税率计税

B. 溢卸进口货物事后确定需要补税的，按照确定补税当天实施的税率计税

C. 暂时进口货物转为正式进口需要补税的，按照原报关进口之日的税率计税

D. 进口货物由于税则归类改变需要补税的，按照原征税日期实施的税率计税

3. 滨州飞腾有限公司有一处房产原值 1 000 万元，2009 年 7 月 1 日用于投资联营(收取固定收入，不承担联营风险)，投资期为 5 年。已知该企业当年取得固定收入 50 万元，当地政府规定的扣除比例为 20%。该企业 2009 年应缴纳房产税(　　)。

A. 6.0 万元　　B. 9.6 万元　　C. 10.8 万元　　D. 15.6 万元

4. 博兴县的赵某拥有两处房产，一处原值 60 万元的房产供自己和家人居住，另一处原值 20 万元的房产于 2009 年 7 月 1 日出租给王某居住，按市场价每月取得租金收入 1 200 元。赵某当年应缴纳的房产税为(　　)。

A. 288 元　　B. 576 元　　C. 840 元　　D. 864 元

5. 某公司与政府机关共同使用一栋共有土地使用权的建筑物。该建筑物占用土地面积 2 000 平方米，建筑面积 10 000 平方米(公司与机关的占用比例为 4∶1)，该公司所在市城镇土地使用税单位税额 5 元/平方米。该公司应纳城镇土地使用税(　　)。

A. 0 元　　B. 2 000 元　　C. 8 000 元　　D. 10 000 元

6. 东营某船运公司 2008 年度拥有旧机动船 10 艘，每艘净吨位 1 500 吨；拥有拖船 2 艘，每艘发动机功率 500 马力。当年 8 月新购置机动船 4 艘，每艘净吨位 2 000 吨。该公司船舶适用的年税额为：净吨位 201～2 000 吨的，每吨 4 元。该公司 2008 年度应缴纳的车船税为(　　)。

A. 61 000 元　　B. 71 666.67 元　　C. 74 333.33 元　　D. 75 333.33 元

7. 滨州钢铁公司与滨州机械进出口公司签订购买价值 2 000 万元设备的合同，为购买此设备向商业银行签订借款 2 000 万元的借款合同。后因故购销合同作废，改签融资租赁合同，租赁费 1 000 万元。根据上述情况，该厂一共应缴纳印花税(　　)。

A. 1 500 元　　B. 6 500 元　　C. 7 000 元　　D. 7 500 元

8. 某外国人 2007 年 2 月 12 日来山东省工作，2008 年 2 月 15 日回国，2008 年 3 月 2 日

返回中国，2008 年 11 月 15—30 日期间，因工作需要去了日本，2008 年 12 月 1 日返回中国，后于 2009 年 11 月 20 日离华回国，则该纳税人（　　）。

A. 2007 年度为我国居民纳税人，2008 年度为我国非居民纳税人

B. 2008 年度为我国居民纳税人，2009 年度为我国非居民纳税人

C. 2008 年度和 2009 年度均为我国非居民纳税人

D. 2007 年度和 2008 年度均为我国居民纳税人

9. 山东省博兴县作家王某的一篇小说在一家日报上连载两个月，第一个月月末，报社支付稿酬 3 000 元；第二个月月末，报社支付稿酬 15 000 元。该作家两个月所获稿酬应缴纳的个人所得税为（　　）。

A. 1 988 元　　B. 2 016 元　　C. 2 296 元　　D. 2 408 元

10. 王某持有某上市公司的股票 10 000 股，该上市公司 2007 年度的利润方案为每 10 股送 3 股，并于 2008 年 6 月份实施，该股票的面值为每股 1 元。上市公司应扣缴王某的个人所得税（　　）。

A. 300 元　　B. 600 元　　C. 1 500 元　　D. 3 000 元

二、多选题

1. 下列各项中，属于关税法定纳税义务人的有（　　）。

A. 进口货物的收货人　　B. 进口货物的代理人

C. 出口货物的发货人　　D. 出口货物的代理人

2. 下列项目中，以"辆"为计税依据计算车船税的有（　　）。

A. 船舶　　B. 摩托车　　C. 客车　　D. 货车

3. 下列各项中，应按"产权转移书据"税目征收印花税的有（　　）。

A. 商品房销售合同

B. 土地使用权转让合同

C. 专利申请权转让合同

D. 个人无偿赠与不动产登记表

4. 下列项目中，属于劳务报酬所得的是（　　）。

A. 个人书画展卖书画作品取得的报酬

B. 滨州职业学院某教授提供著作的版权而取得的报酬

C. 将国外的作品翻译出版取得的报酬

D. 滨州学院某教师受出版社委托进行审稿取得的报酬

5. 下列个人所得在计算个人所得税应纳税所得额时，可按月减除定额费用的有（　　）。

A. 对企事业单位的承包、承租经营所得

B. 财产转让所得

C. 工资薪金所得

D. 财产租赁所得

三、计算分析题

1. 滨州市滨城区丁某 1—6 月每月取得出租居民住房租金收入 5 000 元（按市场价出

租，当期未发生修缮费用）。计算丁某 1—6 月应缴纳的营业税、城建税、教育费附加、房产税、个人所得税。

2.居住在东营市区的中国居民李某为一中外合资企业的职员，2007 年 4 月 1 日—6 月 30 日，前往 B 国参加培训，出国期间将其国内自己的小汽车出租给他人使用，每月取得租金 5 000 元。

要求计算：

(1)李某出租小汽车应缴纳的营业税、城市维护建设税和教育费附加；

(2)李某小汽车租金收入应缴纳的个人所得税。

项目八 企业纳税实验

任务一 税务登记

实验目的

开业、变更、注销税务登记和涉税票据的领购是税收征收管理工作中极为重要的环节，是纳税人最基本的报税业务。通过本项模拟实验，使学生熟悉税务登记和涉税票据的领购的办理方法与程序。

实验内容

1. 根据实验情境(一)，填写税务登记表，办理税务登记证；

2. 根据实验情境(二)，填写税务登记变更表，办理变更登记；

3. 根据实验情境(三)，填写注销税务登记申请审批表，办理注销登记。

实验情境

(一)企业开立具体资料

企业名称：滨州市滨城区中海电子有限公司。

公司住所：滨州市长江路1号。开户银行名称：工商银行滨州分行长江路营业部

公司性质：有限责任公司。开户账号：110101。

注册登记地：滨州市滨城区工商行政管理局。

公司经营期限：二十年。

公司的经营范围：生产装配微机、笔记本及其零部件；批发零售微机、笔记本、计算机软件；兼营业务范围：计算机硬件维修、计算机软件开发。

增值税认定资格：一般纳税人。

公司注册资本：200万元。

公司法定代表人：刘德宣。

公司各股东及出资方式和出资额的情况：

公司注册资本200万元，刘德宣兼任总经理，具体事项都由刘德宣负责办理。

刘德宣固定电话：38655896；刘德宣手机：16858868816。

股东一：滨州新烽微电子有限公司。法定代表人：李阳。

法定地址：滨州市滨城区黄河一路108号。

出资方式：货币方式出资80万元，占注册资本的40%。

股东二：刘德宣。

身份证号码：3301012345678910。

家庭住址:滨州市长江一路 28 号。

出资方式:货币方式出资 80 万元,占注册资本的 40%。

股东三:孙谋忠。

身份证号码:3301012345678911。

家庭住址:滨州市红旗路 9 号。

出资方式:实物方式出资 40 万元,占注册资本的 20%。

2008 年 1 月公司董事会决定成立组织机构为设董事会、经理、监事会的公司,并在质量技术监督局办理了企业代码登记证,号码是:310229207525。

取得工商登记证上的注册号:33018972。

请根据以上资料填写税务登记表。

(二)企业变更情境

2009 年 1 月 1 日,滨州市滨城区中海电子有限公司的营业地址搬迁至杭大路 1 号,注册资本变为 120 万元,增加了一位股东,以货币资金方式出资 20 万元,姓名:李胜利,身份证号码:3301012345678912,家庭住址:滨州市延安路 5 号。

增加了兼营的经营范围:网站维护、技术服务、技术咨询、技术培训的业务。

该电子有限公司在办理注册资本工商变更登记和取得董事会成员变更批复之日起 30 天内,持批件到主管税务机关办理变更税务登记手续。请根据以上资料填写税务登记变更表。

(三)企业注销情境

2009 年 10 月,由于股东之间发生意见分歧,董事会决定解散公司。

经详细核查该公司的涉税资料,有关情况如下:

(1)应缴增值税 268 万元,所得税 87.78 万元,均已缴纳无误;

(2)滨州市国税局核发的发票领购簿一本,税务登记证(正、副本)尚未缴销。

请根据以上情境填写注销税务登记申请审批表。

任务二　增值税纳税申报

实验目的

增值税是我国的主体税种。为了控制税源,强化征收,在纳税申报环节将增值税专用发票的使用与对纳税人的控制管理综合为一体,是申报技术难度较大的税种。通过本项实验,使学生掌握各种经济业务中应纳增值税额的计算,掌握“增值税纳税申报表”及其附表的填写方法,熟悉相关报税资料的填写与使用。

实验内容

1.根据实验情境(一),填写“增值税一般纳税人申请认定表”;

2.根据实验情境(二),计算涉税经济业务应纳增值税,并填写增值税纳税申报表、本期销售情况明细表、本期进项税额明细表。

实验情境

(一)山东省振滨管件有限公司

山东省振滨管件有限公司根据合同的规定生产经营规模为每年加工生产各种铸铁件1 200吨,其产品全部由合资韩方在中国境外销售,年出口销售额200万美元,销售利润率应保持在16%以上。该公司会计年度采用历年制,按照企业会计制度和外商投资企业财务会计核算的有关规定进行财务处理。公司财务会计2人,均有会计从业资格证书。

该公司的产品于2008年10月开始出口销售。经审核该公司的出口产品销售收入明细账、增值税应缴税金明细账、出口产品原始单据等资料,确认该公司2008年10月出口销售额26.20万美元,按当月1日汇率折算人民币215.1万元。出口产品销售成本179.4万元,产品销售毛利率16.6%,公司财务核算制度较为健全。

公司委托的滨州环滨税务师事务所经过上述调查后向主管国税局提交"关于山东省振滨管件有限公司申请认定增值税一般纳税人的核查报告",并填写增值税一般纳税人申请认定表。

请根据以上情境,填写增值税一般纳税人申请认定表。

(二)山东滨州富康食品公司

2009年10月,山东滨州富康食品公司(增值税一般纳税人)发生如下业务(以下销售额均为不含税销售额):

1.销售富康牌食品700万元,适用17%的税率,开具防伪税控增值税专用发票80份;销售面粉500万元,适用13%的税率,其中:开具防伪税控增值税专用发票22份,销售额为300万元,开具普通发票50份,销售额为226万元。

2.提供加工劳务收入100万元,适用17%的税率,开具防伪税控增值税专用发票18份。

3.按简易办法6%征收的货物销售额为100万元,开具防伪税控增值税专用发票20份;按简易办法4%征收的固定资产销售额为52万元,开具普通发票8份。

4.国内免税货物销售额200万元,开具普通发票40份,销售额200万元。

5.销售2009年1月购入自用固定资产销售额为52万元,原值为50万元,已提折旧2万元,开具增值税专用发票1份,该固定资产当初购进取得增值税专用发票,金额50万元,在2009年2月抵扣。

6.由于保管不善,造成成本为100 000元的原材料(税率17%)被盗。

7.本期基建领用原准备用于加工食品包装盒的钢材一批,进项税额转出15 165元。

8.上期留抵税额为20万元。

9.本期查补增值税额为11万元,其中,税务机关查补10万元(纳税检查调整销售收入47 058.824元,销项税额8万元;纳税检查调减进项税额2万元);企业自查申报应纳税额1万元,经批准用本期查补税款抵减上期留抵税额10万元,企业自查申报1万元抵减上期留抵税额。

10.本期进项税额196万元,其中:适用17%税率,本期认证相符且本期申报抵扣的防伪税控增值税专用发票80份,金额为3 823 529.44元,进项税额65万元;前期认证相符且本期申报抵扣2份,金额为58 823.53元,进项税额1万元;适用13%税率,本期认证相符且本期申报抵扣的防伪税控增值税专用发票 40 份，金额为 1 538 461.54 元，进项税额 20 万元；适用 13％扣除率的免税农产品 20 份，金额为 2 307 692.31 元，税额为 30 万元；接受运输发票 8 份(全部符合抵扣条件)，运输费金额为 2 857 142.86 元，进项税额为 20 万元；接受税务机关为小规模纳税人代开的征收率为 3％的增值税专用发票 12 份，金额为 500 万元，税额为 15 万元。

11.本期免税货物应负担的进项税额为 245 000 万元，按简易办法征收货物应负担的进项税额为 125 500 万元。

12.购进外销货物取得增值税防伪税控发票，期初已认证相符但未申报抵扣 63 份，金额 25 万元，税额 4.25 万元；本期已认证相符且本期未申报抵扣 40 份，金额 15 万元，税额 2.55 万元，本期另有符合减免税规定税额 1 万元。

请根据以上情境，填写增值税纳税申报表、本期销售情况明细表、本期进项税额明细表。

任务三 消费税报税业务

实验目的

通过本项实验，使学生能够正确计算有关应税消费品的消费税，能够正确填写消费税纳税申报表。

实验内容

1.根据实验情境(一)，采用从价定率计算方法，进行消费税应纳税额的计算，并填写相关的消费税纳税申报表；

2.根据实验情境(二)，采用从量定额计算方法，进行消费税应纳税额的计算，并填写相关的消费税纳税申报表；

3.根据实验情境(三)，计算应纳消费税税额，填写消费税纳税申报表。

实验情境

(一)山东滨州丽美化妆品公司

2009 年 6 月，山东滨州丽美化妆品公司主要业务如下(销售收入不含销项增值税额)：

1.成套化妆品收取价款 657 338 元，收取包装费 136 570 元。

2.将自己生产的 5 箱化妆品赠送给关系单位，每箱化妆品的销售单价为 204 元。

3.该公司还将新试制的一批化妆品分给本厂职工，该化妆品没有同类产品销售价格，其生产成本额为 4869.50 元。

4.委托某日用化工厂加工化妆品，收回后以其为原料继续加工化妆品销售。化妆品公司发出材料成本 100 000 元，支付加工费 20 000 元，日用化工厂代垫辅料 5 000 元。当月销售连续生产的化妆品 128 000 元，当月化妆品公司期初库存的委托加工同类化妆品有 120 000元，期末库存委托加工同类化妆品 60 000 元。

(二)山东东营石油化工股份公司

山东东营石油化工股份公司是有进出口经营权的企业(一般纳税人)。

2008 年 5 月发生下列业务：

1. 自营出口自产柴油一批计 120 吨，其离岸价为 200 万元人民币；

2. 销售给外贸企业柴油一批，计 150 吨，开具的增值税专用发票上注明的价款为 240 万元人民币，增值税款为 40.8 万元。

3. 当月购进原材料一批，准予抵扣的进项税为 150 万元人民币。

4. 外贸企业购进的柴油当期全部出口，取得销售收入 350 万元（不含增值税）。

请计算应纳消费税税额，填写纳税申报表、本期准予扣除税额计算表。

（三）山东省鲁岳白酒有限公司

山东省鲁岳白酒有限公司为增值税一般纳税人，2009 年 7 月发生以下业务：

1. 向某烟酒专卖店销售粮食白酒 20 吨，开具普通发票，取得含税收入 200 万元，另收取品牌使用费 50 万元、包装物租金 20 万元。

2. 提供 10 万元的原材料委托乙企业加工散装药酒 1 000 公斤，收回时向乙企业支付不含增值税的加工费 1 万元，乙企业已代收代缴消费税。

3. 委托加工收回后将其中的 900 公斤散装药酒继续加工成瓶装药酒 1 800 瓶，以每瓶不含税售价 100 元通过非独立核算门市部销售完毕。将剩余 100 公斤散装药酒作为福利分给职工，同类药酒的不含税销售价为每公斤 150 元。

请计算应纳消费税税额，填写纳税申报表。

任务四　营业税报税业务

实验目的

通过本项实验，使学生能够正确计算相关行业的营业税，并能正确填写相关的营业税纳税申报表。

实验内容

1. 根据实验情境（一），进行交通运输业营业额应纳税额计算，填写纳税申报表；

2. 根据实验情境（二），进行建筑安装业营业税应纳税额计算，填写纳税申报表；

3. 根据实验情境（三），进行销售不动产应纳营业税计算，并填写相关纳税申报表；

4. 根据实验情境（四），综合计算应纳营业税，并填写相关纳税申报表。

实验情境

（一）山东迅雷运输公司

山东迅雷运输公司 2008 年 5 月取得客运收入 50 000 元，其中含 1%的保险费用；取得货运收入 58 000 元，其中付给其他联营运输公司运费 18 000 元，计算该公司 5 月份应纳营业税额。

请根据以上情境，填写交通运输业营业税纳税申报表。

（二）山东广厦建筑安装公司

山东广厦建筑安装公司以包工不包料的方式完成一项建筑工程，该公司自报用于计征营业税的工程价款为 1 358 万元。另外，建设单位提供建筑材料 600 万元，提前竣工奖 42 万元。

请根据以上情境，填写建筑业营业税纳税申报表。

(三)山东城市房产开发公司

山东城市房产开发公司发生了下列业务：

1. 将新建的一栋房屋无偿捐赠给附近的一所小学。该房屋由其他单位施工。账面成本 518 181 元(成本利润率为 10%)。

2. 以本公司的一栋房产对外投资，参与接受投资方利润分配、共同承担投资风险。房产原值 500 万元，评估价 600 万元，两年后该公司转让该项股权，取得转让收入 650 万元。

3. 以本公司的一栋原值为 300 万元的自建房屋作抵押，向某商业银行贷款 150 万元(按照我国金融部门的有关规定，以财产抵押方式申请贷款的，其借款金额不得超过财产价值的 50%)，贷款期限 3 年，贷款年利率为 8%。按照协议规定，抵押期间该房产由银行使用，公司不再负担贷款利息。贷款期满后，该公司因发生财务困难，无力偿还贷款本金，经双方协商，银行将所抵押房产收归己有，核定该房屋价值为 320 万元，银行向该公司支付人民币 170 万元。

根据上述资料，计算该公司应纳的营业税，填写营业税纳税申报表。

(四)山东青鸟娱乐城有限公司

山东青鸟娱乐城有限公司 2009 年 6 月发生如下业务：

1. 该公司客房部取得住宿收入 140 万元；餐饮部取得餐饮收入 300 万元。

2. 该公司广告业务部当月取得广告业务收入 500 万元，付给有关单位广告制作费 80 万元，支付给电视台广告发布费 60 万元。

3. 该公司下设非独立核算的娱乐中心当月舞厅取得门票收入 5 万元，台位费收入 1 万元，点歌费收入 0.5 万元，销售烟酒饮料收入 0.8 万元；台球室取得营业收入 5 万元；保龄球馆取得营业收入 10 万元。

4. 该公司下设非独立核算的汽车队当月取得运营收入 200 万元，联运收入 300 万元，支付给其他单位的承运费 150 万元，销售货物并负责运输取得的收入 100 万元。

请根据以上情境，填写服务业营业税纳税申报表。

任务五　企业所得税报税业务

实验目的

企业所得税税前扣除项目的计算和报表填报内容繁杂。通过本项实验，使学生能够正确核算企业会计利润，能够按照企业所得税法和实施条例的有关规定，将会计利润调整为应税所得，能够计算并填报企业所得税纳税申报表及其附表。

实验内容

1. 根据实验情境(一)，计算企业所得税；

2. 根据实验情境(二)，计算企业所得税；

3.根据实验情境(三),计算企业所得税;

4.根据实验情境(四),计算企业所得税;

5.根据实验情境(五),计算企业所得税,然后填写企业所得税纳税申报表。

实验情境

(一)滨州大华纺织公司

滨州大华纺织公司为居民企业,2008年发生经营业务如下:全年取得产品销售收入5 600万元,发生产品销售成本4 000万元;其他业务收入800万元,其他业务成本660万元,取得购买国债的利息收入40万元;缴纳非增值税销售税金及附加300万元;发生管理费用760万元,其中新技术的研究开发费用为60万元、业务招待费70万元;发生财务费用200万元;取得直接投资其他居民企业的权益性收益34万元(已在投资方所在地按15%的税率缴纳了所得税);取得营业外收入100万元,发生营业外支出250万元(其中含公益捐赠38万元)。

要求:计算该企业2008年应纳的企业所得税。

(二)滨州大力生化公司

滨州大力生化公司2008年度生产经营情况为:销售收入为6 000万元(其中属于符合条件的综合利用产出产品的收入为1 000万元),销售成本为5 600万元,销售费用为50万元,缴纳增值税30万元,缴纳消费税、城市维护建设税和教育费附加共计47万元,发生管理费用100万元(其中业务招待费为24万元),通过救灾委员会向灾区捐赠20万元,直接向灾区某学校捐赠10万元。

要求:计算该企业2008年度应纳的企业所得税。

(三)滨州市烽火高新技术公司

滨州市烽火高新技术公司是一家国家重点扶持的高新技术企业,2008年度生产经营情况如下;

1.产品销售收入4 000万元,取得租金收入500万元,财政拨款80万元,转让国债取得收入50万元;

2.产品销售成本3 000万元,与租金收入有关的费用支出300万元;

3.应缴纳的增值税30万元,营业税25万元,城市维护建设税和教育费附加2.5万元;

4.管理费用400万元(包括支付给关联企业的管理费10万元,职工家庭财产保险30万元);

5.以一台机器设备向其他企业投资,该设备原值40万元,已提折旧24万元,投资时双方协议确认价值为35万元;

6.营业外支出20万元(包括为企业的销售经理购买价值10万元的小轿车一辆,诉讼费2万元);

7.已预缴企业所得税95万元。

要求:计算该企业2008年度应纳的企业所得税。

(四)滨州市创投实业股份有限公司

滨州市创投实业股份有限公司2008年度来源于中国境内的会计利润800万元,来源于英国直接控股公司的股息180万元(控股比例30%,英国预提所得税税率10%,企业所得税税率 30%，假设税后利润全部分配)；来源于美国分支机构的所得 500 万元，按美国税法规定缴纳企业所得税 100 万元。

该企业的各项收入和支出经审核有如下问题：

1. 漏记购买国债取得的利息收入 5 万元，国库券转让收益 5 万元；

2. 在经营过程中，从境外控股公司购入原材料，支付买价 300 万元，经检查核实，该批原材料在国际市场上的销售价格一般为 240 万元，经核定为关联交易；

3. 向投资者支付股息 300 万元，于所得税前扣除；

4. 管理费用账户列支为其外籍雇员支付的境外社会保险费 10 万元；

5. 扣除了 2006 年投资于某未上市的小型高新技术企业的投资成本 30 万元，该投资额为 150 万元；

6. 营业外支出除有通过非营利的国家机关向贫困地区的捐赠 15 万元外，还有直接向贫困农村小学的捐赠 15 万元(关联交易采用可比非受控价格进行调整)。

要求：计算该企业 2008 年度应纳的企业所得税。

(五)滨州天明制衣有限公司

滨州天明制衣有限公司为中国居民企业，其 2008 年度的会计利润 700 万元，其他相关资料如下：

1. 产品销售收入 12 000 万元，将不含税价 200 万元的自产产品作为本企业基建工程材料，未作销售处理，也未确认相应税金。

2. 转让自然科学技术所有权，取得转让收入 800 万元，转让费用 8 万元。

3. 实际发放工资总额 500 万元，其中包括残疾人工资 30 万元，均按实发工资总额的 2%、14%、2.5%分别计提了工会经费、职工福利费、职工教育经费，取得工会相关票据。

4. 销售费用 2 000 万元，其中广告费 1 500 万元、业务宣传费 200 万元，其中支付给某分支机构特许使用权费 200 万元，与生产经营活动相关的业务招待费 200 万元；财务费用 300 万元，包括支付给另一分支机构融资利息 50 万元(融资额度 300 万元，期限 8 个月，银行同期贷款利率 6%，用于材料采购)。

5. 购买节能设备，取得的增值税专用发票上注明的价款为 100 万元，增值税 17 万元，当年按规定计提的折旧计入相关成本费用。

6. 营业外支出 200 万元，其中银行罚息 6 万元，税收滞纳金 4 万元，公益性捐赠 190 万元(货物销售适用税率 17%的增值税税率；城市维护建设税税率 7%、教育费附加税率 3%；该企业所得税税率 25%)。

山东滨州天明制衣有限公司财务人员将 2008 年度企业所得税的计算列表如下(表 8-1)，并以此填报纳税申报表，税务局进行初步审核后，认为申报不实，要求企业进行纳税调整，重新填写企业所得税纳税申报表。

表 8-1 利润表(简式)

金额单位:元

项　　目	金　　额
一、营业收入	25 000 000
减:营业成本	19 000 000
营业税金及附加	935 000
减:营业费用	1 550 000
其中:广告费用	600 000
经营性租赁费用	50 000
销售费用	900 000
管理费用	2 669 000
其中:业务招待费	169 000
上缴总机构的管理费	550 000
其他管理费用	1 950 000
财务费用	58 000
资产减值损失	12 000
其中:坏账准备	12 000
加:公允价值变动损益	378 000
投资收益	180 000
其中:国库券利息收入	120 000
股利(红星股份公司)	−195 000
股利(红旗股份公司)	255 000
二、营业利润	434 000
加:营业外收入	15 000
减:营业外支出	200 000
其中:财产损失	140 000
通过非营利团体向红十字事业捐赠	60 000
三、利润总额	249 000
减:所得税	62 250
四、净利润	186 750

补充材料:

(1)2008 年 8 月 1 日发生经营性租入固定资产业务,租赁期 10 个月,租赁费 50 000 元。

(2)2008 年应收账款、应收票据账户期末余额分别为 1 200 000 元、400 000 元。坏账准备金账户期初无余额,当年未发生坏账损失,该企业按会计制度提取 0.75%的坏账准备,计入资产减值损失。

(3)红星、红旗股份公司的投资收益为投资所得,投资均采用权益法核算,对方公司已做股利分配处理。

要求:填写企业所得税纳税申报表。

任务六　其他税种报税业务

实验目的

通过本项实验，使学生能够计算印花税、房产税、车船税、城镇土地使用税、城市维护建设税、教育费附加，能够正确填写以上税种纳税申报表，办理纳税申报。

实验内容

1. 城市维护建设税和教育费附加：应纳税费的计算、纳税申报表的填写；
2. 房产税：应纳税额的计算、纳税申报表的填写；
3. 城镇土地使用税：应纳税额的计算、纳税申报表的填写；
4. 车船税：应纳税额的计算、纳税申报表的填写；
5. 印花税：应纳税额的计算、纳税申报表的填写。

实验情境

(一)城市维护建设税和教育费附加

位于市区的山东星威电子公司 2009 年 6 月缴纳各种税额如下：营业税 250 000 元，增值税 320 000 元，所得税 38 000 元，房产税 4 500 元。

计算该企业应纳的城市维护建设税并请填纳税申报表。

(二)房产税

位于安徽省合肥市的安徽宝丽木器有限公司 2009 年度自有房屋 10 栋，其中 8 栋用于经营生产，房产原值 2 800 万元，不包括冷暖通风设备 330 万元；2 栋房屋租给安徽新玛超市作经营用房，年租金收入 110 万元。

假定当地规定房产原值减除率为 20%，请计算该企业应纳的房产税，并填写纳税申报表。

(三)城镇土地使用税

位于河北省邯郸市的河北美杰化工有限公司实际占地面积共计 30 000 平方米，其中 4 000平方米为厂区以内的绿化区，企业内学校和医院共占地 2 500 平方米，出租面积 1 500 平方米的土地使用权给其他企业，出借 800 平方米土地给部队作训练场地。

该企业所处地段适用年税额为 8 元/平方米。请计算该企业应缴纳的城镇土地使用税，并填写纳税申报表。

(四)车船税

山东三友化工有限公司 2008 年有 6 辆客货两用汽车，其中 2 辆载人部分有 4 个座位，自重吨位为 2 吨；其余 4 辆汽车载人部分有 6 个座位，自重吨位为 8 吨。

当地政府规定，乘坐 4 人的客车每辆年税额为 480 元，乘坐 6 人的客车每辆年税额为 520元。载货汽车每吨位年税额为 80 元。

请计算该企业应缴纳的车船税，并填写纳税申报表。

(五)印花税

山东彩虹电子公司2009年2月开业,领受房屋产权证、工商营业执照、商标注册证、土地使用证各1件,与其他企业订立转移专用技术使用权书据1件,所载金额80万元;订立产品购销合同两件,所载金额为150万元;订立借款合同1份,所载金额为40万元;此外,企业的营业账簿中,"实收资本"科目载有资金500万元,其他账簿20本。2009年12月底该企业"实收资本"所载资金增加到600万元。

计算该企业2月份应纳印花税税额和12月份应缴税额,并填制纳税申报表。

任务七　仿真企业涉税计算综合实验

实训目标

通过对仿真企业财务资料的分析,使学生能够在真实的环境中计算增值税、企业所得税,并能够正确填写增值税、企业所得税"纳税申报表主表及其附表"。

实训流程

企业纳税申报综合实验流程见图8-1。

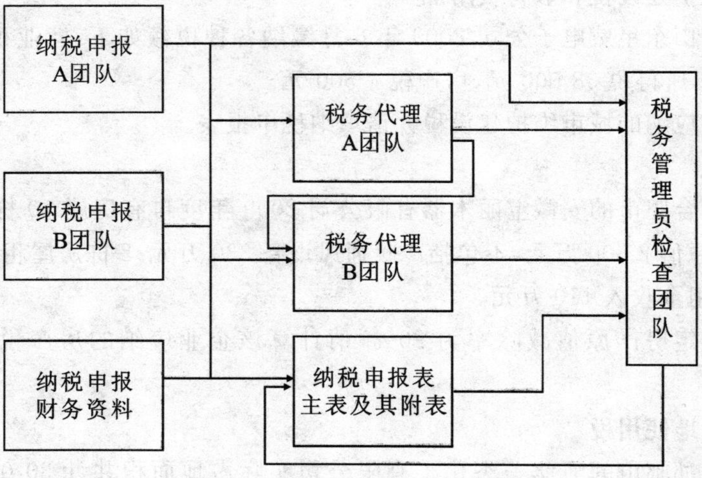

图8-1　企业纳税申报综合实验流程

实训情境

仿真企业涉税财务资料如下:

滨州环海医药股份公司2008年1—11月的利润见表8-2。

其中,管理费用中业务招待费3 520 000元;销售费用中广告和业务宣传费2 200 000元;营业外支出中通过滨州民政局捐赠2 000 000元和直接捐赠1 000 000元。

2008年12月发生如下涉税事项及所附的原始资料:

表 8-2　利润表

项　　目	累计金额(元)
一、营业收入	196 541 142.52
减:营业成本	67 723 879.87
营业税金及附加	2 842 622.39
销售费用	44 542 991.07
管理费用	9 252 164.98
财务费用	7 294 618.42
资产减值损失	2 603 235.37
加:公允价值变动收益(损失以"—"号填列)	0
投资收益(损失以"—"号填列)	0
其中:对联营企业和合营企业的投资收益	0
二、营业利润(亏损以"—"号填列)	62 281 630.42
加:营业外收入	1 667 227.00
减:营业外支出	847 625.41
其中:非流动资产处置损失	0
三、利润总额(亏损总额以"—"号填列)	63 101 232.01

【业务 1】　12 月 1 日本公司采用分期收款方式向滨州市第九人民医院销售甲型医用设备,合同约定的销售价格为 500 万元,分 5 次于每年的 12 月 1 日等额收取,本年收到 100 万元,增值税专用发票随收款进度分次开出并单独收取增值税。该大型设备成本为 360 万元,债券利率为 6%,所得税税率为 25%。相关凭证如图 8-2～8-4 所示。

甲型设备　出库单

编号:01201

购货单位: 滨州市第九人民医院　　2008 年 12 月 1 日　　仓库:第二设备库

类别	编号	名称及规格	计量单位	数量		单位成本	总成本
				请发	实发		
甲型	0501	医用设备	台	1	1	3 600 000	3 600 000
合　计							

仓库主管:　　记账:　　发货人:　　经办人:

图 8-2　涉税原始凭证

滨州市运输费专用发票

运输号码 6667

发站	滨州东站	到站	滨州西站	车种车号		货车自重		
集装箱型		运到期限		保价金额		运价里程		
收货人	全称	滨州市第九人民医院	发货人	全称	滨州环海医药股份公司		现付费用	
收货人	地址	滨州	发货人	地址	滨州		项目	金额
货物名称	件数	货物重量	计费重量	运价号	运价率	附记	运费	1 000
甲型设备	1	2吨						

现金付讫

图 8-3 涉税原始凭证

山东省增值税专用发票

记账联

开票日期:2008 年 12 月 1 日

购货单位	名　　称:滨州市第九人民医院 纳税人识别号:110101280636967 电话:0543—8882395 开户行及账号:工商银行支行 2032809202183			密码区	(略)		
货物或应税劳务名称	规格型号	单位	数量	单价	金额	税率	税额
医用设备	甲型	台			1 000 000	17%	170 000
合计					1 000 000		170 000
价税合计(大写)	⊗壹佰壹拾柒万元整				(小写):1 170 000		
销货单位	名称:滨州环海医药股份公司 纳税人识别号:372301000000009 电话:0543—9999999 开户行及账号:工行 A 区分行 6688000109			备注			

收款人:王五　　复核:钱二　　开票人:孙三　　销货单位:(章)

图 8-4 涉税原始凭证

【业务 2】 本公司 12 月 3 日销售 C 型抗生素 200 箱给滨州长江医院,每箱 2 万元,总计 400 万元,货款尚未收到,给予长江医院“2/30,$n/60$”的现金折扣。C 型抗生素每箱成本为 1.5 万元。相关凭证如图 8-5～8-7 所示。

山东省增值税专用发票
记账联

开票日期：2008 年 12 月 3 日

购货单位	名　　　称：滨州长江医院 纳税人识别号：110101280636968 电话：0543—8823957 开户行及账号：工商银行支行 2032809202184			密码区	（略）		
货物或应税劳务名称	规格型号	单位	数量	单价	金额	税率	税额
抗生素	C 型	箱	200	20 000	4 000 000	17%	680 000
合计					4 000 000		680 000
价税合计（大写）	⊗肆佰陆拾捌万元整						（小写）：4 680 000
销货单位	名称：滨州环海医药股份公司 纳税人识别号：372301000000009 电话：0543—9999999 开户行及账号：工行 A 区分行 6688000109			备注			

收款人：王五　　　　复核：钱二　　　　开票人：孙三　　　　销货单位（章）

滨州环海医药股份公司 A税务局 发票专用章

图 8-5　涉税原始凭证

滨州市运输费专用发票

运输号码 6667

发站		到站		车种车号			货车自重	
集装箱型		运到期限		保价金额			运价里程	
收货人 全称	滨州长江医院		发货人 全称	滨州环海医药股份公司			现付费用	
收货人 地址	滨州		发货人 地址	滨州			项目	金额
货物名称	件数	货物重量	计费重量	运价号	运价率	附记	运费	2 000
C 型抗生素	200 箱							

现金付讫

图 8-6　涉税原始凭证

C型抗生素 产成品出库单

购货单位:滨州长江医院 2008年12月3日 仓库:

类别	编号	名称及规格	计量单位	数量		单位成本	总成本
				请发	实发		
		C型抗生素	箱	200	200	15 000	3 000 000
合 计							

仓库主管: 记账: 发货人: 经办人:

图8-7 涉税原始凭证

【业务3】 12月3日,总公司一号仓库将300箱C型抗生素移送青岛分公司销售,并开具增值税专用发票。(滨州环海医药股份公司青岛分公司经青岛市国税局核准为一般纳税人。)相关凭证如图8-8～图8-10所示。

C型抗生素 产成品出库单

购货单位:滨州环海医药股份公司青岛分公司 2008年12月3日 仓库:一号仓库

类别	编号	名称及规格	计量单位	数量		单位成本	总成本
				请发	实发		
		C型抗生素	箱	300	300	15 000	4 500 000
合 计							

仓库主管: 记账: 发货人: 经办人:

图8-8 涉税原始凭证

山东省增值税专用发票

记账联

开票日期:2008 年 12 月 03 日

购货单位	名称:滨州环海医药股份公司青岛分公司 纳税人识别号:372301999900009 电话:0532－8882356 开户行及账号:工商银行支行 2032809202183	密码区	(略)

货物或应税劳务名称	规格型号	单位	数量	单价	金额	税率	税额
抗生素	C 型	箱	300	20 000	6 000 000	17%	1 020 000
合计					6 000 000		1 020 000
价税合计(大写)	⊗柒佰零贰万元整						(小写):7 020 000

销货单位	名称:滨州环海医药股份公司 纳税人识别号:372301000000009 电话:0543—9999999 开户行及账号:工行 A 区分行 6688000109	备注	滨州环海医药股份公司 A税务局 发票专用章

收款人:王五　　　　复核:钱二　　　　开票人:孙三　　　　销货单位:(章)

图 8-9　涉税原始凭证

滨州市运输费专用发票

运输号码 6667

发站		到站		车种车号		货车自重	
集装箱型		运到期限		保价金额		运价里程	
收货人 全称	滨州环海医药股份公司青岛分公司	发货人 全称	滨州环海医药股份公司			现付费用	
收货人 地址	青岛	发货人 地址	滨州			项目	金额

货物名称	件数	货物重量	计费重量	运价号	运价率	附记	运费	3 000
C 型抗生素	300 箱							

现金付讫

图 8-10　涉税原始凭证

【业务 4】　12 月 4 日,响应省政府号召,通过民政局捐赠 A 型抗生素 100 箱,成本 100 万元,市价 150 万元。涉税原始凭证见图 8-11。

中央单位公益事业接受捐赠统一收据

2008 年 12 月 4 日　　　　(08)№:0018948

捐 赠 者　滨州环海医药股份公司											
捐赠项目　A 慈善计划											
捐赠金额(实物价值)大写 壹佰伍拾万元整											
货币种类	小写	仟	佰	拾	万	仟	佰	拾	元	角	分
		¥	1	5	0	0	0	0	0	0	0

收款单位(签章):　　　　经手人:王林

图 8-11　涉税原始凭证

【业务 5】 12 月 4 日,以 C 型抗生素 300 箱投入天津医药连锁公司,取得被投资单位 25%的股权,并经股东大会批准,提名并派遣 2 名董事。相关凭证如图 8-12～图 8-14 所示。

投资协议书

兹有投资方滨州环海医药股份公司根据与受资方天津医药连锁公司签订的投资合同(合同号 323445235)规定,用 C 型抗生素 300 箱投资,双方按市场公允价值作价为 6 000 000 元,占天津医药连锁公司所有者权益份额为 7 000 000 元(比例 25%)。

投资方签章　　　　受资方签章

2008 年 12 月 4 日　　　　2008 年 12 月 9 日

此协议一式四份,由双方各留存两份。

图 8-12　涉税原始凭证

C 型抗生素　　产成品出库单

购货单位:天津医药连锁公司　　2008 年 12 月 4 日　　仓库:

类别	编号	名称及规格	计量单位	数量		单位成本	总成本
				请发	实发		
		C 型抗生素	箱	300	300	15 000	4 500 000
合　计							

仓库主管:　　记账:　　发货人:　　经办人:张林

图 8-13　涉税原始凭证

山东省增值税专用发票

记账联

开票日期:2008 年 12 月 4 日

购货单位	名　　称:天津医药连锁公司 纳税人识别号:110101280636967 电话:(略) 开户行及账号:(略)	密码区	(略)

货物或应税劳务名称	规格型号	单位	数量	单价	金额	税率	税额
抗生素	C 型	箱	300	20 000	6 000 000	17%	1 020 000
合计					6 000 000		1 020 000
价税合计(大写)	⊗柒佰零贰万元整						(小写):7 020 000

销货单位	名称:滨州环海医药股份公司 纳税人识别号:372301000000009 电话:0543—9999999 开户行及账号:工行 A 区分行 6688000109	备注	

收款人:王五　　复核:钱二　　开票人:孙三　　销货单位:(章)

图 8-14　涉税原始凭证

【业务 6】　12 月 5 日,本公司签订合同委托滨州渤海医药连锁公司代为销售 C 型抗生素 300 箱。涉税原始凭证见图 8-15。

C 型抗生素　产成品出库单

购货单位:滨州渤海医药连锁公司　　2008 年 12 月 5 日　　仓库:

类别	编号	名称及规格	计量单位	数量		单位成本	总成本
				请发	实发		
		C 型抗生素	箱	300	300	15 000	4 500 000
合　计							

仓库主管:　　记账:　　发货人:　　经办人:王国

图 8-15　涉税原始凭证

【业务 7】　12 月 6 日,公司董事会决定,将本公司生产的 100 个 Y 型血压计奖励给 2008 年度杰出优秀员工。Y 型血压计市价每个 1 200 元,单位成本 1 000 元,开具普通发票。相关凭证如图 8-16 所示。

山东省销售商品专用发票

发票联

发票代码 113000000091

客户名称：个人　　2008 年 12 月 6 日　　发票号码 01956490

货物名称	规格	单位	数量	单价	金额 十	万	千	百	十	元	角	分
Y 型血压计		个	100	1 200	1	2	0	0	0	0	0	0
金额合计（大写）拾贰万零仟零佰零拾零元零角零分					￥：120 000							

开票单位：（章）　　开票人：王五

图 8-16　涉税原始凭证

【业务 8】 2008 年 12 月 7 日，以 C 型抗生素 150 箱和人民币 20 万元，偿还前欠天津天威生化有限公司货款 320 万元。相关凭证见图 8-17～图 8-18。

C 型抗生素　产成品出库单

购货单位：天津天威生化有限公司　　2008 年 12 月 7 日　　仓库：

类别	编号	名称及规格	计量单位	数量 请发	数量 实发	单位成本	总成本
		C 型抗生素	箱	150	150	15 000	2 250 000
合　计							

仓库主管：　　记账：　　发货人：　　经办人：王国

图 8-17　涉税原始凭证

山东省增值税专用发票
记账联

开票日期:2008 年 12 月 7 日

购货单位	名　　　称:天津天威生化有限公司 纳税人识别号:110101280636967 电话:022—8823956 开户行及账号:工商银行支行 2032809202183	密码区	(略)

货物或应税劳务名称	规格型号	单位	数量	单价	金额	税率	税额
抗生素	C 型	箱	150	20 000	3 000 000	17%	510 000
合计					3 000 000		510 000
价税合计(大写)	⊗叁佰伍拾壹万元整						(小写):3 510 000

销货单位	名称:滨州环海医药股份公司 纳税人识别号:372301000000009 电话:0543—9999999 开户行及账号:工行 A 区分行 6688000109	备注	

收款人:王五　　　　复核:钱二　　　　开票人:孙三　　　　销货单位(章)

图 8-18　涉税原始凭证

【业务 9】　2008 年 12 月 8 日,以已使用的固定资产丙型设备和 60 000 元换入滨州市华伟医疗设备有限公司生产的丁型设备,该交换不具有商业实质。相关凭证如图 8-19～图 8-22 所示。

滨州环海医药股份公司固定资产清理报告单

2008 年 12 月 8 日

使用部门	固定资产型号规格	原值	折旧	减值准备	账面净值
第四车间	丙型设备	320 000	50 000	10 000	260 000
处理意见	使用部门 签章:	设备部门 签章:	领导审批 签章:		

复核:　　　　　　　　　　　　　　　　　　制表:李子

图 8-19　涉税原始凭证

固定资产清理损益计算表

2008 年 12 月 8 日

清理项目	丙型设备	清理原因	不需用
固定资产清理借方发生额		固定资产清理贷方发生额	
清理支出内容	金额	清理收入内容	金额
固定资产净值	260 000.00	出售固定资产价款	260 000.00
借方合计	260 000.00	贷方合计	260 000.00
固定资产清理 净收益/净损失 金额：			

复核：王二　　　　制单：张一

图 8-20　涉税原始凭证

固定资产验收单

2008 年 12 月 8 日　　　　No.：087

固定资产名称		型号	计量单位		数量	供货单位		
丁型设备		YL-888	台		1	滨州市华伟医疗设备有限公司		
总价	设备费	安装费	运杂费	包装费	其他	合计	预计年限	净残值率
	300 000					¥300 000	5	4%
验收意见		合格	验收人签章		王大	保管使用人签章		李二

图 8-21　涉税原始凭证

山东省销售商品专用发票

发票联

发票代码 113000000091

客户名称：滨州环海医药股份公司　　2008 年 12 月 8 日　　发票号码 01956490

货物名称	规格	单位	数量	单价	金额 十	万	千	百	十	元	角	分
丁型设备		台	1	300 000	3	0	0	0	0	0	0	0
金额合计 (大写)叁拾万零仟零佰零拾零元零角零分								¥：300 000				

开票单位：(章)　　　　开票人：王五

图 8-22　涉税原始凭证

【业务 10】　本公司 12 月 9 日以委托收款方式销售 A 型抗生素 200 箱给河北北江医

院，每箱 1 万元，总计 200 万元。单位成本 6 000 元。涉税凭证见图 8-23～图 8-25。

A 型抗生素　产成品出库单

购货单位：河北北江医院　　2008 年 12 月 9 日　　仓库：

类别	编号	名称及规格	计量单位	数量		单位成本	总成本
				请发	实发		
		A 型抗生素	箱	200	200	6 000	1 200 000
合　计							

仓库主管：　　记账：　　发货人：　　经办人：王国

图 8-23　涉税原始凭证

山东省增值税专用发票

记账联

开票日期：2008 年 12 月 9 日

购货单位	名　　称：河北北江医院 纳税人识别号：110101280636967 电话：0311－8823956 开户行及账号：工商银行支行 2032809202183	密码区	（略）

货物或应税劳务名称	规格型号	单位	数量	单价	金额	税率	税额
抗生素	A 型	箱	200	10 000	2 000 000	17%	340 000
合计					2 000 000		340 000
价税合计（大写）	⊗贰佰叁拾肆万元整						（小写）：2 340 000

销货单位	名称：滨州环海医药股份公司 纳税人识别号：372301000000009 电话：0543—9999999 开户行及账号：工行 A 区分行 6688000109	备注	

收款人：王五　　复核：钱二　　开票人：孙三　　销货单位：（章）

滨州环海医药股份公司 A税务局 发票专用章

图 8-24　涉税原始凭证

中国工商银行　信汇凭证(收账通知)

委托日期:2008 年 12 月 9 日

汇款人	全称	河北北江医院	收款人	全称	滨州环海医药股份公司
	账号	3100111123456789333		账号	2032809202183
	汇出地点	河北省　　市/县		汇入地点	山东省滨州市/县
汇出行名称		重庆市工行开发区支行	汇入行名称		工商银行裕华支行
金额		人民币(大写)贰佰叁拾肆万元整			亿 千 百 十 万 千 百 十 元 角 分 ¥ 2 3 4 0 0 0 0 0 0
款项已收入收款人账户 汇出行签章		2008年12月 讫	支付密码		
			附加信息及用途:购买材料 复核:李国　记账:王海		

图 8-25　涉税原始凭证

【业务 11】 2008 年 12 月 10 日销售不需用的 W 型原材料 20 吨,计 100 万元,单位成本 3 万元。相关凭证见图 8-26、图 8-27。

山东省增值税专用发票

记账联

开票日期:2008 年 12 月 10 日

购货单位	名　　称:滨州金太阳生化有限公司 纳税人识别号:110101280636967 电话:0543－8823956 开户行及账号:工商银行支行 2032809202183				密码区	(略)	
货物或应税劳务名称	规格型号	单位	数量	单价	金额	税率	税额
原材料	W 型	吨	20	50 000	1 000 000	17%	170 000
合计					1 000 000		170 000
价税合计(大写)	⊗壹佰壹拾柒万元整						(小写):1 170 000
销货单位	名称:滨州环海医药股份公司 纳税人识别号:372301000000009 电话:0543—9999999 开户行及账号:工行 A 区分行 6688000109				备注		

滨州环海医药股份公司 A税务局 发票专用章

收款人:王五　　　　复核:钱二　　　　开票人:孙三　　　　销货单位:(章)

图 8-26　涉税原始凭证

W型原材料 出库单

购货单位：滨州金太阳生化有限公司　　2008年12月10日　　仓库：原料三库

类别	编号	名称及规格	计量单位	数量		单位成本	总成本
				请发	实发		
		W型原材料	吨	20	20	30 000	600 000
合　计							

仓库主管：　　记账：　　发货人：　　经办人：王国

图 8-27　涉税原始凭证

【业务12】 12月10日，缴纳各项税金及附加，相关凭证见图8-28～图8-30。

中华人民共和国

增值税 税收缴款书　　国

经济类型：股份公司　　填发日期：2008年12月10日

预算科目			缴款单位(人)	
预算科目	编号	010104	代码	887799996623245
	名称	增值税	全称	滨州环海医药股份公司
	预算级次	中央、地方共享	开户银行	工商银行A支行
	收款国库	C支库	账号	2032809202183
税款所属时间	2008年11月1日—30日		税款限缴日期	2008年12月10日

品目名称	课税数量	计税金额或销售收入	税率或单位税额	已缴或扣除额	实缴税额									
					千	百	十	万	千	百	十	元	角	分
医药销售		8 000 000	17%	1 000 000		¥	3	6	0	0	0	0	0	0
金额合计(大写)×仟×佰叁拾陆万零仟零佰零拾零元零角零分						¥	3	6	0	0	0	0	0	0

缴款单位(人)(盖章) 经办人(章)	税务机关(盖章) 填票人(章)	上列款项已收妥并划转收款单位账户 国库(银行)盖章 2008年12月10日	备注	

图 8-28　涉税原始凭证

中华人民共和国

城市维护建设税 税收缴款书 　地

经济类型:股份公司　　　　填发日期:2008 年 12 月 10 日

预算科目	编号	10060	交款单位	全称	滨州环海医药股份公司
	级次	地方级		账号	2032809202183
	收款国库	A 支库		开户银行	工商银行 A 支行

计征项目	所属时间 年	所属时间 月	计征税额	附加率 %	十	万	千	百	十	元	角	分
增值税	2008	11	360 000	7	¥	2	5	2	0	0	0	0
金额合计(大写)×拾贰万伍仟贰佰零拾零元零角零分					¥	2	5	2	0	0	0	0
缴款单位盖章	上列款项已划转收入机关缴款单位开户行盖章 2008 年 12 月 10 日				备注:							

图 8-29　涉税原始凭证

滨州市教育费附加缴款书 　地

填发日期:2008 年 12 月 10 日

预算科目	编号	70030	交款单位	全称	滨州环海医药股份公司
	级次	地方级		账号	2032809202183
	收款国库	支库		开户银行	工商银行 A 支行

计征项目	所属时间 年	所属时间 月	计征税额	附加率 %	十	万	千	百	十	元	角	分
增值税	2008	11	360 000	3	¥	1	0	8	0	0	0	0
金额合计(大写)×拾壹万零仟捌佰零拾零元零角零分					¥	1	0	8	0	0	0	0
缴款单位盖章	上列款项已划转收入机关缴款单位开户行盖章 2008 年 12 月 10 日				备注:							

图 8-30　涉税原始凭证

【业务 13】　2008 年 12 月 11 日,转让一项专利使用权,取得支票送存银行,共计 200 000元。涉税原始凭证见图 8-31。

中国工商银行 进账单(收账通知) 3

委托日期2008年12月11日

出票人	全称	滨州兰月亮有限公司	收款人	全称	滨州环海医药股份公司
	账号	0402000000000000999		账号	2032809202183
	开户银行	滨州工行东支行		开户银行	工商银行裕华支行
金额	人民币(大写)	贰拾万元整	亿 千 百 十 万 千 百 十 元 角 分		¥ 2 0 0 0 0 0 0 0
票据种类	转账支票	票据张数	1		工商银行A区分行 2008年12月 转讫
票据号码					
复核 张华		记长 李阳光			开户银行签章

图 8-31 涉税原始凭证

【业务 14】 2008年12月11日,滨州环海医药股份公司与承租方滨州快通物流公司签订租赁合同,将5间仓库出租给滨州快通物流公司,面积360平方米,租期5年。仓库每年租金80 000元。相关凭证见图8-32。

租赁合同

兹有出租方滨州环海医药股份公司根据与承租方滨州快通物流公司签订的租赁合同(合同号323445235)规定,将仓库5间出租给滨州快通物流公司,面积360平方米,租期5年。仓库按市场公允价值作价1 280 000元,每年租金80 000元。

出租方 签章 (滨州环海医药股份公司) 承租方 签章 (滨州快通物流有限公司)

2008年12月11日 2008年12月11日

此协议一式四份,由双方各留存两份。

图 8-32 涉税原始凭证

【业务 15】 2008年12月12日,本公司出售X型设备一台,相关凭证见图8-33、图8-34。

滨州环海医药股份公司固定资产清理报告单

2008年12月12日

使用部门	固定资产型号规格	原值	折旧	减值准备	账面净值
辅助车间	X型设备	4 000 000	1 000 000	500 000	2 500 000
处理意见	使用部门 签章:	设备部门 签章:	领导审批	签章: (滨州环海医药股份公司 财务部)	

复核: 制表:赵云

图 8-33 涉税原始凭证

固定资产清理损益计算表

2008 年 12 月 12 日

清理项目	X 型设备	清理原因	不需用
固定资产清理借方发生额		固定资产清理贷方发生额	
清理支出内容	金额	清理收入内容	金额
固定资产净值	2 500 000.00	出售固定资产价款	3 000 000.00
借方合计	2 500 000.00	贷方合计	3 000 000.00
固定资产清理 净收益/净损失	金额：人民币伍拾万元整		

滨州环海医药股份公司 财务部

复核：王二　　　　　　　　　　　　　　　　　　　　制单：张一

图 8-34　涉税原始凭证

【业务 16】　2008 年 12 月 13 日，本公司接受董事长夫人控股的公司滨州市新星生化有限公司捐赠原材料 1 批，随附增值税专用发票。相关凭证如图 8-35～图 8-37 所示。

滨洲环海医药股份公司材料入库单

仓库名称：原材料三仓库　　　　2008 年 12 月 13 日　　　　No.：20070103

材料名称	材质	规格	单位	数量		单价	金额	运杂费	金额合计	产成品出库单位
				凭证	实收					
W 型原材料			吨	1	5	20 000	100 000	500	100 500	
合计									100 500	合同号

财务主管：　　　　供应科长：　　　　仓库验收：杨红　　　　采购员：陈方

图 8-35　涉税原始凭证

山东省增值税专用发票

记账联

开票日期:2008 年 12 月 13 日

购货单位	名　　称:滨州环海医药股份公司 纳税人识别号:372301000000009 电话:0543－9999999 开户行及账号:工行 A 区分行 6688000109			密码区	(略)		
货物或应税劳务名称	规格型号	单位	数量	单价	金额	税率	税额
W 型原材料	W-99	吨	5	20 000	100 000	17%	17 000
合计					100 000		17 000
价税合计(大写)	⊗壹拾壹万柒仟元整					(小写):117 000	
销货单位	名称:滨州新星生化有限公司 纳税人识别号:372301000000009 电话:0543—8823956 开户行及账号:工商银行支行 2032809202183			备注			

收款人:王五　　复核:钱二　　开票人:孙三　　销货单位:(章)

滨州新星生化有限公司 310110762211664 发票专用章

图 8-36　涉税原始凭证

滨州市运输费专用发票

全国统一发票监制章 地方税务总局监制

运输号码 6667

发站		到站		车种车号		货车自重		
集装箱型		运到期限		保价金额		运价里程		
收货人 全称	滨州环海医药股份公司	发货人 全称	滨州新星生化有限公司			现付费用		
收货人 地址	滨州	发货人 地址	滨州			项目	金额	
货物名称	件数	货物重量	计费重量	运价号	运价率	附记	运费	500
W 型原材料		5 吨						

现金付讫

图 8-37　涉税原始凭证

【业务 17】 2008 年 12 月 14 日,财务部计提职工薪酬——工资,如图 8-38 所示。

工资费用分配表

2008 年 12 月 14 日

应借科目		应付职工薪酬		合 计
总账科目	明细科目	生产工人	管理人员	
生产成本	A 型抗生素	500 000		500 000
	C 型抗生素	400 000		400 000
销售费用			400 000	400 000
管理费用			200 000	200 000
合计		900 000	600 000	1 500 000

主管: 审核:刘木 制表:王瑞

图 8-38 涉税原始凭证

【业务 18】 2008 年 12 月 14 日,财务部分别按照职工工资总额的 12%、10%和 10%计提养老保险费、医疗保险费和住房公积金,如图 8-39 所示。

保险金分配表

2008 年 12 月 14 日

项目	计提基础	养老保险	医疗保险	住房公积金	合计
生产成本	900 000	108 000	90 000	90 000	288 000
销售费用	400 000	48 000	40 000	40 000	128 000
管理费用	200 000	24 000	20 000	20 000	64 000
合计		180 000	150 000	150 000	480 000

主管: 审核: 制表:王侯

图 8-39 涉税原始凭证

【业务 19】 2008 年 12 月 14 日,财务部分别按照职工工资总额的 20%、10%、10%计提当月职工福利、工会经费、职工教育经费,如图 8-40 所示。

三项费用分配表

2008 年 12 月 14 日

项目	计提基础	职工福利	工会经费	教育经费	合计
生产成本	900 000	180 000	90 000	90 000	360 000
销售费用	400 000	80 000	40 000	40 000	160 000
管理费用	200 000	40 000	20 000	20 000	80 000
合计		300 000	150 000	150 000	600 000

主管: 审核: 制表:王侯

图 8-40 涉税原始凭证

【业务 20】 2008 年 12 月 15 日，发放职工薪酬，并支付各项保险费用，见图 8-41、图 8-42。

中国工商银行
转账支票存根（鲁）
BK　023016766
02
附加信息
支付工资

出票日期 2008年12月15日
收款人：滨州A区分行（代发）
金额：￥1 500 000.00
用途：发放工资
单位主管　　会计

图 8-41　涉税原始凭证

中国工商银行
转账支票存根（鲁）
BK　023016766
02
附加信息
支付工资

出票日期 2008年12月15日
收款人：滨州社会保险事业处
金额：￥470 000.00
用途：支付保险费
单位主管　　会计

图 8-42　涉税原始凭证

【业务 21】 12 月 16 日，支付电视台广告费，涉税凭证如图 8-43 所示。

山东省增值税专用发票

发票联

客户名称：滨州环海医药股份公司　　2008 年 12 月 16 日　　编号：广字 20081001

项目	规格	数量	单价	金额									
				千	百	十	万	千	百	十	元	角	分
广告费		4 次	200 000		￥	8	0	0	0	0	0	0	0
合　计					￥	8	0	0	0	0	0	0	0
合计人民币（大写）	⊗捌拾万元整												

广告收费专用章：　　开票人：

图 8-43　涉税原始凭证

【业务 22】 12 月 17 日召开董事会，支付滨州 E 酒店费用 4 850 元，见图 8-44。

山东省滨州市定额发票
SHANDONG BINZHOU QUOTA INVOICE
发票联
INVOICE

发票代码21300010670018
INVOICE CODE
发票号码：085092821
INVOICE Number

密　码：
PASSWORD　　伍佰元
客户名称：
CUSTOMER　　¥:500

饮食业□ 娱乐业□ 旅店业□ 其他服务业□

本发票使用于市内下列行业：饮食业、娱乐业（含歌厅、舞厅、卡拉OK歌舞厅、音乐茶座、台球、高尔夫球、保龄球场、游艺场、夜总会、酒吧、网吧等）、旅店业、其他服务业（含沐浴、理发、美容、美发、洗染、照像、美术、裱画、誊写、打字、镌刻、计算、测试、实训、化验、录音、录像、复印、晒图、设计、制图、测绘、勘探、打包、咨询等）

收款单位（盖章有效）
开票日期　年　月　日
PAYEE(SEALED)
DATE ISSUED　Y　M　D

兑奖联
VOUCHER
发票代码：21300010670018
INVOICE CODE
发票号码：08342821
INVOICE NO
奖　区：
AWARD AREA
发票面额：¥500

第二联发票联

1.刮开奖区覆盖层后显示“中×等奖”或“谢谢索票”字样。
2.消费者有权拒收已刮开奖区覆盖层或奖区覆盖层不能刮开的发票。
3.中奖后，在兑奖前不得将发票联和兑奖联自行撕开。否则，不予办理兑奖手续。
1.What award item or the words for “thanks” will be displayed after the holder scratches the covered area.
2.Customers have the right to refuse the invoice which the covered area has been scratched or couldn’t be scratched.
3.The winner should not remove the voucher part from the invoice, otherwise the voucher is considered invalid.

此类发票共10张

图 8-44　涉税原始凭证

【业务 23】 12 月 18 日，汇总结算支付业务招待费共 56 000 元整，发票见图 8-45。

山东省滨州市定额发票
SHANDONG BINZHOU QUOTA INVOICE
发票联
INVOICE

发票代码21300010670018
INVOICE CODE
发票号码：085092821
INVOICE Number

密　码：
PASSWORD　　伍佰元
客户名称：
CUSTOMER　　¥:500

饮食业□ 娱乐业□ 旅店业□ 其他服务业□

本发票使用于市内下列行业：饮食业、娱乐业（含歌厅、舞厅、卡拉OK歌舞厅、音乐茶座、台球、高尔夫球、保龄球场、游艺场、夜总会、酒吧、网吧等）、旅店业、其他服务业（含沐浴、理发、美容、美发、洗染、照像、美术、裱画、誊写、打字、镌刻、计算、测试、实训、化验、录音、录像、复印、晒图、设计、制图、测绘、勘探、打包、咨询等）

收款单位（盖章有效）
开票日期　年　月　日
PAYEE(SEALED)
DATE ISSUED　Y　M　D

兑奖联
VOUCHER
发票代码：21300010670018
INVOICE CODE
发票号码：08342821
INVOICE NO
奖　区：
AWARD AREA
发票面额：¥500

第二联发票联

1.刮开奖区覆盖层后显示“中×等奖”或“谢谢索票”字样。
2.消费者有权拒收已刮开奖区覆盖层或奖区覆盖层不能刮开的发票。
3.中奖后，在兑奖前不得将发票联和兑奖联自行撕开。否则，不予办理兑奖手续。
1.What award item or the words for “thanks” will be displayed after the holder scratches the covered area.
2.Customers have the right to refuse the invoice which the covered area has been scratched or couldn’t be scratched.
3.The winner should not remove the voucher part from the invoice, otherwise the voucher is considered invalid.

此类发票共112张

图 8-45　涉税原始凭证

【业务24】　12月19日，从山东黄河生物化学原料有限公司采购X型原材料20吨，每吨2万元。相关凭证如图8-46～图8-47所示。

山东省增值税专用发票

抵扣联

开票日期：2008年12月19日

购货单位	名　　称：滨州环海医药股份公司 纳税人识别号：372301000000009 电话：0543－9999999 开户行及账号：工行A区分行6688000109				密码区	（略）	
货物或应税劳务名称	规格型号	单位	数量	单价	金额	税率	税额
X型原材料		吨	20	20 000	400 000	17%	68 000
合计					400 000		68 000
价税合计（大写）	⊗肆拾陆万捌仟元整						（小写）：468 000
销货单位	名称：山东黄河生物化学原料有限公司 纳税人识别号：330103333330129 地址、电话：0543—6165897 开户行及账号：工行西支行				备注		

收款人：　　　　复核：张可　　　　开票人：刘叶　　　　销货单位：（章）

图8-46　涉税原始凭证

X型原材料材料入库单

仓库名称：原材料仓库　　　　2008年12月9日　　　　No.：20070101

材料名称	材质	规格	单位	数量		单价	金额	运杂费	金额合计	产成品出库单位
				凭证	实收					
X型原材料			吨	1	20	20 000	400 000		400 000	
合计									400 000	合同号

财务主管：　　　　供应科长：　　　　仓库验收：　　　　采购员：

图8-47　涉税原始凭证

【业务25】　12月20日，发生非正常损失原材料计不含税价300 000元，保险公司同意按保险合同赔偿200 000元，责任人赵海赔偿50 000元，如图8-48所示。

原材料非正常损失计算单

2008 年 12 月 20 日

报告部门	原材料型号规格	价值	损失原因
资产管理部	原料	300 000 元	
责任人	赵海	赔偿金额	50 000 元
处理意见	使用部门	设备部门	领导审批
	签章：	签章：	签章

复核：　　　　　　　　　　　　　　　　　　　　　　　　　　　　制表：李子

图 8-48　涉税原始凭证

【业务 26】 12 月 21 日，收回委托加工物资 Z 原料，支付加工费 400 000 元，原料已入库。如图 8-49、图 8-50 所示。

Z 型原材料材料入库单

仓库名称：原材料仓库　　　　2008 年 12 月 21 日　　　　No:20070106

材料名称	材质	规格	单位	数量		单价	金额	运杂费	金额合计	产成品出库单位
				凭证	实收					
Z 型原材料				1	100	50 000	5 000 000		5 000 000	
										合同号
合计									5 000 000	

财务主管：　　　　供应科长：　　　　仓库验收：杨红　　　　采购员：陈方

图 8-49　涉税原始凭证

山东省增值税专用发票

抵扣联

开票日期:2008 年 12 月 21 日

购货单位	名　　称:滨州环海医药股份公司 纳税人识别号:372301000000009 电话:0543－9999999 开户行及账号:工行 A 区支行 6688000109			密码区	(略)		
货物或应税劳务名称	规格型号	单位	数量	单价	金额	税率	税额
加工费					400 000	17%	68 000
合计					400 000		468 000
价税合计(大写)	⊗肆拾陆万捌仟元整						(小写):468 000
销货单位	名称:山东黄河生物化学原料有限公司 纳税人识别号:330103333330129 电话:0543—6165897 开户行及账号:工行 A 区支行 6645880000000101			备注			

收款人:　　　　复核:张可　　　　开票人:刘叶　　　　销货单位:(章)

图 8-50　涉税原始凭证

【业务 27】 12 月 22 日,销售 C 型抗生素 150 箱。相关凭证如图 8-51、图 8-52 所示。

山东省增值税专用发票

抵扣联

开票日期:2008 年 12 月 22 日

购货单位	名　　称:琴岛第八人民医院 纳税人识别号:110101280636967 电话:0543－88823956 开户行及账号:工商银行 2032809202183			密码区	(略)		
货物或应税劳务名称	规格型号	单位	数量	单价	金额	税率	税额
抗生素	C 型	箱	150	20 000	3 000 000	17%	51 000
合计					3 000 000		51 000
价税合计(大写)	⊗叁佰伍拾壹万元整						(小写):3 510 000
销货单位	名称:滨州环海医药股份公司 纳税人识别号:372301000000009 电话:0543—9999999 开户行及账号:工行 A 区支行 6688000109			备注			

收款人:　　　　复核:张可　　　　开票人:刘叶　　　　销货单位:(章)

图 8-51　涉税原始凭证

托收凭证(收账通知)　　付款期限　　年　　月　　日

委托日期 2008 年 12 月 22 日

业务类型	委托收款(邮划☑　电划□)　托收承付(邮划□　电划□)			
付款人	全称	琴岛第八人民医院	收款人 全称	滨洲环海医药股份公司
	账号		账号	44222
	地址	山东省琴岛市 A 区	地址	省　市
	开户行	工行	开户行	工行
金额	人民币(大写)	叁佰伍拾壹万元整	亿 千 百 十 万 千 百 十 元 角 分	¥ 3 5 1 0 0 0 0 0 0
款项内容		托收凭据名称		附寄单证张数 1
商品发运情况		合同名称号码		
备注： 付款人开户银行收到日期 年　月　日 复核　记账	付款人开户银行签章 年　月　日	付款人注意： 1. 根据支付结算方法，上列委托收款(托收承付)款项在付款期限内未提出拒付，即视为同意付款通知。 2. 如需提出全部或部分拒付，应在规定期限内，将拒付理由书并附债务证明退交开户银行。		

工商银行A区分行 2008年12月 转讫

图 8-52　涉税原始凭证

【业务 28】 12 月 23 日，转让持有的沪市股票(交易性金融资产)，见图 8-53～图 8-54。

中国工商银行　进账单(回单)　　**3** No. 026653

委托日期 2008 年 12 月 23 日　　第 256 号

付款人	全称	鲁齐证券公司	收款人	全称	滨州环海医药股份公司
	账号	0000005698043732		账号	370010008980666
	开户银行	工行国贸支行		开户银行	工行金盘支行
金额	人民币(大写)	壹拾陆万伍千元整		亿 千 百 十 万 千 百 十 元 角 分	¥ 1 6 5 0 0 0 0 0
票据种类		支票	收款单位开户行盖章		
票据张数		1			
单位主管	会计	复核	记账		

此联是出票人开户银行交给出票人的回单

工商银行A区分行 2008年12月 转讫

图 8-53　涉税原始凭证

山东鲁齐证券公司客户证券交割单

客户名称:滨州环海医药股份公司　　　　2008 年 12 月 23 日

市场类别	股东代码	股票代码	股票名称	卖出股票	成本金额	变现金额
上海 A	A898888099	608888	山东大海	49 000	130 000.00	165 000.00
合计						

山东鲁齐证券公司 滨州营业部

图 8-54　涉税原始凭证

【业务 29】　12 月 24 日转让分类为持有至到期投资的国债,成本 1 000 000 元,取得 1 200 000元存入银行(距到期日 2 年,年利率 4.5%,付息日,每年 12 月 30 日),剩余还有成本 100 000 元,如图 8-55、图 8-56 所示。

山东鲁齐证券公司客户证券交割单

客户名称:滨州环海医药股份公司　　　　2008 年 12 月 24 日

市场类别	股东代码	债券代码	债券名称	卖出股票	成本金额	变现金额
上海 A	A898888099	901088	国债 03	10 000	1 000 000.00	1 200 000.00
合计						

山东鲁齐证券公司 滨州营业部

图 8-55　涉税原始凭证

中国工商银行　进账单(回单)　　**3** No. 026653

委托日期 2008 年 12 月 24 日　　第 256 号

付款人	全称	鲁齐证券公司	收款人	全称	滨州环海医药股份公司
	账号	0000005698043732		账号	3700100089806666
	开户银行	工行国贸支行		开户银行	工行金盘支行
金额	人民币(大写)	壹佰贰拾万元整		亿千百十万千百十元角分	¥ 1 2 0 0 0 0 0 0 0
票据种类		支票			
票据张数		1		收款单位开户行盖章	
单位主管　会计　复核　记账					

此联是出票人开户银行交给出票人的回单

工商银行A区分行 2008年12月 转讫

图 8-56　涉税原始凭证

【业务 30】 12 月 25 日，计提当月折旧(图 8-57)。

固定资产折旧计算表

2008 年 12 月 25 日　　单位：元

固定资产类别	固定资产项目	单位	数量	单价	原值	月折旧率	本月应计提的折旧额
生产用固定资产	厂房	栋	10	8 400 000	84 000 000	1%	840 000
	A 生产设备	台	10	1 500 000	15 000 000	5%	750 000
	C 生产设备	台	10	1 500 000	15 000 000	5%	750 000
	小计			11 400 000	114 000 000		2 340 000
非生产用固定资产	办公用房屋	栋	5	6 000 000	30 000 000	1%	300 000
	小计			6 000 000	3 000 000		300 000
合 计					144 000 000		2 640 000

主管：　　审核：　　制表：王大

滨州环海医药股份公司 财务部

图 8-57　涉税原始凭证

【业务 31】 12 月 26 日，财务部清理前欠海南大虞公司的货款，得知该公司已解散，无法支付该笔款项(图 8-58)。

应付款核销申请

兹有前欠海南大虞公司的原材料款，计 35 000 元，经多方了解，该单位已撤销，无法归还，申请将其转入营业外收入。

申请人：李泰　　批准部门签章

2008 年 12 月 26 日　　2008 年 12 月 26 日

滨州环海医药股份公司 财务部

图 8-58　涉税原始凭证

【业务 32】 12 月 27 日，从工行借款 200 万元，年利率 6%(图 8-59)。

借款凭证(回单)

2008 年 12 月 27 日　　第 256 号

借款人	全称	滨州环海医药股份公司
	账号	0009
	开户银行	工行国贸支行
金额	人民币(大写)	⊗贰佰万元整　亿 千 百 十 万 千 百 十 元 角 分：¥ 2 0 0 0 0 0 0 0 0
借款用途：专项借款	上列款项已存入贵单位	备注：

工商银行A区分行 2008年12月 转讫

图 8-59　涉税原始凭证

【业务 33】 12 月 26 日，验收竣工结算固定资产(图 8-60)。

固定资产交接(验收)单

2008 年 12 月 26 日

固定资产编号	名称	规格	型号	计量单位	数量	建造单位	建造编号	资金来源	附属技术资料
5-1	5 车间				1			自有	
总价(净值)	土建工程费	设备费	安装费	运杂费	包装费	其他	合计	预计年限	净残值率
	400 000	10 000 000					10 400 000	30	5%
附属设备或建筑						原值		已提折旧	
验收意见	合格,交生产使用		验收人签章	张一		保管使用人签章		章二	

图 8-60　涉税原始凭证

【业务 34】 12 月 27 日,计提工会经费(未取得工会专用收据),见图 8-61。

工会经费计算表

2008 年 12 月 27 日

应借科目		应付职工薪酬			工会经费
总账科目	明细科目	生产工人	管理人员	小计	
生产成本	车床	50 000		50 000	1 000
	铣床	40 000		40 000	800
	小计	90 000		90 000	1 800
销售费用			4 000	4 000	80
管理费用			6 000	6 000	120
合计		90 000	10 000	100 000	2 000

主管:　　　　审核:　　　　制表:

图 8-61　涉税原始凭证

【业务 35】 12 月 27 日,从滨州琴音股份公司借款 4 000 000 元,同期银行贷款利率 6%(图 8-62、图 8-63)。

借款合同

兹有借款方滨州环海医药股份有限公司根据与出借方滨州琴音股份公司签订的借款合同,借款金额 400 万元整,每年利息 240 000 元。

出借方　签章　　　　　借款方　签章

2008 年 12 月 27 日　　　　　2008 年 12 月 27 日

此协议一式四份,由双方各留存两份。

图 8-62　涉税原始凭证

中国工商银行　进账单(回单)　　　　3 No. 026653

委托日期 2008 年 12 月 27 日　　　　第 256 号

付款人	全称	滨州琴音股份公司	收款人	全称	滨州环海医药股份公司
	账号	0000005698043732		账号	4600100089806666
	开户银行	工行国贸支行		开户银行	工行金盘支行
金额	人民币（大写）	⊗肆佰万元整	亿千百十万千百十元角分		¥ 4 0 0 0 0 0 0 0 0
票据种类		转账支票			
票据张数		1			
单位主管　会计　复核　记账			收款单位开户行盖章		

此联是出票人开户银行交给出票人的回单

图 8-63　涉税原始凭证

【业务 36】　12 月 31 日，计提存货跌价准备(图 8-64)。

存货跌价准备计提表

2008 年 12 月 31 日

报告部门	存货型号规格	计提减值额度	计提原因
资产管理部		300 000	技术进步
处理意见	财务部门	设备部门	领导审批
	签章：	签章：	签章：

复核：　　　　制表：李辉

图 8-64　涉税原始凭证

【业务 37】　12 月 31 日，计提固定资产减值准备(图 8-65)。

固定资产减值计提表

2008 年 12 月 31 日

报告部门	固定资产型号规格	计提减值额度	计提原因
资产管理部		300 000	技术进步
处理意见	财务部门	设备部门	领导审批
	签章：	签章：	签章：

复核：　　　　制表：李辉

图 8-65　涉税原始凭证

【业务 38】　12 月 31 日，计提无形资产摊销 60 万元(图 8-66)。

无形资产待摊计提表

2008 年 12 月 31 日

项目 部门	无形资产		
	实付额	分摊月数	本月计提摊销额
自用无形资产			600 000
出租无形资产			
—			
合计			600 000

图 8-66　涉税原始凭证

【业务 39】　12 月 31 日，生产成本转库存商品(图 8-67、图 8-68)。

产品成本计算单

产品名称：A 型抗生素　　2008 年 12 月 31 日　　单位：元

成本项目	直接材料	直接人工	制造费用	合计
月初在产品成本	200 000	1 00 000	1 00 000	400 000
本月发生生产成本	2 000 000	400 000	400 000	2 800 000
待分配费用	2 200 000	500 000	500 000	3 200 000
转出完工产品成本	2 000 000	400 000	400 000	2 800 000
月末在产品成本	200 000	100 000	100 000	400 000

财务主管：　　复核：刘木　　制单：王海

图 8-67　涉税原始凭证

产品成本计算单

产品名称：C 型抗生素　　2008 年 12 月 31 日　　单位：元

成本项目	直接材料	直接人工	制造费用	合计
月初在产品成本	300 000	100 000	100 000	500 000
本月发生生产成本	3 000 000	400 000	400 000	3 800 000
待分配费用	3 300 000	500 000	500 000	4 300 000
转出完工产品成本	3 000 000	400 000	400 000	3 800 000
月末在产品成本	300 000	100 000	100 000	500 000

财务主管：　　复核：　　制单：

图 8-68　涉税原始凭证

【业务 40】　12 月 31 日，持有的交易性金融资产发生公允价值变动(图 8-69)。

<table>
<tr><td colspan="5">公允价值变动计算单</td></tr>
<tr><td colspan="5">变动前价值</td></tr>
<tr><td>项目</td><td>时间</td><td>数量</td><td>单价</td><td>金额</td></tr>
<tr><td>DE 股票</td><td>2008 年 11 月 30 日</td><td>30 000 股</td><td>20 元</td><td>600 000 元</td></tr>
<tr><td colspan="5">计算日公允价值</td></tr>
<tr><td>项目</td><td>时间</td><td>数量</td><td>单价</td><td>金额</td></tr>
<tr><td>DE 股票</td><td>2008 年 12 月 31 日</td><td>30 000 股</td><td>23 元</td><td>690 000 元</td></tr>
<tr><td colspan="5">计提公允价值变动</td></tr>
<tr><td>计提金额</td><td colspan="4">90 000 元</td></tr>
<tr><td colspan="5">备注：</td></tr>
<tr><td colspan="5">申请部门　　　　　　　　批准人 签章
负责人　　　　　　　　　海医药股份公司 财务部
2008 年 12 月 31 日</td></tr>
</table>

图 8-69　涉税原始凭证

【业务 41】　12 月 31 日，将本期实现的各项收入转入“本年利润”账户（图 8-70）。

№043

利润计算表

2008 年 12 月 31 日

单位：元

收入账户	发生额	支出账户	发生额
主营业务收入		主营业务成本	
投资收益		主营业务税金及附加	
其他业务收入		管理费用	
营业外收入		营业费用	
		财务费用	
		其他业务支出	
		营业外支出	
		所得税	
合计		合计	

审核：张艺　　　　　　　　　　　　　　　　　　制单：王华

图 8-70　涉税原始凭证

实验要求

1. 企业纳税申报 A/B 团队：企业纳税申报团队的人员应当根据上述财务材料，按照企业办税员岗位工作流程、职责并与其他相关岗位配合，填报空白的纳税申报表，并办理增值税、企业所得税纳税申报。

2. 税务师代理纳税团队：税务师代理纳税团队接受企业委托，做好准备工作，并根据上述财务材料，按照税务师代理工作流程、职责，填报空白的纳税申报表，并代理办理增值税、企业所得税纳税申报。

任务八 仿真企业网络申报实验

实验目的

根据上述任务情境将自己填制的纳税申报表进行仿真企业的网络申报。

实验内容

网络申报流程见图 8-71。

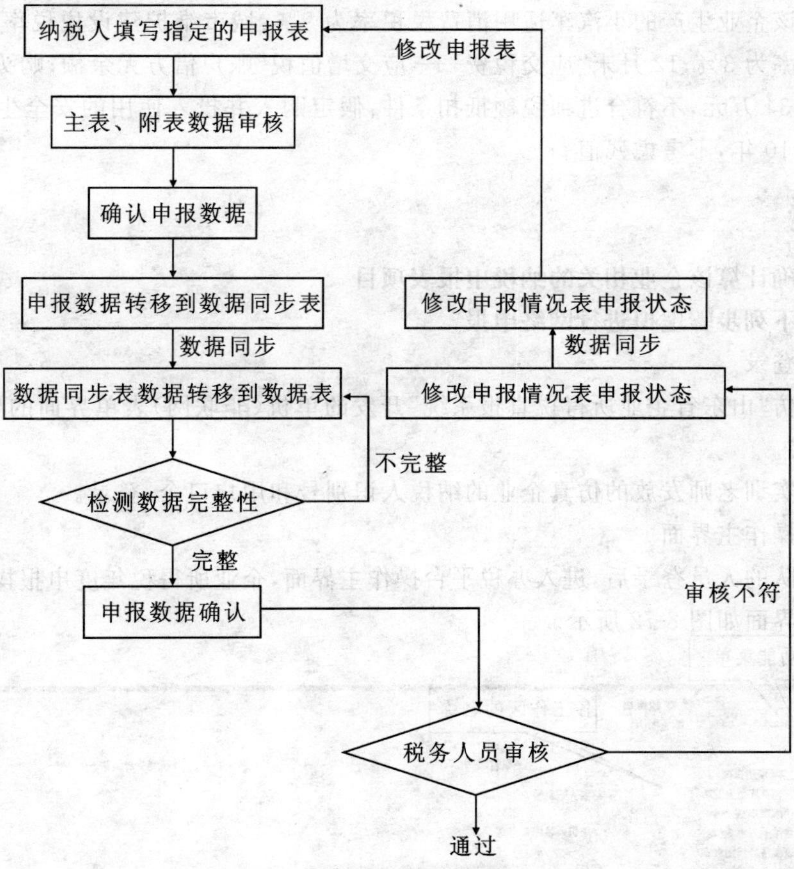

图 8-71 网络申报流程图

实验情境

山东鲁飞汽车股份公司为增值税一般纳税人,2008 年度自行核算的相关数据为:全年取得产品销售收入总额 68 000 万元,应扣除的产品销售成本 45 800 万元,应扣除的营业税金及附加 9 250 万元,应扣除的销售费用 3 600 万元、管理费用 2 900 万元、财务费用 870 万元。另外,取得营业外收入 320 万元以及直接投资其他居民企业分回的股息收入 550 万元,发生营业外支出 1 050 万元,全年实现会计利润 5 400 万元,应缴纳企业所得税 1 350 万元。2009 年 2 月经聘请的会计师事务所对 2008 年度的经营情况进行审核,发现以下相关问题:

(1)12 月 20 日收到代销公司代销 5 辆小汽车的代销清单及货款 163.8 万元(小汽车每

辆成本价 20 万元，与代销公司不含税结算价 28 万元）。企业会计处理为：

借：银行存款——代销汽车款　　1 638 000

　贷：预收账款——代销汽车款　　1 638 000

(2)管理费用中含有业务招待费 280 万元、新技术研究开发费用 120 万元。

(3)营业外支出中含该企业通过省教育厅向某山区中小学的捐款 800 万元。

(4)成本费用中含 2008 年度实际发生的工资费用 3 000 万元、职工福利费 480 万元、职工工会经费 90 万元、职工教育经费 70 万元。

(5)7 月 10 日购入一台符合有关目录要求的安全生产专用设备，支付金额 200 万元、增值税额 34 万元，当月投入使用，当年已经计提了折旧费用 11.7 万元。

（说明：该企业生产的小汽车适用消费税税率为 9%、城市维护建设税税率为 7%、教育费附加征收率为 3%；12 月末“应交税费——应交增值税”账户借方无余额；购买专用设备支付的增值税 34 万元，不符合进项税额抵扣条件；假定购入并投入使用的安全生产专用设备使用期限为 10 年，不考虑残值。）

实验要求

(一)正确计算该企业相关的纳税申报表项目

(二)按下列步骤虚拟进行网络申报

1. 系统登录

按照模仿“山东省企业所得税直报系统”开发的单机（非联网）表单界面的要求，登录网上办税平台。

输入由实训老师发放的仿真企业的纳税人识别号和用户口令，登录。

2. 进入操作主界面

各个团队的人员登录后，进入办税平台操作主界面，企业所得税年度申报操作在该界面完成。操作界面如图 8-72 所示。

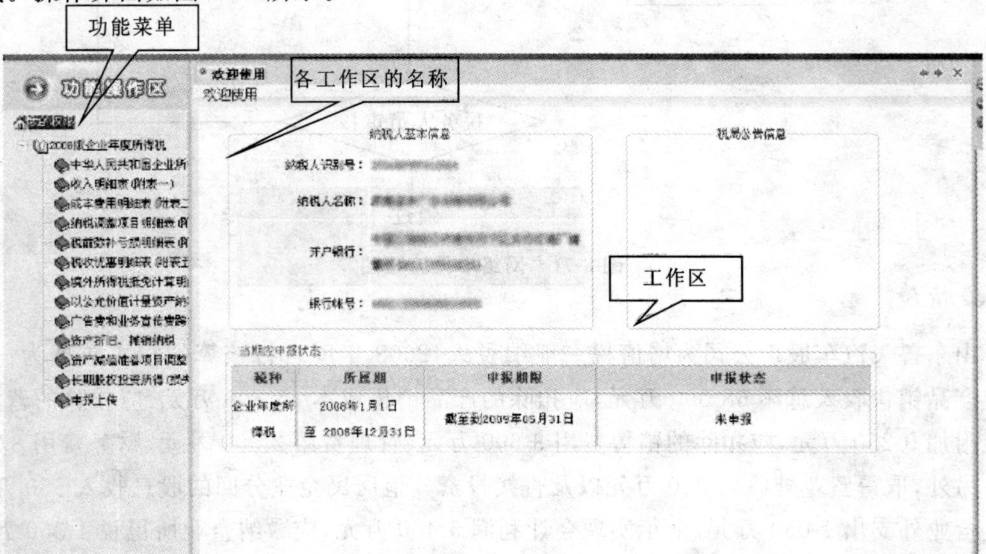

图 8-72　操作界面

3. 选择 A 类一般企业，打开纳税申报表表单。界面如图 8-73 所示。

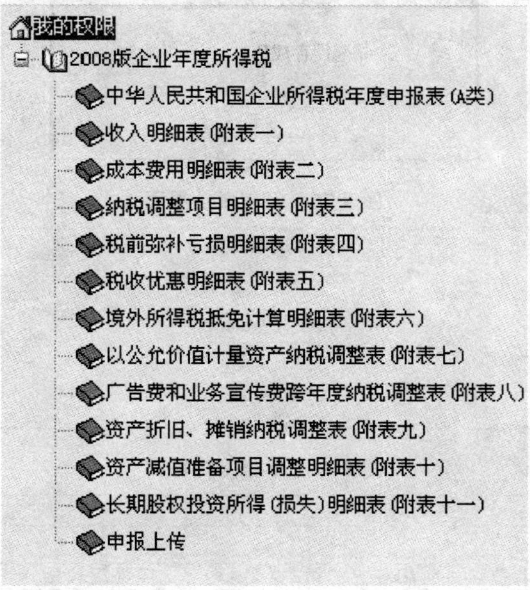

图 8-73　表单

4. 按照附表一、附表二、附表十一至附表三、主表的顺序，依次输入相应数据并保存(如果出现错误，可重新打开更正)。界面如图 8-74 所示。

图 8-74　表单

在申报表各数据确认无误后，点击 保 存 键，数据即被保存，此报表填写完毕。

保存成功显示如图 8-75 所示。

5. 申报上传

确定报表无误以后，单击功能操作区—我的权限—申报上传，出现如图 8-76 所示的界面。

单击数据申报即可，如有错误，出现如图 8-77 所示的提示。

图 8-75 保存成功界面

图 8-76 申报上传界面

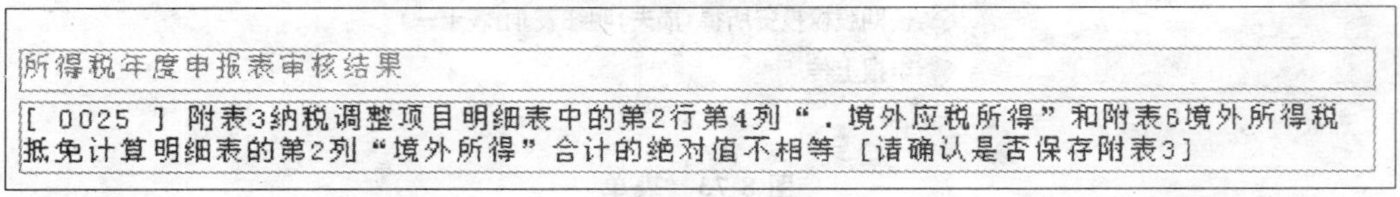

图 8-77 审核错误界面

根据提示,修改报表中的错误。修改后保存报表,再上传,直到出现申报成功的界面。单击 确认申报 ,即可完成申报数据(图 8-78)。

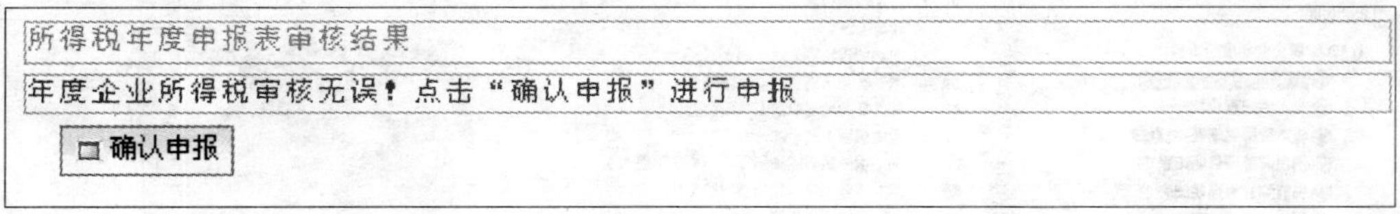

图 8-78 审核成功界面

参考文献

[1] 中国注册会计师协会.税法.北京:经济科学出版社,2010.

[2] 全国注册税务师执业资格考试教材编写组.税法Ⅰ.北京:中国税务出版社,2010.

[3] 全国注册税务师执业资格考试教材编写组.税法Ⅱ.北京:中国税务出版社,2010.

[4] 苏春林.纳税实务.北京:清华大学出版社,2010.

[5] 梁伟祥,王碧秀.企业纳税全真实训.北京:清华大学出版社,2010.

[6] 郭华.涉税会计岗位实务.北京:中国财政经济出版社,2008.